南南教育基金會
SOUTH SOUTH EDUCATION FOUNDATION

本报告由"南南教育基金会"资助

TOWARDS
2030

FINANCE CENTER FOR
SOUTH-SOUTH COOPERATION
南南合作金融中心

FCSSC

2017 年南南合作报告
2017 South-South Cooperation Report

迈向 2030:
南南合作在全球发展体系中的角色变化

南南合作金融中心／编著

CHANGING ROLES OF

SOUTH-SOUTH COOPERATION IN

GLOBAL DEVELOPMENT SYSTEM

社会科学文献出版社
SOCIAL SCIENCES ACADEMIC PRESS (CHINA)

目　录

第一部分

第二部分

第三部分

贺　词

联合国南南合作办公室就南南合作年度报告《迈向 2030：南南合作在全球发展体系中的角色变化》的出版，向南南合作金融中心表示祝贺。该报告反映了南南合作在当今发展格局中的历史视角和当前转型。它介绍了新兴经济体、发展伙伴和多边机构为促进南南合作而开展的拓展性的战略和做法。因此，该报告涵盖概念与实践，堪称南南合作的知识宝库。

这份报告也是南南合作话语转变的一个例子。鉴于过去南南合作受到实证分析缺乏严谨性的挑战，该报告汇集了全球南方知名学者和思想家的研究成果，这些研究均由有实证基础的案例作为支撑。因此，正如预期的那样，报告反映了与国际发展合作相关的广泛问题的多元化独立观点，有批评也有赞誉；并指出了南南合作的互补性以及与南北合作的主要差异。

这一报告的出炉正当其时，因为国际社会正在准备举办一个联合国南南合作高层会议（BAPA＋40），来纪念"布宜诺斯艾利斯发展中国家合作行动计划"四十周年。联合国南南合作办公室与联合国开发计划署正在支持一项关于南南合作的全球智库网络联盟，以增强这一背景下的南方观点和思想的领导力，使政策的制定者和实践者知晓多元化的观点，从而加快实现 2030 年可持续发展议程的步伐。我希望看到更多这样的由全球南方机构领导和产出的知识产物，从而丰富对这一重要议程的讨论。

Jorge Chediek
联合国秘书长南南合作特使
联合国南南合作办公室主任

前　言

联合国 2030 年可持续发展议程和可持续发展目标（SDGs）是对终结贫困、保护地球并确保全人类共享和平与繁荣的共同呼吁。

然而，议程与目标是一回事，如何实施则是另一回事。21 世纪以来，尤其是 2007 ~ 2008 年金融危机之后，整个国际政治经济局势发生了重大的变化，而这些变化将会给 2030 年可持续发展目标的实现带来不确定性和挑战。

为了应对这些新的挑战，多个国家联合创建了两家规模很大的多边发展银行：一个是支持以基础设施为导向的发展观，并强调区域性的亚洲基础设施投资银行；另一个是强调可持续发展和可再生能源的金砖国家新开发银行。它们可以在可持续发展目标的框架内适应更广泛的目标。

"一带一路"倡议旨在通过加强中国与世界其他地区的基础设施和贸易联系促进国际发展合作。从现实意义上讲，这意味着建立了一个庞大的物流和运输网络。从长远意义上讲，则意味着推动贸易和投资便利化，为发展合作创造了更优越的条件。

另一个重大变化是中国、印度、巴西、南非等国代表的发展中国家的经济增长，发展合作的格局不断变化，南南合作和三角合作的重要性日益突出。由于发展中国家具有卓越的比较优势，南南合作备受欢迎。中国等主要新兴国家将对发展中国家的国际发展项目发挥更大的作用，而现有的南南合作正在形成新的势头。

除了其他考虑因素以外，中国、印度、巴西和其他发展中国家的发展经验及教训，与仍在追赶的发展中国家十分相关。鉴于发展合作格局的动态变化，2017 年南南合作报告专注于面向 2030 年展望南南合作在全球发展体系中的角色变化，这样的主题恰逢其时。

蔡鄂生

南南合作金融中心主席

致　谢

南南合作金融中心的主要目的是促进发展中国家的减贫和经济发展。南南合作金融中心除了对发展中国家提供促进发展融资和工业化项目支持外，还组织专家编著了 2017 年南南合作报告《迈向 2030：南南合作在全球发展体系中的角色变化》。

为此，南南合作金融中心邀请了一批全世界知名的学者来撰写这一报告。这些学者以及他们所写的章节如下。

- 林毅夫教授（北京大学新结构经济学研究中心主任，北京大学南南合作与发展学院院长，前世界银行首席经济学家、高级副行长），第四章《发展合作的新机制与新方法》，与王燕教授（乔治·华盛顿大学访问教授，北京大学新结构经济学研究中心高级研究员）合作完成。

- 张蕴岭教授（中国社会科学院学部委员），第八章《"一带一路"与新兴发展合作》，与张中元博士（中国社会科学院亚太与全球战略研究院副研究员）合作完成。

- Chris Alden 教授（伦敦政治经济学院国际关系学系），第一章《面向 2030 年：国际发展合作和南南发展合作革新概览》，与 Folashade Soule-Kohndou 合作完成。

- Ross Anthony 博士（南非斯泰伦博斯大学中国研究中心），第九章《中非南南合作》，与 Yejoo Kim，Emmanuel Igbinoba，Nusa Tukic 和 Meryl Burgess 合作完成。

- Biswa Nath Bhattacharyay 博士（亚洲开发银行前高级顾问），第十二章《南非的发展合作：趋势、前景与挑战》。

- Richard Carey 先生（经济合作与发展组织发展援助委员会前主席），第三章《发展合作新理念：一个共同的目标》，与徐佳君博士（北京大学新结构经济学研究中心助理教授、执行副主任）合作完成。

- Sachin Chaturvedi 教授（印度发展中国家研究与信息系统主任），第十一章《南南合作框架和印度发展伙伴关系的新兴轮廓》。

- 谷靖博士（英国国际发展研究院研究员，新兴国家及全球发展中心主任），第十三章《国际发展合作的变化动态》。
- 黄梅波教授（厦门大学经济学院教授），第六章《南南发展援助》，与陈娜合作完成。
- 李小云教授（中国农业大学国际发展研究中心），第二章《新南南合作的兴起：历史、现状、挑战》，与肖瑾合作完成。
- Carlos R. S. Milani 教授（里约热内卢州立大学社会与政治学研究所教授），第十章《巴西发展合作：参与者、利益和未来的挑战》。
- 姚顺利教授（应用国际贸易研究所所长），第五章《基于全球价值链建设的南南贸易合作——中国的启示》。
- 叶初升教授（武汉大学经济管理学院教授，武汉大学经济发展研究中心副主任，《经济评论》主编），第七章《南南对外直接投资发展报告》，与惠利（北京大学新结构经济学研究中心博士后）合作完成。

为了更好地组织这份南南合作报告的编写工作，南南合作金融中心邀请了北京大学夏庆杰教授（北京大学经济与人类发展研究中心主任）作为本报告的主编。

北京大学经济学院博士研究生顾思蒋为本报告的翻译、编辑、总撰做出了巨大贡献。北京大学经济学院博士研究生唐琦、陈雨露参加了本报告的英译中工作。

余漫博士参加了与本报告相关的多次会议以及报告的英译中工作。Mohnish Kedia 先生（北京大学燕京学堂硕士研究生）为本报告英文版的编辑做了一定贡献。

感谢我的同事 Joyce Zhang，Jenny Yao，Au Yeung King Hau，Susan Zhao，Tim Pan，Mancy Yu，他们都为本报告的出版做出了贡献。[①]

吴　忠

南南合作金融中心副主席、总干事

[①]　注：本报告每一章的内容均纯属相关作者的观点，而非南南合作金融中心的观点。

摘　要

　　本报告包括三个部分。第一部分概述国际发展合作和面向 2030 年的南南发展合作创新，并就南南发展合作对全球发展的贡献进行评估。本报告力图反映发展合作的新创意、新机制和新办法。第二部分的焦点是南南贸易合作、南南发展援助与技术合作以及南南直接投资。第三部分是主要南方国家的南南合作的案例研究，如中国发展合作的新设计（"一带一路"倡议）、中非发展合作、巴西的发展合作、印度的发展合作、南非的发展合作，最后是对国际发展合作动态变化的考察。

Abstract

This report includes three parts. Part I first gives an overview of International Development Cooperation and the innovation of South-South Development Cooperation towards 2030, then lay out the evaluation of contributions of South-South Development Cooperation to global development. This report tries to reflect the new ideas, new mechanisms and new approaches of development cooperation. Part II focuses on South – South Trade Cooperation, South – South Development Assistance/Technological Cooperation, and South – South Direct Investment. Part III explores the case studies on the South – South cooperation of major south country, such as China's New Architecture of Development Cooperation (One Belt and One Road Initiatives), Development Cooperation between China and Africa, Brazil's Development Cooperation, India's Development Cooperation, South Africa's Development Cooperation, finally concluding the changing dynamics and International Development Cooperation.

2017年南南合作报告主题

一 南南发展合作的起源与发展

南南发展合作在过去的五十年中经历了巨大的转变。传统西方发展分析家们曾认为南南发展合作（也被称为南南合作）是地方性的、无关紧要的，然而它在亚洲、非洲、拉丁美洲和加勒比等部分地区去殖民化之后，逐渐成为新兴的南方部分地区和其他合作伙伴的重要发展引擎。经济合作与发展组织（OECD）于2011年底在韩国釜山召开的援助有效性高层峰会上增强了对南南合作的认知，强调了南南合作的全球地位变化。随着南南合作转向应对未来数十年的发展挑战，它需要继续展现这些充满活力的特质，这一点在2030年可持续发展议程中有所体现。

南南关系通常指发展中国家之间的政治、经济、技术、社会和文化关系。尽管这些关系最初是由对殖民主义的反应而塑造的，并且在冷战期间由意识形态推动，随着时间的推移，这些关系的本质和增长均发生了演进。在动荡的冷战环境下，发展中国家不论是在经济上还是在政治上，仍在很大程度上依附于它们各自的位于北半球的前殖民宗主国。发展中国家之间的关系较为薄弱，并且带有北南依附模式的印记。

发展中国家之间在联合国框架下的关系形成于1955年，当时联合国成立了亚非小组，使非洲国家和新独立的亚洲国家能够走到一起。同样的关系也建立于不结盟运动（NAM）首脑会议上，这一会议紧接着万隆会议，举办于1955年4月。新世界经济秩序的第一次激荡发生于1964年一些促进发展中国家经济兴起机构的形成和制度化，诸如联合国贸易和发展会议（UNCTAD）以及77国集团。在1973年石油危机和资源卡特尔崛起的余波之下，一个新的自信的南方集团——石油输出国组织（OPEC），呼吁直接对话以创造构建国际经济新秩序的良好环境。资源卡特尔在发展中世界快速地兴起，产生了边际效益，因为发展中国家试图利用商品作为获得更好贸易条件的工具。

事实上，直到 1986 年，作为术语的"南南合作"并未出现在一些著名的发展中国家组织的书面宣言中，如不结盟运动、77 国集团或是联合国贸易和发展会议，它的第一次使用是在 1986 年第八届不结盟运动峰会提出的《哈拉雷宣言》中。

尽管这一渐进的制度化成果成倍地提升了发展中国家间的交互，这一阶段的南南关系在实质上仍主要是政治的，且南南经济交互水平与南北贸易流相比仍保持在很低的水平。

当前发展中国家之间的关系正在经历一个新的经济变动，尤其是商业变动，源自 2008 年的金融危机和发达国家的经济收缩。1995 年南南出口仅占到总出口的 12%，年增长速度为 8%，这一指标在 2010 年经历了一次跳跃，占到全球总出口的 23%，并且以每年 30% 的速度增长。

引领发展中国家之间这些快速增长经济流的是中国、巴西、印度这样的新兴经济体，南非也是如此，不过影响程度稍小。南南关系的加强也促进了经济高增长国家诸如中国、印度和巴西的崛起，这些国家渴望在国际政治舞台上扮演更重要的角色，使自己成为来自南方的新兴力量。这一对国际地位和声望的要求，也体现在它们对其他发展中国家发展援助的加强上，此举使它们能够作为新兴援助提供国在国际舞台上崭露头角。

上述所有改变的结果，是南南关系逐渐实质化，超越了最初政治宣言的意图。"南南"关系不再仅仅指意识形态，也不再仅限于政治和政府领域。这一变化与变动的全球环境成为常态，并且影响到私人部门，包括一些投资银行在内，也希望能成为这一变动的一部分。

二 南南发展合作的革新与动态

（一）变化的原则

金砖国家和新兴市场会对国际发展援助当前和未来变化的关键进程带来何种影响？发展伙伴关系核心原则和价值理解上最为明显的改变，就是更强调平等、互利、政治无干涉以及拒绝附加条件；所有这些新的原则和价值都已嵌入过去和现在的共同经验以及对未来的共同展望。这些原则和价值都有着悠久的历史，可以追溯到 1954 年举办的新独立国家和不结盟国家共同参与的万隆会议上发表的宣言。这次会议宣言的主要贡献者是中国总理周恩来，他介绍了中国自己的和平共处五项原则，并将其带入会议的讨论阶段和最终的文件，这些原则现在仍是金砖国家和许多发展中国家的政治原则的一部分（Gu et al.，2016）。

中国国家主席习近平在 2015 年 7 月于俄罗斯乌法举行的第七届金砖国家峰会上发表了讲话，阐述了他对金砖国家发展合作方法的看法，他强调，在金砖国家提供发展援助、满足关键的能力建设需求、促进南南合作的进一步发展的同时，发展中国家也需要在自身发展的问题上承担更多的责任。习主席认为："金砖国家也应建立新的全球发展伙伴关系，督促发达国家承担应有的责任，帮助发展中国家提高自身发展能力，缩小南北差距，加强南南合作，在互利双赢的基础上进行合作，寻求自我完善。"巴西的方法也强调在南南合作原则和实践的框架下开展工作，"因为这样能加强总体交流；产生、传播并应用技术知识；建设人力资源能力；以及，最主要的，在所有涉及的国家中加强机构的力量"（Brazilian Cooperation Agency，n. d.）。

我们来看这些原则中的一条——不干涉，这是金砖国家的核心原则之一。它指的是在保持互利和平等关系的同时，不对伙伴国家的内政进行干涉。换句话说，指导原则是不干涉他国内部事务，尊重伙伴国家的法治和政治主权。

（二）变化的实践

新兴大国在改变国际发展援助中做出的第二项重大贡献是改变了实践做法。南南合作与"传统"援助不同，通常在不要求任何政治先决条件和改革的情况下提供资金流。这个原则受到接受援助国的好评。

新兴国家提供国际发展援助的方法还有另一个独特之处，比起发展援助委员会（DAC）定义下的"援助"，它们在进行国际发展合作时，使用了更广泛的金融及其他工具（Chahoud，2008）。这些工具中最具代表性的是"优惠贷款"（Mawsley，2012）。传统援助者很大程度上在"商业"和"发展"考量之间划出了清晰的界限，而新兴国家在使用优惠贷款的过程中，则模糊了这一界限，使之变得不那么透明。实物偿还，即贷款人同意接收货物或资源以作为发放贷款的回报，或接受资源的使用权作为贷款的担保或保障。传统捐助者批评这些工具和这些非传统条款的使用。然而，正如 Bräutigam 指出的那样，比起既有的正统方法，这种方法提供了一种更为可行和可实现的获取还款的方式，当受援国拥有丰富资源，但外汇储备较少时尤其如此（Bräutigam，2011）。这种类型的贷款通常是更广泛的一揽子措施的一部分。

第二类值得一提的工具是出口信贷。此类工具被新兴国家广泛使用，为国内公私营公司在受援国开展业务提供激励。出口信贷并不仅限于国内企业，它们也被提供给一系列的国际金融机构，包括地区开发银行、外企甚至是政府。使用这类工具的优势在于，它们为上述机构和企业提供了一种支付来自援助提供国的产品和服务的优惠基础。

新兴国家发展合作方法的一大关键特点是关注技术合作。从某种程度上来说，这正是在发挥这些国家的力量。来自新兴国家的技术合作经常基于它们自身独特的发展经验。例如，根据自身经验，巴西在"打击城市暴力和青少年帮派、扫盲项目、农业技术普及、艾滋知识普及和防治行动"（Mawdsley，2012）上具有较为值得称道的经验和专长。像印度、中国和巴西这样的国家，与其他发展中国家保持着基于广泛领域技术支持的长久关系，这些领域涵盖医疗卫生、教育、农业生产、通信、交通基础设施、科学知识、建筑技术，以及"清洁"能源。对技术合作的关注为新兴国家带来了许多优势。例如，更实际地说，它们为项目的管理监督和控制以及通过对具体实践成果基准来评估项目进度提供了更好的机会。

技术合作的优势还在于其很好地与南南合作的中心主题和焦点相契合——提升知识和技能的分享与交换，以早日达到可持续发展目标和 2015 年后可持续发展议程目标，例如关于教育和健康的目标（King，2014）。习近平主席在 2015 年约翰内斯堡中非合作论坛峰会上宣布的 10 项中非合作项目中的大多数属于这一范畴的援助，这些援助项目大多以 2000 年以来举办的六次中非部长级会议所做出的承诺为基础。印度也大力强调通过其技术与经济合作计划（ITEC）开展技术合作，该计划发起于 1964 年，覆盖了 158 个发展中国家。2011 年，印度向非洲提供 7 亿美元用以建设研究机构、建立培训项目，并出资 3 亿美元用以建设埃塞—吉布提铁路。技术与经济合作计划通过以下方式提供能力建设：技术培训和知识共享，项目援助，支持技能开发的专业化机构建设和通过印度文化关系理事会管理的高等教育奖学金。技术合作同时也让提供者获得了有用的潜在公共关系收益，它们能够记录这些实在的成果，作为一种"不是胡扯"且"能把事情搞定"的方法的证据，这一观点经常被用于支持中国在非洲的技术援助。

（三）变化的机构

改变的第三层面来自机构。此类改变源自新兴国家对基础设施发展和双边与多边技术合作的重视。

据估计，全球年度基础设施投资需求大约为 3.7 万亿美元，其中每年仅有 2.7 万亿美元在当前得到满足。大多数的需求集中于发展中国家。中国一直是专门为弥补基础设施融资缺口而设立的新机构的强力支持者和赞助者。这一承诺直接来自中国自身的发展经验。殖民者的破坏、战争以及新中国成立早期的经济失败，使对基础设施的重视深刻融入中国发展方法的血液之中。认识到既有发展融资供给中的缺陷后，更广泛的国际发展机构框架使中国与其他金砖国家以及更广泛的新兴国家开始倡议建立新的机构来填补这一缺口。因此，近年来亚洲基础设施投资银行（AIIB）、金砖国家（BRICS）、金砖国家新开发银行（NDB）、非洲开发银行（ADB）中的一项专门基金和南南合作（SSC）基金相继成立。

2013 年，金砖国家以 1000 亿美元的启动资金成立了新开发银行，以资助基础设施和可持续发展项目，并建立了一项 1000 亿美元的应急储备安排（CRA）来帮助应对新兴国家可能发生的金融危机。

NDB 的职责是提供至关重要的基础设施投资，这能广泛地反映出金砖国家发展计划和南南合作的优先事项，以及中国对于这些因素的重视程度（Abdenur，2014）。Rodrik（2014）对发展合作中关注基础设施合作的做法表示失望，他认为这是一种过时的经济发展观点。然而，其他人则认为这是"填补了国际金融框架中的一项重大缺口"（Dixon，2015：4；Chin，2014）。这一缺口是传统援助者留下的，他们更多地将关注点转移至健康与教育，在基础设施上花费的援助预算少于 10%（Chin，2014）。

AIIB 于 2013 年由中国提议组建，于 2016 年底开始运作。AIIB 的任务是资助基础设施需求。AIIB 被认为会支持中国的"一带一路"（OBOR）倡议，以促进中国、亚洲和欧洲之间的互联互通与合作（Callaghan and Hubbard，2016）。习近平主席宣称："中国发起并与其他一些国家共同建立 AIIB，旨在为'一带一路'倡议涉及的国家提供基础设施发展的资金支持，并促进这些国家间的经济合作。"AIIB 的建立也被视为对发达国家，特别是美国不情愿态度的回应，此举能扩大新兴大国和发展中国家在世界银行和国际货币基金组织中的影响力（Callaghan and Hubbard，2016；Griffith-Jones et al.，2016；Kawai，2015；Reisen，2015）。Reisen（2015）和 Wang（2016）都提出，这些新机构的建立，可能加速改革，增强新兴国家在既有多边组织中的话语权。

与现存的多边发展银行不同，减贫并非 AIIB 的明确目标。它与 NDB 相似，更关注基础设施，但有一项研究认为，"AIIB 可能会很快加速放贷，并在十年内持有超过 NDB 两倍以上规模的资产组合"（Humphrey et al.，2015：3）。然而，AIIB 的职能并不将减贫、健康或教育，以及向发展中国家发放优秀贷款置于优先地位（Kawai，2015：8）。

AIIB 表示，已经采纳了现行的多边开发银行（MDB）环境保护和监测标准。AIIB 强调将标准与接受国的程序相结合。现有的多边发展银行无法做到这一点，这被 Humphrey 等人描述为"现有 MDB 们的重大失败，它们总是更关心如何在 NGO 和国内政治家的批评中保护自身的项目，而非真正达到发展目标……AIIB 可以通过派遣专家组对工程、可持续性、社会和环境影响、财政、规则与定价、项目融资框架，以及如何吸引外部公共和私人投资者等问题提供建议，从而在这一领域引领风尚"（Humphrey et al.，2015：6）。

印度、巴西和南非在 2003 年法国 G8 峰会上建立的印度巴西南非对话论坛（IBSA），在日期上早于金砖国家机构。这个集团已经"变成了三个新兴大国交互的有趣平台，它们可以在此讨论、协作，并商讨一系列国内和地缘政治问题"（Stuenkel，2013：17）。这一集团成立背后的动机是它们共同的利益，尽管与它们在金砖集团中所面对的关于它们之间分歧的批评类似，但在原则上——与所有民主集团一样——应该更加类似。这一集团已迈出了一些制度化 SSC 的步伐，例如成立了一个 IBSA 基金（每个国家每年贡献 100 万美元），由联合国开发计划署（UNDP）管理，资助了许多南方国家的项目（Stuenkel，2013：17）。然而，Stuenkel（2013）认为，该集团与传统国际组织的区别主要在于其缺乏制度化。例如，"没有迹象表明该集团会发展出有约束性的规则和常态（并且）这或许是其与传统多边机构以及那些制度化南南合作的新努力之间的最大区别"（Stuenkel，2013：19）。尽管这一点可能随着新金砖国家机构的变化而改变，但是它阐明了一种方式，采用这种方式的区域论坛并不总是互补的，中国与其他新兴国家建立的 AIIB 和 NDB，在某种程度上减弱了 IBSA 的重要性。

三 南南发展合作的案例研究

（一）中国与非洲

在过去半个世纪中，中国与非洲大陆之间已经从主要基于政治伙伴的关系转变为主要基于市场互动的关系。19 世纪五六十年代，中国与非洲的合作主要在冷战时期建立，此时各社会主义国家均结成同盟。在毛泽东领导时期，中国在诸如获得联合国成员资格以及政治孤立台湾的问题上寻求非洲国家的支持（Yun，2014）。非洲社会主义国家政府，如津巴布韦、埃塞俄比亚和赞比亚等，也从中国获得了各种形式的发展援助。随着冷战结束，中国的政治目标基本达成，之前在非洲的援助开始累积为不可持续的财政成本（Yun，2014）。20 世纪 90 年代，中非关系再次深化。由于经济由政府主导转变为市场导向，中国制造业部门有了快速的发展。为了保证制造业部门的发展，中国再次寻求非洲的帮助以获得原材料（Cissé，2013；Moyo，2012）。

过去二十年中，中国与非洲大陆的关系主要受几个经济因素的影响，包括中国需要资源来发展国内经济以及通过市场准入和技术、知识转让促进国际竞争力（Cisse，2013；Alden and Davies，2006）。这也标志着中非关系从主要基于政治动机进入基于经济动机的新时代。中国与非洲国家的南南合作在很大程度上是两个因素的结合——发展中国家共同的命运感以及期望利用当代市场力量来实现这一愿景。

互利互惠平等的原则在今天依然指导着中国的外交政策，也是中国制定同发展中国家相互合作的八条标准的基础。"中国援助第三世界国家的八项原则"也被称为"对外经济技术援助八项原则"（Yun，2014），包括：

（1）强调平等互利；

（2）尊重主权，绝不附加条件；

（3）提供免息或低息贷款；

（4）帮助受援国独立发展，自力更生；

（5）建设投资少、收效快的项目；

（6）以市场价格提供优质设备和材料；

（7）确保有效的技术援助；

（8）根据当地标准支付专家薪酬（Chin，2012）。

Grimm（2015）指出与中国的合作协议通常是在政府与政府的谈判中制定的一揽子交易（与南北合作中双边援助的方式相同），包括援助措施、商业贷款和重点中国公司的一些战略投资支持。在此过程中，南南合作涉及大量的参与者：国家、商业团体（国有和私有）和民间社会团体。

中国在非洲进行的大量大规模计划意味着中国将在未来持续参与其中。中国已经在许多方面的行动上取得成功，比如提供各种形式的发展援助，尤其是基础设施的改善。至关重要的是，中国改变非洲产业化格局的程度将决定非洲经济是否更加繁荣。从南南合作的角度来看，加强技术转让和能力建设也起到了一定作用。在2015年的中非合作论坛上，中国政府承诺将投入100亿美元设立"中非产能合作基金"用于支持行业合作，其中包括制造业、高新技术产业、农业、能源、基础设施、金融和工业园区的发展。该基金也将通过在非洲设立专业学校来支持20万名非洲专家的研究以及4万名在华非洲人员的培训。当然，在争取南南合作方面，中国的成绩令人印象深刻，并且在未来的发展过程中具有很大的潜力。

与此同时，如此大规模的发展援助也带来了一定程度上的负面影响，这是无法避免的。在这方面，将所有的过错归咎于中国是不公平的。今天西方国家同样要应对一系列类似的问题，比如环境恶化、企业社会责任、采矿等。此外，西方国家对非洲原材料有着严重的依赖，而这种情况经常由中国承担责任。从技术上来说，因为中国和非洲都属于发展中国家，所以仍然有很大的改善空间。中非合作论坛的结果能够反映相关政策，很明显，中国越来越重视可持续发展和企业社会责任等问题，而这些也都是中国在国内外都面临的挑战。在许多方面是非洲政府决定了执行的情况，而非中国。不同的国家实行不同的政策，有的国家的条件相对严格（例如卢旺达和博茨瓦纳），有的国家则相对宽松一些（例如刚果民主共和国和莫桑比克）。关于中非关系有一个不太能理解的方面，就是非洲国家的机构在参与讨论的过程中往往属于非常弱势的一方。从这个意义上说，非洲国家不仅仅应当与中国成为合作伙伴，还应当借助其激发自己的潜力，成为可持续发展的国家。

（二）巴西的发展合作

自 20 世纪 70 年代开始，巴西就作为提供援助方参与国际发展合作（IDC）。然而，巴西的政府资金及其在国际发展合作方面的利益诉求是在 1988 年宪法的制定之后。尤其是 2003 年，无论是对政府还是对民间组织，巴西给予了南南合作强烈的关注。根据巴西应用经济研究所和巴西发展合作署（2010，2013）的官方数据，从 2005 年到 2010 年，巴西的国际发展合作数额从 1.58 亿美元上升到大约 9.23 亿美元。其中，技术援助支出增长了 4 倍：从 1140 万美元上升到 5770 万美元。人道主义援助从 48.8 万美元上升至 1.61 亿美元。官方公共支出显示，2010 年，巴西国际发展合作的分布情况为：68.1% 在拉丁美洲、22.6% 在非洲、4.4% 在亚洲和中东、4% 在欧洲、1.1% 在北美。具体到拉美，前五名的合作国家占到了巴西国际发展合作数量的 80.4%，这五个国家的占比分别为：海地（47.4%）、智利（16.3%）、阿根廷（8.6%）、秘鲁（4.5%）和巴拉圭（3.6%）。

巴西发展合作署公布的数据也表明巴西对国际发展合作越来越感兴趣的事实。根据其线上数据库的资料，从 1999 年到 2012 年在其他发展中国家实施的 1464 个项目分布为：南美洲 577 个、非洲 552 个、加勒比地区 164 个、中美洲 90 个、亚洲 65 个、北美洲（墨西哥）15 个，以及大亚洲（巴布亚新几内亚）1 个。从部门来看，这 1464 个项目中，573 个是社会政策类（包括健康、文化、体育、社会发展、环境和教育），539 个是治理类（包括公共管理和规划、城镇发展、司法、法治能力建设、国防和安全）。

巴西的国际发展合作注重实践经验的分享，并且强调运用官方、公务员以及公共机构作为首要途径实施其国际发展合作行为。另外，巴西的国际发展合作活动并不包括对合作方的直接转账方式。实际上，巴西的国际发展合作是作为一种公共支出，遵循每年的预算法并记入年度开支当中的。因此，其国际发展合作并不包括对投资贷款的补贴或出口债务的冲销，赠款（Grants）是主要的形式，包括两种具体的支付方式：（1）支付给公务员及其从事的与合作相关的行政活动（机票、津贴、工资、技术工时费、奖学金以及补贴）；（2）与多边机构合作的资金投入（IPEA and ABC，2013：14）。

巴西已经加入包括印度、南非和中国在内的国家群体中，试图向经济合作与发展组织在援助体系中的地位提出挑战（Mawdsley，2012）。尽管这些国家分别具有各自的特征，但它们在"援助有效性"或 2015 年后发展议程等问题方面，有意愿建立一套属于自己政治理念的国际发展合作体系。基于学者对（传统意义上的）国际合作的负面评价（Easterley and Pfutzw，2008；Escobar，1995；Hayter，1971；Naylor，2011；Pankaj，2005；Rist，1996），我们对这种新兴的趋势表示绝对支持，因为这种趋势意味着打破一种"小团体性的"政治和文化垄断，而传统意义上的国际合作缺乏法律和全员参与，尤其是对于发展中国家来说，在规则制定的标准方面并不具有普适性。

在国际发展合作之外，巴西也与许多不同类型的发展中国家有着经济合作。巴西在与矿业对外直接投资（Vale）、基础设施和民用工程项目（如公路、机场、海港、地铁、能源等领域）、石油勘探（Petrobras）以及农业综合企业等其他经济部门的合作中，与非洲和拉丁美洲各国已经形成了重要的伙伴关系。新的生物燃料（乙醇和生物柴油）领域的出现给巴西南南合作实践带来了一些争议（Albuquerque，2014）。

（三）印度的国际发展

印度关于发展合作和伙伴关系的政策是印度对外联系的一部分。每当印度可以行使独立的政策时，这种倾向总是存在的。印度的发展理念是"一个世界"和全面发展伙伴关系的共同想法的一部分。它的理论框架来自发展契约的概念。合作发展的现代概念提供了在五个不同层面开展工作的发展援助：贸易和投资、技术、技能提升、最不发达国家、赠款。贷款和赠款可以在总体融资机制下汇集。新兴经济体与其他南方国家的合作为这五个层面工作的广泛开展提供了主要的拉动作用，尤其强调对经济发展的全面支持。

应尼泊尔、埃塞俄比亚这样的伙伴国家要求，印度在其项目的形式中特意增加了新的模式。在像尼泊尔这样的国家中的项目数量大大增加，到1952年，印度在印度驻加德满都大使馆发起了所谓的"印度援助代表团"（IAM）。IAM的职责是改进所有项目的综合情况，并在各执行机构之间进行协调。然而，印度很快转向基于援助尼泊尔和不丹的方案。尼泊尔转回基于援助的项目，而不丹仍在基于框架的方案下发展伙伴关系。这也是印度探索三角发展合作之力量的时期。通过与美国合作，印度建立了横贯尼泊尔的广播和道路网络。印度还与加拿大一起，确保了孟加拉国的粮食供应，而那时孟加拉国还被称为东巴基斯坦。即使现在，印度仍与美国一起在阿富汗训练警务人员。在这一合作伙伴关系中，印度主办培训，美国则为差旅费提供支持。

印度还推出了一个提供优惠贷款的新方案，最终成为延长信贷额度的主要方案。在信贷额度计划（1966~2003年）的第一阶段，印度政府与借款国签署信贷协议；相关的信贷额度直接记入预算，并通过印度国家银行支付。在此期间，政府向23个国家提供了83个政府对政府的信贷额度，按照购买力平价（PPP）计算，共计18.1682亿美元（31个美元计价的信贷额度）和58.621亿印度卢比（52个卢比计价的信贷额度）。在孟加拉国独立时，印度对那些不仅与自身相关，而且与孟加拉国的一些其他要求有关的金融贸易给予了全力支持。1975~1979年，印度开始对孟加拉国进行贸易融资。2005年香港世贸组织部长级会议表明，除了基金、信贷额度和能力建设项目之外，自2008年起，印度还对所有最不发达国家提供了免除关税及免费配额进入印度市场的捷径。后来中国也宣布了类似的捷径。

在几个相关计划中，印度还与许多国家建立了技术伙伴关系。印度助力了 1981 年"加拉加斯行动纲领"的启动，该纲领由 77 国集团通过，并完全承认科技在南南合作中的重要性。这导致发展中国家间技术合作（TCDC）的启动，并在许多情况下通过双边合作的形式实现了技术转让。在经济发展的初始阶段，这些技术大多是简单的、与直接需求更为相关的技术。发展中国家间技术合作与发展中国家间经济合作（ECDC）的举措有其自身的局限性，但即便至今，从其中获得的经验教训仍有重大意义。

自 2003 年以来，印度的发展合作项目也经历了重大变革。项目的流入受到限制，增加了对发展合作的制度化的想法。2005 年，以"印度发展与经济援助计划"（IDEAS）为名的新的信用额度计划出现，最终于 2012 年出现了发展伙伴关系管理署（DPA）。有一些新趋势非常有趣，可能会有长期影响。印度探讨民间社会在其自由斗争本身的发展历程中的力量。在合作伙伴国家也进行了同样的探索。印度在尼泊尔推出了一个有趣的计划，称为小型发展项目（SDP），在越南称为快速实施项目（QIP）。在这之外，SDP 变得非常受欢迎。印度目前正在斯里兰卡、阿富汗、不丹和几个非洲国家实施 SDP。短期项目涉及民间社会组织、地方社区，基本上补充了地方行政力量的不足。在这一进程中，印度的发展合作日益利用不断紧密的民间社会组织。事实上，发展伙伴管理机构还与学术界和民间社会组织合作，提出了所谓的印度发展合作论坛（FIDC）。2015 年在新德里举行的第三届印度－非洲论坛首脑会议上，FIDC 被认为是发展合作相关举措的重要联系。印度民间社会组织也在印度当前的经济演变中发挥了重要作用，这为在经济发展中纠正目标提供了更多的经验和资源。

（四）南非的国际发展合作

在 1994 年民主转型之前，种族隔离时代的南非政府为六个非洲国家提供了发展援助，包括莱索托、加蓬、科特迪瓦、赤道几内亚、科摩罗以及巴拉圭，其中巴拉圭的经济和文化都与南非有着很强的联系。

南非种族隔离时代发展援助项目的主要目标是赢得世界其他国家在一定程度上对南非的尊重，并得到友好国家的支持（联合国投票）。发展援助的主要工具是 1968 年的《促进经济合作贷款基金法案》，1986 年修订为《促进经济合作贷款基金修正法案》。

南非外交部部长负责发展援助计划的制度管理，计划包含直接与项目有关的发展援助。然而，关于发展计划的系统研究很少。南非的发展援助计划是基于受援国的直接援助要求。

1994 年实行民主制度后，南非与非洲其他国家的关系发生了重要的转变。发展援助计划成为推动所谓"非洲复兴"的工具。南非试图通过促进与非洲伙伴国家的合作参与来避免遵循南北合作中传统的捐赠国与受援国阶层分隔的情况。南非的目标是驱动非洲大陆经济增长与发展、人类能力建设和政治自由。南非可以利用其长期的经验、经济实力以及强大的制度和技能基础来促进非洲的发展。南非与非洲大陆的发展合作涉及三大方面：①在区域和大洲的层面上强化非洲体制；②促进非洲社会经济发展计划——非洲发展新伙伴计划（NEPAD）的执行；③通过对话与合作，加强双边政治和社会经济关系（Braude et al.，2008）。

南非的发展援助计划嵌入了非洲发展新伙伴计划（NEPAD）的框架以及非洲复兴的愿景，其发展援助计划的重点是非洲，因此，发展援助主要针对较不发达的非洲国家。南非大约70%的发展援助是针对南部非洲发展共同体成员国的。计划的主要目标包括：①政府治理的总体改善；②冲突预防、解决和补救；③安全关切和维和（Braude et al.，2008）。

自1994年脱离种族隔离制度后，南非通过各种多边协议，如77国集团（G77），20国集团（G20），金砖国家（BRICS），印度、巴西、南非对话论坛（IBSA），在全球范围内建立了战略联系，以加强其在非洲大陆的领导作用。然而，大多数南非的发展合作及其未来预期的参与都涉及双边和三边合作，以加强非洲的发展。与双边合作相比，南非多边参与的范围和活动相当有限。例如，南非、印度和巴西为IBSA扶贫基金提供了100万美元的援助。但是预计未来南非不会增加这一捐赠资金的数额。尽管南非是新成立的金砖国家新开发银行的创始成员，但是预计多边合作也不会成为南非发展合作的优先选择（Lucey，2015）。

非洲大陆一直是南非发展合作的重点。尽管南非常常面临在合作项目中单方面运行的批评，但它制定的大多数战略和定位，均来源于区域倡议，例如非洲联盟（AU），甚至来源于南部非洲发展共同体（SADC）。在这方面，南非一直强调应该使用非洲框架来加强非洲的和平与安全。但是，南非应该尝试将其双边和三边活动纳入区域或全球框架中（Lucey，2015）。

与其他主要的新兴经济体不同，南非没有任何集中的机构来管理其发展援助计划。对外援助通常是通过以下方式提供的：

（1）外交部的非洲复兴基金会（ARF）；

（2）各个政府部门，特别是国防、教育、南非治安管理总局（隶属于安保部）、外交、矿产和能源以及工业和贸易部门；

（3）国企、政府机构和其他法定机构（Braude，2008）。

自2007年以来，南非开始筹备建立一个集中的机构，即南非发展合作局（SADPA），来协调和整合其援助和发展合作项目。但它目前还没有建立起来。

四 2030年议程：可持续发展目标（SDGs）与南南发展合作的作用

联合国可持续发展目标标志着不断变化的全球发展制度的一个新阶段。基于联合国千年发展目标（MDGs）所建立的先例，可持续发展目标努力的方向是不仅要在发展中国家的福祉方面做出实质性改进，而且要创造使它们的经济长期增长并进入发达状态所必需的基本结构条件。2030年可持续发展议程（简称"2030年议程"）所订立的可持续发展目标是2015年发起的一整套计划目标，其关键组成部分被纳入可持续发展目标，成为一个为期十五年的路线图。从这一角度看，评估南南合作在培育环境以及直接对未来十年实现SDGs做出贡献中所发挥的作用十分重要。南南发展合作通过以利益为基础、以需求为导向的发展合作方式，以及其中对结构发展、公共企业家和发展融资的格外重视，为实现这些雄心勃勃的发展目标提供了途径。此外，通过启动"2030年议程"劝告世界加强全球伙伴关系（可持续发展目标17），可以建立持久合作的坚实基础，这将为南方发展中国家提供通过南南合作实现变革发展的新途径。

可持续发展目标的内容不仅建立在千年发展目标迄今已获得发展成就的领域中，而且旨在深化这些领域，并将总体发展范围扩大到新的领域。在2014年召开联合国委员会和通过"改变我们的世界：2030年可持续发展议程"之后，在2016年1月1日正式启动"2030年议程"之前进行了扩展性的谈判。

联合国确定的可持续发展目标中有一个特点是值得注意的，这些目标中有意包含诸如工业化、就业条件和环境关切这样的生产部门，这些部门在原来的千年发展目标中并未出现，而此举使可持续发展目标成为更全面的发展目标，因此更有资格宣称在其范围内具有普遍性。与上一个倡议的另一个区别是采用了"新的"发展方法，即南南发展合作，后者在2011年釜山首脑会议之后被正式纳入OECD-DAC的进程。这种增加也是"非传统"合作伙伴（如中国和巴西）兴起的副产品，其发展合作战略更倾向于以共同利益为基础的方法。另外，纳入主要基金会和扩大私营部门在发展进程中的作用反映了发展融资、创新和技术转让的参与程度日益增加，从而拓宽了能够参加"2030年议程"的潜在合作伙伴范围。

基础设施是一个特别突出的领域，在这一领域中，中国展示了其能力、专业知识和金融方法。这充分填补了东南亚和南亚、非洲和拉丁美洲部分地区的基础设施需求，在这些地区，道路、铁路、信息通信技术和水电基础设施建设的拖沓，长期以来被认为是进一步发展的主要障碍。在中国和巴西援助安哥拉和莫桑比克的基础设施项目的例子中，将贷款承付与当地资源关联，这样的做法对市场运作做出了贡献，并对这些国家出口自然资源的能力产生了预期的积极影响。这种资源融资基础设施可以在打破基础设施对发展的严重滞塞方面发挥重要作用。

工业化和将劳动密集型低技能产业从中国这样的成熟制造中心转移到东南亚、南亚和非洲是南南合作的另一个潜在领域。这一观察强调了一个事实，即中国经济被广泛认为正面临"刘易斯拐点"。这个概念是为了描述发展中市场经济体的情况：它们面临着一个拐点，从此前的劳动剩余型经济转向了劳动稀缺型经济，真实工资开始上升。这是生产链下端工业物理移动的驱动因素，纺织品和鞋类产业是这方面的典型例子，它们通过迁移寻求外部效率增益。从历史上看，随着发达经济体沿着价值链上升，东亚的政治经济学就会开始"重新定位"其低成本劳动密集型产业，"雁阵"理论表明这种经验正在复制。此外，值得注意的是，在改善基础设施和降低出口导向型工业的运输成本之间存在相关性，从而使更发达的经济体有明确意愿在工业迁移的同时参与改善交通网络和发电设施。

绿色技术与关于减少气候变化带来的影响、加强应对能源需求上升的能力的承诺相捆绑，构成了合作的一个深层领域（可持续发展目标7和13，并对可持续目标9和11造成影响）。这一领域的南南合作对实现2015年在巴黎制定的气候变化目标至关重要，并为脱离碳密集型能源的转变提供了可持续的框架。让人特别感兴趣的是那些不仅采用绿色技术，而且将技术革新转化为领先和竞争性技术的发展中国家。太阳能技术，特别是在萨赫勒、中东和南美洲较干燥地区的国家，提供了直接从源头利用能源的机会，从而改善那些远离国家电网的家庭的生活。

人类发展是南南合作为实现2030年议程做出重要贡献的另一个领域（尤其是可持续发展目标4和5，可持续发展目标8也在范畴内）。从许多方面来看，所谓的亚洲发展模式，其经验实质集中在国家成功投资和调动人力资本的能力，利用这一战略来加强生产能力，并通过将合适的技术应用于发展而获得收益。教育和培训计划的目的是在被界定为经济生产部门的领域发展相应技能，并通过课程制定、计划交流，甚至材料拨付，支持改善中等和高等教育机构（包括职业学院），这是南南合作可以做出潜在贡献的另一个层面。此外，针对性别问题的进步教育政策，旨在释放作为创新来源以及生产过程中的建设性因素的却未被充分利用的妇女和女童的潜力，这也是南南合作可以通过资源和知识共享提供支持的另一个方面。

正如联合国秘书长潘基文在2016年7月24日向联合国经济及社会理事会提交的关于"2030年议程"进展情况的第一份报告所述，其对统计方法和数据收集方面的差距存在担忧，而这些方法和数据对于在十七项目标认定的所有部门中开展的进程评估而言是必要的。具体来说，所有国家机构的指标不统一，或者说用于获取数据的测算方法需要得到重新考量。以第一个可持续发展目标为例，"消除各种形式的贫困"，学界中有一些人建议，鉴于全球通货膨胀趋势，当前定义贫困的数字——1.9美元过低，因而需要调整。这些因素将明显影响目标的实现。这一问题得到了承认，联合国统计委员会正在这一领域开展工作，但正如联合国秘书长的报告所指出的，这仍是一项正在进行的工作。

确保试图构建国家领导政策的发展中国家拥有足以应对不同结构的制度能力和政策的自主性，其本身是一种极难达到的平衡。然而，如果发展中的学习和政策转让——正是南南合作期望做出的核心贡献——想要切实的发生，那么就需要采取协调一致的努力，确保机构充分和高效运作，工作人员能够胜任并不受腐蚀，领导层能够有效领导。可持续发展目标中的第16项再一次预测了这一先决条件。这强调了有效、负责任的治理和透明实践作为国家结构中的关键条件的重要性，如果一国要满足"2030年议程"的"可持续性"要求，就需要鼓励这些条件的形成。

五　传统的方法：缺失了什么？

（一）经济结构转型被忽视得太久了

即使在很多多边和双边发展机构的发展专家多年努力之下，来自发达国家的传统发展援助也一直没能达到预期的效果。原因之一是官方发展援助（ODA）没有被用于结构转型。如果传统援助在政府的支持下，被用于增加资源以解除潜在比较优势部门的发展瓶颈，那么援助会在低收入国家产生更好的减贫效果，从而更好地实现包容的、可持续的发展吗？

在过去的三十年中，中国达成了世界上最快速的经济增长与减贫成果——三十年中，世界极度贫困数量减少中的绝大部分来自中国。1981~2011年，7.53亿中国人越过了每天1.9美元的国际贫困线。同一时期，作为一个整体的发展中世界的减贫人口数量为11亿（世界银行，2016）。这一成就的原因之一，是中国采取了"干中学"的策略，实施了出口导向型的政策，快速升级了其工业结构，从一个农耕型经济转型为一个全球制造业中心。政府在这一过程中，通过提供公共品如基础设施，以及基础教育，扮演了强有力的推动角色。

要想在2030年前终结绝对贫困，国际援助必须在具备其他资源的环境下使用，这些资源包括非优惠贷款、直接投资和政府支出。在援助更为有效的地方，比如韩国、中国、越南和印度，援助是与贸易、直接投资、基础设施商业贷款、债权和股权投资，以及优惠或非优惠的出口信贷一起使用的。事实上，将援助从贸易和投资当中区分出来，并不符合以市场为导向的要求。

南南发展合作如果在穷国以基础设施差、制度环境扭曲为特点的条件下能够创造一个自主产生的，或是本地化的（非全国化的）促进性环境，诸如促进动态结构转型的经济特区或是产业园区，那么此类发展合作在减贫方面的有效性就可以得到提高。促进产业集聚的方法在低收入国家更为有效。

充满活力、不断增长的新兴发展中国家，最适合帮助一个穷国完成动态结构转型和减贫的跳跃式起步：前者能分享其在经济特区或是产业园区中构建当地化的促进性环境的经验，且能够将其劳动密集型轻制造工业转移至穷国，即所谓的"雁阵模式"（Lin，2012d）。

（二）委托－代理问题

Martens 等（2002）在"援助者－受援者"关系的研究中重点考察了"委托－代理"问题，发现"对外援助的天然特点——基于一个断裂的信息反馈回路……给对外援助项目的实施添加了许多固有的约束。所有这些约束，都可归因于援助实施过程中的不完全的信息流动"（Martens et al.，2002：30）。他们引用了 Streeten 关于有条件援助的著名问题："如果一件事本身就对受援者有益的话，为什么援助提供者还需要给前者付钱（提供援助）来让它做那件事？而如果某件事是对受援者无益的，那么又为什么要去做这件事？"他们的研究直率地指出了现代 ODA 所面临的一个基本悖论——援助提供者和受援者面临不一致的激励。

事实上，不完全信息和有条件援助中的代理问题并未得到足够的研究。国际货币基金组织（IMF）独立评估办公室（IEO）承认 IMF 在 1997～1998 年的亚洲金融危机期间犯了一些错误，导致了不必要的阵痛。"完全的资本账户自由化或许并非对所有国家、在所有时间都是正确的选择，在一些特定的情况下，对国际资本流动的管控措施可以在宏观政策工具库中占据一席之地"（IEO，2007；IEO，2015）。在一篇关于资本管控的工作论文被发表（Ostry et al.，2010）之后，Dani Rodrik 将这篇论文称为"令人震惊的反转——最接近于一个机构的公开认错，就差没有直接说'对不起，我们搞砸了'"（Rodrik，2010）。

（三）被误导的政策处方

产生这一被误导的政策处方的原因之一是当时被美国学术界强化的理论——资本账户自由化对发展中国家的资本分配和经济增长是有益的——前提是假设资本同质。也就是说，金融资本和实体资本之间没有区别。在这样一个理论模型之下，货币错配，甚至是期限错配都不存在。同样不存在的还有利益不对称——储备货币发行国可以用虚拟金融资本向非储备货币发行国换取真实的产品和服务。发达国家和发展中国家在工业和技术结构上也没有了区别，唯一的区别在于资本禀赋。在这一理论中，资本账户自由化仅对资本稀缺的发展中国家有益。在这些理论的指导下，华尔街和国际金融组织为它们在发展中国家大力推行资本账户自由化创设了"道德高地"（Lin，2015a）。

然而在现实中，发展中国家却饱受反向资本流动之苦——资本从穷国流向了不那么穷的国家——从而使富人获利，如 Lucas（1990）指出的那样。

20 世纪 70 年代布雷顿森林体系的瓦解，以及由华尔街、美国学界和 IMF 共同推行的资本账户自由化，其总体效应与发展中国家更大的经济波动幅度和更为频繁的危机相关联（Lin，2015a；Lin，2015b）。在更多国家于 20 世纪 80 年代放开资本账户自由化之后，"在超过 50 个新兴经济体发生了大约 150 次资本流入的浪潮，在其中 20% 的情况下，这些浪潮最终演变为一场金融危机，这些危机中的许多次都导致了大幅度的总产出下降"（Ostry et al.，2016：39）。

所以，现在到了 IMF 和世界银行"打开厨房"，迎接来自东方不同发展理论和观点作为它们政策建议中的"配料"的时候了。事实上，主流发展范式似乎正在发生变化：数种不同的范式可以共存，而发展中国家可以基于自身的发展需求从菜单中选择（Lin and Rosenblatt，2012）。

六　将新结构经济学与南南发展合作相联系

新结构经济学提出使用新古典的方法，在一国经济发展的阶段当中研究其经济结构和改革的决定因素。这种方法假定每个国家在特定的时期具有给定的要素禀赋，这些禀赋包括土地（自然资源）、劳动力、资本（人力和物质），代表了一国能够用于三次产业商品和服务生产的总可用预算。任何特定时期内，一国都会拥有某些禀赋的相对富足，这种给定的禀赋特征可能随着时间而改变。此外，基础设施作为一种禀赋，在任何时期内都是固定的，但可以随着时间改变（Lin，2010b：21）。

这一框架意味着在任何给定的时间点，一国要素禀赋的结构，也就是该国所拥有的相对富足的要素决定了相对要素价格，从而决定了最优的工业结构（Ju et al.，2011）。因此，一国最优的、能使该国最富有竞争力的产业结构，是由其自身禀赋结构内生决定的。

进一步来说，经济发展作为一种动态过程，将会引发结构变化，在每个结构水平上影响产业升级，并引起"硬的"（实体）和"软的"（无形）基础设施的相应提升。此种升级和提升要求一种内在的协调，这种协调与企业的交易成本和资本投资回报率有关。因此，在有效的市场机制以外，政府还应该在促进结构转型、多样化和产业升级方面起到积极的作用。（Lin，2012b：14－15）。

在长期，如果一国根据由其内在要素禀赋决定的比较优势发展了相应产业（以及该特定产业所对应的专门基础设施），该国就能最大化其竞争力，产生最大的利润（剩余），积累最多的储蓄，并以最快的速度升级禀赋结构，转向资本更为密集的产业。这将形成一个良性循环，基础设施的投入也将在财政上变得可行。

如新结构经济学所详述的那样，对于穷国来说，最有效、最可持续的发展方法，是通过发展其拥有潜在比较优势的部门来助推结构转型。政府部门可以介入来减少这些部门的交易成本，比如构建经济特区或者产业园区，这些地方有着良好的基础设施和极具吸引力的商业环境。如果一个发展中国家采纳了这一方法，它就能在该区域内快速地开始一个创造工作机会、减少贫困的良性循环，即便该国的基础设施和商业环境可能很糟糕。

我们提出一个"联合学习与协调转型"的模型，在这一模型中所有发展伙伴都是同一基础上的学习者，但是以不同的速度学习。不同阶段的学习者能够根据他们各自的比较优势、"交互工具"和互补程度选择不同的学习伙伴（或"队友"）。每个国家可以自由选择队友、发展战略和优先次序。一个学习者可以有多个伙伴，上游或下游，北方或南方，对于每一个伙伴，他均扮演互利互惠的互补角色。另一个类比是，新兴的发展中国家处于攀登同一座结构转型山峰的不同阶段。在一个全球化的世界中，一个经济体只有在其他经济体的帮助下，才能更快地登上这座山峰。

我们就中国南南合作的特点，结合新结构经济学（NSE），给出两个命题。

我们的第一个命题是：一个在转型中取得成功的学习伙伴，能够利用其发展上的比较优势来帮助传播关于如何发展的隐性知识。中国有着数千年的"向远方的朋友学习"的历史，并且相信"温故而知新，可以为师矣"（在我们的语境下，这句话就是"只有在你拥有比较优势的情况下，你才能教别人"）。利用比较优势，将使合作双方都能获益（这一点我们学自亚当·斯密），因此双方的激励是一致的，均试图达到互利互惠或是双赢的结果。我们甚至可以像测算"贸易的收益"那样测算"合作的收益"。这在本质上不同于"有附加条件的援助"模型，后者中援助提供国与受援国的激励并不一致。

我们的第二个命题是：一个国家只有通过一次一小步的前行才能学习，这也反映其自然的或是积累的要素禀赋。换句话说，基于 NSE 的理论，一国通过遵循其比较优势（而非挑战它）来学习。因为中国实施了渐进的局部改革，它能够帮助其他国家通过建立经济特区（SEZs）以及其他一些经验来推动局部改革。一国能够通过储蓄、投资、学习积累自然、实体、人力和制度资本来改变其禀赋结构，但这一过程需要很长的时间。对于一个资本稀缺的国家来说，违背其比较优势，跳跃成为一个资本密集型制造国或是一个高科技知识型经济体，是不可能的。

（一）需要新思路：基础设施加上工业园区

在发展中国家进行基础设施投资能够缓和一些发达国家正在经历的后危机痛楚，并且能够帮助发达经济体创造工作岗位，刺激经济增长。然而，仅有基础设施投资并不足以驱动经济增长的引擎并创造工作岗位，除非将前者与生产性资产和人力资本相结合。因此，我们认为基于新结构经济学，基础设施需要与产业园或区域发展、结构转型相联系，才能达到自我可持续的状态。

从土地融资的角度来看，对合适的基础设施和工业资产进行投资将会增加土地的价值（这是得到普遍承认的原理）。土地融资是一项有力的工具，能够支付城市基础设施投资的费用。在中国建立经济特区，并围绕这些经济特区建设基础设施时，这些选项得到了应用（王燕，2011）。

因此，我们的命题1如下。

其他条件不变，一块具备适当水平基础设施的土地总是比不具备的土地更有价值。因此土地就能够很好地作为基础设施开发贷款的抵押品。首先，这一命题得到了实证研究的确认，实证研究表明基础设施有益于穷人，因为它增加了土地或人力资本的价值，并减少了不平等程度。（Estache et al.，2002；Estashe，2003；Calderon and Serven，2008）。

其次，由于基础设施往往是某部门专用的，那么上文所说的"适当"水平的基础设施成本必须在人口的承受能力之内，并且与该国既有的或是潜在的比较优势相一致。因此，我们需要依靠市场机制来确定正确的相对价格，以了解何种基础设施才能起到"解除瓶颈"的作用。此外，政府必须起到提供信息的作用，明确比较优势，与合适的基础设施相联系，并通过开发经济特区（SEZs）来加速这一过程，因为经济特区使私人部门能够实现自我发展。

因此，我们的命题2如下。

转型性基础设施能够有助于在一国的禀赋结构与其现有和潜在的比较优势之间建立联系，并且将它们在全球市场上转化为比较优势。从而，转型基础设施在融资上是可行的。换句话说，将基础设施建设与产业升级、房地产开发相融合，能够使二者均达到财务可持续的状态。这一方法有着很高的潜在回报率。

基于这两个命题，任何低收入国家在长期内都能获得为合适基础设施埋单的能力，只要他们采取与自身比较优势相一致的战略。换句话说，我们需要更关注"这些国家有什么"，而不是"这些国家没有什么"。世界银行和其他发展银行应该致力于从基于"这些国家拥有什么"到"这些国家有潜力做好什么"，进一步转向思考如何将该国的比较优势转化为全球市场上的竞争力。

但是基础设施资金缺口如何才能在不给已经资金短缺的政府增加财政负担的情况下得到填补呢？

基础设施包含一系列的公共品、半公共品和私人商品。它需要融合传统和新型的融资渠道，尤其是私人部门。发展中国家的基础设施项目一般由以下来源的组合进行融资：国内公共融资、来自多边或双边贷方的贷款或赠款（ODA 和 ODF）、包括资源融资在内的商业贷款（RBLs）以及一些公私合资基础设施投资（PPPI）。多种资金来源可被利用，取决于特定基础设施是公共、半公共或是私人的，其中一种方法被称为"资源融资基础设施"（RFI），我们将会在下面进行讨论。

（二）资源融资基础设施（RFI）：作为一种新工具的优缺点

在过去的十年中，中国发展了一系列与非洲国家的资源融资基础设施项目，受到了西方媒体的批评。一项世界银行的最新研究认为这是"一种新型的基础设施融资"。RFI 模型的定义是什么？简单来说，"RFI 模型是一种新型融资模型，政府以一项资源开发项目的未来收益作为抵押，用于获得贷款以支付基础设施建设的资金。这一模型的关键优势在于政府能在其拥有支付能力之前就获得基础设施，而不用等待资源项目真正产生收益。这一新型融资模型在某些层面上与其他融资模型很相似，使用这一模型也会引致每一个此类模型都会遇到的问题，不论这一模型是用于资源开发项目，还是基础设施项目"（Halland et al.，2014：13）。

1. RFI 的主要优势：更快获得发展结果

在比较了多种传统基础设施融资方法的优缺点和差距后，Halland 等（2014）强调了 RFI 方法最重要的优势是"能为一国（东道国）和其人民带来巨大的利益，……早于其他任何可能的方法数年之多"（Halland et al.，2014：14）。但是这项研究对于经济体"结构"侧的内容讨论得相对较少，对结构转型更是毫无涉及。在《新结构经济学》（Lin，2012）的知识基础上，我们将在下文通过强调 RFI 概念的发展层面讨论 RFI 方法的优缺点，并会特别关注结构转型、货币错配、空间集中，以及政治经济和透明度问题。我们将评估过去 RFI 交易的任务留给未来的研究。

经济发展是一个连续的产业和技术升级的过程，在这一过程中，每一个国家不论其当前发展水平如何，只要发展与禀赋结构决定的自身比较优势相一致的产业，都能取得成功。然而，这一过程并非自发的。如果政府不起到促进作用，解决这一过程中内在的协调问题和外部性问题，私人部门可能不愿意基于国家禀赋结构的变化，分化进入新的部门。RFI 的概念能够将资源开采和"解除瓶颈"的基础设施建设联系起来，这是两个本来相互分离的供应链，从而减少了交易成本。在传统的世界银行的方法中，资源开采和基础设施建设是两条分离的供应链，属于两个不同的部门。它们的项目是分别设计、分别融资的，在发展中国家，它们由不同的部门实施。在 RFI 方法中，资源开采的收入流或潜在收入流被用作基础设施建设的贷款抵押，它联系了本来相互分离的两条供应链，从而减少了交易成本，并缩短了基础设施落地后发展效应实现的时间。这使得发展结果能够更快更早地显示出来。这是 RFI 方法最为重要的优势，在加纳布维水电站的例子中得到体现。在这个例子中，加纳可可豆的出口被用作向中国进出口银行贷款的抵押。水电站是由中国水电集团建设的，在 2013 年完工，作为 EPC 成套项目的一部分，完工后由加纳的布维电力局（BPA）拥有和运营。通过利用中国和加纳两国的比较优势，布维水电站的落成使加纳的供电能力提升了 22%。然而，这一项目完全的发展效应仍有待估计（Lin and Wang, 2016）。

2. RFI 促进结构转型

关于 RFI 方法是否"物有所值"问题，Halland 等（2014）表示，理想状态下，"RFI 信贷可能成为当必要基础设施无法产生足够收益以支持项目融资交易的时候，获取该基础设施的成本最低的选择"。该研究同时还指出了此前基础设施融资模型所遗留的空缺，能够由 RFI 方法填补，包括有关"无追索权"贷款有趣特性的问题。

大多数基础设施贷款具有"有限追索权"贷款的一些特点，因为政府不能或不提供完全保障。如果中国过去的 RFI 合约真的是极其偏向债务人的"无追索权"贷款，那么相对于完全追索权保障的贷款，放贷者实际上承担了更高的风险。这代表一种特殊的，在其他情况下很难获得的，由 RFI 合约中的放贷者提供的"保险服务"。这种服务尚未被国际发展社会所充分理解和定价。IMF 和世界银行应该进行更多的研究，探求这种偏向债务人的无追索权贷款的"正确"定价。

RFI 的概念有助于低收入、资源富饶的国家超越数种约束，其中就包括货币错配。众所周知，以本国货币计量的特定基础设施收益流，无法用于偿还以外汇计量的贷款。理想情况下，结构转型不应受到外汇储备不足的制约。RFI 方法更关注实体部门，不太依赖由外汇计量的现金流。这一概念减少了一国为了偿还外国贷款所必须持有的外汇总量，前提是只要该国有潜力生产某种在国际市场上卖得出去并能在未来产生收益流的商品，诸如石油、天然气或是可可豆（加纳布维水电站的例子）。

不是所有国家在国际金融市场都有平等的准入权，使其能够发行债券为基础设施发展融资，因此，必须找到创新的方法来为一些国家的发展融资。RFI 模型允许一国长期以一种资源换取另一种生产性资产，进而支持实体部门在不完全依赖金融市场的情况下完成分化。此外，这一方法减少了资源租赁或收益被转移到国外而导致的漏出，或是资本外流。这种以"实体"换"实体"的部门交换，能够帮助解决饱受严重金融和治理约束困扰的低收入但是资源富饶的国家的发展。对于受到能力差距制约的国家来说，一个"实体"换"实体"的交换项目，诸如"工作换食物"项目、成套项目、"市场换技术"交换项目，以及"资源换基础设施"方法，如果设计得当、监管得力，能够在很短的时间，诸如三至五年之内，产生可观的发展结果，如建成公路或学校，创造工作机会。

并不是所有的资产类型在生产力和减贫效应上都是相等的。这其中有一些是公共品或半公共品，其他则是私人商品。某些类型的基础设施具有"解除瓶颈"的效果，能产生很高的发展效应，另一些则不具备此种特点。RFI模型能够以一种有意义的方式，将公共品的提供和自然资源（私人商品）的开采整合、集约到一起（例如，围绕在一个经济特区周围），使东道国的人口受益，并且增加私人部门参与公共品投资的吸引力。

3. RFI与风险

在风险管理侧，政治经济层面至关重要。一方面，RFI模型由于其"快速"达成发展结果的特点，可能受到民选政府的欢迎。另一方面，这一特点也可能损害还贷周期，原因是借款国的下一届政府会忘记前期所获得的收益，可能会取消甚至收回起初允诺的特许权，或是要求重新谈判。在一个1985～2000年的样本中，来自拉丁美洲和加勒比地区的国家承诺了1000个特许协议，其中有30%在2.2年内进行了重新谈判，这其中重新谈判发生率最高的是供水和卫生设施项目（74%）（Guasch，2004：12）。这是RFI方法最大的风险之一。

围绕过去的RFI组合，存在关于透明度问题的合理担忧。出于道德、政治和风险管理的原因，我们极力支持采掘业透明度行动计划（EITI）的原则。历史已经证明，出于政治风险管理的考虑，在谈判过程中保持透明度与保密性的平衡十分重要。在我们看来，任何暗中达成的"交易"——没有公众的支持——一旦政府发生了变化，更可能在政府更迭之后受到质疑，或是进入重新谈判。这一历史所带给我们的教训应该被熟记于心。

（三）建设产业园区以吸引制造业

产业园区能够促进结构转型的观点并不新颖。经济学家们强调产业园或产业区利用动态规模经济，减少了搜寻、学习和交易成本。特别地，对特别经济区进行投资能够：

（1）将公共服务在地理上集约在一个集中区域；

（2）提升政府有限的基础设施资金或预算的效率；

（3）促进特定产业的集群发展或集聚；

（4）通过为工人、科学侨民、技术人员提供良好的居住环境以及集成式服务，促进环境服务的规模经济，推进城市发展；

（5）通过绿色增长和环境友好的城市发展，潜在地、环境可持续地刺激工作岗位创造和收入产生（Lin and Wang，2013：14）。

　　一个国家不可能一次性建好商业基础设施，发展中国家尤其如此。他们缺少资源，实施能力低下。他们也缺乏政治资本来制定政策和改革方案以对抗既得利益集团和其他政治反对力量。这样的环境决定了这些国家需要定向的干预或是引导，尤其是在起始阶段。

　　在区域周边和区域内对基础设施进行投资可以促进制造业的集团、集群发展以及工作岗位的创造。

七　21世纪的未来发展融资

（一）"一带一路"愿景和儒家思想

　　中国国家主席习近平在2013年APEC峰会上提出了一项全新的构想，构建"一条丝绸之路经济带，一条海上丝绸之路"（简称"一带一路"），得到沿途五十多个国家的支持。这一构想的基本原理是什么？

　　"一带一路"倡议反映了中国领导人关于世界秩序的构想，该构想的指导原则包括共同繁荣、"求同存异"，以及提供全球公共品、安全和保障、可持续性的承诺，吸取了中国儒家思想的深厚财富。大多数历史学家同意中国在工业革命之前是相对繁荣的说法。"工业革命之前，中国要富有得多。事实上，中国在世界GDP中所占的比重，在过去20个世纪中的18个世纪里，都比任何西方国家多。直到1820年，中国仍生产了世界GDP中超过30%的比重——这一数字超过西欧、东欧和美国的GDP总和"（Kissinger，2011：11）。

　　儒家思想或许可以对此做出解释。"早在宋朝（969～1279），中国在航海技术上领先世界；中国的舰队本可以将这个帝国带入一个征服和开拓的时代。然而中国却并没有在海外建立殖民地，对于那些在其海岸线之外的国家，中国似乎并不怎么感兴趣"（Kissinger，2011：8）。

　　孔子强调"仁"、社会和谐的教化、同情心的原则，他对终身学习抱有热爱，例如"学而时习之，不亦说乎"，以及向他人学习，如"三人行，必有我师焉。择其善者而从之，其不善者而改之"。

　　正如Kissinger所记录的，"中国数千年屹立的原因，与其说是因为其统治者施加的惩戒，不如归功于在人民和士大夫组成的政府中形成的价值共同体"（Kissinger，2011：13）。科举考试允许有天赋的人成为统治阶层的一员，这会为他们的家庭带来不菲的经济收益和至高的荣誉。不仅如此，科举考试还潜移默化地向精英的脑中灌输着一套价值体系，强调对统治者的忠诚和对人民的服务，这就进一步降低了统治和统一庞大国家的成本

（Lin，1995）。这一价值共同体，帮助一个庞大的国家维持统一达数千年之久。

儒家思想也塑造了中国同邻国的关系。中国利用其力量来修复与邻国的关系并维持和平，而非征服它们，这反映了儒家的原则，《论语·尧曰》中讲道："兴灭国，继绝世，举逸民，天下之民归心焉。"这或许可以帮助解释为什么"中国并没有在海外建立殖民地，对于那些在其海岸线之外的国家，中国似乎并不怎么感兴趣"（Kissinger，2011：8）。

深深根植于中国历史和文明的坚定不移的信条是"己所不欲，勿施于人""己欲立而立人，己欲达而达人"。这些原则一直在过去五十年中国对外援助与合作的愿景背后起着指导作用。

新一代中国领导人尝试现代化、强化这些价值和原则。"中国当前在全球发展融资的系统运行中有着基本的利益和责任"（Xu and Carey，2015）。如中国国家主席习近平所说，"巨大的太平洋有着充足的空间容纳中国和美国"（《华盛顿邮报》2012年2月12日）。这些理念被完全纳入中国的"第十三个五年计划"，在这一计划中，中国呼吁建立一种新的发展模式，基于五项基本原则："创新、合作、绿色、开放、共同发展。"计划中设定了一项双向开放的战略，旨在促进所有生产要素的有序流动，支持基础设施开发和与邻国的联结［《国务院五年计划（草案）》，2015］。

换句话说，"一带一路"不仅是一个构想，而且是中国对外政策和发展融资的指导原则，并且有着切实的实施计划。

（二）一种新的双边方法：建立"共命运同目标"的共同体

鉴于《亚的斯亚贝巴行动议程》的支持，金砖国家和其他非DAC成员国将会在南南发展合作中持续它们的双边方法，以达到减贫和可持续发展的目标。但是为了克服"援助有效性"文献中提到的某些激励问题、信息不对称和委托－代理问题，下列原则必须得到遵守。

东道国必须拥有其发展项目的完全所有权。一个南南合作项目应该"由东道国提出要求，由东道国领导，并由东道国共同建设"。援助提供国和东道国应该处于平等的立场，双方中的任何一方都可以表示拒绝（《亚的斯亚贝巴行动议程》56号条款）。

合作的伙伴们可以尝试建立"共命运同目标"的共同体，以寻找共同的利益立场，同时惠及伙伴国和东道国的国家利益。诚然，每一个发展中国家都有各自的国家利益，南南合作并不是纯利他的。双方都应该尽力寻找共同的利益立场，并达到互利互惠的双赢结果。在项目层面上，资本注入、贷款放出之前，双方可以建立一家合资公司。事实上，这家合资公司就是这一"同目标"共同体的实体表现。举例而言，在印度尼西亚修建高速铁路系统的例子中，一家通过国际竞价选拔的中国公司与印度铁路公司组成一家合资公司，双方都同意对权益资本做出贡献。进而，其他放贷者和投资者，诸如中国国家开发银行和丝路基金，也可以对权益资本做出贡献。这样一来，如果项目成功，双方均能获利，如果项目失败，双方都会蒙受损失。

但是双边的南南合作也有缺点。显然，这一模式无法杠杆化基金，并在多个合作国家中分担风险。这一模式也无法促进学习和三边合作，因此通过学习是否能提升这一模式的有效性仍然存疑。此外，如果发生争议和违约情况，这一模式下问题会变得十分棘手。在我们的系列书籍《超越援助》中，我们提出了四条提升中国南南合作努力的途径：

（1）尽快起草对外援助法案；

（2）为中国的援助和合作活动，在条件方面提供更高的透明度；

（3）提供培训和教育，以配合当地的劳动力、环境标准；

（4）建立一个清晰的框架，以评估、评级或排序所有参与南南发展合作的企业和银行（Lin and Wang，2016）。

除此之外，我们在此建议，更高比例的中国融资项目应该向国际或当地开放竞价，尤其是大型项目的特定子部分，这样能够有利于当地建筑业和制造业的中小企业，在当地创造更多工作机会。东道国政府也可以出台此类规定，要求一定比例的子项目在当地开放竞价招标。

最重要的是，双边机制完全无法满足提供全球公共品的要求。类似地，诸边协议（在数个伙伴国之间达成，诸如金砖国家的情形）也不足以解决一些全球性问题，诸如气候变化、区域间互联互通，因此，这些问题的解决需要诉诸一个多边体系。

（三）多边金融协议

巴西、俄罗斯、印度、中国和南非联合建立了新发展银行，其前身是金砖银行，由经验丰富的印度银行家 K. V. Kamath 领导，总部设在上海。在协议的第一条款中，陈述了该协议的目标是"为在金砖国家和其他新兴经济体、发展中国家建设基础设施、实施可持续发展项目，促进资源流动，补充现存多边和区域金融机构对全球增长和发展所做出的努力"。

金砖国家位于不同的大洲，具有不同的比较优势和国家利益。许多分析者认为新发展银行是"暂时性的、羸弱的"。我们认为他们错了。我们相信这家银行反映了真正平等的伙伴关系，基于"求同存异"的原则。同时，它还有潜力成为一个"共命运同目标的共同体"。这五个国家都是中等收入国家，努力想要升级它们的产业，并从自身所处的世界价值链的位置中分化出来。它们都有着自己的国家利益，但也有着巨大的余地可用于追求"共同利益"。它们是攀登同一座结构转型高峰的队友，需要彼此的帮助。利用各自的比较优势，他们能够在经济上实现互补。

类似地，在公司治理方面，所有创始成员国对新发展银行做出同等贡献，并拥有同等的投票权，是"真正的发展伙伴关系"。"每一位成员的投票权利应当与其在银行股本中所占的比例相对应"。没有一国处在支配地位，向其他伙伴国施加条件，所有伙伴国都需要遵守游戏的国际法则。伙伴国可以自由加入或退出，每个国家都可以说"是"或"不"。所有联合国的成员都可以加入。

总结而言，金砖国家、传统与新兴发展合作提供者、双边与多边机构之间，有着充足的空间，允许它们互相学习、交流经验。

（四）新多边主义的优势

过去，大多数来自中国的发展合作都是双边的（Lin and Wang，2016）。随着新的多边金融组织的建立，中国将会贡献更多的发展融资。

发起并运行一个新的多边金融机构，对于中国来说将会成为一个学习和实践的过程。一组具有国际视角的中国人将会在 AIIB 主席金立群先生的领导下入主亚洲基础设施投资银行（AIIB）、新发展银行（NDB），与同事们的合作将会增强他们的国际领导力和合作技巧。

一个多边金融机构使得中国能够撬动国际资本，积蓄数额更大的资本，从而能够比通过双边发展合作施加更大的影响。这将会减少目前从发展中国家流向发达国家的资本量，提升全球资本分配的效率。理论上这将提高回报率，在发展中国家的瓶颈部门投资应该比在工业化国家投资有着更高的回报率，因为后者的资本已经十分充足。多边金融机构也使风险在更多成员国之间分摊，对于风险管理极为有益。此外，它能增强合伙人保护投资对抗所有风险（包括政治风险）的能力。

世界其他国家则会受益于拥有大量的储蓄、快速增长的消费者需求和庞大的金砖国家经济体的规模经济。中国、印度和其他新兴国家正处在这样的阶段：劳动密集型产业由于国内快速增长的劳动力成本，需要转移到其他国家。这为低收入国家升级它们的制造业提供了巨大的机遇。

此外，中国有着其他小一些的国家所没有的规模经济，这使得中国建造大型交通网络的成本很低。中国已经展示了它在建造大型基础设施方面的比较优势，这要归功于中国低廉的劳动力和工程师，以及中国具有的在国内完成许多大型项目的能力、集融资能力和在世界其他地区实施大型项目的能力（Lin and Wang，2016）。与中国和中国铁路网络相连接的国家，能够受益于这些规模经济和比较优势，扩大他们进入内陆消费者市场的入口。事实上，接入一个（硬或软）大型网络的社会收益应该是巨大的。

新的机构需要所有股份持有者分享信息，从而增强透明度和内部治理。这将会在之后影响大股东在国内的行为，并为国内的立法改革提供压力和倒逼机制。举例而言，在建立AIIB 的治理结构的过程中，中国领导人可以从其他拥有更为健全的对外援助法律法规体系的创始国那里学习。NDB 和 AIIB 的协议条款预示了对透明度和治理的高标准，这也将影响双边南南合作中的参与方。这将会加强所有创始成员国之间的信任，包括南方和北方伙伴国之间的信任。

八　总结评价

本报告包含三部分。第一部分对国际发展合作（IDC）和南南发展合作革新面向2030 年做了概览综述，然后给出了南南发展合作对全球发展贡献的评估。本报告试图反映发展合作的新观点、新机制与新方法。第二部分关注南南贸易合作、南南发展援助以及南南直接投资。第三部分考察了关于主要南方国家合作的案例研究，诸如中国的发展合作新架构（"一带一路"倡议）、中国与非洲之间的发展合作、巴西的发展合作、印度的发展合作、南非的发展合作，最后以"变化的动态与国际发展合作"进行了总结。

注：《报告的主题》这一章节引自本报告的多位作者。本报告各章的内容纯属相关作者观点，而非 FCSSC 的观点。

第一部分

第一章

面向2030年：国际发展合作和 南南发展合作革新概览[*]

一 导言

南南发展合作在过去的五十年中经历了巨大的转变。传统西方发展分析家们曾认为南南发展合作（也被称为南南合作）是地方性的、无关紧要的，它在亚洲、非洲、拉丁美洲和加勒比等部分地区的去殖民化过程中出现，并由此发展成为新兴的南方部分地区和其他发展伙伴们的重要发展引擎。经济合作与发展组织（OECD）于2011年底在韩国釜山召开的援助有效性高层峰会上对南南合作有了新的认知，强调了南南合作的全球地位变化。随着南南合作转向应对未来数十年的发展挑战，它需要继续展现这些充满活力的特质，这一点显示于2030年可持续发展议程中。

南方革新者所采用的战略与方法，受到他们所面临的物质条件与变化的国际环境的深刻影响。多哈发展回合的失败，伴随着民粹主义和全球主要经济体诸如欧盟和美国经济错位所催生的不确定性，增加了发展中国家在未来数年推进它们的发展进程时所面临的约束。与此同时，2015年可持续发展目标（SDGs）的传播为全球发展进程的下一阶段铺好了道路。在这一阶段中，国际社会将共同承担义务，通过提供经济支持、市场准入、技术支援和发展融资，以达到目标。

在这一层面上，南方的新兴国家通过协调努力展示了协同调动国内资源与外部资源的能力——最佳代表是中国的大幅度经济增长及其人民生活水平的不断提升——以在它们的

---

* 本章作者是 Chris Alden 和 Folashade Soule – Kohndou，Chris Alden 教授任教于伦敦政治经济学院（LSE）国际关系学系。

经济与社会中产生转型效应。① 同时，南南贸易的崛起、如火如荼的技术和经验交换、发展中的蓄电池和旨在鼓励加入经济活动的商业融资，都使南方国家在全球经济中起到的作用不断得到增强。考虑到这一时期的国际不安定局面以及由此引发的极富挑战性的环境，南南合作作为实现全球发展议程关键工具的重要性更为凸显。因此，理解南南合作如何作为发展的催化剂，以及如何持续作为理念、革新、发展融资、人类发展和制度能力建设的来源发挥作用，对于评估其对达成 SDGs 能够（可能）起到的作用和产生的影响至关重要。

本章将会考察以下内容：第一，南南合作的起源和演进；第二，从国际发展援助中吸取的经验教训；第三，在南南合作中发展和实施的革新举措；第四，南南合作在达成雄心勃勃的 2030 年可持续发展目标中所能起到关键作用。

二 南南发展合作的演进

南南关系通常指发展中国家之间的政治、经济、技术、社会和文化关系。尽管这些关系最初是由对殖民主义的反应而塑造的，并且在冷战期间由意识形态推动，随着时间的推移，这些关系的本质和增长均发生了演进。此外，南南纽带逐渐通过多边合作机制变得制度化，这一过程同时通过联合国框架和选择性多边俱乐部发生。这些进程的发生，都为南南合作打下了基础。

在动荡的冷战环境下，发展中国家不论是在经济上还是在政治上，仍在很大程度上依附于它们各自位于北半球的前殖民宗主国。尽管当时也存在发展中国家之间的互动，但此类活动大部分维持在区域水平，扩展程度较小。发展中国家之间的关系较为薄弱，并且带有北南依附模式的印记（Rosenbaum and Tyler，1975）。联合行动在当时受到限制，并且经常以形成共同利益作为结果，而非达成有效的、旨在减少对发达国家经济依赖的经济政策。南南关系的重大缺陷和不断恶化的竞争集团张力，使得数个来自南方的发展中国家，将诸如联合国这样的全球平台，作为主张政治独立的发声场所（Rosenbaum and Tyler，1975）。增强南方国家之间的政治、经济和社会联系的必要性从而得到了提升，因为此举符合自主和减少对北方依赖的要求。

这一时期也是"第三世界"② 这一说法的产生时间，这一概念适用于所有全球化过程中被边缘化的、希望和冷战中超级大国之间的较量保持距离的发展中国家（Sauvy，

---

① UNDP, *Human Development Report：the Rise of the South*（New York：UNDP，2013）.
② 美国及其西欧盟国被指定为"第一世界"，苏联及其盟国被指定为"第二世界"。

1952）。发展中国家之间在联合国的关系形成于1955年，当时联合国成立了亚非小组，使非洲国家和新独立的亚洲国家能够走到一起。同样的关系也建立于不结盟运动（NAM）首脑会议上，这一会议紧接着万隆会议，举办于1955年4月。新世界经济秩序的第一次激荡发生于1964年一些促进发展中国家经济兴起机构的形成和制度化，诸如联合国贸易和发展会议（UNCTAD）以及77国集团（G77）。在1973年石油危机和资源卡特尔崛起的余波之下，一个新的自信的南方集团——石油输出国组织（OPEC），呼吁直接对话以创造构建国际经济新秩序的良好环境。资源卡特尔在发展中世界快速兴起，产生了边际效益，发展中国家试图利用商品作为获得更好贸易条件的工具。

1978年在布宜诺斯艾利斯召开的发展中国家之间的第一次技术合作会议，在技术层面上，也对发展中国家之间关系的形成产生了同样的推动力。这次会议召集了大多数的发展中国家，并采纳了布宜诺斯艾利斯行动计划，在计划中认定了15个交叉区域以供发展中国家开展技术合作。值得一提的是，当时在发展中国家间被广泛使用的术语"技术合作"逐渐被"南南合作"替代。

事实上，直到1986年，作为术语的"南南合作"并未出现在一些著名的发展中国家组织的书面宣言中，不结盟运动、77国集团或是联合国贸易和发展会议，它的第一次使用是在1986年第八届不结盟运动峰会提出的《哈拉雷宣言》中。南方国家不论是在大小、经济结构、经济社会和技术水平，以及文化、政治体系多样性和意识形态上，都可以被看作一组分化出来的极富特点的国家（Tripureshwor and Kathmandu，2011）。尽管存在经济、政治和社会方面的异质性，这些国家有着一个共同的特点，这一特点在根本上是国际的，并使这些国家愿意采取联合行动战略以守护共同利益。巧合的是，这一时期马来西亚总理还成立了一个"南方委员会"，该委员会是在不结盟运动哈拉雷峰会召开的一年后成立的（Alden et al.，2010）。这一委员会由印度的曼莫汉·辛格担任主席，坦桑尼亚总统朱利叶斯·尼雷尔担任秘书长，其目的在于对南方国家之间的政治、经济关系，以及发展中国家可能面临的国内和国际挑战进行评估，并提出应对之法。印度和委内瑞拉、韩国一起，对这一委员会的工作做出了重大贡献。

南方委员会在报告中建议国际社会放弃使用"第三世界"这个称呼，因为这个概念包含了3/4的生活在发展中国家的人民和超过2/3的地表面积，而"南方"这个概念，重组了所有存在于发达的北方边缘的那些国家（南方委员会，1980）。南方是这样一组分化和异质的国家，不论是在国家大小、经济结构以及经济、社会和技术水平，还是在文化、政治体系和意识形态上都是如此。尽管存在这些不同，这份报告的作者们将南方以一个整体呈现，这个整体有着一个能够超越差异、给予南方国家一个共同特点的基础。这一共同特点基于从欠发展状态下兴起的共同志向和改革包括由北方主导的决策机制在内的全球治理体系的共同计划。因此，这些国家根据一组结构特征和共有特点，被定义为南方，这些特点包括一些历史原因，诸如对殖民主义或帝国主义的抗争（南方委员会，1980）。

"南南合作"的概念并未经历一个严格的定义过程，但是逐渐成为发展中国家之间关系的制度性参照点，并且包含了旨在发展的技术合作。联合国南南合作办公室，隶属于联合国开发计划署（UNDP），给出了广义的南南合作（SSC）定义：南方国家之间进行政治、经济、社会、文化、环境和技术领域协作的广泛框架。在包含两个或以上发展中国家的情况下，它能在双边、区域、次区域或是跨区域的基础上发生。发展中国家共享知识、技能、专家和资源以通过协同努力达到它们的发展目标。南南合作的最近发展形式是增加南南贸易量、南南对外直接投资流，增强区域一体化、技术转移，共享解决方案和专家，以及其他形式的交换。①

这一较为宽泛的"全包"定义，是根据布宜诺斯艾利斯行动计划和联合国高级南南合作会议出台的内罗毕成果文件总结而成的。

尽管这一渐进的制度化成果成倍地提升了发展中国家间的互动，这一阶段的南南关系在天性上和实质上仍主要是政治的，且南南经济交往水平与南北贸易流相比仍保持在很低的水平。在1980年，一些分析者认为南南合作更多的是一个"口号"，而不是现实，他们呼吁在不同范围内建立有效的合作机制，从区域到国际，以超越加强南南联系的理想化愿景（UI Haq，1980）。在1990年，非洲、亚洲和南美洲逐渐建立了区域合作机制，有利于这些市场的进一步区域一体化（Tenier，2003），并加强南方国家之间的经济关系。发展中国家之间的合作实践在另一方面也不同于发达国家之间的合作，即前者并不遵循合作序列项目的典型分离（the classic separation of cooperation vectors）。经典的经济一体化理论认为，双边合作关系应该对部门做出区分，诸如发展援助、贸易和直接对外投资。但是新兴发展中国家之间的合作实践，包括中国、印度、巴西和南非的联合，却倾向将这三个部门整合在它们与发展中国家的关系中。这些不同类型的关系都被包含在南南合作这顶大伞之下。这类方法越来越多地得到拓展，尤其是通过增加科学、技术和实物贡献，这使得南南合作成为一个定义和动态均与时俱进的范畴。

其他半正式的具有跨区域特点、包含国家偏远地区的合作机制也在兴起：这样的例子有1997年成立的环印度洋地区合作联盟和2003年成立的IBSA，包括印度、巴西和南非。

---

① United Nations Office for South-South Cooperation，"What is South-South Cooperation?" http：//ssc. undp. org/content/ssc/about/what_ is_ ssc. html.

尽管这些倡议在成员们提出时是作为建设南南关系的工具，但发展中国家之间的双边和区域关系的加强并未被所有发展中国家都系统地贴上"南南"的标签。智利便是如此，尽管该国是77国集团和不结盟运动的成员国，它所希望的是在不显示冷战时期争议思维的情况下，与发展中国家建立强有力的联系（Burn，2012）。

当前发展中国家之间的关系正在经历一个新的经济变动，尤其是商业变动，源自2008年的金融危机和发达国家的经济收缩。1995年南南出口仅占到全球总出口的12%，年增长速度8%，这一指标从2010年开始经历了一次跳跃，占到全球总出口的23%，并且现在以每年30%的速度增长（UNCTAD，2012）。尽管南南贸易流最初受到金融危机的影响，但是2009年以来，南南贸易恢复了原来的快速增长步伐，并且增长速度快于南北贸易流。南南投资额增加近三倍（从1995年的140亿美元到2003年的470亿美元），占到发展中国家FDI流量的近37%，这一数字在1995年仅为15%（Rajan，2010）[①]，展示了南南合作的新面貌。

引领发展中国家之间这些快速增长经济流的是中国、巴西、印度这样的新兴经济体，南非也是如此，不过影响程度稍小。这些国家的快速增长刺激了贸易伙伴多样性的新形式以及它们与非传统友好国家和地区的邦交，这也成为这些非传统友好国家和地区的优先对外政策，以减少它们之间的相互依赖性以及对冲经济危机。例如在2010年，南南出口主要由亚洲国家主导，亚洲国家占到了出口总量的84%，而南美地区则仅占10%，非洲占6%（UNCTAD，2012）。相应的，位于非洲和南美洲的发展中国家，其出口有62%和42%是面向亚洲，尤其是中国。这种增强效应的代价是区域内出口流的减少，尤其是非洲，后者的区域内贸易从1995年的63%显著降低到了2010年的29%（UNCTAD，2012）。

南南关系的加强也促进了高增长国家诸如中国、印度和巴西的崛起，这些国家渴望在国际政治舞台上扮演更重要的角色，使自己成为来自南方的新兴力量。这一对国际地位和声望的要求，也体现在它们对其他发展中国家发展援助的加强上，此举使它们能够作为新兴援助提供国在国际舞台上崭露头角。中国对其他发展中国家的发展援助从2002年的10亿美元上升至2004年的100亿美元，这一数字到了2007年更是高达250亿美元（Fischer，2009）。同时，这些新兴的南方援助提供国逐渐将它们的发展机构制度化，以集中、组织、协调不同的资金流和援助项目（Schulz，2013）。

上述所有改变的结果，是南南关系逐渐实质化，超越了最初政治宣言的意图。"南

[①]　Ramkishen Rajan，"South-South foreign direct investment flows: focus on Asia," *Global Studies Review*，Vol. 6 No. 3，Fall，2010．

南"关系不再仅仅指意识形态，也不再仅限于政治和政府领域。这一变化既考虑了全球环境变化的常态化，也考虑了私人部门的潜在作用，包括一些西方称为这一变动一部分的投资银行在内，它们也希望能成为这一变动的一部分。尽管有了这些新的环境，南南关系仍然继续受到一定限制。这些限制包括关税和非关税壁垒，后者包括对进口品的高税率、限制航空航海联系以减缓贸易流和南南投资，在非洲尤其如此。在贸易加强的同时，投资金融流仍然较弱，并且主要来自北方的发达国家，尤其是美国、法国、荷兰、西班牙和日本。南南关系在很大程度上仍然由国家主体主导，社会主体尽管在这个过程中参与度不断增加，但是在南南关系强化的进程中参与感仍然较弱（UNDESA，2012）。此外，此类南南关系的发展以一种多利益主体的方式，正变得越来越具有包容性，这种方式吸引了一批利益主体，包括非政府组织、私人部门、公民社团、学术团体和其他当地主体。这些不同主体的融合，似乎正在成为通过南南合作实现联合国设定发展目标的关键要素。

三　国际发展援助的经验教训

北方在促进发展中扮演的突出角色根植于一种类似的、应对系统变化而进化和反应的模式，在南南合作的进化中已出现这种模式。一项针对官方发展援助（ODA）的仔细考察强调了如下条件：根植于历史原因的对 ODA 体系的制度化分割；当前 ODA 的主要特点，是附加条件以及诸如"解绑援助"的倡议；ODA 的渐进改革和将政策与体现在联合国声明中的不断变化的发展议程相联系的努力，以及南方变得越来越坚定主动。

（一）ODA 的制度化分割及其对发展政策的影响

ODA 的管理是分割化的，由三组主体实施：国际金融机构，例如世界银行和国际货币基金组织，经济合作和发展组织（OECD）发展援助委员会（DAC）以及联合国机构。这些机构以外有大批非政府组织（NGO）和基金会，在规模上、对发展进程影响力上有大有小。作为结果，这些跨度广泛、以促进发展为己任的机构，产生了一个起初较为分化的发展政策议程。然而，随着冷战的结束，指导 ODA 的基本原则开始更接近于反映新自由主义对发展产生的密切影响。与此同时，来自发展中国家和公民社会的强烈反作用力，推动了 ODA 的改革，使之能引领联合国 2030 年可持续发展议程中所描绘的发展新时期。

这些国际金融机构是为了确保金融稳定性、"二战"后重建的资源流动性而创建的（Gilpin）。自 1960 年以来，国际复兴开发银行（世界银行）在完成其最初复兴西欧经济的目标后，转向新近独立的亚洲、非洲、加勒比及拉丁美洲的发展中国家。在这一背景下，世界银行逐渐变成了为主要发展项目发展融资的多边渠道，而国际货币基金组织（IMF）则是通过提供流动性和借贷，以确保宏观经济稳定。这些机构是提出分析、建议和附加条件的关键主体，它们能够引致结构挑战项目的实施，这些项目是为了应对由商品价格崩溃导致的债务危机，它们自1980年起在拉丁美洲实施，并且在负债累累的非洲经济中快速发挥作用。结构调整项目的焦点是施援目标国家移除价格支持和相关补贴，通过公务员裁员、私有化半国营机构、实施货币改革来减少公共服务预算（这一预算通常会超出50%），这也反映了当时兴起的新自由主义思潮。

　　同时，由美国、西欧国家和日本牵头的双边援助提供国，以拨款、优惠贷款和多种技术援助的形式，直接向发展中国家提供了大量的发展援助，这些援助的庞大规模与冷战政治和商业利益相联系。一些多边倡议，包括联合国贸发会议、联合国发展项目、世界健康组织和联合国工业发展组织，构成了发展机构的另一范畴。这些机构嵌入联合国的体系之内，提供特定部门的支持和技术援助，尽管它们在实际落地项目的参与受到资源和权限的限制。在上述制度框架之外，存在着一批数量正在增长的、总部位于西方国家的非政府组织，这些组织参与人道主义援助，如红十字会、牛津饥荒救济委员会、天主教救济会，其他一些组织则提供培训、金融、紧急救援和传教工作的选择性组合。尽管这些组织的影响在物质层面上较为有限，但随着冷战的淡去也在逐渐增长。

　　西方援助提供国发展计划的中心部分主要有OECD及其发展援助委员会（DAC）。事实上，DAC是一个合作论坛，而非一个实施机构。这个组织并没有实践性的作用：它既不提供资金，也不实施任何发展项目或程序。它的力量在根本上是规范意义的：它依赖专家、咨询，生产并交换信息（ODA数据、资料、研究），或是提供ODA的同行评审机制（并非像世界银行那样具有发展的目标）。

　　作为南南合作进化过程的回响，ODA政策正是在这样复杂的环境下随时间推进实施、变动，并且根据国内和国际环境的变化而变化。事实上，在支持国际金融机构之外，OECD国家真正做出努力协调它们的发展援助项目，始于1961年DAC的建立。对外发展援助这个短语和定义真正被创造出来，则要等到1969年的OECD会议，而清晰的定义在1972年才确定："对外发展援助由官方机构提供，包括国家和当地政府，或是它们的执行机构；每一项事务均以提升经济发展和发展中国家福利水平为主要目标；以优惠为特点，赠与项目占到至少25%（采用10%的折价率计算）。"[①]

　　在此之后，西方援助提供国也做出了超越这一设定的阶段性努力，它们向发展中世界

---

① 参见 www.oecd. org/dac/stats/officialdevelopmentassistancedefinitionandcoverage. htm。

提供了协同的援助，也制定了相互协调的政策；与此同时，它们也并未在隐藏于援助项目之后的国家利益上让步（Lancaster，1995）。在这些努力中，最为显著的例子，是欧洲经济共同体决定在此前合作项目的基础上，将其对前殖民地的援助政策正式化，在1963年与非洲、加勒比和太平洋地区国家集团（ACP）的17个国家签订了雅温得协定，为贸易优惠、援助拨付、贷款和技术援助提供了最为综合的框架。随着欧盟扩张，其成员国和ACP国家之间的协作需要反映在新的管理制度之中，这些制度最终在1995年被纳入新成立的世界贸易组织的章程之中，因此紧随这个共同决定之后，是一连串协议的签订。

随着对"第三世界"国家提供援助的战略价值减少，OECD国家中对援助的传统支持随之减弱，冷战结束引发了其对ODA的反思。这为新援助政策指导原则的形成铺平了道路，反映了西方的大获全胜，导致了对市场友好型政策的倡导，以及OECD国家与民主制度和实践的结合。OECD-DAC开始跟随国际金融机构的脚步，并开展新一轮具有侵略性的"附加条件"——将援助与表现相联系的政策——对受援国的要求基于公开的政治标准。西方的NGO与南方的对应组织共同行动，批评附加条件的做法，以及基于利益的ODA模式，呼吁诸如解绑援助此类的方法。同时，学术研究显示，ODA在贫困国家，尤其是撒哈拉以南非洲地区提升经济表现和社会指数的效果是失败的，而其中最为失败的就是附加条件的ODA。[1] 受这些因素的影响产生了一段"援助疲劳"的时期，导致分配于国际发展的公共基金有了陡然下降的危险。[2]

在这一批评背景之下，时任世界银行行长的詹姆斯·沃尔芬森（James Wolfensohn）和首席经济学家约瑟夫·斯蒂格利茨（Joseph Stiglitz）寻求一条从根本上进行革新的道路。世界银行意识到结构调整项目太过千篇一律，过于关注发展中国家的金融、货币和财政指数，而对其社会、环境和文化层面不够敏感。沃尔芬森在他的一次演讲中声明，发展是一项复杂的进程（因此是一项任务），而斯蒂格利茨则号召世行应该保持谦卑的态度。[3] 这一平台是为了对北方发展政策方法的缺点进行大幅度反思而设置的。

（二）ODA的关键问题

鉴于结构问题和机构分裂一起清晰地勾勒了北方发展政策及其在南方实施的主要轮

① 见过去数年中一系列批评研究，例如：UNRISD, *States in Disarray：the social effect of globalisation*（London：UNRISD, 1995）；Claude Ake, *Democracy and Development in Africa*（Ibadan：Spectrum, 2001）；Anup Shah, "Structural Adjustment-a major cause of poverty," *Global Issues*, 24 March, 2013, www.globalissues.org/article/3/structural-a-major-cause-of-poverty。

② Ruth Kagia, ed., *Balancing the Development Agenda：The Transformation of the World Bank under James D. Wolfensohn*（*1995 - 2002*）（Washington, DC：The World Bank, 2005）, p.2.

③ Joseph Hanlon, "Bank admits HIPC conditions wrong," Debt Update, Jubilee 2000 Coalition, March, 1998, www.globalpolicy.org/compenent/conetent/article/209/43192.html.

廓，对这些问题的进一步考察将揭露一些关键的问题，这些问题变成了援助项目的阻碍，有时不易察觉。这些问题包括政治平等、附加条件、捆绑援助、软硬基础设施。

政治平等 关系的基本框架，最明显的体现是 EU－ACP 纽带，带有挥之不去的家长制特点。这一问题在西方政治圈子中被忽视，它的形式并不仅限于援助如何推进，其特点体现于官方峰会，但更令人不安的表现存在于项目开发和实施阶段。具体表现为发展政策计划过程中缺乏咨询和投入，从而导致一些关键的、已多次被证明会成为项目成功阻碍的隐患被援助提供者所忽视。来自社区外部的金融、技术援助提供者，却不了解社区的当地知识，这些知识本可以让他们选择正确的实施目标，并且进而收获信心，这当中的荒谬程度可以说是显而易见的。然而，这种疏忽的做法导致了对平等的根本忽视，这种忽视已深深地渗入北方的发展方法。

附加条件 IMF 和西方援助提供国对附加条件的实施，在某种程度上反映了不平等关系的长期存在，但更重要的是，它涉及对一个单一诉求蓝图的应用，后者在它们通过惩罚措施对社会产生的影响中早已被移除了。如前所述，新自由主义的方案受到了北方学者和发展参与者的批评，因为其对国家和社会造成了负面的影响，损害了国家就实现经济社会提升的必要项目的计划和实施能力。

解绑援助 减少国家利益在提供援助中起到的作用，其道德论据基于这样的假设：这种利益的交织一定会导致在实现当地发展目标中产生互相矛盾的承诺。当然，出现过很多例子，由于滥用捆绑援助而导致管理失当，使项目无法达到预期的结果。然而，将这些利他主义动机的观点带入实践的努力并未获得特别振奋人心的结果。失去经济和名誉利益得失这样的基本要素，项目管理可能会失去动力。两年期固定的财政援助周期和随之而来的人员调动进一步使提供经济援助复杂化：在这一层面上，很可能通过具体利益与各合作伙伴进行交换，更有可能确保更大的责任机制，从而确保积极和持久的结果。

软件与硬件基础设施 在新自由主义时期，官方发展援助政策的形成和实施所产生的潜在影响之一，是在"硬基础设施"之外，强调所谓的"软基础设施"。这意味着，华盛顿和布鲁塞尔的决策者更关心发展中国家宏观经济框架的调整和改造，而不是铺设道路，现代通信和运作的海港设施，后者对市场的实际运作至关重要。中国和其他新兴大国认识到这一根本务实的观点，发现在非洲政府合作伙伴中，他们自己也将发展进程的这一特点置于优先地位。

（三）通过外联，联合与合作改革官方发展援助

在概念化、传递有效的经济援助的过程中产生的问题的积累效应，在于通过外联、联合与合作寻找官方发展援助合法性的新来源。2000 年，随着《进攻贫困》这一报告

的出版，对抗贫困的战斗被看作世界银行的优先目标。世界银行在编写《2000/2001 年世界发展报告》时发起了《穷人的声音》倡议。贫困逐渐作为一个多方面的现象被分析，它是多维的、关联的、相对的，是对美好生活的剥夺，而不仅仅是简单的收入问题；是一种脆弱的状态，暴露于危险之中的状态，一种力量的缺失（"无力性"）、机会和能力的缺乏。

这一转变带来了世界银行与联合国一项主要倡议的重新联合，在 2000 年 9 月千禧年峰会期间由 189 个国家签署了《联合国千年宣言》，为援助改革进程做出了第二项贡献。八项目标联合指向将发展中国家生活在贫困中的人民数量减半，使捐助者和发展中国家惠及穷国。在联合国的呼吁动员之下，为达到千年发展目标，帮助这一进程的资源得到增加。

2005 年的《巴黎宣言》旨在通过定义"良好的做法"，精简援助模式的进程和实施。《巴黎宣言》是在 2005 年由 60 个发展中国家、30 个双边援助提供国和 30 个多边合作机构在巴黎签署的。其目标被细分为 56 个承诺和"客观目标"，以及 12 项指标以监测结果与进程，并且以此在 2010 年评价承诺的实现情况。2008 年在阿克拉（加纳）举行的国际高级别峰会期间的中期审查会议上讨论了执行情况的后续调查（进展情况衡量），这一调查在 2011 年釜山（韩国）第四届高级别论坛上得到了补充。随着"巴黎议程"的推出，OECD-DAC 在连续多年减少活动和影响之后回到了前台。[①] 它与传统援助提供国，包括新兴援助提供国在内的南方国家一起参与了这一关于 ODA 的规范性竞争。这些参与国的贡献主要通过提升"南南合作"来体现，即发展中国家之间的合作，以联合国作为主要管理主体，这一合作框架比起 DAC 更具包容性，后者的创立更像是"富国俱乐部"。

作为对近来涌现的对其结构性的合法性缺陷批评的回应，OECD-DAC 采取了一项开放的战略，在面向其他多边机构时，表现得更为外向，而不是仍维持内部化。除了努力促进南方非成员国的参与外，它还在 2011 年与 UNDP 建立了一个战略联盟，这一联盟的标志是建立了旨在促进有效发展合作的全球伙伴关系。DAC 的目标是将其技术专业知识与联合国机构的代表性相结合，找到一种"在进一步向后放置的同时，在效率和代表性之间的平衡"。

然而，2014 年 4 月在墨西哥城举行的第一次全球合作论坛上确认了一件事，DAC 在"巴黎议程"背景下更好地参与和发挥影响力的努力，截止到当时是极其失败的。在其发

---

① "*The UN is failing to lead on SSC because it reflects the priorities of northern donors*," Declaration of the Indian Delegation to the United Nations, UN-DCF, 28 june, 2010.

起三年后，与 UNDP 的联盟没有产生预期的结果。UNDP 官员表示，该机构从"技术"角度参加了全球伙伴关系，但不能在"政治上"代表联合国系统。这一"伙伴关系"仍被视为由 DAC 领导的进程，并且极大地受到英国国际发展部的影响。虽然中国参与者出现在项目中，但是中国在最后时刻通知其不会参与。印度也没有参与这一事件，官方的原因是该国在数日后有选举。南非并未派出一个强有力的代表团，而巴西则在全体会议上澄清其不会参与全球伙伴关系，而在其最终声明中又表示参与非正式谈判。中国和印度对南南合作的作用以及全球伙伴关系与联合国领导的 2015 年后议程筹备进程之间的关系表示了关切。他们尤其担心最后的声明被认为是"具有约束力的投入"，而联合国的所有成员并未在墨西哥出席。新兴援助提供国更希望 ODA 事务能在联合国的框架内得到讨论，包括 2008 年在 77 国集团"反抗 DAC 的规则"的倡议下而设立的联合国的发展合作论坛，该论坛的任务是援助的有效性，这与 OECD 特别委员会的任务非常接近。①

与此同时，OECD-DAC 在工作组和全球伙伴关系之外与新兴援助提供国也达成了一些值得一提的成果。首先，与来自南方的非会员国家，尤其是新兴国家的交互渠道已经超出了釜山论坛援助有效性的议程。工作组期间产生的联系可以在秘书处的工作中传播和利用，开放已经成为共识。

同样，自 2011 年以来，巴西代表团成员开始使用"所有权"这一概念——巴黎议程的支柱——希望看到在讨论中出现"良好做法"的合作。2014 年，DAC 启动了与巴西、印度、中国和南非的工作会议，以"开发能够包括有关金融发展的相关信息的类别和统计方法，并促进对所有发展合作提供者数据的收集"。为此，秘书处向新兴援助提供国提议，确定趋同点和共同术语。作为回报，DAC 承诺"根据他们的需要调整统计系统"，并让他们参与"评估系统的管理"，其中包括赋予他们决策权。目前，为整个南方服务的秘书处的创建也正处于筹备之中。

现有多边主体内部出现的战略和做法差别很大：在进行改革主义实践时，主要通过有系统地使 OECD-DAC 的标准和产品合法化，它们还打算改革一些诸如开发计划署这样的联合国机构的程序，这些新兴国家认为这些机构受到南北标准和发展援助办法的影响范围过大。然而，一些新兴大国开始对 UNDP 提出不满与批评。尤其是来自印度的不满与批评聚焦被认为是"南北"发展方式的纵向管理模式，也就是说，给接受国际专家方法和项目类型的受援国留下的生存空间太小，而这些方法和项目则是以传统 DAC 援助提供国的利益为指导原则。围绕发展援助治理的南北紧张气氛，导致一些新兴市场如印度谴责

---

① Joren Verscheave, Is the Development Assistance Committee still calling the tune in international development? A comparative analysis of the legitimacy of the OECD-DAC and the UN-DCF, paper represented at the 8th Pan-European Conference on International Relations, 18 – 21 september, 2013.

"联合国，包括其官僚机构，在领导南南合作议程方面不作为"，印度方面称"联合国基本上反映的是北方援助提供国的优先事项和利益"。①

当前，确定扩大 DAC 影响力（"外联"）的具体可能性的相关讨论正在进行中，这也是由其创始文件和预算所确定的任务的一部分。这一委员会的成员曾指出："世界已经改变"，但他们似乎十分热衷于保护委员会独有的本质。从《巴黎宣言》来看，巴黎议程并未产生什么结果、额外的标准或是承诺。有些人认为外联战略将导致利益的扩散和议程的削弱，并因为共识太弱而破坏做出坚定承诺的可能，且怀疑全球伙伴关系的结构太轻浮，无法振兴 DAC 的工作。同时，他们也认识到援助仅仅是多种为发展融资来源的其中一种，其他来源还包括私人部门、税收、汇款、贸易流、投资或自然资源。有一个事实仍然没有变，ODA 是 OECD-DAC 和其议程的核心任务所在，任何相关的革新，都必须建立在对这一事实折射的基础之上。

四　南南发展合作的革新

南南合作经验的核心是创新这一概念。从根本上说，这种对实现发展实际目标的新手段、不同方法的寻求，是从一开始在南南合作的标题下采用的方法论中得出的，这种方法受限于获得资源的机会有限——特别是，但不仅仅是金融资源——但是仍然受到应对日常社会需求和挑战的压力，要提出解决方案。在非常真实的意义上，南南合作完全符合古老的格言，"必要性是发明的母亲"，这些永远存在的必须得到考虑的问题，产生了不断创新的观点、政策和实施战略，而正是它们成为南南合作的特点。

南南合作的核心要素从一开始就以南方发展中国家的规范性冲动为基础，鼓励彼此之间的经济和技术交流，作为打破对北方前殖民宗主国历史依附模式的方法。自力更生作为一个总体目标指导了发展中国家所奉行的政策选择，尽管所采用的具体办法取决于政府对需求、能力和利益的评估。随着时间的推移，各国在通过严格实施特定形式的发展政策以实现这一目标方面遇到困难，并因此调整这些办法以适应其各自经济的具体要求和条件。南南合作的这些组成特征通过暴露于实际发展项目而改变，结合成定义发展中国家之间经济参与的一组连贯实践。作为南南合作关键组成部分的革新，其出现的关键在于通过政策实施进行适应与实验。在总结南南合作与创新之间的关系时，四个特征突出作为南南合作的完美组件，刻画了创新的来源及其在这种动态发展方法塑造中的地位。这些特征是：

---

① *The UN is failing to lead on SSC because it reflects the priorities of northern donors*, Declaration of the Indian Delegation to the United Nations, UN-DCF, 28 June, 2010.

（1）不断发展的发展观念；（2）为共同利益服务的基础发展；（3）将政策实施作为创新的方式；（4）通过发展经验进行政策学习。

（一）不断演变的发展思想

根据对国际经济体系本质的不同分析——从世界体系理论到各种依附理论——对工业化北方结构依附的诊断意见强烈建议采取能够鼓励自力更生的发展方法。在这一方法的最初形态中，根据以上分析，一些发展中国家提倡自给自足的政策，它们回避外国投资，并打压积极的贸易关系，以此作为打破依附的唯一手段。[1] 在一些情况下，如在 20 世纪 60 年代和 70 年代的缅甸和几内亚，确实分化为实际上的政策应用，这些政策几乎挤出了所有增长和发展的机会。然而，对于绝大多数南方国家而言，对殖民时期继承的结构性依附的反应是寻找尽可能快地促进工业化的方法。这反映了一个广泛接受的信念，即发展过程的最终产品将以北方模具中的工业化经济的形式实现。这反过来将为更大的国家自主提供条件，这些条件包括提供必要的国内资源、通过与其他南方经济体（以及志同道合的北方经济体）合作、提供充分自力更生所需的外部资源。

在此背景下，通过采取国家主导的发展模式，对集中规划进行预测；进口替代是加强地方与外部竞争性贸易伙伴产业竞争力的首选策略（直到 20 世纪 80 年代，自由主义理论复兴，削弱了国家在发展过程中发挥极具影响力作用的能力）。这个过程，如当时受到推崇的现代化理论的术语所刻画的那样，必然涉及分阶段和渐进的发展方式来达成目标。[2] 平行过程是根据苏联的经验得出的，即采取五年计划的方法，包括对资本进行动员、对生产要素进行编组，而在一段固定时间内达到特定的发展目标。

经过近二十年的试验和错误，自给自足的意识形态作为追求独立自主目标的一个组成部分，已经成为发展中国家之间合作的参考点。此外，一些南方国家和地区，特别是新加坡、韩国、中国台湾和中国香港这些出口导向的新兴工业化经济体，开始经历两位数的经济增长，并且生活水平相应提高，走出了另一条实现发展的道路。[3] 通过直接参与全球生产过程来参与市场经济，根据竞争优势定位其经济，通过大量利用当地要素成本，吸收技术创新、促进财政激励，这些国家从而能够沿着价值链向上移动。[4] 因此通向自我依赖的

---

[1] 见 Samir Amin, *Imperialism and Unequal Development* （New York：Monthly Review Press, 1977）.

[2] Walter Rostow, *The Stages of Economic Development：an Anti-Communist Manifesto* （Cambridge：Cambridge UP, 1960）.

[3] Ezra Vogel, *Four Little Dragons：the Spread of Industrialisation in East Asia* （Cambridge：Harvard University Press, 1991）.

[4] Ezra Vogel, *Four Little Dragons：the Spread of Industrialisation in East Asia* （Cambridge：Harvard University Press, 1991）.

道路被重新定义为：在国家的管理下，自觉地与市场经济体进行互动，这会为社会提供通过增长引发福利提升的条件。

这一发展观点的逐渐变化基于各发展中国家互不相同的实践经验，在 1978 年布宜诺斯艾利斯召开的联合国大会上得到认知，并作为发展中国家技术合作（TCDC）得到正式化。① 其结果是产生了一个旨在促进集体自立自主的行动模板，这一模板在许多方面值得称道，如承诺允许"形式遵循功能"，注重让众多伙伴国家（南方与北方）参与其中，强调采用技术转移和能力建设战略的必要性，且强调对当地需求和条件有清楚的认识。② 它再一次强调了南南合作是如何在思想领域不与既有的方法相结合，而是在事实上有意不对发展问题持教条化的态度，反而更注重在结果的基础上寻找答案。

（二）为共同利益服务的基础发展

谋求自身利益作为经济合作的基础似乎是不言而喻的。事实上，研究发展援助、普通援助和其他形式经济参与的文献，将其置于经济发展秘诀等更广泛的参数之中。③ 促进金融或贸易激励，或是对某一国家实施惩罚性制裁的政策规定，都是追求建立经济国家的自利表现。

尽管如此，在过去几十年经历了发展的援助行业，尤其表现出有意识地寻求通过集中资源的政策使其经济参与具有更大的道德目的，例如通过基于 OECD-DAC 或与更广泛的任务诸如 MDGs 或最近的可持续发展目标相联系来给援助松绑。前一项政策尽管可能是值得称道且可取的（后者对于更好地反映一国自身援助计划中全球共同关心的发展问题来说，具有建设性的意义），但它不一定反映了更符合道德的外交政策，尽管它可能与国内和目标社会有着更加强烈的共鸣，从而对合法性有更高的要求。例如，国际关系理论家克里斯·布朗（Chris Brown）提醒我们，道德主义不是道德外交政策的必要先决条件，从共同体（或"英国学派"）的角度来看，道德的表达建立在对社会关注的促进的基础上。④

① "Buenos Aires Plan of Action for Promoting and Implementing Technical Co-operation among Developing Countries," Special Unit for TCDC, United Nations, New York, 1978, www. ssc. undp. org/content/ssc/documents/Key Policy Documents/ Buenos Aires Plan of Action.

② "Buenos Aires Plan of Action for Promoting and Implementing Technical Co-operation among Developing Countries," Special Unit for TCDC, United Nations, New York, 1978, www. ssc. undp. org/content/ssc/documents/Key Policy Documents/ Buenos Aires Plan of Action.

③ Steve Smith, eds. , *Foreign Policy: Theory, Actors and Cases*, 2nd edition (Oxford: Oxford University Press 2012).

④ Chris Brown, "Ethics, Interests and Foreign Policy," in Karen Smith and Margot Light, eds. , *Ethics and Foreign Policy* (Cambridge: Cambridge University Press, 2001), pp. 15 – 32.

在这方面，减少征税、在建立经济合作中更多公开承诺追求自利的做法，为建立持久的发展伙伴关系奠定了更明确的基础。南南合作期望这一让两个国家聚首以分享经验、交换技术、构建能力的发展需求，会比基于自利而构建的联合框架更好。西方哲学传统中，从支撑古典经济学的理性主义学派，如亚当·斯密所表达的，由杰里米·边沁的功利主义强化，到更加普遍主义的方法，如艾茵·兰德的客观主义，支持自利的原则，以之作为培育可持续社会创建的积极力量。[①] 东方哲学传统也认识到这种自利方法的一些方面，儒家和新儒家学者，以及墨子的墨家学派的支持者，都提到了自利对社会能够产生的建设性贡献。亚里士多德"活得好，做得好"的告诫可能是追求一种开明的自我利益形式与对整个社会的整体积极影响之间趋同的最简洁的总结。像"溢出效应""良性循环""建设社会资本"这样的概念都是反映和试图刻画开明自我利益产生的更广泛的影响，这些概念超越了最初引发这些思考的狭窄关注面。采用这种自利方法的推论，是通过在政策背景下利用它，更有可能产生需求驱动形式的经济参与，反映了社会的真正需求和本地化条件，这些本就是目标所在，且证据也支持了这一点。伴随南南合作项目展开的谈判，其内容涉及各个国家的立场趋同点，这包括什么构成了各国共同的发展目标，以及每个国家在实现这一目标方面准备提供什么。这使任何提议的合作都处于这样一种背景之下，即各方都理解其各自的发展需要和能力，并有效地使这些缔约方基于协定条款采取共同的行为标准。如果真的发生了伴随问题，通常可以归因于管理精英自行定义需求的情况，这会损害一个给定联合倡议的发展愿望。

（三）作为一种创新方式的政策实施

将政策实施置于发展过程的核心是南南合作的关键创新之一，它对其方法论及相关成果有更广泛的影响。然而，要理解其重要性，需要深入了解政策实施的主要学术研究，以及它对我们理解南南合作如何能够将新想法引入这一领域所施加的约束。

公共行政方面的学术研究将政策实施作为其对公共政策关注的一种公认常规特征进行考察。与此同时，大多数已发表的研究关心诸如如何通过实施代理或是详细解释组织内的学习条件，以改进交付，确保更紧密地遵守中心的政策指示。这将会对政策过程的一个关键层面产生理论之下的效应，使其在形式化的政策决策方面处于次要地位，因此意识不到实施本身如何可以作为政策的来源。像 Clarke 和 Smith 这样的学者，关注外交政策实施的具体情况，在寻求对实施作用进行考察这方面是独树一帜的，并且这样做已经利用了组织

---

① 见 Karen McCreadie, *Adam Smith's The Wealth of Nations：a modern interpretation of an economic classic*（Oxford：Infinite Ideas，2009）；Bikhu Parekha, ed.，*Jeremy Betham：Ten Critical Essays*（Oxford：Frank Cass，1978）；Ayn Rand，*The Fountainhead*（New York：Bobbit-Merritt，1943）。

系统方法，这自然地使对实施的关注被赋予了更大的权重。① 他们对外交政策的实施进行了系统的调查，声明它是由一套三重的方法构成的，即："决策的性质，国际环境作为政策执行的舞台的特征，以及关于外国政策制定者在该环境下能够实施的控制类型的问题。"②

他们的焦点和问题在于所谓的"决策的性质"，这与南南合作和政策实施最相关。Clarke 和 Smith 声明，政策决定实际上是对一个位于实施层次结构和时间线的不同阶段和位置的给定政策结果的各种可能的程序选择组成的。Clarke 和 Smith 告诉我们，在这些情况下，"……执行过程或多或少就是决策过程"。③ 在这种情况下，政策实施的主要问题首先是"滑移"，即政策制定者发布特定政策的意图与官僚机构实际运作方式之间的差距。④ 第二个问题是"常规复杂性"，它是在实施过程中做出的许多微观决定的总和，无论是程序性的还是网络安排的产物，它们都旨在将政策要求转化为行动，并使其合理化为正式政策本身。有趣的是，虽然他们承认实施代理对政策制定的影响——将其作为从政策目标和制定到政策应用和调整的不平衡轨迹的解释——他们似乎继续坚持这样的假设：坚定政策过程自上而下的层次结构，对于任何改进结果的目标来说是可取的。

通过南南合作的棱镜折射这些观察，我们可以看到发展中国家政策实施问题的突出性。必要的是，南南合作的合作方不得不在缺乏传统援助提供国体制、财政和技术深度的情况下，找出能够产生公认发展成果的方法，这使他们需要找到与其资源和能力相称的解决方案。对政策实施的关注反映了学习如何在这些限制内塑造和引入发展项目的谨慎要求。缺乏"援助官僚机构"意味着政策决定之间的距离大大缩短。它还在实施项目的实际过程中制定政策，使其能够根据情况和新的投入进行调整，将合作方需求驱动的共同利益过程与对重现积极结果的关注联系起来。这对缓和针对发展的教条立场有着额外的效应——尽管它肯定不能完全阻止它们，尤其是在上述的南南合作最早阶段——通过将它们暴露给逐渐认识环境的当地行动者，以及暴露于地方环境有时产生的虚弱影响。这样一来，诸如常规复杂性这样受关注的问题理所应当地被刻

---

① Steve Smith and Michael Clarke, eds., *Foreign Policy Implementation* (London: George Allen and Unwin, 1985), p. 168.

② Steve Smith and Michael Clarke, eds., *Foreign Policy Implementation* (London: George Allen and Unwin, 1985), pp. 168, 170-180.

③ Steve Smith and Michael Clarke, eds., *Foreign Policy Implementation* (London: George Allen and Unwin, 1985), p. 168.

④ Michael Clarke and Brian White, "Perspectives on Foreign Policy System: Implementation Approaches," in Michael Clarke and Brian White, eds., *Understanding Foreign Policy: the Foreign Policy Systems Approach* (Aldershot: Edward Elgar, 1989), p. 165.

画并包含进发展过程。对执行机构本身采用了一种明显不同的方法，将其视为战略资产，不仅通过培训计划培养，而且在过程中给予它们指导。它们在当地环境中施展其约束时，在更广义的意义上重新解释了政策任务，通过试验和错误的过程，更深入地了解实现特定发展项目目标的可能性和陷阱。南南合作对政策实施如此强调的总体影响在于对干中学的做法赋予了特权，这确保了当地的条件能被真正有意义地认识，并鼓励实施机构在过程中发挥作为问题解决者的作用。这为南南合作的政策学习新方法奠定了基础，它有意地将发展的实施阶段作为一个关键和综合的组成部分，不仅是政策经验转移的一部分，而且也是学习本身的一部分。

（四）通过发展经验进行政策学习

政策学习不仅是发展过程中的一个关键因素：它是从一方到另一方转移和交流知识的最终结果体现。从这一层面来看，南南合作在这一领域的方法和结果方面都展示了一些重要的创新。如相关课题的学术文献认识到的那样，它采用政策学习的一些惯例，并且根据项目制定和实施的特殊性和条件赋予其新的意义，是南南合作的主要关注点。这产生了一种新颖的政策学习方法，避免了严格遵守模式，后者是传统政策学习工具包中一个非常著名的工具，而新的方法偏好基于过程导向解决问题，更为细致入微。

如公共管理文献中所描述的模型，蓝图和其他设备被看作一种特别有用的教学工具，其将给定开发经验的关键特征提炼出来，由接收者用于一组政策处方中以获得同样的成果。在这个过程的模型突出性概念背后是对"适当性逻辑"的信念，它在政策的概念化和其实际实施中，是那些面临复杂的政策困境和艰难选择的国家的一种相关性来源。模型，简而言之，基于已经证明的经验，可以帮助政策制定者在类似情况下概念化他们面临的问题，细分解决问题所需的步骤，并提出一系列旨在克服这些问题的政策行动。

移植这一课所教的内容是转型过程的一个重要方面，它必须聚焦国家机构内部嵌入的政策制定者和实施机构。针对合适的个人和部门，加上制定适当的政策转让方法，对于开发适合学习如何举一反三的环境来说至关重要。评论者指出，组织内的学习发生在不同的层面，特别是当权威分布在整个组织中时，但是这种学习在广义上遵循自上而下或自下而上的层次逻辑。[①] 实际的经验转移被理解为组织学习，一些学者如 Argyris 提供了一个机构

---

① Giandomenico Majone and Aaron Wildavsky, "Implementation as Evolution," in H Freeman, ed., *Policy Studies Review Annual* (Beverley Hills: Sage, 1978); Robert Matland, "Synthesizing the Implementation Literature: The Ambiguity-Conflict Model of Policy Implementation," *Journal of Public Administration and Research Theory* 5, 1995, pp. 144 – 174.

如何通过改变工作常规，来表现其学习成果的图景。[①] 成为一个"学习型组织"，一个将学习融入其常规和实践的组织，通常被认为是机构成功的本质。[②] 互不相同的政府机构，从军事部门到援助机构，都采纳了这一方法，通过内部监管和计划评估，系统性地将其应用于它们的政策循环中。

学习在与政策过程产生联系时反映了其自身的本质，这种本质可以分为四个方面：工具性、社会政策、政治以及"模仿"。[③] 从过去政策实施的分析中得出"经验教训"是政策过程中学习的一个独特部分。在这方面，"失败"作为组织深刻学习的来源的奇特性是可观的，且与积极经验的较弱影响形成对比。[④] 认识到失败的可能性，而且这种失败已经塑造了其作为教训而被提炼的经验，对重新创造这一教学的动态形式，并使之对于目标有着真实的应用性来说是必须的。[⑤] 减少或消除风险因素——这种学习相当于在融资中消除"道德风险"——削弱了知识转移过程的显著性。如果对模型最好的理解是政策学习的载体，那么我们应当认识到它们服务于超越政策内容的目的。它们可以作为一种意识形态的特点，作为合法性的表达和隶属于某种特定的教条或权力等级。矛盾的是，这一模型的规范形式否定了激发积极发展结果的核心要素，而这些积极结果正是起初人们想要效法它的原因所在。对此结果的不当关注，加之对在教诲形式的政策转移中与成功的发展结果融为一体的试验和错误经历的非历史性渲染，且在这些例子中表现出对这一模型更紧密的坚持——"模仿"本身——对于植入机构来说，比找到复制其结果的方法更为重要。

对南南合作如何解决发展中学习问题的研究，其关键区别在于：它将学习作为实施过程的组成部分和基础。它不是一个线性过程，而是依赖于实施代理发出的反馈回路且由其构成，而且这样做创造了一个主动学习的环境，随着它的进步，发展项目也受到影响。通过将风险纳入过程本身，知识的逐步积累得到了进一步加强。传统模型是自上而下的实体形式，倾向于从政治角度看待风险，并衡量一个人在何种程度上忠实地实施根据发展模型而下达的政策规定。风险，如果是从其对项目可能造成潜在负面影响的意义上来看，有时

① Chris Argyris, *On Organizational Learning*, 2nd edition, (Malden, Mass, 1999).

② 见 Peter Senge, *The Fifth Discipline: the Art and Practice of the Learning Organization*, 2nd edition (London: Century, 2006)。

③ Peter May, "Policy Learning and Failure," *Journal of Public Policy*, 12: 4, 1992, pp. 336 – 337.

④ Giandomenico Majone and Aaron Wildavsky, "Implementation as Evolution," in H Freeman, ed., *Policy Studies Review Annual* (Beverly Hills: Sage, 1978); Peter May, "Implementation Failures Revisited: Policy Regime Perspective," *Public Policy and Administration*, 30: 3 – 4, 2015. For a critique of lessons and policy transfer see Martin Lodge and Oliver James, "Limits of Policy Transfer and Lessons Drawing for Public Policy Research," *Political Studies Review*, 1: 2, 2003.

⑤ Toft 和 Reynolds 将这一特点称为"同构学习"。见 Brian Toft and Simon Reynolds, *Learning from Disasters*, 3rd Edition (Basingstoke: Palgrave, 2005)。

是次要的，因此，那些能够预见政策失败的纠正性特点被减少，甚至缺失。相比之下，在南南合作中，对政策实施的关注和其伴随的风险已经被意识到，且实施机构有能力采取适当的纠正措施。这意味着在某种意义上，它被一种过程所"束缚"，这种过程既包含那些风险因素，但也可以通过执行机构的积极参与，尽可能减轻前者的影响。这种有界风险的概念是最近创新中的一个关键概念，被认为具有南南合作的特点，并应用于不同的开发项目。因此，可以说南南合作适应了开发模型构思的框架，并将其重新配置为一组标记通向共识目的地的路标。有界风险被整合到该模型中，使当地机构能够经历任何尝试所伴随的必要成本和挑战，此举同时为他们提供了制定方法战略来克服这些问题的机会。总而言之，所有这些做法都破坏了对传统发展模式的使用，使它们不再成为教条理念的僵化源头，被追随者忠实地模仿，而是将它们转化为活跃的车辆，用于那些必须是适合当地条件发展的经验的动态政策转让。

（五）案例：中国的农业技术示范中心和非洲

农业技术示范中心的创立，可以作为南南合作接纳创新的例子。

在农业部门中，中国政府建立了二十多个农业技术示范中心，提供融资和技术专门知识，其主要目的是提高当地市场的农业生产力，从而提高农村收入，这一目标由一定范围的农业技术合作计划提供支持。在所采用的分阶段"公私伙伴关系"方法中，开始阶段由中国指定的省级政府与当地东道国政府合作，在第一年建立该中心的基础设施，在第二年提供培训和试验农场，在第三年移交当地政府管理。根据 Lu 的观点，这样做的长期目标之一是为中国农业企业创造一个平台，以获得在非洲国家本地市场的曝光率，并获取全球化生产的地位和经验。[①]

综合来看，很显然这些在非洲推动的中国倡议，是从过去四十年来中国现代经济快速发展背后的变革性政策方针和实施战略中获得的。它们基于在中非关系中普遍存在的以利益为基础的合作形式，这体现在为中国企业及其非洲分部的支持和参与而设计的坚实的商业部分中。尽管对于国家和私营部门在这一进程中作为催化剂的作用的看法不同，但它们反映了发展共同体内正在出现的，关于在中国的例子中，增长和减贫之间联系的重要性的共识。[②] 因此，这些倡议在利用中国特有的发展经验促进非洲发展的努力中处于中心地位。

---

① Lu Jiang, "Chinese Agricultural Investment in Africa: motives, actors and modalities," South African Institute of International Affairs, October 2015, pp. 16 – 17.

② 见 Martin Ravallion, "The Developing World's Bulging (but Vulnerable) 'Middle Class'," Policy Research Working Paper 4815, World Bank Group, Washington, DC, 2009, www. openknowledge. worldbank/bitstream/handle/01986/4013/WPS4816. pdf; China DAC Study Group, "Sharing Experiences and Promoting Learning about Growth and Poverty Reduction in China and African countries," (Paris: OECD, 2009), pp. 1 – 8.

五　2030年议程：可持续发展目标（SDGs）和南南合作的作用

联合国可持续发展目标标志着不断变化的全球发展制度的一个新阶段。基于联合国千年发展目标（MDGs）所建立的先例，可持续发展目标努力的方向是不仅要在发展中国家的福祉方面做出实质性改进，而且要创造使它们的经济长期增长并进入发达状态所必需的基本结构条件。2030年可持续发展议程（简称"2030年议程"）所订立的可持续发展目标是2015年发起的一整套计划目标，其关键组成部分被纳入可持续发展目标，成为一个为期十五年的路线图。从这一角度看，评估南南合作在培育环境以及直接对未来十年实现SDGs做出贡献中所能发挥的作用十分重要。如前几节所述，南南发展合作通过以利益为基础、以需求为导向的发展合作方式，以及其中对结构发展，公共企业家和发展融资的特别重视，为实现这些雄心勃勃的发展目标提供了途径。此外，通过启动"2030年议程"劝告世界加强全球伙伴关系（可持续发展目标17），可以建立持久合作的坚实基础，这将为南方发展中国家提供通过南南合作实现变革发展的新途径。

（一）从MDGs到SDGs

由于千年发展目标在前，可持续发展目标在联合国及其机构、援助提供国共同体、发展中国家和非政府组织的支持下，方能获得真正全球发展计划的正式作用和地位。2000年9月在联合国首脑会议上发起的千年发展目标，要在十五年内结束极端贫困，如此的范围和雄心是前所未有的。尽管有八个目标，其主要目的是改善社会部门的产出。十五年来，尽管中国和印度的快速发展对MDGs总体达成的积极前景产生了显著的影响，但是非洲国家各目标部门所经历的环境并未有多少改善。[①]

千年发展目标进程即将结束，国际发展界制定了一套新目标的进程。可持续发展目标的内容不仅建立在千年发展目标迄今获得发展成就的领域上，而且旨在深化这些领域，并将总体发展范围扩大到新的领域。在2014年召开联合国委员会和通过"改变我们的世界：2030年可持续发展议程"之后，在2016年1月1日正式启动"2030年议程"之前进行了扩展性的谈判。共同商定的所有十七个总目标和一百六十九个目标（以及三百四十个指标），将围绕下一个重大阶段，履行长期以来的全球发展承诺。

---

① "Assessing Progress in Africa towards the Millennium Goals," *MDG Report 2015-Lessons Learned in Implementing the MDGs* (Addis Ababa: UNECA, AfDB, UNDP, 2015), pp. xiii-xviii.

这十七项可持续发展目标如下①。

SDG 1 无贫困：在所有地方终结贫困的所有形式。

SDG 2 无饥饿：终结饥饿，达成食品保障、提升营养并促进可持续农业发展。

SDG 3 健康福祉：确保健康的生活方式，促进各年龄段人群的福祉。

SDG 4 优质教育：确保包容、公平的优质教育，促进全民享有终身学习机会。

SDG 5 性别平等：实现性别平等，为所有妇女、女童赋权。

SDG 6 清洁饮用水和卫生设施：确保所有人享有水和环境卫生，实现水和环境卫生的可持续管理。

SDG 7 经济适用的清洁能源：确保人人获得可负担、可靠和可持续的现代能源。

SDG 8 体面工作和经济增长：促进持久、包容、可持续的经济增长，实现充分和生产性就业，确保人人有体面工作。

SDG 9 产业创新和基础设施：建设有风险抵御能力的基础设施、促进包容的可持续工业，并推动创新。

SDG 10 减少不平等：减少国家内部和国家之间的不平等。

SDG 11 可持续城镇与社区：建设包容、安全、有风险抵御能力和可持续的城市及人类住区。

SDG 12 负责任的消费和生产：确保可持续消费和生产模式。

SDG 13 应对气候变化：采取紧急行动应对气候变化及其影响。

SDG 14 保护海洋生态：保护和可持续利用海洋及海洋资源以促进可持续发展。

SDG 15 保护陆地生态：保护、恢复和促进可持续利用陆地生态系统、可持续森林管理、防治荒漠化、制止和扭转土地退化现象、遏制生物多样性的丧失。

SDG 16 公正、和谐和包容社会：促进有利于可持续发展的和平和包容社会、为所有人提供诉诸司法的机会，在各层级建立有效、负责和包容的机构。

SDG 17 全球伙伴关系：加强执行手段、重振可持续发展全球伙伴关系。

联合国确定的可持续发展目标中有一个特点是值得注意的，这些目标中有意包含诸如工业化、就业条件和环境关切这样的生产部门，这些部门在原来的千年发展目标中并未出现，而此举使可持续发展目标成为更全面的发展目标，因此更有资格宣称在其范围内具有普遍性。② 对之前的千年发展目标的这种扩展反映了许多发展中国家不断变化的经济形

---

① 见 "Sustainable Development Goals," Sustainable Development Knowledge Platform, Department of Economic and Social Affairs, United Nations, www. sustainabledevelopment. un. org. /sdgs。

② "Sustainable Development Goals," Sustainable Development Knowledge Platform, Department of Economic and Social Affairs, United Nations, www. sustainabledevelopment. un. org. /sdgs.

势，其中包括自 2000 年以来经济以每年 5% 以上的稳定增长率发展的非洲国家，以及由此产生的一组更为广泛的优先发展事项。[1] 与上一个倡议的另一个区别是采用了"新的"发展方法，即南南发展合作，后者在 2011 年釜山首脑会议之后被正式纳入 OECD-DAC 的进程。[2] 这种增加也是"非传统"合作伙伴（如中国和巴西）兴起的副产品，其发展合作战略更倾向以共同利益为基础的方法。最后，纳入主要基金会和扩大私营部门在发展进程中的作用反映了发展融资、创新和技术转让的参与程度日益增长，从而拓宽了能够参加"2030 年议程"的潜在合作伙伴范围。

（二）预期南南合作对实现 SDGs 的贡献

鉴于这套新的全球发展目标及其附带的子目标，评估南南合作如何为实现"2030 年议程"做出贡献十分重要。首先显而易见的是，鉴于目标范围的广泛性，发展中国家有很大的空间找到合作和影响的领域。话虽如此，有三个方面对南南合作参与的开放性特别突出：第一部分涉及南方国家可以为可持续发展目标进程带来具体专业知识的领域；第二项涉及提供那些对实现可持续发展目标实际项目的要求至关重要的经费融资；第三也很有意义，它涉及通过南南合作共享其他发展中国家获得的知识和发展经验，以协助目标国家改进其政策规划进程，提高体制的深度和弹性。

如上所述，预期参与南南合作的国家将以不同的、适合各自利益和能力的方式，全面地为可持续发展目标做出贡献。然而，2030 年议程中指明了具体的领域，在这些领域中新兴国家既有权限，也有能力解决如下问题：薄弱的基础设施、倒退的人类发展条件和气候变化等。

基础设施是一个特别突出的领域，在这一领域中，中国展示了其能力、专业知识和金融方法。这充分填补了东南亚和南亚、非洲和拉丁美洲部分地区的基础设施需求；在这些地区，道路、铁路、信息通信技术和水电基础设施建设的拖沓，长期以来被认为是这些地区进一步发展的主要障碍。[3] 中国和巴西在安哥拉和莫桑比克的基础设施项目的例子中，贷款承付与当地资源相关联，这样的做法对市场运作做出了贡献，并对这些国家出口自然资源的能力产生了预期的积极影响。[4] 这种资源融资基础设施可以在打破基础设施对发展

---

① "Assessing Progress in Africa towards the Millennium Goals," *MDG Report 2015-Lessons Learned in Implementing the MDGs* (Addis Ababa：UNECA, AfDB, UNDP, 2015), pp. 1 – 8.

② See points 30 – 31. Busan Partnership for Effective Development Co-operation, Fourth High Level Forum on Aid Effectiveness, Busan, Republic of Korea, 29 November-1 December, 2011, www. oecd. org/dac/effectiveness/49650173. pdf.

③ Vivien Foster, "Building bridges China's growing role as infrastructure financier for Sub-Saharan Africa," public private infrastructure advisory facility (PPIAF), trends and policy options (5), Washington, DC：World Bank, 2009.

④ Marcus Power and Ana Cristina Alves, *China and Angola：a Marriage of Convenience*？(Nairobi：Fahamu, 2011); Chris Alden and Sergio Chichava, *China and Mozambique：from Comrades to Capitalists* (Auckland Park：Jacana, 2014).

的严重滞塞方面发挥重要作用。最近，中国资助的基础设施项目，如由中国铁路集团在亚的斯亚贝巴建成的轻轨系统，大大改善了该城市高度拥挤的情况，补充了公路运输建设和中国公司对机场部分的现代化，这一项目由其政策银行贷款提供资金。[①] 同样，埃塞－吉布提标准轨道铁路为这个内陆国家开辟了新的市场和出口机会。这种发展尤其重要，因为同中国与非洲国家经济合作的大多数常规方式相反，埃塞俄比亚缺乏大量的自然资源，而北京往往通过资源方法（"安哥拉模式"）进行基础设施建设。值得注意的是，可持续发展目标谈到了"弹性"基础设施，即解决经常性成本问题的能力——这是被南南合作初期第一个十年中开展的许多项目所忽视的——被认为是支持实现可持续发展目标的关键所在。将这一要素纳入基础设施融资模式是解决这一关切问题的重要一步，也是利用南非和莫桑比克的南南合作经验的一种创新方法。在 20 世纪 90 年代末，马普托发展走廊将约翰内斯堡的工业和采矿中心与马普托的港口设施相连，用收费公路的收入支付建设费用以及其后持续的经常性费用。[②]

工业化和将劳动密集型低技能产业从中国这样的成熟制造中心转移到东南亚、南亚和非洲的可能性是南南合作的另一个领域。这一观察强调了一个事实，即中国经济被广泛认为正处于"刘易斯转向"的过程中，这个概念是为了描述发展中市场经济体的情况，它们达到一个点，从此前的劳动剩余经济转向了劳动稀缺经济，真实工资开始上升。[③] 这是生产链下端工业物理移动的驱动因素，纺织品和鞋类产业是这方面的典型例子，它们通过迁移寻求外部效率增益。从历史上看东亚的政治经济学，随着发达经济体沿着价值链上升，它们就会开始"重新定位"其低成本劳动密集型产业，"雁阵"理论表明这种经验正在复制。此外，值得注意的是，在改善基础设施和降低出口导向型工业的运输成本之间存在相关性，从而使更发达的经济体有明确意愿在工业迁移的同时参与改善交通网络和发电设施。随着中国的跨境生产网络越来越多，关于中国工业正在进入这个发展阶段的证据开始积累。自 2000 年以来，一度扎根于中国东南部的纺织、鞋类以及电子产业，越来越多地迁移到越南、印度尼西亚、柬埔寨，后续在一些奇妙的例子中，这些产业甚至搬迁到了埃塞俄比亚和卢旺达。[④] 据 Yang 介绍，到 2013 年，柬埔寨和越南已占中国从东盟国家进

① Manickam Venkatarama and Solomon Gofie, "The Dynamic of China-Ethiopia Trade Relations: Economic Capacity, Balance of Trade and Trade Regimes," *Journal of the Global South*, 2:8, 2015.

② Fredrik Soderbaum, "Institutional Aspects of the Maputo Development Corridor," DPRU Working Papers, 1/07, 2001, University of Cape Town.

③ John Knight, "China, South Africa and the Lewis Turn, Centre for the Study of African Economies," *Working Paper Series*, 12, Oxford University, 2007, pp. 1 - 3.

④ Yang Chun, "Relocating Labour Intensive Manufacturing Firms from China to Southeast Asia: a Preliminary Investigation," *Bandung: Journal of the Global South*, 3:3, 2016, pp. 1 - 13.

口服装的 21% 和 29%，越南占中国从该地区进口纺织品总额的 43%。① 这些机会将这些经济体更深地融入全球生产网络，并为中国升级其生产设施铺平了道路，其中包括重要的发展项目，例如改造标志性企业富士康的设施，以机器人取代 6 万名工人，使之成为 70% 以上产品由机器人完成的制造企业。②

绿色技术与关于减少气候变化、加强应对上升能源需求的能力的承诺相捆绑，构成了合作的一个深层领域（可持续发展目标 7 和 13，并对可持续目标 9 和 11 造成影响）。这一领域的南南合作对实现 2015 年在巴黎制定的气候变化目标至关重要，并为脱离碳密集型能源的转变提供了可持续的框架。让人特别感兴趣的是那些不仅采用绿色技术，而且将技术革新转化为领先和竞争性技术的发展中国家。太阳能技术，特别是在萨赫勒、中东和南美洲较干燥地区的国家，提供了直接从源头利用能源的机会，从而改善远离国家电网的家庭生活。

人类发展是南南合作为实现 2030 年议程做出重要贡献的领域（尤其是可持续发展目标 4 和 5，可持续发展目标 8 也在范畴内）。从许多方面来看，所谓的亚洲发展模式的经验实质集中在国家成功投资和调动人力资本的能力，利用这一战略来加强生产能力，并通过将合适的技术应用于发展而获得收益（这一话题的更多讨论可见下文）。教育和培训计划的目的是在被界定为经济生产部门的领域发展技能，并通过课程制定、计划交流，甚至材料拨付，支持改善中等和高等教育机构（包括职业学院），这是南南合作可以做出潜在贡献的另一个层面。此外，针对性别问题的进步教育政策，旨在释放未充分利用作为创新来源以及生产过程中的建设性因素的妇女和女童的潜力，也是南南合作可以通过资源和知识共享提供支持的另一个方面。

与上述确定的具体可持续发展目标以及其实际执行部分内容相关的，是解决项目财务需求的必要性。由世界银行和区域开发银行主导的传统战后国际发展融资架构，随着金砖国家新开发银行、亚洲基础设施投资银行，以及主要新兴国家的大量活跃的国家政策银行的建立，得到了拓展。鉴于金砖国家新开发银行持有 500 亿美元的资本储备，而 AIIB 则持有 1000 亿美元的资本储备，为发展进行融资的可能性得到了大幅增加。

这种发展融资空间的扩大，其重要意义在于，在传统开发银行的限制下被认为是"不可贷款"的项目和想法，现在可以开放进入考虑的范畴。对于大型基础设施项目来

---

① Yang Chun, "Relocating Labour Intensive Manufacturing Firms from China to Southeast Asia: a Preliminary Investigation," *Bandung: Journal of the Global South*, 3:3, 2016, p. 7.

② "Foxconn replaces 60,000 factory workers with robots," 25 May, 2016, www.bbc.com/news/technology-36376966; Yang Chun, "Relocating Labour Intensive Manufacturing Firms from China to Southeast Asia: a Preliminary Investigation," *Bandung: Journal of the Global South*, 3:3, 2016, p. 13.

说，情况尤其如此，这些项目可能被认为太贵、太复杂或太有争议。如上所述，基于资源支持的基础设施发展贷款的创新思维是南南合作如何找到解决阻碍其他捐助者主导方法的问题的经典案例。

同时，考虑到金砖国家银行和亚投行创立时所面临的批评，成员一致努力确保其符合既定国际金融机构的标准和最佳做法。[1] 在"2030年议程"的背景下，这意味着国际社会制定的雄心勃勃的发展目标具有更深厚的资金基础，资本储备金额超过1500亿美元（如果包括各种其他工具，例如丝路基金，那么这个数字会更大）。南南合作得到金砖国家新开发银行和亚投行的关键融资者的支持，强调了其在实现可持续发展目标资金筹集过程中，具有指导原则和实践的中心地位。

实现可持续发展目标最重要的工具是加强全球伙伴关系以满足其他十六个可持续发展目标的必要性。可持续发展目标17呼吁各国意识到"多利益相关方伙伴关系是动员和分享知识、专业知识、技术和财政资源，以支持在所有国家，特别是发展中国家实现可持续发展目标的重要手段"。[2] 鉴于南方新兴国家的发展成就，为有关将支持成功的思想和做法传授给其他发展中国家的考虑提供了相当大的余地。

可以说，南方发展最快的国家，对其经验最大的概括，是发展国家的作用。国家领导的发展事实上在西方有着悠久的历史谱系，它为干预型政府在试图提升经济状况、改善国民生活中所运用的许多原则规范奠定了基础。Fredric List提供了国家主导发展的理论基础，在他心目中，19世纪德国等发达经济体进行工业化是必要的，否则它们无法在自由贸易环境中有效竞争。[3] Hirschman在20世纪中期的写作中认为，由于发展中国家没有足够的储蓄用于工业化，因此他们需要一个"大推动"——一个协同的，相当可观的资本转移和实质性技术援助——为工业化和获取竞争力创造必要的收益。[4] 对于Wade来说，20世纪末新兴工业化经济体的成功是对保护和针对"热门"行业投资战略使用的集中体现，正是这些战略提高了其国际竞争力，使当地创新蓬勃发展。[5] 他指出"在重要的行业，他们（新兴工业化经济体国家的政府）规定数量和价格，以实现政府选定的目标，

---

[1]　Karthrin Berensmann, "New Players with Handicaps," *Development and Cooperation*, 1 April 2016, www. dandc. eu/en/article/asian-infrastrure-invesment-bank-aiib-and-new-bank-are-changing.

[2]　见 "Sustainable Development Goals," Sustainable Development Knowledge Platform, Department of Economic and Social Affairs, United Nations, www. sustainabledevelopment. un. org. /sdgs。

[3]　见 David Levi Faur, "Friedrich List and the Political Economy of the Nation State," *International Political Economy*, 4：1, 1997。

[4]　Albert Hirschman, "Exit, Voice and Loyalty: Further Reflections and a Survey of Recent Contributions," The Milbank Memorial Fund Quarterly, *Health and Society*, 58：3, 1980.

[5]　Robert Wade, "Japan, the World Bank and the Art of Paradigm Maintenance: the East Asian miracle in political perspective," *New Left Review*, I/217 May-June, 1990.

防止经济的这些部分被国际价格指导"（Wade，1989：68）。

最后，南南合作合作方应该吸取的最重要的教训之一，是不要像 OECD-DAC 援助提供国那样使用不正当的政策、措施和模式。事实是，这些国家本身已经经历了各种政策的经验和变化，这些经验中的某些方面与南南合作经验的联系紧密程度，比普遍理解的更为接近。事实上，"2030 年议程"所规定的任务是包容性的，它鼓励国际社会所有成员之间进行合作，以实现这些雄心勃勃、充满价值的发展目标。

正如联合国秘书长潘基文在 2016 年 7 月 24 日向联合国经济及社会理事会提交的关于"2030 年议程"进展情况的第一份报告所述，对于统计方法和数据收集方面的差距存在担忧，而这些方法和数据对于在十七项目标认定的所有部门中开展进程评估是必要的。① 具体来说，所有国家机构的指标不统一，或者说用于获取数据的测算方法需要得到重新考量。以第一个可持续发展目标为例，"消除各种形式的贫困"，发展界中有一些人建议，鉴于全球通货膨胀趋势，当前定义贫困的数字——1.9 美元——太低，因而需要被调整。这些因素将明显影响目标的实现。这一问题得到了承认，联合国统计委员会正在这一领域开展工作，但正如联合国秘书长的报告所指出的，这仍是一项正在进行的工作。②

确保试图构建国家领导政策的发展中国家拥有足以应对其不同结构的制度能力和政策自住性，其本身是一种极难达到的平衡。然而，如果发展中的学习和政策转让——正是南南合作期望做出的核心贡献——想要切实的发生，那么就需要采取协调一致的努力，确保机构充分和高效运作，工作人员胜任和不受腐蚀，领导层能够有效领导。再一次地，可持续发展目标中的第 16 项预测了这一先决条件。这强调了有效、负责任的治理和透明实践作为国家结构中的关键条件的重要性，如果一国要满足"2030 年议程"的"可持续性"要求，就需要鼓励这些条件的形成。

六　结论

1978 年，在联合国布宜诺斯艾利斯发展中国家技术合作会议上，以下声明得到发布。

从世界层面来看，在资源的控制分配以及各国的能力和需要方面正在发生重大变化。由于这些变化和其他国际发展，国际关系和合作的扩大以及各国的相互依赖正在逐步增

---

① "Progress towards the Sustainable Development Goals," Report by the Secretary General, Agenda items 5, 6 and 18 (a), High-level political forum on sustainable development, convened under the auspices of the Economic and Social Council, 24 July, 2016.

② "Progress towards the Sustainable Development Goals," Report by the Secretary General, Agenda items 5, 6 and 18 (a), High-level political forum on sustainable development, convened under the auspices of the Economic and Social Council, 24 July, 2016.

加。然而，相互依赖需要主权、国际关系的平等参与，以及利益的公平分配。①

　　南南发展合作的倡导者们已经在很长的一段时间中开阔了其视野。他们认识到经济、人口以及最终的政治权力平衡，是动态国际体系无可争议的一部分。在缺乏关键资源和现有技术手段有限的情况下，南方国家在设法制定与其目标和能力相称的方法。今天，由于中国、巴西和印度等主要发展中国家站在台前，南南发展合作正在成为南方发展中世界政策创新、技术援助和发展资金的主要来源。以"2030年可持续发展议程"为指导，以可持续发展目标作为指标，全球社会可以走上实现消除贫困的漫长道路。

　　随着我们进入一个新时代，南方国家越来越多地占据全球经济中的更大份额，并在各种形式的经济合作，甚至援助本身的提供中发挥重要作用，因此亟须新的一轮南南合作革新。我们现在认识到，具有全球发展前一阶段特点的政策和做法，是关于如何发展的连续经验和知识的一部分，它们现在都可以被纳入"2030年议程"的政策和做法中。

---

① "Buenos Aires Plan of Action for Promoting and Implementing Technical Co-operation among Developing Countries," Special Unit for TCDC, United Nations, New York, 1978, p. 1, www.ssc.undp.org/content/ssc/documents/Key Policy Documents/Buenos Aires Plan of Action.

第二章

新南南合作的兴起：历史、现状、挑战*

导　言

　　"二战"以后，全球政治经济结构发生了变化。去殖民化运动使得许多殖民地国家纷纷走上民族独立的道路。这是继历史上传统的民族国家形成之后，又一轮新兴民族国家的形成过程。去殖民化运动既是西方在进步力量的驱动下的结果，也是殖民地地区人民斗争的结果。在这样的斗争过程中殖民地新形成的所谓发展中国家一方面继承了殖民时代的政治经济遗产，一方面与原殖民宗主国之间产生了结构性的裂痕。殖民后的发展中国家与原殖民宗主国之间的矛盾成为去殖民化初期除了冷战之外全球地缘政治经济的最新特点之一。南方国家概念的出现正是基于这样的历史背景。

　　南南合作经历了从政治性团结再到南方国家之间发展经验的分享，以及现在以新发展经验分享和南南合作制度化形成为特点的新南南合作的不同阶段。客观地说，长期以来除了中国和印度为南方伙伴提供各种形式的物质资金支持以外，南南合作一直局限于政治性的团结和发展经验的分享等软的方面的交流。从20世纪末开始，南方国家迅速崛起，在南方国家中形成了新兴国家，新兴国家和其他南方国家一起从根本上改变了全球的经济社会结构，南南合作开始进入一个新的阶段，南南合作已不再是原来形态的南南合作。首先，南方国家已经积累了丰富的发展经验，这与20世纪50～60年代的经验完全不同。这些独立的发展经验在南方国家形成了平行性的经验分享，与南北垂直差异的发展经验形成鲜明对比。其次，南方国家特别是新兴国家具备了很大的经济实力，南方国家之间的经验分享已经不再仅仅限于会议讨论层面，而是更多地转向物质资金的流

　　* 本章作者是李小云、肖瑾。李小云教授任教于中国农业大学国际发展研究中心。

动。最后，南方国家特别是新兴国家已经充分认识到了发展制度的重要性，因此发起了金砖国家新开发银行和亚洲基础设施投资银行，由此可见南南合作已经进入新南南合作的阶段。

本章首先系统回顾南南合作的历史发展，然后对南南合作的现状和对全球发展的贡献做出分析，并对南南合作面临的挑战进行梳理和归纳。最后本章的结论将讨论南南合作未来的发展趋势和相关建议。

一　南南合作的历史回顾

南南合作的实质是如何满足南方国家人民的需要。对殖民地人民需求的关注最早可以追溯到1917年的俄罗斯革命。1920年列宁组织了共产国际巴库大会，其后1920年在法国巴黎、1923年在伦敦召开了被压迫人民进步大会，1924年反帝国主义联盟在莫斯科召开了第一次被压迫人民的大会。1927年在布鲁塞尔召开了被压迫人民进步大会，苏加诺和尼赫鲁都参加了会议。1947年25个国家在新德里召开了亚洲关系大会。这一系列的会议标志着南方国家力图形成共享的发展政策的思想（Rist，2008：81-86）。这也是其后召开的万隆会议的序幕。本节将以万隆会议为起点介绍南南合作的历史与发展。

（一）第一阶段　南南合作的起始阶段

学界普遍把万隆会议看作南南合作的起点，这是因为万隆会议是第一次没有殖民者参加的会议，并第一次由亚非国家联合起来提出了自己的政治独立和国家发展的诉求。"二战"结束后去殖民化运动首先在亚洲展开，以印度的民族独立运动为标志，亚洲的去殖民成就直接影响了非洲的去殖民化运动和反种族歧运动。[1] 1945年泛非大会在英国曼彻斯特举行，参会的200多名代表主要来自非洲，他们要求非洲民族独立解放，并要求殖民者无条件结束殖民统治。其后召开的万隆会议顺应了亚洲和非洲民族国家摆脱殖民主义的独立自决的需求。在万隆会议召开之前，非洲只有埃及、埃塞俄比亚（时称阿比西尼亚）、利比里亚、利比亚和南非[2] 5个国家取得独立，亚洲有15个国家获得独立。

南南合作在起始阶段的第一个特点是中立原则和不干涉内政，这一个特点充分体现在会议成果《亚非会议最后公报》提出的十项原则中（以下简称《公报》）。这十项原则分别是：（1）尊重基本人权、尊重联合国宪章的宗旨和原则；（2）尊重一切国家的主

---

[1] 〔英〕理查德·雷德，《现代非洲史》（第2版），上海人民出版社，2014，第266~267页。
[2] 南非虽然独立，但独立后一直实行白人政治和种族歧视政策，所以不少学者认为1910年的南非联邦政府为"白人殖民者勾结的产物"，或称为"英属南非"，认为到1961年南非共和国成立以前南非都不是独立国家。

权和领土完整；（3）承认一切种族的平等、承认一切大小国家的平等；（4）不干预或干涉他国内政；（5）尊重每一国家按照联合国宪章单独地或集体地进行自卫的权利；（6）不使用集体防御的安排来为任何一个大国的特殊利益服务，任何国家不对其他国家施加压力；（7）不以侵略行为或侵略威胁，或使用武力来侵犯任何国家的领土完整或政治独立；（8）按照联合国宪章，通过如谈判、调停、仲裁或司法解决等和平方法以及有关方面自己选择的任何其他和平方法来解决一切国际争端；（9）促进相互的利益和合作；（10）尊重正义和国际义务。① 不干涉内政的内容指的是"不以侵略行为或侵略威胁，或使用武力来侵犯任何国家的领土完整或政治独立，不对其他国家施加压力"。② 不干涉内政在政治理念上表现为中立主义，由于南方国家独立时期处在冷战阶段，只有不在意识形态对立的美苏阵营的任何一方站队才能保证南方国家的政治经济独立。正如参加首次亚洲关系会议的一位缅甸代表所言，"被西方大国统治可怕，被亚洲大国统治会更加可怕"（Henderson，1955）。因此中立原则和不干涉内政也成为南南合作的基本原则，一直贯穿于南南合作的整个发展阶段。南南合作除了强调南方国家的团结以外，同时强调"遵循联合国宪章"，一方面，这是取得联合国支持获得新兴独立国家的合法性策略，另一方面，这也奠定了南南合作与联合国密不可分的历史渊源。作为此后推动南南合作的重要机构，这也是为什么联合国一直推动南南合作的重要原因，同时也是南方国家一直利用联合国这个平台，来推动满足自身诉求的原因，联合国的"南方化"从这里开始（Aghazarian，2012）。

南南合作在这一阶段的第二个特点是强调国家间的发展合作，即通过国家间的援助合作，实现经济独立。《公报》提出了在经济、文化、政治等诸多方面的合作目标。这些合作目标都围绕着巩固南方国家经济政治独立的目标展开，虽然南方国家积极提出倡议，但是因为"二战"后的国际政治经济秩序由以美国为首的西方国家建立和主导，所以这一时期的南南合作还是依靠当时既存的国际合作秩序。"二战"结束后，国际机构开始出现，联合国、国际复兴开发银行（世界银行）、国际货币基金组织都是在美国的主导下建立，总部都设在纽约和华盛顿。其中联合国的建立是为了维护国际和平与安全，国际复兴开发银行的建立是希望向各国政府提供贷款，使世界贫困国家和人民受惠。这两个机构的大部分资金都由美国提供。《公报》的经济合作部分建议设立联合国经济发展特别基金会，由国际复兴开发银行拨出更大一部分的资力给亚非国家。③ 万隆会议在其成果中将现有国际机构的角色写入其中，反映了南南合作在最初阶段由于各国财力和政治、经济力量

---

① 参见《亚非会议最后公报》，http：//www.fmprc.gov.cn/web/ziliao_674904/1179_674909/t191828.shtml。
② 参见《亚非会议最后公报》，http：//www.fmprc.gov.cn/web/ziliao_674904/1179_674909/t191828.shtml。
③ 参见《亚非会议最后公报》，http：//www.fmprc.gov.cn/web/ziliao_674904/1179_674909/t191828.shtml。

的缺乏无法与美国主导的国际经济政治秩序抗衡的现实；值得注意的是，美国作为新的超级大国，不同于旧时代殖民体系中以英国为首的传统殖民帝国，美国的立场一度是也支持去殖民化运动。[①] 所以从另一方面看，这也是南方国家寻求与新崛起的超级大国美国一致的援助合作的策略。《公报》还建议设立国际金融公司进行股权投资；鼓励促进亚非国家之间的联合企业。[②] 这也与现在由联合国主导的所展开的一系列国际合作方式一致，为将来国际合作开辟了金融和投资领域合作的道路。另一方面，《公报》的经济合作中强调国家间的技术援助的作用，倡导南方国家间互相提供技术援助，通过提供专家、示范试验工程装备、交换技术知识实现国际合作。[③] 这也与联合国经济社会委员会1949年成立的第一个联合国技术援助项目一致，也成为日后南南合作主要内容的技术交换的前身。

强烈的民族主义是这一阶段南南合作的第三个特点。民族主义促进了亚非地区的民族认同，推动了亚非地区摆脱殖民地的处境，走向民族国家独立的道路。虽然强烈的民族主义完成了民族国家独立的任务，但是在新成立的亚非民族国家如何合作的问题上，民族主义造成了南方国家之间不小的干扰与分歧。尽管《公报》提出了在经济、文化、政治等诸多方面的合作目标，且这些合作目标都围绕着巩固南方国家经济政治独立的目标展开，但是这些目标在接下来的几十年中并没有取得多少进展。这也使有学者指出万隆会议反对殖民主义和反对歧视的两个目标并没有实现，并指出"万隆会议泛亚主义色彩太强烈使得非洲国家与亚洲国家在会议协商中意见难以统一"（Dirlik，2015）。此后的几年中由于亚非世界内部矛盾和冲突加剧：印巴冲突、印尼－马来西亚冲突、中印冲突、非洲国家间的冲突等使得万隆会议的第二次召开被一拖再拖，加上冷战期间美国的遏制政策，第二次亚非会议最终在1964年亚非国家外长会议上被决定无限期推迟，第二次万隆会议就此搁浅（张民军，2007）。

（二）第二阶段　南南合作的曲折发展阶段

随着第二次万隆会议被搁浅，参与万隆会议的亚非国家大都陷入了政局动乱之中。1962年缅甸总理吴努被困，后流亡国外；1962年中国和印度在喜马拉雅边境纠纷，爆发短期战争，1964年尼赫鲁逝世；1965年印度尼西亚总统苏加诺权力被军人接管，被迫退休；1974年埃塞俄比亚发生军事政变。亚非国家陷入合作的低潮。

与之相反，拉美国家由于取得独立的时间长，积累了近100年的发展经验，在民族独

---

① 〔英〕理查德·雷德，《现代非洲史》（第2版），上海人民出版社，2014，第260~267页。
② 参见《亚非会议最后公报》，http：//www.fmprc.gov.cn/web/ziliao_ 674904/1179_ 674909/t191828.shtml。
③ 参见《亚非会议最后公报》，http：//www.fmprc.gov.cn/web/ziliao_ 674904/1179_ 674909/t191828.shtml。

立和应对经济危机方面都比万隆会议时候才成立不久的亚非国家要成熟得多。从民族独立运动的角度看，拉美国家的独立运动从18世纪末就已经开始，到19世纪30年代已经建立起了18个独立国家。这些新成立的民族国家，除了巴西外都确立了现代资产阶级民主制共和国（林被旬，2010）。拉美的民族独立国家的形成比亚非地区早了100年。这为拉美国家的经济发展打下了基础，独立后拉美国家主要依赖北美和欧洲市场对初级产品的需求发展出口导向型经济，这也成为拉美发展的经济传统，一直到1929年世界性经济危机爆发，欧洲和北美的需求急剧萎缩，拉美国家的经济受到重大打击。但即便如此，拉美国家由于涌现了以普雷维什为代表的探讨拉美道路的经济学家，他们提出了出口替代的方案，使拉美经济在经历经济危机后以出口替代的模式继续增长。1945～1975年的30年里，拉美国家钢产量增加了20倍，电力、金属、机械增长了10倍。墨西哥、阿根廷、巴西和智利被划入世界新兴工业化国家之列（Palmer，2009）。这也为拉美国家率先于亚非国家向发达国家提出南方国家的全球贸易与经济新秩序的具体诉求奠定了基础。所以这一阶段南南合作与拉美国家的推动密不可分。

1. 拉美国家把南南合作的议程推向了经济贸易领域

首先，联合国拉美经济委员会于1948年在智利首都圣地亚哥成立，劳尔·普雷维什是它的推动者和设计者，他于1948～1950年期间为ECLA[①]起草了三份文件，这三份文件成为ECLAC的框架和基础。普雷维什设计的框架包括分析外围经济体的国际融合，其外部脆弱性，以及拉美外围经济中出现的问题环境和相反的趋势。普雷维什提出外围经济体拉美国家的内在结构性特点是低下的专业分工和技术异质性。其次，在普雷维什的推动下，1962年中美洲五国哥斯达黎加、洪都拉斯、尼加拉瓜、萨尔瓦多、危地马拉成立了中美洲共同市场（CACM）。通过关税同盟，中美洲五国在1960～1978年的GDP增长一直维持在接近6%，一度被认为是发展中国家最成功的经济整合典范（Irvin，1988）。最后，劳尔·普雷维什推动建立了联合国贸发会议，并担任秘书长。联合国贸发大会的基本诉求也是建立在普雷维什向第一届贸发大会提交的报告的基础上。报告提出了三个问题。一是解决初级商品的问题。来自工业化国家的经济周期传播导致初级商品出口国在经济周期下行期间出现需求量和大幅价格下跌的双重损失。需要探索成立一个国际商品协议，使用国际金融缓冲库存作为解决的方法。初级商品出口国的初级商品出口收入相对于制造业出口收入增长缓慢。建议加速初级产品出口国的工业化，取消工业化国家对初级产品进口壁垒、关税升级、劳动密集制造业进口的限制。二是要求关税优惠。需要推动发展中国家制造业出口关税优惠，发展中国家的工业化需要使进口替代工业转变为出口导向工业化才能

---

① 此时名为 ECLA，1984 年加勒比国家加入，改名为 ECLAC。

推进。三是补偿性金融的问题。发展中国家因为商品协议所致的贸易恶化的损失不可避免，因此设置补偿性金融十分必要。

2. 促进发展中国家工业化的经济诉求

早在拉美经济委员会成立之时普雷维什就提出了国家干预的工业化的战略，认为国家干预可以弥补市场的不足解决发展中国家边缘化结构的问题。① 到 1964 年第一届贸发大会召开和 77 国集团成立时，支持发展中国家工业化已经写入会议成果文件。如上述第一届贸发大会的几个提议都是围绕如何促进发展中国家工业化的经济诉求展开。又如《七十七国联合宣言》指出："新的经济秩序包含了一个迈向加速工业化的发展中国家的新的国际劳动分工。这些发展中国家希望提高它们本国人民生活水平的努力正在遭到恶劣的外部条件的阻挠，所以需要建设性的国际行动来支持和强化他们的努力，这些行动要求必须建立一个新的国际贸易框架，并完全与加速发展的需求一致。"②

建立新的国际经济秩序是对发展中国家主权的再次重申和对发展中国家独立发展的工业化的诉求。1974 年 4 月联合国大会第六届特别会议通过了《关于建立新的国际经济秩序的宣言》（以下简称《宣言》）和《行动纲领》，《宣言》强调每个国家主权平等，对本国的资源和经济活动拥有一切完整的主权等。值得注意的是，这次的《宣言》继承了1955 年万隆会议不干涉国家内政的原则，并且进一步将这项原则放在国际社会对发展中国家提供援助的要求中，如《宣言》第 11 条指出："整个国际社会进一步加强向发展中国家提供积极援助，而不附加任何政治条件或军事条件。"③ 此外，比起 1955 年万隆会议的《最后公报》中对发展中国家经济平等的诉求，《宣言》也更加直接明确："在开展国际经济合作的一切领域中，只要办得到，行得通，就对发展中国家给予特惠的和不要求互惠的待遇。第 15 条，创造各种有利条件，以便把财政资金转移到发展中国家。"④

3. 以联合国为基础的南方国家合作联盟——77 国集团的成立

77 国集团是对万隆会议只有亚非国家参加的拓展，也是拉美经济委员会主导的只有拉美经济一体化的拓展，它吸收了当时亚洲、非洲、拉美、北美加勒比地区和欧洲各国的发展中国家成为其成员。其中，有 20 个亚洲国家，36 个非洲国家，15 个拉美国家，4 个北美加勒比国家，2 个欧洲国家。77 国集团的成立得力于联合国的一系列区域经济委员会的推动，1947 年成立亚太和远东经济委员会，1948 年成立拉美经济委员会（ECLAC），1958 年成立非洲经济委员会（ECA）。联合国支持南方国家合作的行动达到了前所未有的

① See Background information-Evolution of ECLAC Ideas, pp. 5 – 6, http：//www. cepal. org/en/historia-de-la-cepal.
② See Article 2 in Joint Declaration of the Seventy-seven Developing Countries Made at the Conclusion of the United Nations Conference on Trade and Development, http：//www. g77. org/doc/Joint% 20Declaration. html.
③ See Article 11 in UN Documents /A/RES/S – 6/3201, http：//www. un-documents. net/s6r3201. htm.
④ See Article 14 in UN Documents /A/RES/S – 6/3201, http：//www. un-documents. net/s6r3201. htm.

程度。1964 年第一届贸发会议上 77 个发展中国家和地区发表《七十七国联合宣言》，成立"77 国集团"。《七十七国联合宣言》的主旨呼应了联合国贸发会议所倡导的建立国际贸易新秩序和发展中国家发展工业化的需求。认同联合国贸发会议肩负建设公平国际经济秩序的责任，提出关于国际贸易发展新秩序的主题：贸易转型与内陆国家问题。发展中国家提出的关于这次会议的具体的项目和提议，制定统一的目标以及所有领域的措施。同时也意识到这是一项十分艰巨的挑战，只能循序渐进。发展中国家认为，会议的最终建议只是新的国际贸易政策的第一步。他们不认为每个经济发展领域的推进足以体现他们本质的需求。发达国家尚无对解决发展中国家"贸易逆差"问题的足够重视。只有一些最有限的方法被提出：关于初级商品贸易和出口产品偏好。关于防止贸易恶化的长远对策的补偿性金融仅仅处在最初的起步阶段。不过发展中国家还是接受会议的这个结果，并且希望这些结果可以作为日后取得实质性进步的基础。[①]

这一阶段的南南合作在拉美国家的带领下取得了不小的突破：南南合作从万隆会议阶段的政治独立诉求拓展为对经济贸易公平的国际经济新秩序的诉求，南南合作的国家也从万隆会议时期的亚非国家合作拓宽到亚非拉国家的合作。尽管成就有目共睹，但是由于这一时期复杂的国际政治经济格局，南方国家之间的内部分化拉大，南南合作的推进受阻，仍处于曲折发展的阶段。

首先是 77 国集团内部的分歧，1971 年，劳尔·普雷维什的继任者 Prerez-Gurrero 希望能够推动成立 77 国集团秘书处，但因 77 国集团成员内部分歧而不能成立。秘书处是设在南方国家还是北方国家？秘书长由哪个大洲选出？谁来负责经费？这些都是产生分歧的地方。大的发展中国家担心自己背负了经济责任，而秘书长却倾向从小国选出。最终的结果还是维持 77 国集团依赖于联合国贸发会议来提供政策议程（Toye，2014）。其次，发展中国家间的经济发展差距逐渐拉大。20 世纪 60 年代开始，亚洲四小龙崛起，四小龙之一的韩国同时也是 77 国集团成员之一。1982 年韩国的人均 GDP 已经超过 2000 美元，1985 年韩国人均 GDP 达到 2542 美元，而同为 77 国集团成员的越南的人均 GDP 只有 239 美元，[②]不及韩国的 1/10。此外 20 世纪 70 年代的石油危机使得石油输出国沙特阿拉伯、科威特等发展中国家凭借石油价格上涨经济实力大增，进一步与其他 77 国集团国家拉开差距。最后，南方国家之间的分化还与整个国际发展局势相关。20 世纪 80 年代的拉美债务危机导致初级产品出口国中最穷的发展中国家被迫向新自由主义转型（Gray and Gills，2016）。发展中国家开始采纳世行主导的结构调整方案（Karshenas，2016）。虽然贸发大会和 77

---

① See Article 4 in Joint Declaration of the Seventy-seven Developing Countries Made at the Conclusion of the United Nations Conference on Trade and Development, http://www.g77.org/doc/Joint%20Declaration.html.

② 数据来源：World Bank。

国集团直面南北贸易不平等的问题，提出建立国际经济新秩序的诉求。然而在现实中遭到发达国家的反对和阻挠，前文关于初级商品出口、补偿性金融等议题中除了第二个关税优惠方面取得突破，1968 年在新德里召开的第二届贸发会议上，关税优惠（GSP）获得了发达国家的让步，其他几条都因为发达国家的反对没有什么实质性的进展。再加上以美国主导关贸总协定和 IMF 的改革对其造成的影响和压力，贸发大会的经济诉求的职能日渐式微。于是逐渐由多边贸易与发展论坛转变成提供技术援助、政策研究和数据信息的平台。20 世纪 90 年代随着 WTO 的成立，在资本主义发展的新阶段，越来越多发展中国家加入 WTO，联合国贸发大会成为 WTO 的职责的补充，为发展中国家提供加入 WTO 的要求信息准备，帮助欠债国家管理协商外债，还包括国际投资研究和信息收集，商品研究，发展中国家技术合作等（Toye，2014）。

（三）第三阶段　南南合作的复苏阶段

经过了上一阶段的曲折发展，南南合作于 20 世纪 80 年代开始步入复苏与转型阶段。这一阶段南南合作的特点有：一是南南合作的目标从经济增长转向减贫与技术合作，二是南南合作的发展知识和经验分享平台开始建立。

1974 年联大通过 A/3251 决议在联合国开发署中成立一个专门单元以推动发展中国家间技术合作（TCDC）。1978 年南方国家在发展中国家技术合作的会议上通过《布宜诺斯艾利斯行动计划》（BAPA），强调发展中国家技术合作在最不发达国家如土地缺乏和小岛屿发展中国家实施。1980 年参与 UNDP 的国家成立高级别委员会（High-level Committee of the General Assembly），规定每两年评估 BAPA 的实施情况。由此可见南南合作已经开始由前一阶段难以实现的经济贸易诉求阶段转变为发展中国家间的技术合作和关注最不发达国家的发展问题。

明显的转变发生在 20 世纪 90 年代，由于世行和国际货币基金组织的结构调整方案在发展中国家宣布失败，这促使了传统援助国家 OECD 将发展议题从经济发展转向减贫领域，同时催生了联大在 2000 年制定千年发展目标。八项目标中的第一项就是消灭贫困和饥饿。在第八项促进全球合作中，更是强调在国家和国际两级致力于善政、发展和减贫；满足最不发达国家的特殊需要；对其出口免征关税、不实行配额；加强重债穷国的减债方案，注销官方双边债务；向致力于减贫的国家提供更为慷慨的官方发展援助；满足内陆国和小岛屿发展中国家的特殊需要，与私营部门合作，提供新技术、特别是信息和通信技术产生的好处等。[①]

---

① 参见联合国千年发展目标，http://www.un.org/zh/millenniumgoals/。

南南合作的目标从经济增长转向减贫与技术合作意味着前几个阶段的强调独立南方国家身份工业化增长的去殖民化叙事开始转向全球发展议程的叙事融合。2005 年，时隔 50 年之后亚非国家在万隆再聚首——亚非峰会召开，会议发布了《重振亚非新型战略伙伴关系宣言》，明确指出，亚非新型战略伙伴关系将注重亚洲与非洲大陆之间在贸易、工业、投资、金融、旅游、信息等领域的务实合作。

2004 年联大决议通过发展中国家技术合作专门单元正式改名为"南南合作专门单元"，标志着南南合作知识生产平台正式建立。至此南南合作有了正式的概念定义。联合国对南南合作的定义为：南方发展中国家之间政治、经济、社会、文化、环境和技术领域合作的一个广泛的框架。涉及两个或多个发展中国家，可以以双边的、区域的、次区域的或跨区域的合作为基础。发展中国家通过共享知识、技能、专家和资源以实现其发展目标。此外，南南合作办公室还鼓励三方合作，即传统援助国家与其他多边组织通过提供资金、培训和管理技术等形式以支持南南合作的倡议被称为三方合作。①

联合国南南合作办公室设计了一个三合一的架构来支持南南合作平台的运作，这个架构包括三个支柱。第一个支柱是全球南南发展学院，相当于一个网上智库，汇集了数以百计南方发展专家的数据信息。第二个支柱是全球南南发展博览会，博览会用来展示每年联合国系统中选定的成功发展案例，代表政府、私营部门和社会组织的合力作用。第三个支柱是南南全球融资和技术交流网络平台，促进南方国家技术转移和提供解决方案，创造安全的融资环境。由此可知，这一阶段南南合作开始向建立以发展知识生产和发展经验分享为内容转型。

（四）第四阶段　新南南合作阶段

2008 年金融危机使得 OECD 国家陷入经济持续低迷，而以中国、印度、巴西、南非为首的发展中国家的经济则持续增长。金砖银行、亚投行相继成立。"新兴援助国"（New/Emerging Donors）开始出现。南南合作作为一种新的国际合作范式受到传统援助国家的关注。经合组织（OECD）开始承认南南合作的地位，并在 2008 年专门成立了南南合作任务组，国际合作正从北方－南方国家的"援助者—受援者"的关系转变为不同层级行动者之间资源和知识共享的关系。② 这体现了这一阶段南南合作的一个突出特点就是南方国家发展经验的共享。南方国家发展经验的共享与南方国家的崛起之路密不可分。"二战"以来，尽管经历了种种曲折，南方国家中仍然有几个发展中大国脱颖而出，成为南方国家经

---

① 参见 http：//ssc. undp. org/content/ssc/about/what＿ is＿ ssc. html。
② 参见 http：//www. oecd. org/dac/effectiveness/taskteamonsouth-southco-operation. htm。

验共享的典范。其中尤其以中国的崛起最令人瞩目，中国在 1949 年后建立了独立的工业体系，只用了短短半个世纪就从农耕国家转化为制造业强国，贫困人口从 1990 年的 6.89 亿下降到 2011 年的 2.5 亿，是第一个实现联合国千年发展目标使贫困人口减半的国家。[①] 2015 年中国国家主席习近平在联合国可持续发展峰会上承诺中国将设立"南南合作援助基金"，首期提供 20 亿美元支持发展中国家落实 2015 年后发展议程；将继续增加对最不发达国家投资，到 2030 年达到 120 亿美元；将免除对有关最不发达国家、内陆发展中国家、小岛屿发展中国家截至 2015 年底到期未还的政府间无息贷款债务，并将设立国际发展知识中心，同各国一道研究和交流适合各自国情的发展理论和发展实践。[②] 2015 年 12 月 25 日，全球首个由中国倡议设立的多边金融机构——亚洲基础设施投资银行正式成立。在亚投行的 57 个创始成员中，包括 20 多个发展中国家，也有老挝、越南等贫困国家和传统发达国家。联合国安理会五大常任理事国占四席，G20 国家占 14 席，G7 国家占 4 席，金砖国家全部加入 。中国的"一带一路"倡议可以使得沿线 70 多个国家从中受益（其中大多数是发展中国家）。2016 年 9 月 G20 峰会在中国杭州举办，本届峰会是历史上最多的发展中国家参会的 G20 峰会，中方邀请了东盟轮值主席国老挝、非盟轮值主席国乍得、非洲发展新伙伴计划主席国塞内加尔、77 国集团轮值主席国泰国，以及哈萨克斯坦、埃及两个有代表性的发展中大国出席杭州峰会。会议将 2030 年可持续发展议程"成功地引入"G20 峰会议程，使峰会第一次围绕落实该发展议程制订行动计划。这是 20 国集团历史上首次在峰会上同时讨论与可持续发展和气候变化有关的问题，是中国引导 G20 峰会"全面支持"落实 2030 年可持续发展议程的具体体现。这一议题的成功引入，标志着中国成功地将 20 国集团从讨论短期全球金融危机管理转变为从长远角度讨论世界发展问题。20 国集团杭州峰会标志着以"中国方案"为代表的南方国家的发展主张正在逐渐成为全球发展的重要替代。中国总理李克强在联合国大会的一系列会议上提出的中国主张进一步展示了南方国家在国际发展政治上的成熟。可以说中国的方案和主张正在使南南合作的视野和架构得到前所未有的拓宽，使得南南合作的发展经验、发展资源分享得以实现，也使得南北合作和三边合作成为可能。由此，新南南合作阶段正式开启。

二　南南合作对全球发展的贡献

与以发展援助为主要内容的南北合作不同的是，南南合作所涉及的范围非常广泛。[③]

---

① 参见《中国实施千年发展目标报告（2000～2015 年）》，http://www.cn.undp.org/content/china/zh/home/library/mdg/mdgs-report-2015.html。

② 参见 http://news.xinhuanet.com/politics/2015-09/27/c_1116687809.htm。

③ 参见 http://ssc.undp.org/content/ssc/about/what_is_ssc.html。

本节将围绕南方国家间的贸易、直接投资和国际发展合作领域三方面探讨南南合作的贡献。

（一）贸易

根据 IMF 的数据统计，近十多年来，南方国家之间的贸易量快速增长。其中南方国家的进口额比重从 2000 年的 28% 增加到 2014 年的 43%。出口额从 2000 年全球总出口额的 22% 增加到 2014 年的 38%。发达国家的相应比重则分别从 2000 年的 72%、78% 下降到 2014 年的 57%、62%（见图 2-1、图 2-2）。

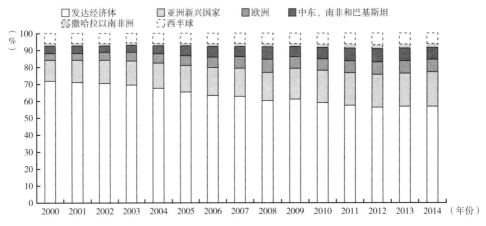

图 2-1 全球各地区进口贸易百分比

资料来源：IMF，DOTS。

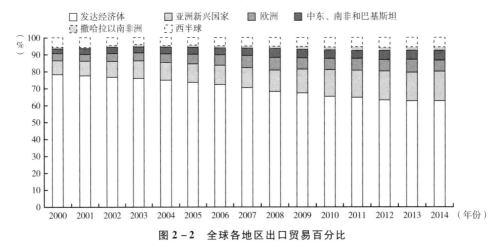

图 2-2 全球各地区出口贸易百分比

资料来源：IMF，DOTS。

看南方国家内部贸易情况，南方国家之间的进口额从 2000 年的 29% 上升至 2014 年的 48%，出口额从 2000 年的 25% 增加到 2014 年的 41%。南北贸易的相应比重则从 2000 年的 71%、75% 分别下降至 2014 年的 52% 和 59%。南方国家之间的进出口贸易基本与南北方国家的进出口贸易呈平分秋色之势。数据显示，在南方国家中，以亚洲新兴国家对其他发展中国家贸易增长最快。进一步分析，发现其中中国的贡献最大（见图 2 - 3、图 2 - 4）。由 IMF（2014）对全球进出口贸易统计的数据可知，中国是 143 个南方国家中的主要贸易国家。其中，中国是 48 个南方国家的第一大进口贸易国家，是 105 个南方国家排名前三的进口贸易国。同时，中国也是 33 个南方国家的第一出口贸易国，是 95 个南方国家排名前 10 的出口贸易国。[①]

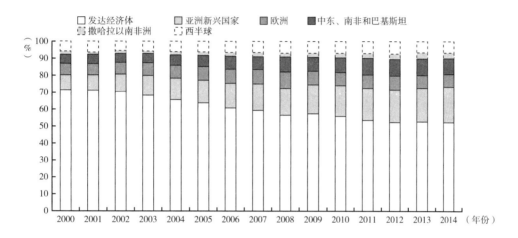

图 2 - 3　发展中国家进口贸易百分比

资料来源：IMF，DOTS。

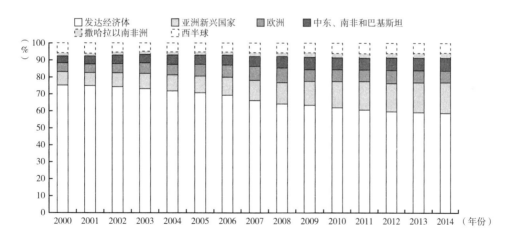

图 2 - 4　发展中国家出口贸易百分比

资料来源：IMF，DOTS。

---

① 根据 IMF，CDIS 数据库整理，参见 http：//data. im I f. org/？ sk = 40313609 - F037 - 48C1 - 84B1 - E1F1CE54D6D5。

目前，中国是东盟第一大贸易伙伴，东盟是中国第三大贸易伙伴、第四大出口市场和第二大进口来源地。2014年，中非贸易额达到2200亿美元，比2000年增加了22倍，中国对非投资存量超过300亿美元，比2000年增加了60倍。[①] 自2009年起，中国已连续5年成为非洲第一大贸易伙伴国，同时也是非洲重要的发展合作伙伴和新兴投资来源地。非洲则成为中国重要的进口来源地、第二大海外承包工程市场和新兴的投资目的地。[②]

（二）对外直接投资（FDI）

除了贸易额的增加，南方国家之间的直接投资也在增加。2015年全球投资报告显示，发展中国家的FDI主要来自亚洲国家，中国香港、中国内地和新加坡向发展中国家直接投资最多，这三者的投资超过了发展中国家FDI来源总额的55%，巴西以7%排在第四（见图2-5）。发展中国家对外投直接资目的地中，亚洲（东亚、东南亚、南亚、西亚）占发展中国家对外投资目的地的58%，欧洲占13%，非洲占4%，拉美和加勒比地区占4%，北美占7%（见图2-6）。这一方面显示了南南国家的投资的重要性，另一方面也显示了南南国家内部在直接投资方面的不平衡。

由IMF整理的2014年各国排名前五的对外直接投资国家数据显示，中国和毛里求斯是南非对外投直接资最多的发展中国家，其中，中国市场占南非对外直接投资总额的

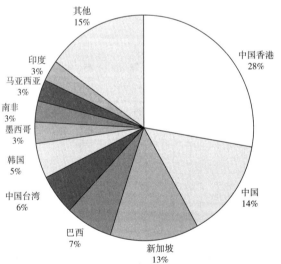

图2-5 主要发展中经济体对外直接投资来源百分比

资料来源：UNCTAD, World Investment Report, 2015。

---

① 《2015年的中非关系：持续深入峰会推动转型升级》，网易新闻，http://news.163.com/15/1228/17/BBUI2EO300014JB6.html。

② 《李克强：中国已连续5年成为非洲第一大贸易伙伴国》，中国新闻网，http://www.chinanews.com/gn/2014/05-05/6135274.shtml。

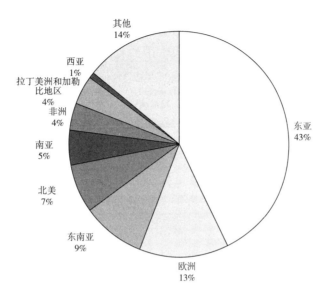

图 2 - 6　发展中经济体对外直接投资主要目的地百分比

资料来源：UNCTAD，World Investment Report，2015。

32%，达 462 亿美元，是南非最大的对外直接投资国家，毛里求斯占 8%。印度最大的对外直接投资的发展中国家是毛里求斯和阿联酋，分别占其对外直接投资总额的 15% 和 5%。巴西最大的对外直接投资发展中国家是巴哈马国，占其对外直接投资总额的 11%。[①]

数据显示中国是最大的对外直接投资的发展中国家，中国的对外直接投资在亚非拉的十个发展中国家位居前 5 位。其中中国对尼日尔的投资占尼日尔本国外商投资的 30%，对帕劳的投资占其本国投资的 26%，对吉尔吉斯斯坦的投资占其本国投资的 23%（见图 2 - 7）。

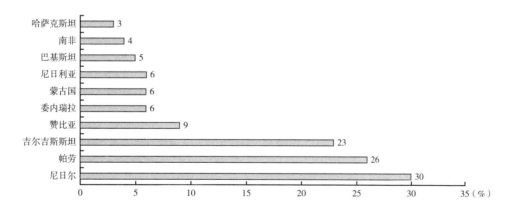

图 2 - 7　排名前五的中国对外投直接资国家和投资比重

资料来源：根据 IMF，CDIS 数据库整理。

---

① 根据 IMF，CDIS 数据库整理，参见 at http：//data. imIf. org/？ sk = 40313609 - F037 - 48C1 - 84B1 - E1F1CE54D6D5。

截至 2014 年底，中国和东盟累计双向投资额超过了 1300 亿美元，其中东盟国家对华投资超过 900 亿美元。① 2014 年，中国对东盟十国的投资流量为 78.09 亿美元，同比增长 7.5%，占流量总额的 6.3%，对亚洲投资流量的 9.2%，存量为 476.33 亿美元，占存量总额的 5.4.%，占亚洲投资存量的 7.9%。2014 年底，中国共在东盟设立直接投资企业 3300 多家，雇用外方员工 15.95 万人。② 2014 年，中国对东盟国家对外直接投资存量见图 2 - 8，中国在各国的对外直接投资流量见图 2 - 9。

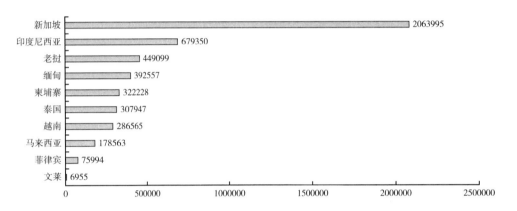

图 2 - 8　2014 年中国对东盟国家对外直接投资存量（万美元）

资料来源：《2014 年度中国对外直接投资统计公报》。

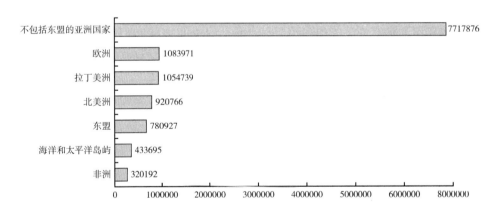

图 2 - 9　2014 年中国在各国的对外直接投资流量（万美元）

资料来源：《2014 年度中国对外直接投资统计公报》。

2014 年底，中国对"一带一路"沿线国家的直接投资存量为 924.6 亿美元，占中国对外直接投资存量的 10.5%。

---

① 参见 http://finance.people.com.cn/n/2015/0729/c1004 - 27378764. html。
② 中华人民共和国商务部、中华人民共和国国家统计局、国家外汇管理局：《2014 年度中国对外直接投资统计公报》，中国统计出版社，2015，第 30 ~ 32 页。

由此可见，原有主导全球的南北经济结构随着南方国家的兴起正在发生深刻变化。南方国家的政治独立在其经济发展以后真正得到了加强。南南经济合作成为全球经济合作的重要组成部分。这一合作开始真正改变全球经济合作的秩序和结构。

（三）南南发展合作：以中国和印度为例

南南合作除了在经济合作方面的迅速成长以外，随着以金砖国家为代表的"新援助国家"（New/Emerging Donors）的出现，南南发展合作开始成为国际发展合作的重要组成部分。根据世界银行的国际发展合作报告，中国已经是南方国家中最大的援助提供国，中国的官方发展援助支出远超过印度、巴西和南非，印度居于中国之后成为金砖国家中第二大援助支出的国家（见图 2－10）。

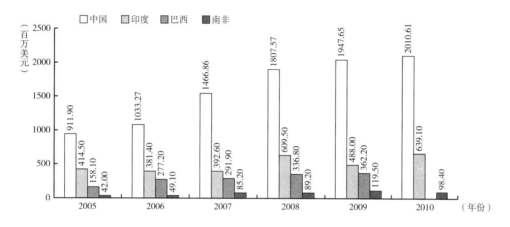

图 2－10　2005～2010 年间金砖国家官方发展援助总优惠资金流量
（类似官方发展援助资金流量）*

＊注：缺少 2010 年巴西的数据
资料来源：World Bank。

根据《中国的对外援助（2014）》白皮书，2010～2012 年，中国对外援助规模持续增长。2010～2012 年，中国对外援助金额为 893.4 亿元人民币。非洲和亚洲是中国对外援助的主要地区。其中非洲所占比重最高达到 51.8%，亚洲次之，占 30.5%。印度的对外援助金额也从 2010 年的 27693 卢比猛增至 2015 年的 118337 卢比。（Chaturvedi and Mulakala，2015）。

基础设施、医疗、教育与培训、环保与气候变化是中国的主要国际发展合作领域（见表 2－1）。

不丹、孟加拉国、尼泊尔、缅甸、斯里兰卡、马尔代夫、阿富汗等国是印度援助最多的国家（见表 2－2）。

表 2 - 1　2010～2012 年中国对外援助成套项目领域分布

行业	项目数（个）
社会公共设施	360
其中:医院	80
学校	85
民用建筑	80
打井供水	29
公共设施	86
经济基础设施	156
其中:交通运输	72
广播电信	62
电力	22
农业	49
其中:农业技术示范中心	26
农田水利	21
农业加工	2
工业	15
其中:轻工纺织	7
建材化工	6
机械电子	2
总计	580

资料来源：《中国的对外援助（2014）》白皮书。

表 2 - 2　印度援助和贷款项目的主要国家

单位：百万美元

国家/地区	2005～2006 年	2006～2007 年	2007～2008 年	2008～2009 年	2009～2010 年
不丹	250.1	131.5	168.4	277.9	269.4
孟加拉国	11.5	4.9	13.8	116.3	0.8
尼泊尔	14.6	51.0	23.0	96.5	31.0
斯里兰卡	5.5	6.8	6.5	49.7	16.6
缅甸	4.9	9.7	4.6	26	11.4
马尔代夫	2.9	1.5	4.5	21.9	0.7
非洲国家	13.5	4.9	11.5	8.1	25.9
蒙古国					25.9
阿富汗			100	6.9	59.4
中亚			4.6	4.3	4.1
拉丁美洲国家			0.4	1.4	0.4
其他国家	111.5	108.1	55.3	0.5	52.5
总计	414.5	381.4	381.4	609.5	488

资料来源：Schin Chaturvedi and Anthea Mulakala（2015），India's Approach to Development Cooperation，Routledge。

1. 基础设施

在基础设施方面，中国为南南发展合作了做了很大的贡献。到目前为止，中国对非洲建设有 3 条铁路，16 个机场航站楼，20 座桥梁，12 个港口，68 个电站，77 个体育场馆，16 个议会大厦，38 个政府办公楼，9 个国际会议中心等。[①] 2013 年的一项研究对 2001～2008 年间撒哈拉以南非洲的基础设施援助国进行排名，中国排在首位。印度是排在第二位的南方国家（林毅夫、王燕，2016）。

2015 年 12 月，中非合作论坛约翰内斯堡峰会暨第六届部长级会议在南非召开，习近平主席代表中国政府宣布将中非新型战略伙伴关系提升为全面战略合作伙伴关系，与非洲在工业化、农业现代化、基础设施、金融、绿色发展、贸易和投资便利化、减贫惠民、公共卫生、人文、和平和安全等领域共同实施"十大合作计划"，规划了中非务实合作的宏伟蓝图，开启了中非关系新的历史篇章。其中，在经贸领域，中非双方将共同实施中非工业化合作计划、中非农业现代化合作计划、中非基础设施合作计划、中非绿色发展合作计划、中非贸易和投资便利化合作计划、中非减贫惠民合作计划和中非公共卫生合作计划等。

其中基础设施合作是中非双方传统合作领域，也是中非经贸合作提升水平、转型发展的重要领域。中方将在中非基础设施合作计划项下，重点在以下几个方面与非洲开展合作。

（1）铁路、公路和港口。中方将通过多种融资方式与合作模式，结合非洲"四纵六横"铁路网和"三纵六横"公路网规划布局，鼓励企业积极参与非洲铁路、公路和港口网络建设，与非方合作建设一批大型公路、铁路和港口项目，提供成熟可靠的技术装备，助力非洲交通网络建设，带动交通沿线经济发展。

（2）区域航空。中方将与非方共同持续推进"中非区域航空合作计划"，以市场运作为前提，深化航空投资和运营合作，提供更多民机装备，支持非洲机场、配件库、维修中心、航校等配套设施建设，提高非洲国家适航认证和航空监管能力建设，带动双方产品、技术、标准、配套设施、售后服务、人员培训合作协同推进，不断提升非洲民航运营效率和互联程度。

（3）电力。中方将根据非洲国家实际需求，使用多种融资方式，支持非洲水电、火电、风电、光伏、生物质能等发电项目和输变电、电网项目的建设，帮助非洲改善电力短缺掣肘经济增长的现状，使非洲发展得到持续的动力供给。

[①] 根据 2016 年中央电视台国际频道《中非合作硕果累累》节目整理，http://news.cctv.com/2016/07/30/VIDE4Yhc3WnAXLoJRT5bmVWT160730.shtml。

（4）通信。中方支持非洲建设信息社会、发展数字经济，将以市场运作为前提，鼓励中国企业参与非洲国家信息网络建设、运营和服务，逐步搭建有助于非洲发展的现代化通信网络。

（5）人才和研发。中方将调动政府和企业资源，积极研究为非洲新建或升级改造5个包括航空、铁路和公路在内的交通大学，在基础设施、教学设备和合作方案、技术援助和管理运营等方面提供全方位支持，帮助非洲系统培训基础设施专业化技术队伍，为非洲互联互通项目的可持续发展提供人才和研发支撑。

2004年，由中国提供4亿美元贷款援建的菲律宾北吕宋铁路一期首段工程在首都马尼拉开工。这条铁路一期工程从马尼拉到马洛洛斯，长约32公里，整个铁路建设项目从马尼拉到克拉克，全长80多公里。2005年中国在东南亚地区承建缅甸最大的水电站——缅甸邦朗电站。2009年中国援助老挝纳堆至巴蒙公路北段修复项目启动。2010年1月26日～2月3日，援助缅甸国际会议中心项目通过内部竣工验收，验收结果评定为"合格"等级。2011年8月中国援建老挝农业技术示范中心设施建设完成，援助老挝农业技术示范中心项目主要包括建设培训中心、苗圃及示范园，提供一批良种和农机具，并开展良种培育、示范种植及农机具使用等方面的培训，分设施建设、人员培训、技术合作三个阶段实施。2011年援老挝国际会议中心项目对外实施合同正式签订。2011年援柬埔寨参议院新建办公楼及改造议长办公楼和会议厅启动。此外，1996～2002年，中国政府已经无偿为柬埔寨各省农村打了1000口民用水井，解决了20多万人的饮水问题（吴杰伟，2010）。

印度进出口银行提供的优惠贷款投向主要集中在基础设施建设领域，2001～2010年，电力、铁路建设以及工程建设等基础设施优惠贷款分别占到28%、19%和14%。农业生产和农村发展方面的基础设施优惠贷款也占了较大比重。其中，农业和灌溉占8%，农村电力建设占3%，糖料生产和加工占9%。印度在基础设施方面的国际援助主要集中在非洲国家。印度对非洲的基础设施投入主要集中在购买农业机械、修建信息网络设施等方面（见表2-3）。

表2-3　印度对非洲的基础设施援助

国家	援助内容
安哥拉	4000万美元的优惠贷款用于修建铁路以及500万美元的优贷在印度购买农业机械设备
贝宁	捐赠了60台拖拉机，优惠贷款用于修建铁路以及500万美元的优贷在印度购买农业机械设备
布基纳法索	3100万美元的优贷购买农业设备
吉布提	捐赠100万美元购买食品解救饥荒
喀麦隆	捐赠了60台拖拉机
冈比亚	700万美元的优贷购买拖拉机和建立拖拉机集装厂

续表

国家	援助内容
加纳	1500 万美元优贷,2700 万美元的优贷用于建立农村电网,200 万美元用于信息网络的技术援助
科特迪瓦	2700 万美元的优贷购买 400 辆塔塔(Tata)客车
莱索托	500 万美元优贷用于与农业相关的活动
毛里求斯	1 亿美元支持信息网络技术援助的优贷,同时提供 750 万美元的信息技术设备和 1000 万美元的优贷支持污水处理系统建设
尼日尔	1700 万美元的优贷在印度购买交通设施
塞内加尔	4800 万美元的优贷支持灌溉系统、信息技术和钢材厂建设,1800 万美元的优贷购买 250 辆塔塔(Tata)客车,1500 万美元的优贷购买农业设备
塞拉利昂	80 万美元的赠款修建 400 座营房
坦桑尼亚	支持建立两个腰果加工公司,并免除 2000 万美元的债务

资料来源：参见 Kragelund P.，"The Return of Non-DAC Donors to Africa: New Prospects for African Development？" *Development Policy Review*，Vol 26，Issue 5，2008。

2. 医疗

中国援建的医疗设施项目约 80 个，其中包括综合性医院、流动医院、保健中心、专科诊疗中心、中医中心等，有效地缓解了受援国医疗卫生设施不足的问题。同时，中国向受援国提供医疗设备和药品物资约 120 批，包括多普勒彩超仪、CT 扫描仪、全自动生化仪、母婴监护仪、重要手术器械、重症监护检测仪、核磁共振仪等高端医疗设备，以及防治疟疾、霍乱等疾病的药品。

派遣医疗队。中国对外派遣 55 支援外医疗队，累计 3600 名医护人员，在受援国近 120 个医疗点开展工作，培训当地医护人员数万人，一定程度上缓解了受援国医疗服务的供需矛盾。在援外医疗工作中，医疗队员通过观摩示范、专题讲座、技术培训和学术交流等方式积极培训当地医务人员，内容涉及疟疾、艾滋病、血吸虫病等传染病防治，病人护理以及糖尿病、风湿病治疗等领域，并推广针灸、推拿、保健、中医药等中国传统医学。三年中，100 多名中国医疗队员因贡献突出获得受援国颁发的勋章。

中国援外医疗队的卫生人力资源培训包含以下三个主要特点。一是以能力建设为中心。在中国对外援助的八项原则中，第四条规定："中国政府对外提供援助的目的，不是造成受援国对中国的依赖，而是帮助受援国逐步走上自力更生、经济上独立发展的道路。"第七条规定："中国政府对外提供任何一种技术援助的时候，保证做到使受援国的人员充分掌握这种技术。"援外医疗队一直把培训受援国医疗人才作为一项重要工作内容。如何培养受援国自身的能力，是援外医疗队的工作重点之一。因此，援外医疗队是卫生人力资源援助的重要组成部分。援外医疗队为受援国引进了心脏外科、肿瘤摘除、断肢再植、微创医学等高精尖医学临床技术。二是以现场带教为主要方式。医学是一门实践性非常强的学科，现场带教的方式能使当地医疗人员更快地成长，并能切实地解决医疗问题。中国在所有的医疗点都开展了现场带教的活动,通过中国援外医疗队员与当地医务人员的配合,逐步让当地医疗人员承担更多的责任,为当地培训了大量卫生人力资源。三是分享中国医疗技术的同时帮助受援国完善医疗体系。中国的援外医疗队帮助受援国建立新的科室,在大学设立新的学科。如中国医疗队的巡回医疗,"把预防和医疗的重点放到农村去"。此外,中国医疗队利用各种方式提供免费药品并介绍中国的医疗技术。中国医疗队还将针灸、推拿等中国传统医药以及中西医结合的诊疗方法带到这些国家(刘倩倩,2014)。

印度在医疗领域的国际发展合作主要体现在以下几方面。(1)提供医疗人员和人道主义援助。早在1956年印度就向缅甸派出了200名医生,用以支持当地的医疗部门的管理,同时也向埃塞俄比亚亚的斯亚贝巴的甘地纪念医院派出了1名医生和2名护士。1998~1999年,价值400000卢比的成套医疗设备、医疗用品和药品被送往阿富汗喀布尔印度甘地儿童健康中心,该中心也是在阿富汗的印度人修建而成。印度为阿富汗提供的医疗援助人员和免费的药品每年帮助阿富汗治疗当地约360000位贫穷的患者。(2)扩展疫苗和药品可获得程度。《2010年全球健康政策报告》指出,印度的医疗援助项目受益于印度制药公司生产的低价艾滋病治疗药物(Bliss,2010)。印度生产者目前在发展中国家提供了80%的全部由援助国资助的艾滋病疗程,惠及几百万病人(Waning et al.,2010)。印度也为通用疫苗的生产做出了重要的贡献。有8家印度生产商正在生产72种世界卫生组织的资格预审疫苗。此外,印度生产的疫苗占到联合国各机构采购的疫苗总量的60%~80%,使印度成为发展中国家最大的和品质最可靠的疫苗提供者。(3)印度在全球卫生治理政策制度方面的贡献。2001年在多哈举办的WTO第四届部长级会议上,印度力推了一项与贸易相关的知识产权(TRIPS)提议,该提议为以往贸易知识产权的规定带来了两个显著的变化:一是它关注了那些缺乏医药生产能力的国家的权利,二是它明晰了TRIPS协议保证这些国家权利实现的灵活性。这使得非专利药物可以按照一定条件和程序出口这些不具备药品生产能力的国家。

3. 教育与培训

2010~2012年,中国共举办1579期官员研修班。中国邀请其他发展中国家政府部门近4万名官员来华研修,内容涉及经济管理、多边贸易谈判、政治外交、公共行政、职业教育、非政府组织等。中国举办技术人员培训班357期,为其他发展中国家培训技术人员近万名,涵盖农业、卫生、通信、工业、环境保护、救灾防灾、文化体育等领域。为满足其他发展中国家提升公共部门中高级管理人员能力的需要,三年中,中国举办了15期在职学历教育项目,来自75个发展中国家的359名政府官员分别获得公共管理、教育、国际关系以及国际传媒硕士学位。

在这些培训中，农业培训所占比重最大。有三个层级的农业培训课程。第一个层级是基层技术公务员培训，例如农业推广员，培训时长 3 个月。第二个层级是针对更高级别的政府官员，培训时长通常为 2～4 周。第三个层级是部长级别的官员培训。有学者指出，中国的农业技术培训的特点是包容性、多元化，既包含农业技术培训也会结合非洲国家和本国的情况满足双方的商业利益，同时作为外交和文化软实力的输出形式（Tugendhat and Alemu，2016）。向非洲国家派遣农业技术专家是中国长期以来最主要的对非农业技术转移的方式之一，也是持续性最长，并且取得了良好效果的援助形式。目前，中国援助非洲的农业技术示范中心（ATDC）已建成 14 个，还有 9 个在建设中。截至 2012 年，有 117000 名非洲学生来华留学，其中 2.3% 的非洲留学生在中国学习农业科学专业。中国为此提供了 23 个农业培训机构，开发了 539 门培训课程。2008～2010 年，中国先后向非洲 22 国派遣了 104 名高级农业专家，向受援国提供了 400 多份信息和政策建议，完成总计 155 万字的国别调研报告、农业投资项目可行性报告，开展了 184 项试验示范项目，涉及粮食、蔬菜、水产、畜牧、灌溉等多个领域，并举办各类培训 157 期，2012～2014 年的具体培训情况见表 2－4。2010～2012 年，中国对外援建了 49 个农业项目，派遣了 1000 多名农业技术专家，并提供大量农业机械、良种、化肥等农用物资。在政策保障方面，中国政府在 2006 年根据中非合作论坛上达成的北京行动承诺将继续派出农业技术专家作为中非农业合作的重要措施（见表 2－5）。

表 2－4　国际农业培训的培训内容情况

培训内容	频率（次）	百分比（%）	培训班名称举例
动物防疫	5	4	2014 年中国老挝边境动物疫病防控试验站建设
害虫防治	5	4	2014 年非洲国家热带重要作物病虫害防治技术培训班
木薯	3	2.4	2012 年非洲国家木薯生产与加工技术培训班
能源	11	8.8	2012 年发展中国家农村能源与环境卫生技术培训班
农产品贸易	6	4.8	2013 年非洲法语国家农产品流通与国际贸易研修班
农业发展	6	4.8	2014 年援非洲法语国家农业技术示范中心可持续发展研修班
农业管理	12	9.6	2014 年非洲法语国家农业自然资源管理研修班
农业合作	5	4	2014 年非洲英语国家农业南南合作官员研修班
农业机械	6	4.8	东盟国家水稻生产技术机械化培训班
农业推广	7	5.6	2014 年东盟国家农业技术推广培训班
农业种植技术	15	12	非洲法语国家棉花种植技术培训班
生态农业	8	6.4	2014 亚洲生态农业培训班
水产	18	14.4	2013 年发展中国家渔业发展和管理部级研讨班
土壤改良	3	2.4	中国援阿尔及利亚土壤改良项目来华考察培训
项目能力	3	2.4	埃塞俄比亚南南合作项目目标能力建设培训（二）

资料来源：涉外农业培训管理信息系统。

表2-5 派出农业技术专家的具体政策承诺

行动计划	发布时间	涉及派出农业技术专家的具体承诺
中非合作论坛北京行动计划 (2007~2009年)	2006年	向非洲派遣100名高级农业技术专家
中非合作论坛-沙姆沙伊赫 行动计划(2010~2012年)	2009年	向非洲国家派遣50个农业技术组
中非合作论坛北京行动计划 (2013~2015年)	2012年	继续向非洲国家派遣农业技术组,加强非洲农业技术人员的培训; 向非洲国家派遣农业职业教育培训教师组,帮助非洲建立农业职教体系
中非合作论坛-约翰内斯堡 行动计划(2016~2018年)	2015年	中方将继续向非洲国家派遣30个高级农业专家组,提供农业职业教育培训,扩大非洲国家在华培训农业技术和管理人员的规模,提升农业整体技术与管理水平。

资料来源:中国农业大学国际发展研究中心。

重视能力建设是印度国际发展援助的一大特点。1964年,印度成立技术与经济合作项目(ITEC),该项目通过开展培训项目帮助伙伴国家克服技术上的困难,以达到增强技术合作和能力建设的目的,ITEC承担了印度主要的国际发展合作能力建设方面的主要功能。ITEC的宗旨是援助的项目符合发展中国家的自身需求。例如应柬埔寨、老挝、缅甸和越南的请求增强这些国家的私人部门和企业的发展。印度在这些国家先后成立了老挝-印度企业发展中心、柬埔寨-印度企业发展中心、越南-印度企业发展中心和缅甸-印度企业发展中心。ITEC主要由5部分组成:(1)印度专家对援助国家相关人员的培训,涵盖贸易、投资和科技方面的内容;(2)提供项目相关的可行性研究和咨询服务;(3)派遣印度专家代表出国进行援助;(4)研究与实地考察;(5)减灾援助。1978年底,已有500名印度专家代表被派往国外,每年有1200位受援国政府人员在印度的各类机构进行培训。2014~2015年,ITEC提供了10000个奖学金名额。47家机构每年提供280门培训课程。2013~2014年,ITEC的伙伴国家达到179个。在这些国家中,亚洲、非洲所占比重最大(见表2-6)。

表2-6 2013年技术与经济合作项目各地区参与伙伴分布

地区	占地(%)
亚洲	44
非洲	44
美洲	4
多边	2
机构	2
欧洲	4
其他	

资料来源:MEA(2014)。

4. 环保与气候变化

2010～2012 年，中国继续通过援建项目、提供物资和能力建设三种途径开展应对气候变化的南南合作。中国在清洁能源、环境保护、防涝抗旱、水资源利用、森林可持续发展、水土保持、气象信息服务等领域，积极开展与其他发展中国家的合作，为 58 个发展中国家援建了太阳能路灯、太阳能发电等可再生能源利用项目 64 个，向 13 个发展中国家援助了 16 批环境保护所需的设备和物资，与格林纳达、埃塞俄比亚、马达加斯加、尼日利亚、贝宁、马尔代夫、喀麦隆、布隆迪、萨摩亚 9 个国家签订了《关于应对气候变化物资赠送的谅解备忘录》，为 120 多个发展中国家举办了 150 期环境保护和应对气候变化培训班，培训官员和技术人员 4000 多名。2012 年，时任国务院总理的温家宝在里约热内卢出席联合国可持续发展大会，发表《共同谱写人类可持续发展新篇章》的演讲，并宣布安排 2 亿元人民币开展为期三年的国际合作，帮助小岛屿国家、最不发达国家、非洲国家等应对气候变化。

2015 年 9 月 26 日，国家主席习近平在联合国发展峰会上发表题为"谋共同永续发展 做合作共赢伙伴"的重要讲话，并表示中国要同各国一道为实现 2015 年后发展议程做出努力。（1）中国将设立南南合作援助基金，首期提供 20 亿美元，支持发展中国家落实 2015 年后发展议程。（2）中国将增加对最不发达国家投资，力争 2030 年达到 120 亿美元。（3）中国将免除对有关最不发达国家、内陆发展中国家、小岛屿发展中国家的截至 2015 年底到期未还的政府间无息贷款债务。（4）中国将设立国际发展知识中心，同各国一道研究和交流适合各自国情的发展理论和发展实践。（5）中国倡议探讨构建全球能源互联网，推动以清洁和绿色方式满足全球电力需求。同时表示，中国愿意同有关各方一道，继续推进"一带一路"倡议，推动亚洲基础设施投资银行和金砖国家新开发银行早日投入运营并发挥作用，为发展中国家经济增长和民生改善贡献力量。

与传统 OECD 国家的发展合作主要关注社会领域不同，南南发展合作更加关注生产、基础设施、技术援助和能力建设项目。以中国为代表的新援助国倾向打包成套设施的援助方式，不仅包括优惠贷款、赠款和债务减免，还包括优惠贸易和投资计划（Bartenev，2014）。学者李小云、徐秀丽等指出，非洲农业技术示范中心是中国农业发展经验的流动的技术理性，是中国发展的平行经验在非洲的知识共享和再生产（Xu et al.，2016）。

南南合作的不断发展促进了南北合作模式的改革。联合国 2030 年可持续发展议程得到了传统援助国家的积极响应，并促使经合组织发展援助委员会（OECD-DAC）对工作进行改革，其中一项重要的内容就是希望采用官方可持续发展支持总量（TOSSD）的框架。TOSSD 是指通过全面的官方支持推动区域和全球层面的可持续发展，调动所有资源支持发展中国家。目的是改善国际公共资助的现状，并落实 2030 年资助框架的发展资助综合数据，提高公共财政的透明度和监管能力，落实正确的激励机制以做到资源优化配置最大化，并基于国际标准进行国际财政监测评估。TOSSD 正在取代传统的官方发展援助（ODA）方式成为发展合作的新风向标。随着南方国家的崛起，国家发展合作也呈现融合的趋势。北方国家的发展合作策略也受到了南方国家发展合作策略的影响。有学者指出，近年来北方国家和南方国家两种范式的界限变得模糊。传统援助国开始向南南合作的哲学靠近，例如北南合作强调的"双赢"和拓宽发展合作的理解（超越官方发展援助）（Fues，2015）。南北合作框架有趋向南南合作框架的倾向（见表2-7）。

表2-7　南南发展合作与南北发展合作的融合指标

共同特点	评价
互利	传统援助国转向南方范式,强调经济与地缘政治的自身利益
发展的有效性	传统援助国在 2011 年的釜山会议上采纳南方视角,放下了援助有效性
新的度量和指数	传统援助国超越 ODA 概念,南方援助国找寻统一的南南发展合作定义,2015 后发展议程的全球共识
专家机构	南方援助国建立制度
透明度	南方援助国开始建立综合数据体系
监控和评估	南方援助国采用新的影响评估模式
非国家行动者	南方引入制度化的扩大机制
专业知识	南方增强发展研究和知识创新的能力
国际对话	传统援助国偏爱有效发展合作的全球合作伙伴（Global Partnership for Effective Development Cooperation）,南方援助国倡导德里程序（Delhi Process）

资料来源：Fues，2015。

总而言之，南南合作不仅在经济上开始成为全球经济发展的重要力量，而且也成为全球发展合作的主要组成部分。从经合组织发展援助委员会20世纪90年代末的罗马会议开始一直到2014年墨西哥城的会议，主流国际发展援助体系都越来越将南南合作作为促进全球发展的重要手段。南方国家的发展资源、发展经验和新的发展制度构成了新南南发展合作的内容，正在改变全球发展合作的格局。

三　结论：新南南合作的问题与挑战

尽管南南合作呈现前所未有的发展前景，但是南南合作依然存在着许多问题，也面临不小的挑战。

（1）南南合作提供国之间缺乏相互协调的机制，尚不能建立统一的标准。南南国家的合作方式主要还是以国家与国家之间的双边行为为主，多边合作的情况比较少，这无疑影响了南南合作作用的发挥，南南合作中受援国的协调程度还很不够，很容易出现资源使用重复浪费的情况。

（2）南南合作缺乏相对独立的知识体系的支持。从历史的角度看，当代发展知识是建立在前殖民时代、殖民时代和后殖民时代欧洲与非欧洲的联系上。殖民体制解体后，"欠发达"国家的概念替代了早期的、带有轻蔑语气的概念，同时"发达"国家的责任转变为帮助其他国家达到"发达"的状态。由此，发达国家和发展中国家的关系是不平等的，这种不平等不仅仅是政治上和经济上的，还是认识论上的，因为发展的知识被发达国家主导。南北合作通过发展知识体系生产来协调统一援助的计划和项目，这套知识体系主要基于新自由主义思想的理论支持，虽然不断有对南北合作的新自由主义意识形态提出批评的声音，但这套知识体系却能够起到援助规范化的作用，为南北发展合作体系的运行提供制度保证。相比之下，南南合作的知识体系建设仍然围绕着强调不干涉内政、平等互惠等原则，系统的南南合作知识体系和制度尚未建立，这一方面不利于南南合作在实践上的规范，另一方面也使得南南合作的系统化受到影响，同时也很难与南北合作展开交流和对话。

（3）南南合作缺乏系统统计数据的系统。由于南南合作涉及范围非常广，是南方发展中国家之间政治、经济、社会、文化、环境和技术领域合作的一个广泛的框架，涉及多个发展中国家，可以是双边的和三边的。在此情况下建立一套数据收集机制和统计系统十分具有挑战性。虽然联合国南南合作的全球南南发展学院这一平台力图扮演南南合作的数据统计系统的角色，但是目前这一平台的数据远远不够，与OECD的数据统计系统相距甚远。不能建立系统的数据系统势必将影响南南合作问责体系的建立，缺乏系统的问责体系又将阻碍南南合作体系的建立。

（4）南南合作缺乏项目监测评估的方法。南北合作的监测评估方法经过了半个多世纪的发展，已经从援助－援助有效性转变为以发展有效性为焦点的监测评估。其核心监测评估指标已经转变为对国家所有权的强调、鼓励私人部门和多边机构参与的系列评估指标。这一方面对南南合作建立起自身的监测评估方法是一个机遇，另一方面又是一个挑战——南南合作是否能够在强调不干涉内政、平等互惠的原则上创造出有别于南北合作的监测评估方法。

（5）虽然中国正在努力支持将南南合作作为全球发展合作的重要组成部分，联合国也成立了南南合作办公室作为南南合作的全球平台，但是从总体上来说南南合作没有系统化，没有固定的合作支持计划。这无疑影响了南南合作在联合国系统和世界银行系统作用的发挥。

根据世行的报告，2015年新兴国家进口需求明显下降（World Bank，2016）。虽然消费品和服务贸易表现出恢复状态，但是预测全球贸易继续走低趋势，意味着全球投资减弱，供应链整合与贸易自由化减速。这都为南方国家的合作带来了挑战。

南方国家的内部分化也是南南合作的一大挑战。由于各自地缘政治、自然禀赋差异明显，一直以来都有发展中大国和发展中小国、岛国等区分。在前文的叙述中，我们已经看到第二次亚非会议和 77 国集团新国际经济秩序的尝试都因为南方国家内部的分化遭受挫折。有学者提出，南方国家特别是新兴国家，尤其是中国的崛起是否意味着一种新的不平等关系和依附关系的产生（Gray and Gills, 2016）。如何避免出现新的霸权需要南方国家坚持南南合作最初的原则，共同促进南方国家之间发展经验的知识共享平台的完善，以及践行平等互利的宗旨。

所以人们普遍认为发展中国家应该学习发达国家的经验，因为后者更加富裕，同时由于经济、社会、文化和政治的现代化非常先进，这与欠发达国家的传统价值观形成了鲜明对比。在这种转型发展模式下，发展中国家需要调动国内和国外的储蓄来建立一个联合投资组织，这样他们才能实施发展项目。

亚投行等多边机构能否可持续发展一方面取决于南南国家经济的发展，另一方面取决于这些机构能否提供新的发展知识产品。这些机构要想为其他发展中国家提供宝贵经验，就不能简单地采用现有的知识框架，需要将从中国以及其他新兴国家中得到的理论层面的经验教训转化为系统的知识（Griffth-Jones et al.，2016）。

参考文献

郭继光：《中国企业对老挝的直接投资及其影响》，《东南亚研究》2013 年第 5 期。

郭继光：《中国企业在柬埔寨的投资及其影响》，《东南亚研究》2011 年第 4 期。

林被甸、董经胜：《拉丁美洲史》，人民出版社，2010。

林毅夫、王燕：《超越发展援助：在一个多极世界中重构发展合作新理念》，北京大学出版社，2016。

刘倩倩、朱纪明、王小林：《中国卫生软援助：实践、问题与对策——以对外卫生人力资源合作为例》，《中国卫生政策研究》2014 年第 3 期。

吴杰伟：《中国对东盟国家的援助研究》，《东南亚研究》2010 年第 1 期。

张民军：《美国的遏制政策与第二次亚非会议的失败》，《历史教学问题》2007 年第 2 期。

〔美〕罗兹·墨菲：《亚洲史》，人民出版社，2010。

〔美〕R. R. 帕尔默：《近现代世界史》，北京大学出版社，2009。

〔英〕理查德·雷德：《现代非洲史》（第 2 版），上海人民出版社，2014。

中华人民共和国商务部、中华人民共和国家统计局、国家外汇管理局：《2014 年度中国对外直接投资统计公报》，中国统计出版社，2015。

《亚非会议最后公报》，参见张彦《万隆精神普照大地——纪念亚非会议 50 周年》，世界知识出版社，2005。

《中国的对外援助（2014）》白皮书，http：//www.mofcom.gov.cn/article/ae/ai/201512/20151201208518.shtml。

经合组织官网，http：//www.oecd.org/dac/effectiveness/taskteamonsouth－southco－operation.htm。

Aghazarian, Armen ., We the Peoples of Asia and Africa: The Bandung Conference and the Southernisation of the United Nations, 1955 – 1970, 2012, https://ses. library. usyd. edu. au/bitstream/2123/8623/1/Aghazarian_ a _ History% 20Thesis_ S1_ 2012. pdf.

Bartenev, V. , & Glazunova, E. , International Development Cooperation, World Bank, 2013.

Busse, M. , Erdogan, C. , & Muhlen H. , "China's Impact on Africa-The Role of Trade, FDI and Aid," *KYKLOS*, Vol. 69, 2016.

Bliss, K. , *The Key Players in Global Health: How Brazil, Russia, Inida, China and South Africa are Influencing the Game*, Washington, DC: Center for Strategic and International Studies, 2010.

Chaturvedi, Schin. , Mulakala, Anthea. , *India's Approach to Development Cooperation*, Routledge, 2015.

Dirlik, Arif. , "The Bandung Legacy and the People's Republic of China In the Perspective of the Global Modernity," *Inter-Asia Cultural Studies*, Vol. 16, No. 4, 2015, pp. 615 – 630.

Fues, Thomas, "Converging practices and Institutional Diversity: How Southern Providers and Traditional Donors Are Transforming the International System of Development Cooperation," *Institutional Architecture and Development: Responses from Emerging Powers*, Johannesburg: South African Institute of International Affairs (SAIIA), 2015, pp. 24 – 42.

Gray, K. , & Gills, B. , "South-South Cooperation and the Rise of the Global South," *Third World Quaterly*, Vol. 37, No. 4, 2016, pp. 557 – 574.

Henderson, William, "The Development of Regionalism in Southeast Asia," *International Organization*, Vol. 9, No. 4, 1955, pp. 462 – 470.

Irvin, George, "ECLAC and the Political Economy of the Central American Common Market," *Latin American Research Review*, Vol. 23, No. 3, 1988.

Griffth-Jones, S. , Li, X. , Spratt, S. , "The Asian Infrastructure Investment Bank: What Can It Learn From, and Perhaps Teach to, the Multilateral Development Banks?" *IDS Evidence Report*, No. 179, Rising Power in International Development, 2016.

Karshenas, Massound, "Powers, Ideology and Glabal Decelopment : On the Origins, Evolution and Achievements of UNTAD," *Development and Change*, 2016, pp. 664 – 685.

Kragelund P. , "The Return of Non-DAC Donors to Africa: New Prospects for African Development?" *Development Policy Review*, Vol 26, Issue 5, 2008.

Li, X. , Banik, D. , Tang, L. , Wu, J. , "Difference or Indifference : China's Development Assistance Unpaceked," *IDS Bulletin*, Vol. 45, No. 4, 2014.

Phillips, Andrew, "Beyond Bandung : the 1955 Asian-African Conference and its legacies for international order," *Australian Journal of International Affairs*, Vol. 70, No. 4, 2016, pp. 329 – 341.

Rist, Gilbert, *The History of Development : From Western Origins To Global Faith*, 3rd Edition, Zed Books, 2010.

Samir, Amin. , Deployment and Erosion of the Bandung Projec, 2015, http://www. bandungspirit. org/IMG/ pdf/Bandung_ deploy_ and_ erosion_ E. pdf.

Toye, John, "Assessing the G77: 50 years After UNCTAD and 40 years after the NIEO," *Third World Quarterly*, Vol. 35, No. 10, 2014, pp. 1759 – 1774.

Tugendhat, H. , & Alemu, D. , "Chinese Agricultural Training Courses for African Officials: Between Power and Partnerships," *World Development*, Vol. 81, 2016, pp. 71 – 81.

Waning, B. , Diedrchsen, E. , and Moon, "A lifeline to treatment : The Role of Indian Generic Manufacturers in Supplying Antiretroviral Medicines to Developing Countries," *Journals of the International AIDS Society*, 13: 35, Available at doi: 10. 1186/1758 – 2652 – 13 – 35, 2010.

Xu, X. , Li, X. , Qi, G. , Tang, L. , Mukwereza, L. , "Science, Technology, and the Politics of

Knowledge：The Case of China's Agricultural Technology Demonstration Centers in Africa," *World Development*, Vol. 81, 2016, pp. 82 – 91.

World Bank, Global Economic Prospects : Divergence and Risks, 2016.

United Nations, Report of the High-level Committee on South-South Cooperation, Nineteeth Session, 2016.

Joint Declaration of the Seventy-seven Developing Countries Made at the Conclusion of the United Nations Conference on Trade and Development, http：//www. g77. org/doc/Joint% 20Declaration. html.

MEA, http：//www. mea. gov. in

UN Documents, /A/RES/S – 6/3201, http：//www. un – documents. net/s6r3201. htm.

UNCTAD, World Investment Report 2015：Reforming International Investment Governance, 2015.

IMF, World Economic Outlook 2016.

IMF Data DOTS, http：//data. imf. org/? sk = 9D6028D4 – F14A – 464C – A2F2 – 59B2CD424B85&sId = 1454703973993.

IMF Data CDIS, http：//data. imf. org/? sk = 40313609 – F037 – 48C1 – 84B1 – E1F1CE54D6D5.

World Bank Data, http：//data. worldbank. org/

第三章

发展合作的新理念：一个共同的目标[*]

一　导言

在本章，我们回顾了发展理念的演进历史以及它们对发展合作的启示。我们立足当下的发展挑战来开展这一回顾。也就是说，我们想考察那些塑造关于当前发展和发展合作的讨论与行动的思潮，以及它们背后的理念如何与经济思想和经济史相关联。

联合国"改变我们的世界"2030年议程及其17项可持续发展目标（SDGs）和2016年G20领导人杭州峰会公报，这两个新文件都可以作为分析的参考点。^① 与过去几十年国际公认的发展议程相比，这两份文件的创新之处在于它们认识到了有效国家的作用，国家的作用不仅仅局限于为私人部门主导的经济增长创造一个"有利的环境"，而应更加积极地参与到社会回报高于私人回报的投资中去，以达到那些必须通过国家发起方能取得的经济成就。这一认识表现最为明显的两大领域是创新和基础设施投资。重要的是，这两个新的参考文件同时适用于发达国家和发展中国家，其基本经济理据是要克服先行者和协调问题的挑战。虽然这些挑战由来已久，但近期由于持续依赖私人部门来推动经济增长和创新思潮而忽视了这些挑战的重要性。这种思想的调整包括认识到公共企业和私人企业之间的互动在激发经济活力、推动结构转型中的重要作用。

这一重思国家作用的理念表面上看起来似乎并不具有革命性。事实上，这一观念可见于亚当·斯密和其他一些早期经济思想家。但是转向这一理念的做法一直以来饱受争议，

---

* 本章的作者是徐佳君和 Richard Carey。徐佳君，北京大学新结构经济中心助理教授、执行副主任；Richard Carey，独立发展顾问、前 OECD 发展合作局局长。

① 联合国 2030 年议程：变革我们的世界（2015），联合国，纽约；G20 领导人杭州峰会公报（2016），外交部，中国。

且受制于制度的惰性，直到最近才有所改观。国家行为者作为公共企业家可以发挥系统性的作用，这一认识与如下看法相辅相成，即全球经济的迟缓复苏需要公共部门出资开展基础设施建设，这有助于宏观经济和长期增长。相似地，创新驱动的增长和发展战略要求公共企业家精神在不断革新的工业化范式下打造能够培育创新和就业增长的集群、基础科学和教育体系。

　　本章安排如下：我们从联合国 2030 年可持续发展目标中重新出现的公共企业家这一发展理念开始谈起。然后，我们识别在结构转型过程中公共企业家的作用，并且将发展型国家的概念从对亚历山大·汉密尔顿（Alexander Hamilton）的追溯推演至 21 世纪，并考察这一概念从"亚洲奇迹"到"崛起的非洲"的散播。接下来，我们考察中国理念如何作为全球经济的新生力量和国际体系的新建筑师，在促进结构转型方面所发挥的作用。[1]具体而言，我们分析了新结构经济学（New Structural Economics，NSE）如何为促进发展中国家经济转型提供依据和政策指导。[2] 新结构经济学由林毅夫在其此前任世界银行首席经济学家时提出，回北大任教后对其进行深化研究和推广传播。我们将新结构经济学与上述关于公共企业家精神的讨论联系起来，中国在轻工制造行业有8500 万个低工资的工作岗位，而与此同时到 2050 年非洲人口将从现在的 10 亿增长到20 亿，这一潜在的产业转移将给非洲带来前所未有的"机会时刻"，有助于克服关于非洲工业化的广泛悲观情绪。最后，我们将本文所涉及的问题置于更广泛的经济历史和联合国 2030 年议程的"变革我们的世界"的努力之中，并讨论其对南南发展合作的启示。

二　将结构转型与公共企业家精神带回讨论的核心

　　本节旨在从历史的视角来考察正在蓬勃兴起的结构转型思潮，它与可持续发展目标（SDGs）息息相关，这一结构转型思潮的兴起可以被看作公共企业家精神的复兴。这一视角将过去发达经济体的结构转型过程与新兴工业化国家和非洲崛起相结合。这样一来，我们可以为探讨关于发展型国家、产业政策和正在勃兴的包容的可持续转型议程带来新的洞见。

[1] Xu Jiajun, Richard Carey, "The Economic and Political Geography Behind China's Emergence as an Architect in the International Development System," In Multilateral Development Banks in the 21st Century, Overseas Development Institute (ODI), London.

[2] Lin, Justin Yifu, "New Structural Economics: A Framework for Rethinking Development and Policy," The World Bank, Washington, DC, 2010.

（一）从千年发展目标（MDGs）到可持续发展目标（SDGs）

十七项可持续发展目标（SDGs）包含了八项彼此相对独立的千年发展目标（MDGs），后者专注于减贫和人类发展结果，而前者则蕴含了一项结构转型的议程，这一变革是国际合作范式的一次重大转变。新的目标超越了发展援助关系，关注工业化、基础设施和城市化，并且涉及全球金融一体化、税收政策、治理问题和恐怖主义问题。在所有这些议题中，存在着一项默认而又明晰的认知，即社会回报不等同于经济回报，因为政府的作用不容忽视，它可以识别社会回报的领域进而发挥企业家精神来促进绿色增长、维护全球金融体系的稳定。尽管这些议题自从南方国家和北方国家对话以来就已经列于联合国议程之上，但这是首次有如此综合性、互动的议程作为国别和国际政策的框架被普遍支持和接受。

SDGs 议程明确地提及了如何应对发展筹资问题的挑战，它将国内资源和公共、私人外部融资纳入全面且动态化的国家筹资框架之内，以支持"巴黎气候变化协定"和"亚的斯亚贝巴行动议程"中深入阐述的关于发展融资的国家可持续发展战略。"亚的斯亚贝巴行动议程"十分强调以市场为基础的官方融资，尤其是多边开发银行业务的形式，在这一形式中，股东的主权担保将使发展中国家能以远低于金融市场的代价获得资金。当前在多边银行业领域已经出现了新的变化，一批新的行动者作为新竞争元素进入这一行业中，诸如亚洲基础设施投资银行（AIIB）和新开发银行（NDB）。这一变化的结果之一是使合作达到了全新的水平，因为新旧发展融资的提供者都在寻求战略伙伴关系——例如 2016 年提出的 G20 全球基础设施互联互通联盟倡议，尽管由世界银行执行，但也受到来自其他观点与话语的影响，尤其是中国。这些都代表了全球公共企业家精神达到了一个新的水平。

（二）结构转型议程中的公共企业家精神

一项结构转型议程需要通过构建价值创造的长期愿景来打破人们墨守成规的心理。转型的核心是公共企业家精神所起的作用，其具有三项普遍的核心特征：[1]

（1）一个综合的长期愿景；

（2）在不确定性和风险下，大规模地采取行动；

（3）创建一个具有广泛创新的"干中学"社会。

---

[1] Klein, Mahoney, McGahan and Pitelis, "Toward a Theory of Public Entrepreneurship," *European Management Review*, 7, 2010, pp. 1 - 15.

首先，从一个低生产力的传统经济体转型至一个较高生产力的现代经济体的过程，即使按照相对历史而言极快的节奏，也至少需要一代人的努力。以宏大的视野来规划愿景，对于协调公共与私人资源以实现该愿景而言至关重要。公共企业家精神是公共政策的先驱者，他们能够找出潜在的、常常被现状惯性所压抑的价值创造机会，并协调公共资源与私人资源，以实现"构想"的长期愿景，并且促进公共与私人主体之间互相加强的、互利互惠的合作互动，将潜在的价值创造与捕捉，变成实现的价值创造与捕捉。

其次，要提升价值链，首先行动的一方必须承担风险，克服误解甚至悲观的情绪，并且承受实验失败的损失。大规模结构转型发展议程需要从长远规划的视角来应对史无前例的复杂且艰巨的挑战。在最初的孵化或起飞阶段，这一要求往往超出了私人部门可承受的范围，后者通常受到短期或中期绩效标准的限制。因此，公共企业家精神在创造起飞、规模化价值创造有利环境、克服分歧和不作为方面至关重要。

最后，单靠公共家精神自身并不能完成经济转型的任务，它需要促进不同层次的多维度创新，从而鼓励私营企业的发展。事实上，"干中学"战略通过协调多方努力、促使自下而上的倡议得以蓬勃发展，构建一个能够跨期、跨区运营的正式部门、通过产生公共收益来为公共品融资，以开启并维持转型议程。[①] 公共企业家精神的范式并不意味着国家集中指挥和控制。因此，它仅是对私人企业的促进和补充，而非替代。当地的公共企业创造创新生态并在部门或区域中提供公共品；因此，它能够扩散并加速转型过程。[②]

那么，什么才能使公共企业家精神发挥发起者、推动者和加速器的作用，同时避免其作为公共资源管理者滥用国家监管责任的潜在缺陷？[③]

治理在此处显得尤为重要，因为正确的激励是成功的关键。一方面，我们需要制度空间来使公共企业家能够通过展望未来、拓宽视野而更具战略眼光。但过分严格的规章制度将会阻碍此种战略思考，并限制积极的公共企业家发挥价值创造过程的潜力。另一方面，制定规则制度以避免在国内和国际领域对公共资金的滥用是十分重要的。制度中的漏洞可能会滋生对个人获取不正当利益的激励，而非对整个系统创造价值的激励。[④] 因此，需要构建一个健全且问责的制度环境（国内和国际）来释放这种潜力，同时规避公共企业家

① 见 Lim，Wonhyuk，"Chaebol and Industrial Policy in Korea," *Asian Economic Policy Review*，2012。
② Ostrom，Elinor，"Unlocking Public Entrepreneurship and Public Economies," *UN/WIDER Discussion Paper*，No. 2005/01，2005.
③ 本文中公共企业家精神的概念是具有普遍意义的。尽管我们在本文的分析中主要关注公共政策行动者，但这一概念并未排除在公共部门之外可以起到类似作用的行动者（例如基础部门、慈善家和社会企业）。
④ 当前的巴西腐败丑闻就是一个例子，政治党派的分裂为挪用公共合同资金以使各党派暂时结成联盟支持政府提供了强烈的激励。见 Foreign Affairs，Sept-Oct 2016。

精神的隐患。

因此，关键的治理挑战在于如何使公共企业家精神以一种审慎和负责的方式蓬勃发展。在一个发展中国家，治理问题非常需要因地制宜。[①] 如前所述，此类活跃的、负责任的公共企业家精神兴起于强有力的国家工程，需要激励机制使之与国家财富创造、广泛的国民参与以及内部冲突的解决相辅相成；与一个能够胜任的、有着独立政策分析能力和较强公民道德的公务员体系相契合；与一个支持性的全球经济治理体系相容；与一个可以提供长期的信心的安全区域环境相符合。

（三）求索结构转型——知识史

新兴经济体已经改变了全球经济的面貌，并且在过去几十年中极大地减少了全球贫困的发生率。许多学术和政策性讨论一直致力于更好地了解其结构转型过程如何发生，并且如何在几乎任何一个国家都能获得成功——今天的新兴经济体中没有任何一个曾被预测，它们甚至一度被认为根本无法起步。基于这一理解，当前"转型"正在成为发展中国家广泛使用的发展词汇，并以此提供了新的展望和术语。[②]

这一关于转型的叙事认为，一个主要以低生产力的传统经济为特征的经济体，可以在一代人的时间里，成为一个生产力和现代化程度较高的经济体，这一速度是历史上前所未有的。在这一叙事中，这一发展过程由一个关键的主体推动，我们或许可以称之为"公共企业家"。公共企业家提供了推动现代化进程的愿景和纪律，将企业带入现代部门，促进快速的学习过程，并产生新的人力和机构能力。在当今世界，全球经济中的学习机会、通过移动技术无处不在的连接、人类高度跨越式发展的潜力、新型中产阶级市场，都为这种转型过程提供了强大的新加速器。

从分析上看，发展中国家的公共企业家解决了20世纪40～50年代发展经济学家提出的先行者挑战的问题——一定数量的参与者必须进入现代部门，共同努力创造收入和知识

[①]　关于非洲转型战略的政治经济学相关内容，参见 Kelsall, Tim, *Business, Politics and the State: Challenging the Orthodoxies on Growth and Transformation*, Zed Books Ltd., (Kindle Edition), 2013。

[②]　Studwell, Joe, *How Asia Works: Success and Failure in the World's Most Dynamic Region*, Profile Books, 2013; Evans, Peter B., "In Search of the 21st Century Developmental State," Working Paper, No. 4, The Centre for Global Political Economy, University of Sussex, 2008; GRIPS Development Forum Report, Diversity and Complementarity in Development Aid: East Asian Lessons for African Growth, 2008; China-DAC Study Group, Transformation and Poverty Reduction: How it Happened in China-Helping it Happen in Africa. International Poverty Reduction Centre in China, Beijing, 2011; Early contributions to this literature are Chalmers Johnson, MITI and the Japanese Miracle: The Growth of Industrial Policy, 1925-1975, Stanford University Press, 1982; Alice Amsden, *Asia's Next Giant: South Korea and Late Industrialisation*, Oxford University Press, 1989; Robert Wade, *Governing the Market: Economic Theory and the Role of Government in Taiwan's Industrialisation*, Princeton University Press, 1990; Peter Evans, *Embedded Autonomy: States and Industrial Transformation*, Princeton University Press, 1995; The Institute of Development Studies at Sussex did early work on industrialization in East Asia published in a series of Working Papers, Books and dedicated editions of the IDS Bulletin.

技能的循环流动, 以使现代部门能够自力更生并欣欣向荣。[①] 今天我们应该明白, 克服了这一先行者挑战, 将会使发展进程与基础设施、人力资源和机构方面所需的公共投资保持同步。发达国家在过去两个多世纪中已经解决了这一问题, 而当前的发展中国家正面临着相似的挑战。

历史上, 转型的理念首创于亚历山大·汉密尔顿 (Alexander Hamilton) 于1792年提交给美国众议院的制造业报告, 在这份报告中, 他建议征收轻微的关税, 以这笔资金来补贴创新产业。此后, 弗里德里希·李斯特 (Frederich List) 研究了亚历山大·汉密尔顿和美国的经验, 并以此影响了德国的政策, 使之在19世纪末建设了现代经济。之后, 在明治维新时期, 日本官员着重学习了李斯特和德国的经验。东亚的"奇迹经济体", 特别是韩国、中国台湾和中国大陆, 都从日本学到了很多东西, 同时韩国也从德国获取了灵感。[②] 在过去的几十年中, 日本自身在产生思想、投资和帮助转型过程顺利完成的经济网络方面, 起到了东亚和东南亚地区的领导作用。

当前, 非洲联盟 (AU) 的国家首脑们发起了为期五十年的非洲转型计划 (African 2063)。在这一计划提出前, 非洲智库[③]和政策论坛[④]对东亚经验进行层层解读并将其应用于非洲的情形, 而非洲也涌现了一批自成一格的"发展型国家", 包括埃塞俄比亚、卢旺达、肯尼亚和尼日利亚, 尽管非洲正在受到中国三十年超级增长所带来的大宗商品超级周期结束的影响, 但这些国家现在已经进入世界上增长速度最快国家的行列。

在过去的250年中, 发展型国家这一概念在世界经济发展史上的思想和经验影响力最为重大。同时, 它也有助于强调转型发展的路径依赖。每种情况在其政治、历史和地理环境中都是独一无二的, 具有高度的语境特征, 转型模式的具体性质在各国间、在不同的时空地点之间都存在很大差异。但是有一点是相同的, 那就是公共企业家精神的出现, 他们构建了新的、更具包容性的发展理念, 这套理念有助于在公共和私人部门同时产生了相辅

---

① 根据 Paul Krugman 关于"高等发展理论"的洞见, 该理论还受益于 Paul Rosenstein-Rodan, Ragnar Nurkse 和 Albert Hirschman 在先动问题上的贡献, 因此对"大推动"的需求并未进入主流的经济理论中, 因为这些理论没有被包含进一个简单的模型中, 并被经济学界广泛接受。见 Paul Krugman, "The Fall and Rise of Development Economics," in Lloyd Rodwin and Donald A. Schon, eds., *Rethinking the Development Experience: Essays Provoked by the Work of Albert O. Hirschman*, Brookings Institution, 1994。

② 首尔 - 釜山高速公路, 一项转型基础设施投资, 直接受到德国高速公路和环绕绿化带的启发。

③ African Centre for Economic Transformation (ACET), Look East: China's Engagement with Africa-Benefits and Key Challenges, 2009; ACET, African Transformation Report, 2013 forthcoming, Also see ACET, African Transformation Report: briefing note.

④ African Union and UN Economic Commission for Africa, Economic Reports on Africa Governing Development in Africa-the role of the state in economic transformation, 2011; Unleashing Africa's Potential as a Pole of Global Growth, 2012; Making the Most of Africa's Commodities: Industrializing for Growth, Jobs and Economic Transformation, 2013; African Development Bank, Africa in 50 Years' Time: The Road Toward Inclusive Growth, 2011; African Development Bank, At the Centre of Africa's Transformation: Strategy for 2013 - 2022, 2013.

相成的能力，以及一个积极而有效的国家。[①] 这个壮举已经在新兴国家创造了新的经济景观，虽然这些国家具备各种复杂的政治初始条件。

（四）从"亚洲奇迹"到"崛起的非洲"

转型议程从东亚转移到非洲绝非偶然。随着亚洲中产阶级数量的增加，向外拓展以满足其对大宗商品的大量需求，这些对外投资有助于形成多元化的经济关系，促进收入增长，加速非洲中产阶级的形成。随着 21 世纪第一个十年的商品价格超级周期的产生，鼓励公共企业家兴起的激励模式发生了根本性的变化。在 20 世纪 80~90 年代，大宗商品价格低廉、经济前景不佳，以及在日益宽松的国际金融业中积累私人财富的机会增加，均鼓励了个人和政治精英俘获国家谋取私利。[②] 来自亚洲奇迹的新经济方向，有助于将政治领导力的激励转向包容性的国家财富创造。与此同时，援助国在过去十年中组织的重大债务减免方案以及新兴援助国日益增加的援助，均为非洲国家经济战略开辟了新的筹资方案。

在这一大图景下，非洲领导人锲而不舍地在非洲大陆建立政治和发展架构，以应对非洲面临的根本挑战和机遇，这样的努力已越来越多地走向台前，为世人所知。这一架构主要有以下几个方面：和平与安全、区域一体化、农业、基础设施建设以及良好的政治和经济治理。这些架构在区域和地方复杂性的背景下仍是一项有待努力完成的工作。尽管仍存在未解决的问题和新的危机，该框架已经取得了显著的进展，但这一进展往往被人们所低估。内部冲突的发生明显下降，区域和平建设的倡议和力量正被日益引入，以压制由来已久的和新的冲突。非盟、联合国非洲经济委员会和非洲开发银行一直在联合其号召力和分析资源，共同支持非洲发展思想和政策进程。非洲发展新伙伴关系（NEPAD）已经被纳入非洲联盟。区域经济委员会正在联合一体化力量，通过使非洲加入以创造更大的市场，而非洲的政策进程正在支撑移动电话和宽带网络接入的革新。

正是在这样的情形下，非盟以其 50 年转型计划（2063 愿景）采取了结构转型的词汇，作为突破国家、地区和大洲对资源的过度依赖和地缘政治分崩离析的信号和战略。那么，在非洲大陆的层面上，非盟和其同伴机构正在担当起公共企业家的角色，改变关于这片大洲的愿景和看法，并以此作为全非洲转型进程的关键基础。非洲开发银行发布的新"非洲转型十年计划"以及"2013 年非洲经济报告"中提出的战略分析和原则，为非洲

---

①　关于支持发展型国家的国家理论，可以阅读马基雅维利笔下的王子，一个成功的统治者，基于运转良好的经济，与人民订立了包容性的契约，使国家能够在最小化暴力的情况下运转，并限制现存的、可能为权力或财富相互竞争的精英。见 George Allen and Unwin Chapter Seven，"Machiavelli：Politics and the Economy of Violence，" from Sheldon S. Wolin，*Politics and Vision：Continuity and Innovation in Western Political Thought*，Princeton University Press，1960。这一视角对理解发展型国家如何超越内在分歧很有帮助。

②　Robert H. Bates，*When Things Fall Apart：State Failure in Late Century Africa*，Cambridge University Press，2008。

转型提供了分析基础和行动议程。[1] 而现在，在新主席 Akinwumi Adesina 的领导下，非洲开发银行正在扩大、深化这一做法，他们带着新的目标——获取更高层次的公共企业家精神的能力，在国际上寻找高级工作人员。所有这些都表明，在非洲领导人中广泛涌现了"公共企业家"们，而在非洲公务员中则有一批以绩效为导向的群体在发展壮大。与此同时，非洲的私人企业也在崛起，并增进着区域的经济联系，维持着将非洲脆弱国家聚拢为一个更大的经济社会的前景——其活力能够克服种族冲突和其他不平等的根源。非洲增长故事的声名鹊起，从商品部门到城市化机遇、增长的中产阶级，以及非洲的团结，正在汇集来自非洲和国际的股权投资者们。[2] 正在出现一个新的"非洲行动主体"，以提升非洲在非洲议程上的领导力。[3]

中国是非洲转型议程的关键利益相关者，而连接中国与非洲在此时的"机遇时刻"体现在多个方面。这一时刻既富有人口学上的特征，又是路径依赖的。中国已具备在大洲基础上建设大规模交通和能源基础设施的能力，以建设和管理大城市，并发展21世纪新信息平台和服务业。这些能力可以用于应对其他大洲大规模的挑战。因此，"一带一路"倡议是围绕着"互联互通"的思想展开的。由国家发改委、外交部和商务部共同印发的"一带一路"《愿景与行动》文件提供了"互联互通"理念中蕴含的原则与合作方式。[4] 在工业上，中国正在经历所谓的"第四次工业革命"的早期阶段，智能机器人与人类一起工作，完成当今经济中大量的手工作业，同时出现的还有服务业、共享经济、先进的IT工程技能和软件平台。中国的大型IT工程公司在非洲已经获得了很好的发展，提供了大量的IT基础设施和系统管理能力。在能源领域，中国处于太阳能和风力发电等可再生能源技术的先锋地位。在城市发展中，中国正致力于智能"绿色"城市和为低收入人群提供新一代廉租房。

中国还处于发展的进程中，在它起步时，实际收入低于非洲大多数国家。例如浙江省，在农村经济不景气的1982年，义乌市在市长的倡议下对当地的小型农民市场进行了升级，而这一小步成为当今世界上最大的小商品产业的起源，如今那里常驻着15000名国外的买家。浙江省政府制定了一项战略，以构建一种包容性的转型进程，将农村人民纳入

---

[1] Klein, Mahoney, McGahan and Pitelis, "Toward a Theory of Public Entrepreneurship," *European Management Review*, 7, 2010, pp. 1 – 15; Lim, Wonhyuk, "Chaebol and Industrial Policy in Korea," *Asian Economic Policy Review*, 7, 2012.

[2] World Bank, Global Development Horizons 2013: Capital for the Future: Saving and Investment in an Interdependent World, 2013.

[3] Hany. Beseda, Jiajun Xu, Annalise Mathers and Richard Carey, "Advancing African agency in the New 2030 Transformation Agenda," *African Geographical Review*, 2016.

[4] Visions and Actions on Jointly Building Silk Road Economic Belt and 21st Century Maritime Silk Road. (March 2015); National Development and Reform Commission, Ministry of Foreign Affairs and Ministry of Commerce of the People's Republic of China. With State Council Authorization.

工业化的进程之中。浙江省人均年收入现在超过一万美元。义乌正在努力扩大其作用，符合中国的再平衡战略成为包括非洲在内的世界其他国家进口中国的重要转口中心。这是公共企业家精神发挥作用的另一个例子，表明地方政府能够在动态的、广泛的转型过程中起到关键作用，成为公共企业家精神的一个重要来源。中国各省市有这样的经验，可以与非洲各省市合作，展示如何成为国内和国际价值链的一部分。

因此，南南合作，特别是中非发展合作在此时引入国际经济思想和国际发展合作的关键部分，是认识到公共企业家精神的重要贡献，后者能够创造出新的经济景观，以为私人企业开辟道路。随着中国国家开发银行、中国进出口银行和一些多边机构，包括总部在上海的新开发银行和总部在北京的亚洲基础设施投资银行的活动促进了新实体和既有实体之间的全新竞争与合作进程，我们认识到了多边开发银行业的振兴能够产生巨大的影响。

这一影响的一大产物是新的二十国集团（G20）《全球基础设施互联互通联盟倡议》，该倡议的条款是在杭州 G20 峰会的情境下设定的。这一联盟将会由世界银行提供支持，它反映了 G20 在 2010 年首尔 G20 峰会上针对基础设施所推进的工作，以及在 2014 年布里斯班 G20 峰会后在澳大利亚建立全球基础设施枢纽的后续影响。但它的存在反映了很多中国的经验、思想和理念，如果没有中国经验和倡议的推动，这一联盟倡议恐怕很难成立。这一联盟的主要作用之一是在全球范围内描绘了一幅互联互通倡议的地图，鼓励各个倡议通过联盟共享常规进度的实时更新，并且在全球互联互通提升的过程中寻找那些好的实践做法，以加速它们的复制和传播。该联盟还将开发一项关于互联互通未来 5 年和 15 年大趋势的总览，以使正在进行中的互联互通倡议知晓必要的信息。该总览试图提供关于互联互通所需要的基础设施和服务的整体视角，并指出各方在该框架中所发挥的不同作用。

杭州二十国集团首脑会议的另一个成果是《二十国集团支持非洲和最不发达国家工业化倡议》。这项由中国发起的提议阐述了前述的问题和困难，并将后续的责任交给 G20 发展工作小组，这一工作与新成立的全球基础设施互联互通联盟关系密切。

所谓的"第四次工业革命"对非洲和最不发达国家工业化前景的影响，尤其是智能机器人在制造业上的应用，理所当然地成为一个中心问题。智能机器人在中国制造业已经得到了应用，其中包括纺织业，此外，中国还是智能机器人的主要制造商。因此，中国厂商在这个问题上很有发言权。在这个领域还有一个被称为"机遇时刻"的现象——除非未来十年内劳动密集型产业被转移进入非洲，否则非洲国家可能会错失工业化的机遇，以及与之相关的结构、基础设施、管理技能和经验，所有这些本将使非洲最终也成为"第四次工业革命"的一部分。最终，"第四次工业革命"将使生产中心靠近消费中心，因为小批量生产和交货时间短，与当今的外包量产生模式竞争。在这个时间窗口中，非洲可以建立其制造能力，并随着时间的推移，随着生产时间框架的变化而发展。因此，中国正致力于生产能力合作，合作的区域是那些已与中国建立了综合性战略合作协议的地区。在中非合作约翰内斯堡行动计划的框架内，一个支持生产能力合作的100亿美元设施建设计划已被宣布。

由此，双方的互信正在加强。然而，设计、约定和实施一致的国家和区域战略的挑战，仍涉及复杂而持续的政治进程。必须认识到，非洲发展挑战需要寻找解决基本政治经济问题的方法，包括深刻的土地权利问题，这与其他地方在发展过程中面临的挑战相同。[①]

除上述能力问题之外，"崛起的非洲"话语在真正深入人心之前尚有很长的一段路要走。在非洲的语境下，我们要回答与其他地方同样的问题：究竟何种程度才令人满意？随着大宗商品价格回落，全球停滞不前的局面被大量讨论，最近非洲备受青睐的势头已经让步于这一逆风的势头。然而，非洲作为全球经济活力来源的潜力仍得到了更多认可。什么因素能有助于非洲各国政府和关键行动者实现新的五十年愿景？

三 新结构经济学：一个重新思考发展与政策的框架

林毅夫提出的"新结构经济学"至少在两个方面是"新"的。第一，它建议发展中国家基于"它们有什么"（现在的要素禀赋），来着力于"它们能把什么做好"（潜在比较优势）。换句话说，它是利用潜在比较优势的产业政策。它与"老"的产业政策不同，后者的失败是因为它们支持的产业无法在现行条件中存活。虽然发展中国家几十年来所采取的这种传统产业政策的失败是一种警告，但这并不意味着对产业政策可以发挥的关键作用的否认。第二，该学说假定"有为政府"在提供出口产业需要的基础设施和服务方面发挥着至关重要的作用，并且即使在最贫困的发展中国家也能通过以集群为基础，以联结港口的产业园区的形式得以实现。"有为政府"实际上是一种公共企业家精神，致力于实现经济结构转型，引领一代人跨入中等收入行列，正如我们在最近的历史中所见证的那样。主流的新自由主义框架并没有蕴含公共企业家精神，因此新自由主义经济学家未能预测或解释从日本到中国台湾、新加坡、韩国和中国大陆的亚洲增长奇迹。

---

① Boone, Catherine, *Property and Political Order in Africa: Land Rights and the Structure of Politics*, Cambridge University Press, 2016; Collier, Paul and Anthony Venables, "Urban Infrastructure for Development," *Oxford Review of Economic Policy*, Vol. 32, No. 3, 2016, pp. 391 – 409.

正是从这个角度来看，北京大学新结构经济学研究中心（CNSE）与国际组织、私营部门和政府机构等合作伙伴一起发起了众多试点项目，在轻工制造业正在从中国和其他新兴市场经济体向外搬迁的背景之下，帮助发展中国家抓住这一工业化的机遇之窗。

当前蓄势以待的中国轻工业转移为追赶国家打入全球价值链提供了历史性的机会窗口。随着平均收入的增长，中国的工资水平急剧上升，轻工制造业的劳动力短缺也开始显现。中国当下有 8500 万个轻工制造业工作机会，随着中国向更高产业升级，它将为许多低收入发展中国家进入劳动密集型工业化发展阶段留下巨大的空间。

但是，尽管大规模产业转移带来了巨大的机遇，然而试图赶超的发展中国家，特别是非洲国家，面临着生产能力不足、国际买家信心缺乏、缺乏必要基础设施以及商业环境薄弱等根本性挑战。为了克服上述挑战，CNSE 建议非洲各国政府积极采取以经济特区或工业园区为中心的务实性方案。该战略是吸引具有技术和管理专长以及具备国际买家信心的现有出口导向型轻工制造企业，引导它们将生产转移到非洲经济特区或工业园区。这样做的目的是创造快速的胜果，产生雪球效应，吸引外国直接投资和国内投资进入这些园区以及其他受到它们带动的区域。这些成功案例为其他发展中国家如何开启自身可持续和包容性的工业化道路提供了启发和经验。

一个关键因素是中国和其他投资者正在美国和欧盟市场上站稳脚跟，并使用《非洲增长机会法案》（AGOA）和欧盟《除武器外全面优惠法案》（EBA）的市场准入条款。此外，中国本身是非洲出口商快速增长的消费者市场。当然，东南亚国家也是中国劳动密集型产业转移的潜在目的地。但是非洲劳动年龄人口的数量增长幅度更大，而且中国已经开始实施 2015 年中非发展合作论坛（FOCAC）的《约翰内斯堡行动方案》，将会引领很大一部分的产业迁移到非洲。[①]

在与"非洲制造倡议"和其他合作伙伴的一起努力下，CNSE 所推动的这一发展战略已经取得了极具前景的早期成果。在林毅夫教授的建议下，前任埃塞俄比亚总理 Meles 于 2011 年访问中国以寻求投资。此行的结果是华坚鞋厂于 2011 年 10 月在亚的斯亚贝巴投资了东方工业园区。到 2012 年 1 月，该园区就有两条拥有 600 名员工的生产线运作生产。2012 年 3 月完成了出口美国的第一批货物。截至 2012 年 5 月，华坚成为埃塞俄比亚最大的鞋类出口商，占该国皮革出口总额的 57%。到 2012 年 12 月，就业人数增加到 2000 人，到 2015 年 12 月增加到 4000 人。华坚的初步成功引发了对埃塞俄比亚的国外直接投资热潮。毗邻亚的斯亚贝巴的新工业园区 Bole Lamin，仅 2013 年短短三个月内就有 22 个厂房对外出租。

---

① Forum on China-Africa Cooperation（FOCAC），2015，Johannesburg Action Plan.

鉴于埃塞俄比亚的成功，卢旺达总统 Kagame 在 2013 年接触了"非洲制造倡议"和新结构经济学研究中心。在双方的推动下，一家新的公司——C&H 服装公司于 2015 年 2 月投资于 Kigali 特别经济区，并于两个月后投入生产。2015 年 8 月该投资创造了 500 多个工作岗位，有 300 名妇女接受刺绣培训，以促进家庭制造业的发展。在塞内加尔，根据"非洲制造倡议"和新结构经济学研究中心的建议，第一个特别经济区建于 2015 年，旨在吸引国外直接投资于为家乐福等国际买家供货的轻工制造业。

　　试点的成功案例激发了更多的非洲高层官员表达了希望快速达到成功结果的政治承诺。科特迪瓦、吉布提、加纳、尼日利亚、坦桑尼亚和乌干达均表示有兴趣在可持续的包容性工业化过程中创造快速的胜果。埃塞俄比亚则已经与非洲国家（塞内加尔和卢旺达）分享了作为先行者的经验。其他非洲国家的代表团也访问了埃塞俄比亚，从中获取第一手的经验。如此，从工业化快速胜果例子中学习的势头如火如荼。

　　这些当前的实践启示我们，启动经济结构转型至关重要——NSE 是一个动态比较优势理论，它能在这一工业化进程中的关键阶段，避免过去的错误和当前的悲观。同样重要的是，NSE 鼓励企业家精神（通过非洲制造倡议），这对于后续落地实践都是必要的。有胆识的企业活动可以在最恶劣的条件下以最快的速度获得经济成果。在这种情况下，企业家必须解决大小问题，使整条价值链运转起来——物业和监管问题的解决必须果决，同时辅以高水平的简化和协作。这样做是有效的。在不到六个月的时间里，埃塞俄比亚生产的鞋子已经售往美国的顾客。企业家已经将埃塞俄比亚带入一条新兴的价值链——市场迅速发展，关于如何使整条价值链发挥作用的知识和经验正在积累。尽管在基础设施保障方面面临着挑战，但针对中国投资者和埃塞俄比亚工人的经济激励却仍显而易见。从吉布提到亚的斯亚贝巴兴建一条新铁路轨道线路的倡议来自公共企业家，在这条线路的例子中，中国政府通过中国进出口银行执行该倡议。现在该工程已经完成，这笔投资将吸引更多国家的更多投资者利用埃塞俄比亚经济转型所产生的新动力。

　　与此同时，埃塞俄比亚目前的政治动乱表明，结构转型并不仅仅涉及技术官僚，而是一个复杂的政治任务，在具有历史地区分歧的复杂多民族社会中创造和维持包容性的社会契约。城市化进程本身就是要解决较为棘手的土地权益问题，将土地价值上涨作为收益增长的基础，再投资城市裨益所有人。随着非洲人口爆炸和大城市日益发展，这已经成为一项重大挑战。① 因此，NSE 必须正视这些根本性挑战，不能与当地的政治背景隔离开来——中国发展合作的不干涉原则也因此需要被重新诠释，以适应这些地方的政治生态。

---

　　① Collier, Paul and Anthony Venables, "Urban Infrastructure for Development," *Oxford Review of Economic Policy*, Vol. 32, No. 3, 2016, pp. 391 – 409.

简而言之，NSE 不仅通过将分析集中于"发展中国家有什么"和"发展中国家可能将什么做好"，提供了重新思考发展的框架，而且为如何帮助发展中国家提供了实用的指导，以使它们抓住中国产业转移的历史机遇，加快经济转型。

四 展望未来：对南南合作的启示

回顾经济史，显然公共企业家精神是经济发展的主角，且具有普遍的适用性。在中国历史上，有一项巨大的水利工程，旨在治理和利用黄河、长江水系（一项仍在进行的任务），这一工程在 2000 多年前就是公共企业家精神的体现。[1] 类似的大型工程在古埃及和美索不达米亚也有出现。在第一次工业革命中，美国和欧洲的运河系统对连接城镇、省份和国家发挥了至关重要的作用。在现代，美国的州际公路系统是艾森豪威尔总统的一项倡议，是根据第二次世界大战后他对德国高速公路的第一手认知而提出的。此外，支撑南加州发展的胡佛水坝和 20 世纪 30 年代使密西西比河系成为功能性水路的工程建设都是公共企业家精神的产物。如张夏准（Ha-Joon Chang）所言，产业政策在发达国家的历史上得到了广泛使用。[2] 此类政策持续在国家、省和城市层面得到广泛使用，尽管有可能使用了不同的名称。内华达州政府为支持特斯拉电动车的新工厂投入了价值 5 亿美元的土地，而美国与欧盟持续互相采取法律措施对抗，以支持各自的商业客机发展。最近的英国新退欧公投后政府正明确出台一项产业政策，以在一个地域和社会层面均不平等的社会中推广经济复兴。此外，如前所述，产业政策和技术发展均在"联合国 2030 年可持续发展目标"中得到了明晰的体现。

最近再次聚焦关于产业政策的讨论所折射出的理念是什么？人们认识到，在过去三十多年中，发展和维持一个运转良好的、以私营部门为基础的经济所需要的公共行动被极大地低估了。这并不是要支持一个以国家为主导的经济；而是要支持公共企业家精神与私人企业家精神之间的必要互动。

这种再次聚焦公共企业家精神对于发展合作的图景，尤其是与非洲的合作，会产生什么影响呢？非洲是全球人口机遇和挑战并存尤为突出的地方。当前的非洲有 10 亿人口（1960 年只有 2.5 亿），到 2050 年非洲人口将达到 20 亿，且最贫困的国家将有着最快的人口增长速度（例如埃塞俄比亚）。非洲如此快速的人口增加如果没有辅之以大规模的公共投入以及跨期跨区制度，其后果是难以想象的。虽然这在 SDGs 和 2016 年度联合国人居

---

[1] Philip Ball, *The Water Kingdom：A secret history of China*, London：The Bodley Head Ltd.，2016.

[2] Ha-Joon Chang, *Bad Samaritans Secret History of Capitalism*，2007；*23 Things they Don't Tell you about Capitalism*，Random House Business Books，2010；*Economics：The User's Guide*，Pelican Books，2014.

第三届会议结果文件中已有所涉及,但这一愿景在非盟 2063 年非洲转型计划和中非合作论坛(FOCAC)约翰内斯堡行动计划中得到较为充分的阐述,这一愿景包含了中国以现代交通体系连接非洲大陆,并通过产能合作和促进中国劳动密集型产业向非洲转移以加速工业发展的提议。

但是非洲是否可以完成大规模的工业化,对此很多人普遍持悲观情绪,原因是中国已经占据了太多全世界低工资产业潜能,而"第四次工业革命"又将在未来数十年中剥夺许多劳动密集型的工作机会。事实上,对于当地精英是否会支持工业转型所需的有效国家,也存在悲观情绪。同时还有人悲观地认为:鉴于当前制造业技术的发展状况,非洲如今起步已经太迟。

对于上述质疑的回应是,那些用于估计非洲潜力的增长模型没有将企业家精神,尤其是公共企业家精神的关键作用考虑在内,这种忽视要么是隐含的,要么是显而易见的。此外,有一种评价认为非洲不是像中国这样的经济空间,拥有充足的劳动力但土地和自然财富匮乏,非洲更像美国,拥有大量土地和自然财富而劳动力稀缺,这样的评估结论将被非洲的人口增长所推翻,到 2050 年,非洲成为一个拥有 20 亿人口的大陆。正如美国需要通过大量公共企业家精神的投入来构建互联互通的城市、科学和教育体系来发挥其农业潜力一样,非洲也是如此。

我们认为,新的发展合作理念正在涌现,它们能够支持构建来自国际社会为维护人类的共同命运所需要做出的行动,维护这一星球,"不让一个人掉队"——这是一项非凡而重要的目标,因为到 2050 年全球人口将攀升至 100 亿,而全球变暖的警戒值也将到临。我们的核心论点是,公共企业家精神是使经济结构转型成为可能的必要组成部分,而它的作用在过去三十年中始终被以私人部门为重心的经济思想和发展合作忽略,但公共企业家精神的作用正在重新引起世人的注意。

那么,这对南南合作和中非发展合作又有什么启示呢?

第一,南南合作在历史上对公共企业家精神多有青睐,但其活动范围和融资均低于当前所需要的水准。南南合作强调自力更生,以及发展援助、贸易和投资之间的协同增效作用。这样的理念也符合公共企业家精神的范式。

第二,随着活动的规模和范围呈指数级增长,发展中国家必须建立有效而成功的发展型国家。如若不然,经济发展、融资回报和人类安全的缺失将会造成政治和经济上的失败,南南合作的团结精神将大受打击。

第三,这意味着南南合作旧有的不干涉原则需要改进,因为更大的承诺必须基于经济成功和政治可持续的战略,并且对进度、影响、改变的机遇和挑战进行实时的评估。这并不意味着南南合作应该采用传统的北方国家所采取的"以钱交换政策改革"方式,而是要注意有效的治理框架，释放公共企业家精神的潜力，避免管理不善的隐患。

第四，南南合作的新规模和范围必然涉及与来自多边发展体系和北半球的其他发展合作伙伴的互动。这意味着在区域和国家层面需要建立共享平台。

第五，新倡议的规模和范围意味着要密切注意与当地社区的互动，了解他们的文化与视角，确保他们参与到计划与成果中，这对于倡议成功、避免针对计划的致命阻挠、建立声誉共识至关重要。南方国家的非政府组织可以在这方面提供帮助。

第六，发展合作活动的新规模和范围还需要大力加强方案和项目评价和评估能力，以及了解区域和国家背景的研究能力，以与当地、区域和全球研究团体进行互动，并在国际论坛中阐明南方观点。

中国在联合国 2030 年背景下的深度参与和其在 G20 杭州峰会中所展现的发展合作领导者形象，表明了中国所能够产生的影响，但同时也展现了其在维持领导地位、实施其主要区域倡议（包括"一带一路"倡议、约翰内斯堡行动计划和其在中东和南美的倡议）的成功和信誉方面所面临的挑战。这将需要加强中国在发展合作领域的协调，使包括政策性银行和部委在内的所有关键行动者都在同一战略框架下，在商定的区域和国家方案范围内开展工作，在国家层面分享知识和产生协同效应。这也意味着建立一个理解并帮助利用中国作为国际发展合作中向好力量的共同体。

第四章
发展合作的新机制与新方法[*]

一 导言与目标

2015 年见证了发展合作历史上的一个转折点。在 2015 年 9 月，联合国采纳了一项解决方案，以在 2030 年实现可持续发展目标（SDGs）。在 2015 年 12 月召开的巴黎气候大会（COP21）上，195 个国家齐聚，达成了史上第一个具有法律约束力的全球气候协议。协约设置了一个全球行动计划，将全球变暖限制在 2 摄氏度以下，避免世界受到气候变化的威胁。现在，所有的焦点都集中于如何为这些努力融资。

从经济层面来看，在全球金融危机过去将近八年之际，即使在数年保持零利率或负利率的情况下，经济复苏的情况仍然疲弱且不平衡。英国退出欧盟给未来全球经济增长的前景蒙上了一层阴影。国际货币基金组织在 2016 年 7 月将所有工业国家的增长率从 1.9% 下调至 1.8%。[①] 有一些举世闻名的经济学家正在讨论发达国家面临"长期经济停滞"的可能性。[②]在大经济衰退使发展中国家失去了对华盛顿共识的信心之后，这些国家正越来越多地面向东方，谋求经验与理念——哪些措施能够起作用，为什么能起作用，如何起作用？

中国在其数千年未间断的文明史和近三十多年经济成功的基础上，提出了一项宏大的愿景："丝绸之路经济带与 21 世纪海上丝绸之路"（"一带一路"）。这一倡议关注区域联

---

[*] 本章作者是林毅夫、王燕。林毅夫，新结构经济学研究中心主任，北京大学南南教育学院院长，前世界银行首席经济学家、高级副总裁；王燕，乔治·华盛顿大学访问教授，北京大学新结构经济学研究中心高级研究员。

[①] IMF，《世界经济展望更新》，2016 年 7 月 19 日。

[②] 这一论题的有关论文，包括 Summers 2014a，Krugman，Gordon，Blanchard，Koo，Eichengreen，Caballero，Glaeser，等等，见 www.voxeu.org/article/secular-stagnation-facts-causes-and-cures-new-vox-ebook。Lin（2013）也讨论了长期经济停滞，并提出了摆脱这一困局的方法。

系、基础设施发展和结构转型。新多边、诸边发展融资组织，诸如有着 57 个成员的亚投行，新发展银行（金砖国家银行），以及它们广泛的支持者，似乎正宣示着一个新兴的全球共识。G20 的领导人已经重申了为全球互联互通和可持续发展目标（SDGs）而建设基础设施的共识（《G20 领导人公报》，杭州峰会，2016 年 9 月 4 日至 5 日）。

本章回顾了传统国际援助的有效性与缺陷，总结了南南发展合作的经验，在此基础上讨论并探索了发展合作的新机制。基于《新结构经济学》，我们倡议将援助、贸易和投资相结合，重新将比较优势引入发展合作，扩展官方发展援助的定义，强调"非常耐心的资本"的作用，这包括股权合资、具有"有限追索权"特征的长期贷款，诸如资源融资基础设施（RFI）。另一方面，相对短期的资本组合（无论是"官方的""主权的"还是"私人的"），在作为发展融资的来源时应该打一些折扣，因为它们对真实部门的贡献十分有限。①

二　定义问题与不同的方法

在国际发展的历史上有过两种类型的发展合作：北南合作与南南合作。北南合作，或称北南援助，"一直以来基于发达国家帮助发展中国家的义务，原因是前者有着多得多的资源，且曾经受益于它们的前殖民地"（Martin Khor，2015 年 11 月 16 日）。根据经济合作与发展组织（OECD）的定义，官方发展援助（ODA）包括政府提供的用于发展的拨款和优惠贷款（拨款成分至少占到 25%）。②其基本理念是：ODA 必须是优惠的。出口信贷不属于这个范畴。基础设施贷款，如果优惠程度不足，也不属于这个范畴。这一定义受到强烈的批评，在近来得到修改（OECD-DAC，2014a）。OECD 中的国家承诺提供它们国民总收入的 0.7% 作为发展援助，而只有少数几个国家完成了这一目标。

相比之下，南南发展合作（南南合作）则是基于团结一致、互相尊重、互惠互利和不干涉他国内政的原则。"南南合作是一个地球南部国家，即发达国家之外的国家，开展政治、经济、文化、环境和技术合作的广泛框架。当涉及两个或更多的发展中国家时，这一框架就会基于双边或是其他基础。……近年来，南南国家之间的贸易与 FDI 流动，区域一体化趋势，技术转移，解决方案与专家意见的交换，以及其他形式的交换越来越多"（联合国南南合作办公室）。③然而，南南合作在国家间并没有一致的定义，也不具有像北

---

① 然而，本章并没有涉及人道主义援助，后者不同于本章所给出的理论和原则。

② 根据 OECD-DAC 的定义，官方发展援助（ODA）必须包含向合格的接受国提供的赠款和优惠贷款，其目的是促进受援国的经济发展与福利，这些援助由官方来源（政府或多边机构），提供给 OECD 发展援助委员会（DAC）所认可的那些发展中国家。

③ 更多关于南南合作的特点与益处的细节，见 http://ssc.undp.org/content/ssc/about/what_is_ssc.html。

南援助那样的法律框架、监察机制或是大型数据库。

根据 OECD-DAC 所定义的官方发展援助有着一些饱受争议的问题，这些问题将在本章和其他章节中得到讨论。

- ODA 的定义排除了出口信贷。此类以及其他由 OECD-DAC 提出的"解绑援助"（untying aid），从发展中国家的角度来看是值得质疑的，因为国际贸易是创造工作机会、减少贫困最为有力的武器，比援助要有效得多。这真的是一种市场导向的方法吗？

- 关于"资本同质"的假设在发展中国家的环境中并不成立。这也是存在于"新自由主义"关于"完全资本账户自由化"的政策处方背后的问题。ODA 的定义充分将发展中国家的"非常耐心的长期资本投资"从那些"自由"且"往返旅行"（roundtripping）的、对发展有着边际效应的援助当中区分出来了吗？[1]

- 为什么非转移援助[2]能被认为是 ODA？此类援助中的其中一种是对难民的援助，"对来自发展中国家，进入发达国家的难民所给予的暂时援助，在其停留的前 12 个月中会被报告为 ODA，并且所有与遣返回来源地发展中国家有关的成本也都可以报告"。[3] 这种方式是否会造成与其意图的效果相反的激励？

在本章对"发展合作"的讨论中，我们需要同时从北南和南南两种类型的发展合作中汲取经验和教训，超越援助，融合贸易、援助与投资，拓展为发展中国家的实体部门提供支持的发展融资机制的定义，并坚持基本立场，促进工作机会的创造和可持续的发展。

（一）传统的方法：缺失了什么？

现存的援助有效性文献似乎集中于既有援助提供者的行为：谁来提供援助，提供者的目的与动机，援助的附加条件，以及援助有效性。几乎没有经济学文献研究来自"南半球"的新兴经济体提供发展融资的概念与理论基础。

大量近来关于援助有效性的文献包括：Boone（1996），Burnside 和 Dollar（2000），Easterly 等（2003），Easterly（2003，2006，2013），Collier（2007），Collier 和 Hoeffler（2004），Rajan 和 Subramanian（2008），Roodman（2007），Arndt 等（2010），Moyo（2009），

---

① 一部分西方援助（包括 IMF 的信贷额度）被用于偿还贷款，于是形成了一种"往返旅行"，援助资金重新回到了发达国家，并未帮助发展中国家形成资本，也未有助于实体部门的发展。另外一部分援助则被特权阶层所捕获，反而资助了资金外流，有很多关于从发展中国家向发达国家资金外流的研究已经证实了这一点（Berg et al. , 2007；Berg et al. , 2010；Foster and Killick, 2006）。

② 非转移援助是一种代表不向发展中国家转移新资源的 ODA。此类援助包括债务免除，以及对提供援助国家的银行的补贴。这一类型的援助也包括任何其他 CRS 记录中特别标记为通过提供援助国家政府部门支出的资金（《发展倡议书 2013》，第 318 页）。根据《发展倡议书 2013》，在由援助提供国报告的超过 1000 亿美元的双边 ODA 资金中，至少有 220 亿美元（137 亿英镑）从未被转移至发展中国家。

③ 《这是 ODA 吗？》，http://www.oecd.org/dac/stats/34086975.pdf。

Deaton（2013），以及 Edwards（2014a，2014b）。一组研究询问"所有的援助都去了哪里？"处理的是关于资金吸收与资本外流的问题。[1] 只有一些作者关注了援助的制度经济学问题（Martens et al.，2002），以及最近关于部门间外国援助分配、增长与就业的问题（Akramov，2012；[2] Van der Hoeven，2012[3]）。

1. 经济结构转型被忽视得太久了

即使在很多多边和双边发展机构的发展专家多年的努力之下，来自发达国家的传统发展援助一直没能达到预期的效果。原因之一是 ODA 没有被用于结构转型。如果传统援助在政府的支持下，被用于增加资源以解除潜在比较优势部门的发展瓶颈，那么援助会在低收入国家产生更好的减贫效果，更好地实现包容的、可持续的发展吗？

在过去的三十年中，中国达成了世界上最快速的经济增长与减贫成果——三十年中，世界极度贫困减少数量中的绝大部分来自中国。1981～2011 年，7.53 亿中国人越过了每天 1.9 美元的国际贫困线标准。同一时间内，作为一个整体的发展中世界的减贫人口数量为 11 亿（世界银行，2016）。[4] 取得这一成就的原因之一，是中国采纳了"干中学"的策略，实施出口导向型政策，快速升级了其工业结构，从农耕经济转型为以制造业为中心的工业经济。政府在这一过程中通过提供公共品诸如基础设施，以及提供基础教育，扮演了强有力的推动角色。

要想在 2030 年前终结绝对贫困，国际援助必须在具备其他资源的环境下使用，这些资源包括非优惠贷款、直接投资和政府支出（发展倡议，2013）。在援助更为有效的地方——比如韩国、中国、越南和印度——援助是与贸易、直接投资、基础设施商业贷款、债权和股权投资，以及优惠或非优惠的出口信贷一起使用的。事实上，将援助从贸易和投资当中区分出来，并不符合市场导向的要求。

南南发展合作如果在穷国以基础设施差、制度环境扭曲为特点的条件下能够创造一个自主产生的或是本地化的（非全国化的）促进性环境，诸如促进动态结构转型的经济特区或是产业园区，那么此类发展合作在减贫方面的有效性就可以得到提高。[5]

---

[1] 例如，Aiyar 和 Ruthbah（2008），Berg 等（2007），Berg 等（2010）以及 Foster 和 Killick（2006）。后面几项研究将更广泛的援助与资本外流联系了起来。

[2] Akramov（2012）发现经济援助，包括对生产性部门和经济基础设施的援助，会通过增加国内投资促进经济增长。然而对社会部门的援助，并未对人力资本和经济增长产生显著的影响。

[3] Van de Hoeven（2012），注意到中国关注经济基础设施的方法，并指出了其对 2000 年 MDGs 中就业和不平等性目标的忽视。他倡议"重新关注发展努力"、"通过改变国内和国际经济、金融政策，将更大比例的发展援助与增加就业、促进生产力的活动相融合，从而将创造就业机会（与减贫一起）作为一项首要目标"（第 24 页）。

[4] 见最新的世界银行贫困概览，采用了新的国际贫困线标准，http://www.worldbank.org/en/topic/poverty/overview。

[5] 如何在一个以基础设施较差、制度环境扭曲为特点的经济中构建一个当地化的促进动态结构转型的环境，讨论见林毅夫（2009a，2012a，2012c）。

充满活力、不断增长的新兴发展中国家，最适合帮助一个穷国完成动态结构转型和减贫的跳跃式起步：前者能分享其在经济特区或是产业园区中构建当地化的促进性环境的经验，而且能够将其劳动密集型轻制造工业转移至穷国，即所谓的"雁阵模式"（Lin，2012d）。

2. 委托 - 代理问题

Martens 等（2002）在"援助者 - 受援者"关系的研究中重点考察了"委托 - 代理"问题，发现"对外援助的天然特点——基于一个断裂的信息反馈回路……给对外援助项目的实施添加了许多固有的约束。所有这些约束，都可归因于援助实施过程中的不完全的信息流动"（Martens et al.，2002：30）。他们引用了 Streeten 关于有条件援助的著名问题："如果一件事本身就对受援者有益的话，为什么援助提供者还需要给前者付钱（提供援助）来让它做那件事？而如果某件事是对受援者无益的，那么他又为什么要去做这件事？"[1] 他们的研究直率地指出了现代 ODA 所面临的一个基本悖论——援助提供者和受援者面临不一致的激励。[2]

事实上，不完全信息和有条件援助中的代理问题并未得到足够的研究。国际货币基金组织（IMF）独立评估办公室（IEO）承认 IMF 在 1997～1998 年亚洲金融危机期间犯了一些错误，导致了不必要的阵痛。"完全的资本账户自由化或许并非对所有国家、在所有时间都是正确的选择，在一些特定的情况下，对国际资本流动的管控措施可以在宏观政策工具库中占据一席之地"（IEO，2007；IEO，2015）。在一篇关于资本管控的工作论文被发表（Ostry et al.，2010）之后，Dani Rodrik 将这篇论文称为"令人震惊的反转——最接近于一个机构的公开认错，就差没有直接说'对不起，我们搞砸了'"（Rodrik，2010）。

3. 被误导的政策处方

产生这一被误导的政策处方的原因之一是当时被美国学术界强化的理论——资本账户自由化对于发展中国家的资本分配和经济增长是有益的——前提是假设资本同质。也就是说，在金融资本和实体资本之间没有区别。在这样一个理论模型之下，货币错配，甚至是期限错配都不存在。同样不存在的还有利益不对称——储备货币发行国可以用虚拟金融资本向非储备货币发行国换取真实产品和服务。发达国家和发展中国家在工业和技术结构上也没有了区别，唯一的区别在于资本禀赋。在这一理论中，资本账户自由化仅对资本稀缺的发展中国家有益。在这些理论的指导下，华尔街和国际金融组织们为它们在发展中国家大力推行资本账户自由化占据了"道德高地"（Lin，2015a）。

---

[1] Martens 等（2002：9）。

[2] 同时也见于 Easterly（2003），以及 Hynes 和 Scott（2013）。

然而在现实中，发展中国家却饱受反向资本流动之苦——资本从穷国流向了不那么穷的国家——从而使富人获利，如 Lucas（1990）指出的那样。

20 世纪 70 年代布雷顿森林体系的瓦解，以及由华尔街、美国学界和 IMF 共同推行的资本账户自由化，其总体效应与发展中国家更大的经济波动幅度和更为频繁的危机相关联（Lin，2015a；Lin，2015b）。在更多国家于 20 世纪 80 年代放开资本账户自由化之后，"在超过 50 个新兴经济体发生了大约 150 次资本流入的浪潮，这些浪潮最终演变为了一场金融危机，这些危机中的许多次都导致了大幅度的总产出下降"（Ostry et al.，2016：39）。

所以，现在到了 IMF 和世界银行"打开厨房"，迎接来自东方不同发展理论和观点作为它们政策建议中的"配料"的时间了。事实上，主流发展范式似乎正在发生变化：数种不同的范式可以共存，而发展中国家可以基于自身的发展需求从菜单中选择（Lin and Rosenblatt，2012）。

（二）什么是南南发展合作？

中国的南南合作受到了广泛争议，且争议在近年来不断升温。[①] 许多批评者似乎都忘了，中国是一个很大但是尚不富裕的国家——中国在 20 世纪 50~60 年代早期开始向亚洲和非洲国家提供发展合作时，是一个低收入国家。在过去的 60 年中，中国与亚洲和非洲的其他发展中国家一起，通过一个联合学习的过程开始了经济转型。

中国在独立非洲的存在经过了三个阶段的进化。起初，在 20 世纪 60~70 年代，当时中国属于"第三世界"，比大多数非洲国家更穷，彼时的中国表达了主权思想，提倡不结盟运动，在非洲建设了一些大型基础设施项目，诸如连接赞比亚铜带和坦桑尼亚的坦赞铁路。第二阶段是中国在 20 世纪 80~90 年代回到非洲，其追求的是有选择的投资和更为积极的外交范围。自 20 世纪 90 年代和 21 世纪早期以来，中国崛起成为世界第二大经济体。"通过这种殖民地时代之后的中非交互，中国代表了非洲国家在关注的领域有了西方之外的另一个选择"（Akyeamopong and Xu，2015：762）。

在新时代之前的 1978 年，中国的人均收入是 154 美元，比次撒哈拉非洲地区平均水平的 1/3 还少。[②] 当时中国的贸易依赖（贸易与 GDP）率仅为 9.7%，3/4 的出口是初始或加工的农产品。

---

① 见 Moisés Naím，《无赖的援助》，《对外政策》2009 年。
② 除非另外说明，关于中国经济的数据来自《中国统计摘要 2010》，《中国统计手册 1948~2008》，以及多版本的《中国统计年鉴》，中国国家统计局。

1. 南南合作的独有特点：将贸易、援助和投资相结合

作为20世纪80年代世界上最为贫困的发展中国家之一，中国一直在利用其自身的比较优势，与非洲国家合作加强自我发展能力。中国的南南合作方法与既有援助提供国的国际援助方法不同，强调"中国有什么，最擅长做什么"的原则，将援助、贸易和投资融合在一起。

用官方辞令来说，中国遵循的原则是平等、互相尊重、互利互惠、不干涉他国内政。除去附加了必须承认"一个中国"原则，中国的合作不附加其他任何政治条件。这并不是说中国的援助或发展合作纯粹是利他主义的。中国政府"从不将此类援助当作某种单边施舍，而是作为一种双向的作用"。[①] 这种互利互惠建立在一个简单理念的基础上，即"用我有的东西来换你有的东西"（或称"互通有无"），通过这种交换，双方都能获利（正如我们从亚当·斯密那里学到的那样）。这一合作的概念天然地将援助和贸易联系在了一起。

"解绑援助"的原则，意图是好的，但是在经济学上无法成立，原因是其区分了贸易和援助，将援助从市场原则中孤立出来，远离了比较优势，从而也远离了互利互惠。援助方提供的买方出口信贷，即便是优惠的，也不能算作ODA。这些定义和规则，打击了私人部门参与发展融资的积极性。OECD定义中的援助，一旦解除了来自援助提供国的贸易捆绑，就变成了"单边施舍"。根据定义，这一援助概念赋予了援助提供国"道德的高地"，似乎援助就变成了完全利他主义的，而发展中国家只能被动接受——这是一个不平等的、消极的位置，且没有所有权。对比之下，非洲的时评者对中国的合作方式赞赏有加，认为这种方法"加强了（发展中国家的）国家所有权和自力更生"（Manji，2009：7）。

基于其贸易结构，有人批评中国在非洲和其他大陆实施了"新殖民主义"（进口资源，出口工业品），但他们的分析忽视了一些基本事实。

国家的进出口模式在很大程度上是由它们自身的自然禀赋和要素禀赋结构内生决定的。中国与非洲之间的贸易模式不是任何刻意外交政策的结果。中国所做的不过是遵循其比较优势，对于其他发展中国家来说，在转型的每个阶段遵循其自身比较优势绝非什么错事。正如保罗·克鲁格曼说的，"比较优势仍然解释了很多，甚至可能是绝大多数的世界贸易。然而，传统区位理论和最近关于经济地理学的研究，逐渐地放弃了区位存在内在不同的假设，转而将区域专门化解释为某种外部经济体的作用"（Krugman and Vernables，1995：4）。

---

① 国务院新闻办公室，2011。

具有不同禀赋结构、基于不同发展阶段的国家间贸易，可以由 Heckscher-Ohlin 模型来更好地解释。随着非洲国家持续积累要素禀赋——人力、物质和资本，它们的出口结构将会转变、升级。

在过去的半个世纪中，全球化成为全世界最有力的消除极度贫困的武器。基于比较优势的贸易，是比援助更为强有力的增长和减贫引擎。这一点的证明可以参考东亚新兴工业化经济体，如中国、越南，以及那些受益于美国"非洲增长与机遇法案"（AGOA）、欧盟的"除了军火之外的所有贸易"（EBA）的国家。中国是世界上最大的贸易国家之一，对许多非洲国家来说，是最大的贸易伙伴。中国把贸易与援助结合在一起，为非洲的货物和商品提供了需求，同时也为非洲创造了投资机会，促进了工作岗位的创造。

2. 不同的定义：利用投资媒介或工具

中国对于援助的定义与 OECD-DAC 不同，因此直接比较两者并无意义。事实上，中国确实没有对外援助法，在这个意义上，中国对外援助的官方或法律定义仍是不透明的。我们认为，考虑到"一带一路"倡议的宏大愿景，以及新设立的亚洲基础设施投资银行（AIIB）和其他发展机构，中国政府应该着力构思，起草《对外援助法》，这一法律将为对外援助与合作提供清晰的指导思想和分配方案，为公民参与提供更广泛的基础，提供适当的检查与平衡机制，更多的监管与评估办法，以及更清晰的问责机制。

那么当前的定义是什么？根据国务院新闻办公室发布的《中国的对外援助（2011）》白皮书，中国提供拨款、无息贷款和优惠贷款，并提供包括八种类型的援助："成套项目[1]，货物和材料，技术合作，人力资源开发合作，外派医疗团队，紧急人道主义援助，外国志愿者项目以及债务免除。"其他官方资金（OOF）以及类 OOF 贷款和投资，不包括在官方定义的对外援助中。Brautigam（2011a）对这些定义进行了细致的讨论。

基于非洲国家的强烈需求，近年来南南合作的定义中加入了新类型的合作方式，其中包括多种 OOF（大型的但不甚优惠的贷款，以及由中国进出口银行提供的出口信贷），以资源融资的基础设施组合，[2] 由中非发展基金做出的股权投资，中国开发银行和其他商业银行所做出的基础设施投资（属于类 OOF 贷款和用于发展的投资，但没有优惠条件，适合长期基础设施投资）。然而，以上这些在当前的定义下仍不属于对外援助。

中国的南南合作规模很小，与其人均收入相称。许多分析者试图比较中国和既有捐助提供国之间的 ODA 总量，诸如美国，却不考虑双方人均收入的差异，这就会使此种比较

---

[1] 成套项目和实物援助的方法在 20 世纪 60~70 年代得到发展，当时中国外汇十分短缺。这种类型的项目使穷国能够在不使用美元或其他外汇的情况下互相帮助。

[2] 见世界银行，2014。

的结果十分具有误导性。[1] 50 多年前，中国开始向非洲国家提供 ODA 时，中国其实比大多数非洲国家都要贫困。即使是在 2015 年中国的人均收入达到了 7924 美元，但也仅仅是传统 OECD 援助提供国的 1/8 ~ 1/4。根据我们自己的估计，中国的 ODA 占 GNI 的比重在 2014 年为 0.09%，这一数字比一些 OECD 国家要低，但比回归线的水平要高。换一句话说，在当前的人均收入水平情况下，中国比一些 OECD 国家更慷慨（林毅夫和 Wang，2016：108）。

三　新结构经济学与南南发展合作的联系

新结构经济学提出使用新古典的方法，在一国经济发展的阶段当中研究其经济结构和改革的决定因素。这种方法假定每个国家在特定的时期具有给定的要素禀赋，这些禀赋包括土地（自然资源）、劳动力、资本（人力和物质），代表了一国能够用于三次产业商品和服务生产的总可用预算。任何特定时期内，一国都会拥有某些禀赋的相对富足，这种给定的禀赋特征可能随着时间而改变。此外，基础设施作为一种禀赋，虽然在任何时期内都是固定的，但可以随着时间改变（林毅夫，2010b：21）。

这一框架意味着在任何给定的时间点，一国要素禀赋的结构，也就是该国所拥有的相对富足的要素决定了相对要素价格，从而决定了最优的工业结构（Ju et al.，2011）。因此，一国最优的、能使该国最富有竞争力的产业结构，是由其自身禀赋结构内生决定的。

进一步来说，经济发展作为一种动态过程，将会引发结构变化，在每个结构水平上影响产业升级，并引起"硬的"（实体）和"软的"（无形）基础设施的相应提升。此种升级和提升要求一种内在的协调，这种协调与企业的交易成本和资本投资回报率有关。因此，在有效的市场机制以外，政府还应该在促进结构转型、多样化和产业升级方面起到积极的作用（Lin，2012b：14 - 15）。

如果一国根据由其内在要素禀赋决定的比较优势发展了相应产业（以及该特定产业所对应的专门基础设施），该国就能最大化其竞争力，产生最大的利润（剩余），积累最多的储蓄，并以最快的速度升级禀赋结构，转向资本更密集的产业。这将形成一个良性循环，基础设施的投入也将在财政上变得可行。

如新结构经济学所详述的那样，对于穷国来说，最有效、最可持续的发展方法，是通过发展其拥有潜在比较优势的部门来助推结构转型。[2] 政府部门可以介入来减少这些部门

---

① 这些研究包括例如：Wolf 等（2013），Strange 等（2013），全球发展中心。
② 也就是说，该国有着全世界最低的生产要素成本，但是基础设施糟糕和商业环境薄弱导致了高交易成本，因此并不具备竞争力。

的交易成本，比如构建经济特区或者产业园区，这些地方有着良好的基础设施和极具吸引力的商业环境。如果一个发展中国家采纳了这一方法，它就能在该区域内立刻快速地开始一个创造工作机会、减少贫困的良性循环，即便该国的基础设施和商业环境可能很糟糕。

我们提出一个"联合学习与协调转型"的模型，在这一模型中所有发展伙伴都是同一基础上的学习者，但是以不同的速度学习。不同阶段的学习者能够根据他们各自的比较优势、"交互工具"① 和互补程度选择不同的学习伙伴（或"队友"）。每个国家可以自由地选择队友、发展战略和优先次序。一个学习者可以有多个伙伴，上游或下游，北方或南方，对于每一个伙伴，他均扮演互利互惠的互补角色。另一个类比是，新兴的发展中国家处于攀登同一座结构转型山峰的不同阶段。在一个全球化的世界中，一个经济体只有在其他经济体的帮助下，才能更快地登上这座山峰。②

巴西、中国、印度和其他新兴市场经济体——在某种程度上处于结构转型的领先位置——拥有许多诸如此类的工具和高度的互补性。举例而言，中国在 97 个次级部门中有 45 个拥有显示性比较优势③，并且显示了自身具备建造大型基础设施项目的能力，诸如公路、港口、铁路、水利系统等，中国可以提供理念、隐性知识④，并帮助许多无法把握结构转型机遇的国家，挣脱束缚发展的瓶颈。随着劳动力成本在中国和其他新兴经济体的不断上升，低收入国家凭借较低的劳动力成本，能够通过吸引重新定位的劳动密集型企业而受益（Lin，2012d；Lin and Wang，2014）。

重要的是，我们的模型是以市场为基础的，基于"用我所拥有的换你所拥有的"，强调平等立场上的相互交换。正如我们向亚当·斯密学到的那样，在贸易与合作中遵循比较优势，能使双方均从贸易中获益。这种方法或许有联合各方利益的潜力——南方或北方，富裕国家和不那么富的国家，多边或双边——将共同合作来达到"多赢"的解决方案（Lin and Wang，2015；Lin and Wang，2016）。

我们就中国南南合作的特点，结合新结构经济学（NSE），给出两个命题。

我们的第一个命题是：一个在转型中取得成功的学习伙伴，能够利用其发展上的比较优势来帮助传播关于如何发展的隐性知识。中国有着数千年的"向远方的朋友学习"的历史，并且相信"温故而知新，可以为师矣"（在我们的语境下，这句话就是"只有在你

---

① 我们包含了传统的金融工具、医疗团队和技术援助，也包含了创新的机制如优先出口买方信贷、农业技术展示中心，以及资源融资基础设施。

② 我们的联合学习模型仅适用于发展融资——这也是我们所讨论的问题，而非针对冲突、灾害和疾病的人道主义援助。

③ 显示性比较优势（RCA）是基于 Balassa（1965）的概念，见 Box 3.1。

④ 这种隐性知识未被编纂入册，难以在人与人之间传播，它们融入人们的行为和技巧中（诸如砌砖或是操作机器），也融入制度能力、商业进程之中。

拥有比较优势的情况下，你才能教别人"）。利用比较优势，将使合作双方都能获益（这一点我们学自亚当·斯密），因此双方的激励是一致的，均试图达到互利互惠或是双赢的结果。我们甚至可以像测算"贸易的收益"那样测算"合作的收益"。这在本质上不同于"有附加条件的援助"模型，后者中援助提供国与受援国的激励并不一致。

多位中国官员在接受采访时表示："中国的成功是因为善于学习。"自然地，好学生学得快（并且在一些部门发展了比较优势）能够用"己之所长"（尽管它可能拥有得很少）帮助他人。中国一直以来关注从"这些国家拥有什么"（禀赋）转向"这些国家有潜力做好什么"（潜在比较优势），从而获得双赢。

20世纪50～60年代，中国建立了良好的基础医疗和教育体系，提升了人民的平均寿命，基本扫除了文盲。利用这一比较优势，中国在过去的五十年中一直在向非洲国家派遣医疗团队、教师和农业专家，并且为非洲大陆的学生提供奖学金，通过这样的方法手把手地传递隐性知识和经验。非洲对中国医疗团队的反馈是一边倒的称赞和感谢（King，2013）。

1979年以后，中国的农业、渔业和畜牧业获得了高产出。利用这一经验和比较优势，中国资助了多个农业技术展示中心的建立，向非洲传播正确的农业和养鱼技术（Brautigam，2015）。早期建立的中心之一，推动建立了自1996年运作至今的马里塞古的甘蔗农场和樱花制糖厂。基于该中心所产生的良好影响，马里政府批准对其进行大规模扩建。

我们的第二个命题是：一个国家只有通过一次一小步的前行才能学习，这也反映其自然的或是积累的要素禀赋（见图4-1）。换句话说，基于NSE的理论，一国通过遵循其比较优势（而非挑战它）来学习。因为中国实施了渐进的局部改革，它能够帮助其他国家通过建立经济特区（SEZs）以及其他一些经验来推动局部改革。一国能够通过储蓄、投资、学习积累自然、实体、人力和制度资本来改变其禀赋结构，但这一过程需要很长的时间。对于一个资本稀缺的国家来说，违背其比较优势，跳跃成为一个资本密集型制造国或是一个高科技知识型经济体，是不可能的。

中国的合作方式能够"自生所有权和自力更生"（Manji，2009：7），并且鼓励各国渐进地遵循自身的比较优势（CAF方法），而非采用休克疗法进行跨越式发展，根据中国自身的经验，此种疗法并不适用于发展中国家和转型经济体的现实情况。

许多中国企业搬迁至非洲进行劳动密集型轻工业产品的生产——例子见Shen（2015），世界银行（2011a，2012），Weisbrod和Whalley（2011），以及位于埃塞俄比亚的华坚鞋厂。中国的技术对于低收入国家来说价格低廉，且更为合适。其中一个例子是用于修建坦赞铁路的劳动密集型技术（Akyeampong and Xu，2015）。另一个例子是治疗疟疾

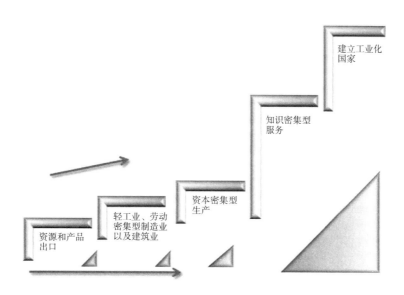

图 4 - 1　中国与非洲是攀登同一座结构转型山峰的队友，一步一个脚印：遵循比较优势

资料来源：笔者绘制。

的草药青蒿素，拯救了数百万人的生命。中国科学家屠呦呦自 20 世纪 70 年代开始就与一群中国科学家组成的团队一起研发这一药品，她因此获得了 2015 年的诺贝尔奖。

中国无法帮助其他国家实现跨越式发展的原因还在于其自身的约束。由于中国还不是一个知识型经济体，它无法帮助其他国家成为知识型经济体。大多数中国公司所擅长的是劳动密集型轻工业生产，而非资本密集型生产或是知识密集型服务（除了华为、中兴和其他少数几个高科技公司）。此类约束同时也包括劳动和环境标准：一些中国企业尚未完全遵守中国自己的法律法规，仍需要接受相关教育和培训，因此它们的一些海外项目注定会受到此类问题的困扰。它们需要得到反馈或是倒逼，后者来自东道国政府、NGO 和公民社会的相互学习，也来自东道国更为健全的法律法规体系。

因此，非洲和中国是攀登同一座结构转型的经济高峰的伙伴，双方自由选择了对方。中国位于山峰稍高一些的位置，利用自身的理念与经验，帮助非洲建立"解除瓶颈"的基础设施和经济特区，以加速非洲的结构转型。随着中国劳动力成本的提高，非洲国家能够通过吸引劳动密集型企业搬出中国而受益。双方都能从合作中受益，如同贸易伙伴从贸易中受益。即使是优秀的攀登者，有时也需要一些助力。非洲人民、媒体和 NGO，能够帮助督促他们的合作伙伴做出正确的行为。稍后，我们会提议构建一个系统，来给所有合作伙伴就他们遵守国际标准的情况评分。

图 4 - 1 包含的命题和框架，与 NSE 的逻辑完全一致。

• 所有的学习者或合作伙伴都从同一起点出发。有一些学得更快一些。所有学习者都可以自由选择学习伙伴。

● 中国已经从劳动密集型部门提升至资本密集型部门，而许多非洲国家仍处于出口资源和初级产品的阶段。但中国也是近期才提升至当前状态的，直到1984年，中国一半的出口仍是原油、煤炭和农产品。中国结构转型的阶段与非洲国家是最为接近的，因此双方在"雁阵模式"中也有着最高的互补性。

● 中国的合作与学习方法鼓励非洲国家放缓步伐，遵循比较优势，或是寻找在农业、基础设施和劳动密集型轻工业生产方面的潜在比较优势。根据中国自身的经验，通过经济特区推动的局部改革也能够有助于结构转型。

● 在这种实验性方法中，伙伴国家需要拥有亲身经历的隐性知识和经验方能提供帮助，因为它们之间有着不同的自然禀赋和比较优势，但在人力资本和制度约束上是相似的。

（一）什么是比较优势，怎么衡量比较优势？

前一小节提到了每一位合作伙伴都需要利用其比较优势。问题在于如何衡量比较优势？Balassa（1965）提出的显性比较优势（RCA）是一个有用的概念。这一概念衡量一国在某种正在出口的商品上是否具有显性比较优势（见 Box3.1）。

Box3.1 关于 RCA 的方法注释

RCA 根据下式计算：

$$RCA_{ij} = \frac{x_{ij}/X_{it}}{x_{wj}/X_{wt}}$$

其中 x_{ij} 和 x_{wj} 分别是国家 i 出口产品 j 和全世界 w 出口产品 j 的价值，X_{it} 和 X_{wt} 是该国总出口以及全世界的总出口。进而，如果 RCA 小于 1，该国就在该产品上拥有显性比较劣势；如果 RCA 大于 1，该国就拥有该产品的显性比较优势。

资料来源：WITS/Comtrade。

跨时期的比较：在一些部门中，中国的 RCA 在减退，为其他发展中国家创造了机遇。

经济学家们利用 RCA 分析解释"雁阵模式"和全球产业搬迁。他们发现，在发展早期，后发者更可能涉足基础产品出口和劳动密集型轻工业生产。进而，随着它们劳动力成本的提高，它们在劳动密集型轻工业部门的 RCA 就会减退。

中国大陆现在处于西方国家和日本在 20 世纪 70 年代所处的阶段，以及韩国、中国台湾、新加坡在 20 世纪 80 年代所处的阶段，在一些劳动密集型部门的 RCA 发生了减退（见图 4-2）。随着劳动密集型产业的成熟，工资上涨，企业根据禀赋结构的升级，转向技术上更为精细的产业。中国的劳动力成本正在快速上升，举例而言，2005 年的平均工资是每月 150 美元，2012 年这一数字是 500 美元，2013 年沿海地区的这一数字超过了 600 美元（增长幅度为每年 15%，同时考虑到每年近 3% 的货币升值）。

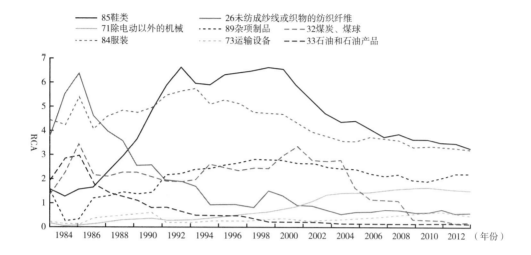

图 4 - 2 中国的显性比较优势（RCA）：在劳动密集型出口部门的减退

注：RCA = 经济体的产品出口占经济体总出口的比重或该产品在世界出口总量中的比重
资料来源：笔者自行计算得到，数据为 UN Comtrade 数据，SITC rev. 1，2 - digit。

越来越多的中国企业面临搜寻低成本区位的压力，这些企业正在向内陆或国外转移。中国制造业工人的数量据估计达到 1.24 亿人，他们中的大多数工作于劳动密集型部门（8500 万人），与之相对应，这一数字在 1960 年的日本为 970 万人，在 1980 年的韩国则为 230 万人。中国制造业向技术精细化、增值幅度更高的产品和任务升级的过程，将会为劳动力充足的低收入国家提供巨大的机会，前提是后者能够接下中国所放弃的劳动密集型轻工业商品的市场（Lin，2012d；Chandra et al.，2013）。

（二）跨国比较：中国拥有比较优势的部门最多

图 4 - 3 显示了 2010 ~ 2011 年国家和部门间显性比较优势的一个比较（涵盖 97 个部门）。在中等收入国家之间，俄罗斯和资源富饶的哈萨克斯坦仅有 11 个部门的 RCA 大于 1。低收入国家，诸如印度尼西亚和越南，RCA 大于 1 的部门更多。中国是这一组中最为多样化的国家，在 97 个部门中的 45 个部门拥有显性比较优势（RCA 大于 1）。因此，中国能够胜任帮助其他发展中国家拥有潜在比较优势的部门提升竞争力。

20 世纪 70 ~ 80 年代，中国利用在农业和轻工业中的比较优势帮助非洲国家。[1] 稍晚

---

[1] 更多的例子参见 Brautigam（2015）。

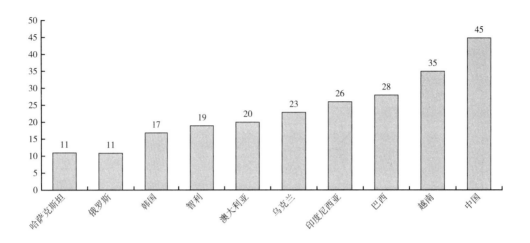

图4-3　中国完全胜任帮助他国转型

注：本图柱状图上方的数字显示了RCA大于1的部门数量（2010或2011年的数据）

资料来源：作者自行计算的结果，数据来自世界银行、世界一体化贸易解决方案（WITS）数据、1966年HS2编码，涵盖97个部门。

的时期中，随着中国制造业部门发展更为完善，中国利用的是建筑业、轻工业和其他部门的比较优势。

四　在发展合作中利用比较优势

（一）需要新思路：基础设施加上产业园

在发展中国家进行基础设施投资能够缓和一些发达国家正在经历的后危机痛楚，并且能够帮助发达经济体创造工作岗位，刺激经济增长。然而，仅有基础设施投资并不足以驱动经济增长的引擎并创造工作岗位，除非将前者与生产性资产和人力资本相结合。因此，我们认为基于新结构经济学，基础设施需要与产业园或区域发展、结构转型相联系，才能达到自我可持续的状态。

从土地融资的角度来看，对合适的基础设施和工业资产进行投资将会增加土地的价值（这是得到普遍承认的原理）。土地融资是一项有力的工具，能够支付城市基础设施投资的费用。[①] 在中国建立经济特区，并围绕这些经济特区建设基础设施时，这些选项得到了应用（Wang Yan，2011）。

---

① 关于合法的典型土地资产基础设施融资，见George E. Peterson的政策笔记《解锁土地价值为城市基础设施融资：城市的土地融资选择》，趋势与政策选择系列，华盛顿，PPIAF，2008。

因此，我们的命题 1 如下。

其他条件不变，一块具备适当水平基础设施的土地总是比不具备的土地更有价值。因此土地就能够很好地作为基础设施开发贷款的抵押品。首先，这一命题得到了实证研究的确认，实证研究表明基础设施有益于穷人，因为它增加了土地或人力资本的价值，并减少了不平等程度（Estache et al.，2002；Estashe，2003；Calderon and Serven，2008）。其次，由于基础设施往往是某部门专用的，那么上文所说的"适当"水平的基础设施成本必须在人口的承受能力之内，并且与该国既有的或是潜在的比较优势相一致。因此，我们需要依靠市场机制来确定正确的相对价格，以了解何种基础设施才能起到"解除瓶颈"的作用。此外，政府必须起到提供信息的作用，明确比较优势，与合适的基础设施相联系，并通过开发经济特区（SEZs）来加速这一过程，因为经济特区使私人部门能够实现自我发现。

因此，我们的命题 2 如下。

转型性基础设施能够有助于在一国的禀赋结构与其现有和潜在的比较优势之间建立联系，并且将它们在全球市场上转化为比较优势。从而，转型基础设施在融资上是可行的。换句话说，将基础设施建设与产业升级、房地产开发相融合，能够使二者均达到财务可持续的状态。这一方法有着很高的潜在回报率。

基于这两个命题，任何低收入国家在长期内都能获得为合适基础设施埋单的能力，只要他们采取与自身比较优势相一致的战略。换句话说，我们需要更关注"这些国家有什么"，而不是"这些国家没有什么"。世界银行和其他发展银行应该致力于从基于"这些国家拥有什么"到"这些国家有潜力做好什么"，进一步转向思考如何将该国的比较优势转化为全球市场上的竞争力。

但是基础设施资金缺口如何才能在不给已经资金短缺的政府增加财政负担的情况下得到填补呢？

基础设施包含一系列的公共品、半公共品和私人商品。它需要融合传统和新型的融资渠道，尤其是私人部门。发展中国家的基础设施项目一般由以下来源的组合进行融资：国内公共融资、来自多边或双边贷方的贷款或赠款（ODA 和 ODF）、包括资源融资在内的商业贷款（RBLs）以及一些公私合资基础设施投资（PPPI）。多种资金来源可被利用，取决于特定基础设施是公共、半公共或是私人的，其中一种方法被称为"资源融资基础设施"（RFI），我们将会在下面进行讨论。

（二）资源融资基础设施（RFI）：作为一种新工具的优缺点

在过去的十年中，中国发展了一系列与非洲国家的资源融资基础设施项目，受到了西方媒体的批评。一项世界银行的最新研究认为这是"一种新型的基础设施融资"。① RFI 模型的定义是什么？简单来说，"RFI 模型是一种新型融资模型，政府以一项资源开发项目的未来收益作为抵押，用于获得贷款以支付基础设施建设的资金。这一模型的关键优势在于政府能在其拥有支付能力之前就获得基础设施，而不用等待资源项目真正产生收益。这一新型融资模型在某些层面上与其他融资模型很相似，使用这一模型也会引致每一个此类模型都会遇到的问题，不论这一模型是用于资源开发项目，还是基础设施项目"（Halland et al.，2014：13）。

1. RFI 的主要优势：更快获得发展结果

在比较了多种传统基础设施融资方法的优缺点和差距后，Halland 等（2014）强调了 RFI 方法最重要的优势是"能为一国（东道国）和其人民带来巨大的利益，……早于其他任何可能的方法数年之多"（Halland et al.，2014：14）。但是这项研究对于经济体"结构"侧的内容讨论得相对较少，对结构转型更是毫无涉及。在《新结构经济学》（Lin，2012）的知识基础上，我们将在下文通过强调 RFI 概念的发展层面讨论 RFI 方法的优缺点，并会特别关注结构转型、货币错配、空间集中，以及政治经济和透明度问题。我们将评估过去 RFI 交易的任务留给未来的研究。

经济发展是一个连续的产业和技术升级的过程，在这一过程中，每一个国家不论其当前发展水平如何，只要发展与禀赋结构决定的自身比较优势相一致的产业，都能取得成功。然而，这一过程并非自发的。如果政府不起到促进作用，解决这一过程中内在的协调问题和外部性问题，私人部门可能不愿意基于国家禀赋结构的变化，分化进入新的部门。RFI 的概念能够将资源开采和"解除瓶颈"的基础设施建设联系起来，这是两个本来相互分离的供应链，从而减少了交易成本。在传统的世界银行的方法中，资源开采和基础设施建设是两条分离的供应链，属于两个不同的部门。它们的项目是分别设计、分别融资的，在发展中国家，它们由不同的部门实施。在 RFI 方法中，资源开采的收入流或潜在收入流被用作基础设施建设的贷款抵押，它联系了本来相互分离的两条供应链，从而减少了交易成本，并缩短了基础设施落地后发展效应实现的时间。这使得发展结果能够更快更早地显示出来。这是 RFI 方法最为重要的优势，在加纳布维水电站的例子中得到体现。在这个例子中，加纳可可豆的出口被用作向中国进出口银行贷款的抵押。水电站由中国水电集团建设，在 2013 年完工，作为 EPC 成套项目的一部分，完工后由加纳的布维电力局（BPA）拥有和运营。通过利用中国和加纳两国的比较优势，布维水电站的落成使加纳的供电能力提升了 22%。然而，这一项目完全的发展效应仍有待估计（Lin and Wang，2016）。

---

① Havard Halland 等，《资源融资基础设施：关于一种新型基础设施融资的讨论》，世界银行，2014。

2. RFI 促进结构转型

关于 RFI 方法是否"物有所值"的问题，Halland 等（2014）表示，理想状态下，"RFI 信贷可能成为当必要基础设施无法产生足够收益以支持项目融资交易的时候，获取该基础设施的成本最低的选择"。该研究同时还指出了此前基础设施融资模型所遗留的空缺，能够由 RFI 方法填补，包括有关"无追索权"贷款有趣特性的问题。

大多数基础设施贷款具有"有限追索权"贷款的一些特点，因为政府不能或不提供完全保障。如果中国过去的 RFI 合约真的是极其偏向债务人的"无追索权"贷款，那么相对于完全追索权保障的贷款，放贷者实际上承担了更高的风险。这代表一种特殊的，在其他情况下很难获得的，由 RFI 合约中的放贷者提供的"保险服务"。这种服务尚未被国际发展社会所充分理解和定价。IMF 和世界银行应该进行更多的研究，探求这种偏向债务人的无追索权贷款的"正确"定价。

RFI 的概念有助于低收入、资源富饶的国家超越数种约束，其中就包括货币错配。众所周知，以本国货币计量的特定基础设施收益流，无法用于偿还以外汇计量的贷款。理想情况下，结构转型不应受到外汇储备不足的制约。RFI 方法更关注实体部门，不太依赖由外汇计量的现金流。这一概念减少了一国为了偿还外国贷款所必须持有的外汇总量，前提是只要该国有潜力生产某种在国际市场上卖得出去并能在未来产生收益流的商品，诸如石油、天然气或是可可豆（加纳布维水电站的例子）。

不是所有国家在国际金融市场都有平等的准入权，使其能够发行债券为基础设施发展融资，因此，必须找到创新的方法来为一些国家的发展融资。RFI 模型允许一国长期以一种资源换取另一种生产性资产，进而支持实体部门在不完全依赖金融市场的情况下完成分化。此外，这一方法减少了资源租赁或收益被转移到国外而导致的漏出，或是资本外流。这种以"实体"换"实体"的部门交换，能够帮助解决饱受严重金融和治理约束困扰的低收入但是资源富饶的国家的发展。对于受到能力差距制约的国家来说，一个"实体"换"实体"的交换项目，诸如"工作换食物"项目、成套项目、"市场换技术"交换项目，以及"资源换基础设施"方法，如果设计得当、监管得力，能够在很短的时间，诸如三至五年之内，产生可观的发展结果，如建成公路或学校，创造工作机会。

并不是所有的资产类型在生产力和减贫效应上都是相等的。这其中有一些是公共品或半公共品，其他则是私人商品。某些类型的基础设施具有"解除瓶颈"的效果，能产生很高的发展效应，另一些则不具备此种特点。RFI 模型能够以一种有意义的方式，将公共品的提供和自然资源（私人商品）的开采整合、集约到一起（例如，围绕在一个经济特区周围），使东道国的人口受益，并且增加私人部门参与公共品投资的吸引力。

3. RFI 与风险

在风险管理侧，政治经济层面至关重要。一方面，RFI 模型由于其"快速"达成发展结果的特点，可能受到民选政府的欢迎。另一方面，这一特点也可能损害还贷周期，原因是借款国的下一届政府会忘记前期所获得的收益，可能会取消甚至收回起初允诺的特许权，或是要求重新谈判。在一个 1985～2000 年的样本中，来自拉丁美洲和加勒比地区的国家承诺了 1000 个特许协议，其中有 30% 在 2.2 年内进行了重新谈判，这其中重新谈判发生率最高的是供水和卫生设施项目（74%）（Guasch，2004：12）。这是 RFI 方法最大的风险之一。

围绕过去的 RFI 组合，存在关于透明度问题的合理担忧。出于道德、政治和风险管理的原因，我们极力支持采掘业透明度行动计划（EITI）的原则。历史已经证明，出于政治风险管理的考虑，在谈判过程中保持透明度与保密性的平衡十分重要。在我们看来，任何暗中达成的"交易"——没有公众的支持——一旦政府发生了变化，更可能在政府更迭之后受到质疑，或是进入重新谈判。这一历史带给我们的教训应该被熟记于心。

（三）建设产业园区以吸引制造业

产业园区能够促进结构转型的观点并不新颖。经济学家们强调产业园或产业区利用动态规模经济，减少了搜寻、学习和交易成本。特别地，对特别经济区进行投资能够：

（1）将公共服务在地理上集约在一个集中区域；

（2）提升政府有限的基础设施资金或预算的效率；

（3）促进特定产业的集群发展或集聚；

（4）通过为工人、科学侨民、技术人员提供良好的居住环境，以及集成式服务、促进环境服务的规模经济，推进城市发展；

（5）通过绿色增长和环境友好的城市发展，潜在地、环境可持续地刺激工作岗位创造和收入产生。

一个国家不可能一次性建好商业基础设施，发展中国家尤其如此。他们缺少资源，实施能力低下。他们也缺乏政治资本来制定政策和改革方案以对抗既得利益集团和其他政治反对力量。这样的环境决定了这些国家需要定向的干预或是引导，尤其是在起始阶段。

在区域周边和区域内对基础设施进行投资可以促进制造业的集团、集群发展以及工作岗位的创造。

位于尼日利亚的一个企业区，与当地有着紧密的联系。越美集团，一家来自中国的纺织企业，在尼日利亚进行了投资，并帮助发展了当地的价值链。采用"农村家庭加公司"

的方法，该集团在当地家庭中安装了超过 4000 台织布机，提升了家庭收入。2008 年，该集团投资建设了一个纺织产业区。2009 年，第一期之后的产业区吸引了五家企业，创造了 1000 个工作岗位。

埃塞俄比亚东部产业园是由中国商务部批准建立的园区。江苏永元集团是该园区的创建者和投资者，并接受了部分来自中非发展基金的资金。自 2007 年开始施工以来，一座占地 5 万平方米，拥有供水、道路、供电设施的标准化厂区已经落成。当我们在 2013 年参观这一园区的时候，已经有 11 家中国企业携 9100 万美元的投资签署了意愿搬入园区的协议，这些企业来自建筑材料、钢材产品（板材和管道）、家用电器、服装、皮革加工、汽车装配等产业。这些公司中的一家是华坚鞋业集团，创造了 3500 个当地工作岗位，并使用当地的皮革来生产用于出口的鞋子。该园区现在达到了 100% 的使用率，并得到了政府的大力支持。在这个国家的其他地区，相似的产业园和产业区正在筹建。

五 21世纪的未来发展融资

在我们看来，世界经济正面临巨大的不确定性和波动。一些经济学家讨论了长期性经济停滞的可能性，其他一些经济学家甚至推测另一场金融危机已经一触即发。对于发展中国家来说，我们对于它们的增长抱有谨慎乐观的态度。它们在产业升级过程中，拥有许多提升生产力的投资机会，在放松基础设施瓶颈方面，也有许多降低交易成本的投资机会。此类投资不仅能在短期内创造工作岗位、支持消费，同时也能在长期一段时间里对包容性的、可持续的增长做出贡献。

中国和其他那些有着良好财政状况、充足储蓄和外汇储备的新兴市场经济体，可以超越凯恩斯主义，投资具有放松瓶颈作用的基础设施，从而抵消外部冲击，在未来数年中保持合理的高速增长。其他低收入发展中国家也可以保持合理的增长速度、创造工作岗位，并且为实现 SDGs 做出贡献——前提是全球发展融资共同体能够以一种创新的、双赢的模式调用公共和私人的金融资源。身处一个互相联结的世界之中，发展中国家实现更高的经济增长，同时也对发达国家有利，因为他们将会为发达国家的产品和服务提供更大的市场，进而在发达国家产生工作岗位、刺激经济增长。

2015 年后，由于一些既有援助提供国受到它们自身沉重债务负担和缓慢经济增长的约束，发展融资将会更少来自官方发展援助（ODA），而更多来自新兴经济体的发展银行和主权财富基金提供的其他官方资金流（OOF）、类 OOF 贷款和类 OOF 投资。图 4 - 4 比较了全球各国的储蓄率，包括中国、发展中国家（不包括中国）和发达国家。很明显，发展中国家有着远高于发达国家的储蓄率，进而在 2015 ~ 2030 年也将有更高的投资率。发展中国家在全球投资中的占比，预计将会在2015年赶上甚至超过高收入国家（见图4-5），而新兴市场经济体在全球金融资产和GDP的占比，也被预计将会上升10%（Sheng，2013）。

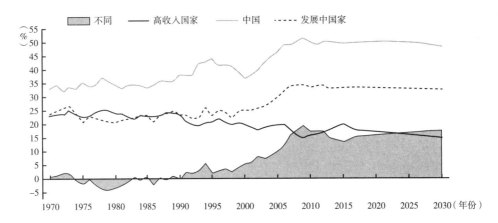

图4-4　全球储蓄率：高收入国家和发展中国家，1970～2030年

资料来源：基于《世界银行全球发展视野》（2013），由笔者进行了更新。

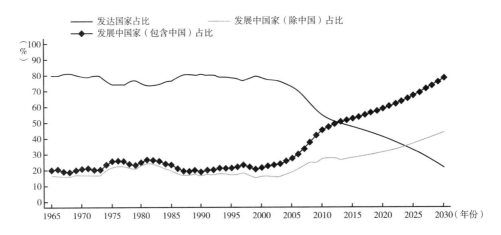

图4-5　全球投资占比，包括中国在内的发展中国家超越高收入国家，1965～2030年

资料来源：笔者根据《世界银行全球发展视野》（2013）预测。

因此，我们建议扩展发展融资的定义，这样我们就能吸引更多来自主权财富基金（SWFs）和其他公共及私人实体的贡献。有些人可能会问，为什么要去修理一个并没有坏的东西？

首先，所有人意识到，距离达到SDGs和COP21目标存在巨大的资金缺口，OECD-DAC定义远远无法满足2015年之后世界的需求。ODA在全球发展中作用的可信度和关联性，甚至受到了来自OECD成员自己的质疑。[1][2] ODA的概念在近年来屡受批评，OECD

---

① Hynes and Scott, 2013.
② OECD-DAC, 2014b.

在 2012 年 12 月份将这一辩论向公众开放（Boussichas and Guillaumont，2014）。许多人都提议修改现行的 OECD-DAC 概念（Xu and Carey，2015a；OECD-DAC，2014a；OECD-DAC，2014b；OECD-DAC，2014c）。

其次，随着许多新兴市场经济体持续以相对较快的速度增长，并储蓄了它们收入中的很大　部分，南南合作的前景预期也将得到扩展。习近平主席 2015 年 9 月在联合国集会上的讲话，以及在约翰内斯堡举办的第六届中非合作论坛会议上的讲话，反映了中国的官方立场，重申了对中国南南发展合作方法的信心，强调"造血"而非"输血"。[①] 他强调了政府领导对软硬件基础设施投资和产业升级的重要性，并且对西方国家提供"附加条件的援助"的模式提出了深切质疑。

要将新兴经济体"整合"进一个旨在促进发展的全球支持体系，并降低交易成本，要求全世界对来自中国和其他新兴经济体的关于国际发展的观点保持开放的心态，尤其要允许发展中国家在"平等、互相尊重、互惠互利"的基础上互相帮助。

我们建议拓宽发展融资的定义。OECD-DAC 关于 ODA 和 OOF 的定义是一个良好的出发点，但这些定义需要得到拓宽，从而厘清、纳入所有旨在支持发展的融资形式。[②] 我们有 M0，M1，M2 和 M3 作为货币政策的工具。在发展融资方面，根据"优惠性"的范围和一个一致的基准市场利率、发展融资的来源（"官方"或国家介入的范围）、目标国家（低收入或中等收入发展中国家），以及融资的目的（经济发展和福利），我们可以类似地定义 DF1，DF2，DF3 和 DF4。这些观点也见于此前的一些研究 [Brautigam，2011a；全球发展中心（中国援助数据库），2013；OECD-DAC，2014；Boussichas and Guillaumont，2014；Xu and Carey，2015a]。一组新的、更清晰的定义，将会提升透明度、权责分配，以及更好地选择发展伙伴，鼓励各主权财富基金对发展中国家进行投资，并在发展中国家促进基础设施领域的公共 – 私人合作。

特别地，主权财富基金管理着数额巨大的资产，超过 21 万亿美元，而它们中的许多家正在寻找更高的风险调整回报。[③] 其中一些主权财富基金有着在新兴和发展中国家投资不足的传统，对这些国家的投资少于 10%。举例而言，挪威正在进行一场全国性的辩论，关于如何更好地重新分配其巨大资产，使其中的一部分能投向发展中国家。挪威政府养老基金是世界上最大的主权财富基金，拥有价值 8880 亿美元的资产，并且预计在 2020 年资产总额将达到 1.1 万亿美元。但是其中 90% 的资产被用于投资发达国家的"流动性"股权资产，自 1998 年以来真实回报率仅为 3.17%，远远低于其他对新兴市场有着大量投资

---

① Freeman，2012.

② 关于如何计算优惠贷款的辩论十分激烈，争论焦点包括究竟应该使用票面价值（OECD-DAC 方法）还是预算补贴（中国方法），应该使用何种利率作为折现率。李若谷声称"所有中国的发展贷款（来自中国进出口银行）都是适合优惠定义的"，前提是使用"合适"的基准利率作为折现率。

③ SWF 研究所，2015 年 8 月调取。

的主权投资基金，差距达到10%，甚至更多（Kapoor，2013）。相比之下，挪威基金，规模远小于前者，投资于发展中国家，有着比挪威政府养老基金更高的回报率。

如我们建议的那样，重新定义"发展融资"，能够使公众意见偏向支持对发展中国家投资，从而扩展发展融资的来源。

我们建议按照下列方法对发展融资进行重新定义（见图4-6）。

DF1 = 官方发展援助（ODA，按照OECD-DAC在2014年12月16日决议中提出的更改意见进行定义）。

DF2 = DF1 + OOF（包括优惠出口信贷）。

DF3 = DF2 + 类OOF贷款（来自国家发展实体的非优惠贷款，使用市场利率）。

DF4 = DF3 + 类OOF投资（主权财富基金的投资或国家担保支持的发展项目，或公共基础设施的PPP项目，后者为全球可持续发展提供公共品）。后一项概念与OECD-DAC提出的总体官方可持续发展的概念相一致，但存在不同。

我们将注意力转向南方伙伴提供的非货币发展援助，诸如"总控项目""实体部门（易货）汇兑"和"资源融资基础设施"（RFI）。RFI的概念能够帮助一个发展中国家，在其比较优势，诸如资源开采与放松瓶颈的基础设施建设之间产生联系——两个在其他情况下互相分离的供应链——从而减少交易成本，使公共基础设施对私人部门来说更具吸引力。

举例而言，中国同意用加纳的可可豆出口（一项比较优势）作为建造水电站贷款的担保。"RFI信贷可能成为当必要基础设施无法产生足够收益以支持项目融资交易的时候，获取该基础设施的成本最低的选择"（Lin and Wang，2014：76）。南南合作的一些元素是无法货币化的，诸如志愿者和医生的数量，但是我们可以为这些元素建立独立的分类。

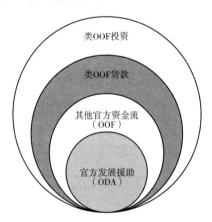

图4-6　扩展发展融资的定义

注：这些圆圈对应DF1 = ODA；DF2 = ODA + OOF；DF3 = DF2 + 类OOF贷款；DF4 = DF3 + 类OOF投资。其他无法货币化的类别可以独立地加入南南合作中

资料来源：笔者绘制。

国际发展融资的数量在很大程度上取决于制度安排、融资的渠道与协调，最终取决于全球环境和全球治理结构。换句话说，融资总量取决于南南合作或发展融资是否受到欢迎，新兴市场伙伴是否（或者在多大程度上）被包含在其中，它们是否被邀请到塑造全球"道路规则"的谈判桌上。

中国的发展融资取决于许多因素。一个粗略的预测方法是计算中国未来 10 年的预测增长率以及发展融资占国民总收入的比重。根据中国人民银行的一项研究表明，估计的对外基础设施投资"将不会少于每年 1000 亿美元"（Jin，2012）。"考虑到增加的潜能，中国完全能够负担每年对外投资 6000 亿 ~ 1 万亿元人民币。假设这个总数中有 95% 是贷款和股权投资，5% 是拨款，这意味着中国财政部将为国际援助提供 300 亿 ~ 500 亿元人民币的预算。这个数字只占到中国 2011 年财政收入的 0.3% 至 0.5%，占 GDP 总量不到0.1%，远远低于马歇尔计划（对美国国库）所造成的财政负担"（Jin，2012：62）。在我们看来，随着中国 GNI 和财政收入的持续增长，发展融资的总量将会在 2015 ~ 2016 年大幅上升至 1000 亿美元（包括赠款、优惠贷款、出口买方信贷，以及对丝绸之路基金、AIIB、新发展银行和其他多边银行的贡献）。正如其最近的承诺所言，中国将会在全球事务中逐渐承担更多的责任，并探索其全新的角色。中国发展融资占国民总收入的比重可能会快速上升，达到 0.3% 或更多。然而，增长的速度取决于全球治理体系。中国已经尝试为其对全球发展的贡献设置"正确"的平台，这些努力包括设立 AIIB 和其他新组织，诸如新发展银行和丝绸之路基金，以及提出"一带一路"的愿景。

（一）"一带一路"愿景和儒家思想

中国国家主席习近平在 2013 年 APEC 峰会上提出了一项全新的构想，构建"一条丝绸之路经济带，一条海上丝绸之路"（简称"一带一路"），得到沿途五十多个国家的支持。这一构想的基本原理是什么？

"一带一路"倡议反映了中国领导人关于世界秩序的构想，该构想的指导原则包括共同繁荣、"求同存异"，以及提供全球公共品、安全和保障、可持续性的承诺，吸取了中国儒家思想的深厚财富。大多数历史学家同意中国在工业革命之前是相对繁荣的说法。"工业革命之前，中国要富有得多。事实上，中国在世界 GDP 中所占的比重，在过去 20 个世纪中的 18 个世纪里，都比任何西方国家多。直到 1820 年，中国仍生产了世界 GDP 中超过30% 的比重——这一数字超过西欧、东欧和美国的 GDP 总和"（Kissinger，2011：11）。

儒家思想或许可以对此做出解释。"早在宋朝（969 ~ 1279 年），中国在航海技术上领先世界；中国的舰队本可以将这个帝国带入一个征服和开拓的时代。然而中国却并没有在海外建立殖民地，对于那些在其海岸线之外的国家，中国似乎并不怎么感兴趣"（Kissinger，2011：8）。

孔子强调"仁"、社会和谐的教化、同情心的原则，他对终身学习抱有热爱，例如"学而时习之，不亦说乎"[①]，以及向他人学习，如"三人行，必有我师焉。择其善者而从之，其不善者而改之"。[②]

正如 Kissinger 所记录的，"中国数千年屹立的原因，与其说是因为其统治者施加的惩戒，不如归功于在人民和士大夫组成的政府中形成的价值共同体"（Kissinger，2011：13）。科举考试允许有天赋的人成为统治阶层的一员，这会为他们的家庭带来不菲的经济收益和至高的荣誉。不仅如此，科举考试还潜移默化地向精英的脑中灌输着一套价值体系，强调对统治者的忠诚和对人民的服务，这就进一步降低了统治和统一庞大国家的成本（Lin，1995）。这一价值共同体，帮助一个庞大的国家维持统一达数千年之久。[③]

儒家思想也塑造了中国同邻国的关系。中国利用其力量来修复与邻国的关系并维持和平，而非征服它们，这反映了儒家的原则，《论语·尧曰》中讲道："兴灭国，继绝世，举逸民，天下之民归心焉。"这或许可以帮助解释为什么"中国并没有在海外建立殖民地，对于那些在其海岸线之外的国家，中国似乎并不怎么感兴趣"（Kissinger，2011：8）。

深深根植于中国历史和文明的坚定不移的信条是"己所不欲，勿施于人"[④]"己欲立而立人，己欲达而达人"。这些原则一直在过去五十年中国对外援助与合作的愿景背后起着指导作用。

新一代中国领导人尝试现代化、强化这些价值和原则。"中国当前在全球发展融资的系统运行中有着基本的利益和责任"（Xu and Carey，2015）。如中国国家主席习近平所说："巨大的太平洋有着充足的空间容纳中国和美国"（《华盛顿邮报》2012 年 2 月 12 日）。这些理念被完全纳入中国的"第十三个五年计划"，在这一计划中，中国呼吁建立一种新的发展模式，基于五项基本原则："创新、合作、绿色、开放、共同发展。"计划中设定了一项双向开放的战略，旨在促进所有生产要素的有序流动，支持基础设施开发和与邻国的联结［《国务院五年计划（草案）》，2015］。

换句话说，"一带一路"不仅是一个构想，而是中国对外政策和发展融资的指导原则，并且有着切实的实施计划。

（二）一种新的双边方法：建立"共命运同目标"的共同体

鉴于《亚的斯亚贝巴行动议程》的支持，金砖国家和其他非 DAC 成员国将会在南南

---

① 《论语·学而》。
② 《论语·述而》。
③ 关于中国价值体系，见 Sun，1929，以及 Lin，1995 等。
④ 《论语·卫灵公》。

发展合作（南南合作）中持续它们的双边方法，以达到减贫和可持续发展的目标。但是为了克服"援助有效性"文献中提到的某些激励问题、信息不对称和委托－代理问题，下列原则必须得到遵守。

东道国必须拥有其发展项目的完全所有权。一个南南合作项目应该"由东道国提出要求，山东道国领导，并由东道国共同建设"。援助提供国和东道国应该处于平等的立场，双方中的任何一方都可以表示拒绝（《亚的斯亚贝巴行动议程》56 号条款）。

合作的伙伴们可以尝试建立"共命运同目标"的共同体，以寻找共同的利益立场，同时惠及伙伴国和东道国的国家利益。诚然，每一个发展中国家都有各自的国家利益，南南合作并不是纯利他的。双方都应该尽力寻找共同的利益立场，并达到互利互惠的双赢结果。在项目层面上，资本注入、贷款放出之前，双方可以建立一家合资公司。事实上，这家合资公司就是这一"同目标"共同体的实体表现。举例而言，在印度尼西亚修建高速铁路系统的例子中，一家通过国际竞价选拔的中国公司与印度铁路公司组成一家合资公司，双方都同意对权益资本做出贡献。进而，其他放贷者和投资者，诸如中国国家开发银行和丝路基金，也可以对权益资本做出贡献。这样一来，如果项目成功，双方均能获利，如果项目失败，双方都会蒙受损失。

但是双边的南南合作也有缺点。显然，这一模式无法杠杆化基金，并在多个合作国家中分担风险。这一模式也无法促进学习和三边合作，因此通过学习是否能提升这一模式的有效性仍然存疑。此外，如果发生争议和违约情况，这一模式下问题会变得十分棘手。在我们的系列书籍《超越援助》中，我们提出了四条提升中国南南合作努力的途径。

（1）尽快起草对外援助法案。

（2）为中国的援助和合作活动，在条件方面提供更高的透明度。

（3）提供培训和教育，以配合当地的劳动力、环境标准。

（4）建立一个清晰的框架，以评估、评级或排序所有参与南南发展合作的企业和银行（Lin and Wang，2016）。

除此之外，我们在此建议，更高比例的中国融资项目应该向国际或当地开放竞价，尤其是大型项目的特定子部分，这样能够有利于当地建筑业和制造业的中小企业，在当地创造更多工作机会。东道国政府也可以出台此类规定，要求一定比例的子项目在当地开放竞价招标。

最重要的是，双边机制完全无法满足提供全球公共品的要求。类似地，诸边协议（在数个伙伴国之间达成，诸如金砖国家的情形）也不足以解决一些全球性问题，诸如气候变化、区域间互联互通，因此，这些问题的解决需要诉诸一个多边体系。

（三）多边金融协议

巴西、俄罗斯、印度、中国和南非联合建立了新发展银行，其前身是金砖银行，由经验丰富的印度银行家 K. V. Kamath 领导，总部设在上海。在协议的第一条款中，陈述了该协议的目标是"为在金砖国家和其他新兴经济体、发展中国家建设基础设施、实施可持续发展项目，促进资源流动，补充现存多边和区域金融机构对全球增长和发展所做出的努力"。

金砖国家位于不同的大洲，具有不同的比较优势和国家利益。许多分析者认为新发展银行是"暂时性的、羸弱的"。我们认为他们错了。我们相信这家银行反映了真正平等的伙伴关系，基于"求同存异"的原则。同时，它还有潜力成为一个"共命运同目标的共同体"。这五个国家都是中等收入国家，努力想要升级它们的产业，并从自身所处的世界价值链的位置中分化出来。它们都有着自己的国家利益，但也有着巨大的余地可用于追求"共同利益"。它们是攀登同一座结构转型高峰的队友，需要彼此的帮助。利用各自的比较优势，他们能够在经济上实现互补。

类似地，在公司治理方面，所有创始成员国对新发展银行做出同等贡献，并拥有同等的投票权是"真正的发展伙伴关系"。"每一位成员的投票权利应当与其在银行股本中所占的比例相对应"。没有一国处在支配地位，向其他伙伴国施加条件，所有伙伴国都需要遵守游戏的国际法则。伙伴国可以自由加入或退出，每个国家都可以说"是"或"不"。所有联合国的成员都可以加入。

总结而言，金砖国家、传统与新兴发展合作提供者、双边与多边机构之间，有着充足的空间，允许它们互相学习、交流经验。

（四）新多边主义的优势

过去，大多数来自中国的发展合作都是双边的（Lin and Wang, 2016）。随着新的多边金融组织的建立，中国将会贡献更多的发展融资。国际发展对于中国来说是一个新领域——一个人只有跳进水里才能学会游泳——而这样做将会有六大优点。

发起并运行一个新的多边金融机构，对于中国来说将会成为一个学习和实践的过程。一组具有国际视角的中国人将会在 AIIB 主席金立群先生的领导下入主亚洲基础设施投资银行（AIIB）、新发展银行（NDB），与同事们的合作将会增强他们的国际领导力和合作技巧。

一个多边金融机构使得中国能够撬动国际资本，积蓄数额更大的资本，从而能够比通过双边发展合作施加更大的影响。这将会减少目前从发展中国家流向发达国家的资本量，提升全球资本分配的效率。理论上这将提高回报率，在发展中国家的瓶颈部门投资应该比在工业化国家投资有着更高的回报率，因为后者的资本已经十分充足。多边金融机构也使风险在更多成员国之间分摊,对于风险管理极为有益。此外,它能增强合伙人保护投资对抗所有风险(包括政治风险)的能力。

世界其他国家则会受益于拥有大量的储蓄、快速增长的消费者需求和庞大的金砖国家经济体的规模经济。中国、印度和其他新兴国家正处在这样的阶段:劳动密集型产业由于国内快速增长的劳动力成本,需要转移到其他国家。这为低收入国家升级它们的制造业提供了巨大的机遇。

此外,中国有着其他小一些的国家所没有的规模经济,这使得中国建造大型交通网络的成本很低。中国已经展示了它在建造大型基础设施方面的比较优势,这要归功于中国低廉的劳动力和工程师以及中国具有的在国内完成许多大型项目的能力、集融资能力和在世界其他地区实施大型项目的能力(Lin and Wang, 2016)。与中国和中国铁路网络相连接的国家,能够受益于这些规模经济和比较优势,扩大他们进入内陆消费者市场的入口。事实上,接入一个(硬或软)大型网络的社会收益应该是巨大的。

新的机构需要所有股份持有者分享信息,从而增强透明度和内部治理。这将会在之后影响大股东在国内的行为,并为国内的立法改革提供压力和倒逼机制。举例而言,在建立AIIB 的治理结构的过程中,中国领导人可以从其他拥有更为健全的对外援助法律法规体系的创始国那里学习。NDB 和 AIIB 的协议条款预示了对透明度和治理的高标准,这也将影响双边南南合作中的参与方。这将会加强所有创始成员国之间的信任,包括南方和北方伙伴国之间的信任。

与双边和多边方法相比,新多边主义能够扩展共同利益的领域(见图 4-7),提升所有伙伴国之间的信息交流、学习和透明度水平,以在解决全球问题的过程中达成双赢的解决方案。

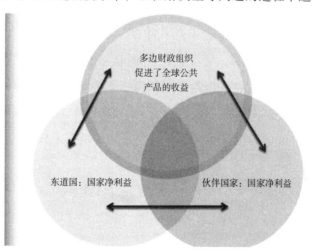

图 4 - 7 新多边主义能够拓展共同利益的领域

资料来源:笔者绘制。

AIIB 协议条款强调在银行的运行过程中使用所有种类的货币。19 号条款规定："成员国不应对货币施加任何限制，包括通过本银行接收、持有或转移的货币，以及通过本银行的接受者，在某国进行支付的货币。"

NDB 和 AIIB 都有发行人民币债券（或其他当地货币债券）以及发放人民币贷款的能力，如果它们的股东们希望它们这么做的话。这将会在某种程度上放松发展中国家所面临的外汇约束和货币错配。在长期内，19 号条款可能催生对新兴市场国家货币更为广泛的使用。在 2015 年 11 月，IMF 同意将人民币纳入特别提款权（SDR）的五种组成货币，这样一来，各国的中央银行将很可能会在它们的国际储备中持有人民币。在长期一段时间内，国际上将会更多地使用人民币作为一种投资工具。最近的发展趋势，包括成功在中国发行 SDR 债券，都是以上趋势的佐证。①

六　结论

中国从以双边方式为主向提倡"新多边主义"的转变——对既有的多边组织做出贡献，以及在南方国家领衔的多边主义中作为领导者——对于中国本身和世界来说是一个双赢的局面。这一趋势已经在 2016 年 9 月上旬举办于中国的 G20 峰会成果文件中得到了确认。

G20 领导人杭州峰会指出，工业化对每个国家的发展都是至关重要的。至少有三个组成部分与本章的主题具有特别的关联：工业化、基础设施和全球治理。除了关于新工业化的 13 号条款之外，关于非洲工业化的 35 号条款对于我们研究南南合作最为关键。如我们之前揭示的那样，有关包容性和互联互通的章节反映了中国经验的影响。关于全球治理，下列说法确证了中国通过加入既有体系、对既有国际多边金融机构做出贡献，以及倡导新多边主义的努力。G20 领导人重新确认了他们对 IMF 配额和管理改革的支持，以及对世界银行股东报告中"逐渐实现平等投票权利目标"的赞同。他们同时"对中国继续常规性地参与巴黎俱乐部会议，并愿意扮演更具建设性的角色表示欢迎，并乐意在未来进一步讨论中国成为成员国的可能性"（G20 领导人杭州峰会，2016 年 9 月 4 ~ 5 日）。

这些事实反映了中国持续学习并成为一个更好发展伙伴的意愿——通过倾听伙伴们的声音，并与各国政府、NGO、公民社会进行互动。中国也需要在提供国际发展融资和活动

---

① 2016 年 8 月 31 日，世界银行在中国的银行间市场发行了面值 5 亿，以人民币结算的 SDR 债券。这些三年期的债券的出售利率为 0.49%，并以 2.47 倍的幅度被超额认购。可以预计将会有一波更大的债券被发行，因为全球的放贷者已经从 PBOC 处获得了面值 20 亿的 SDR 项目的许可。

的准确数据方面变得更为开放透明。我们的观点是，任何在暗中达成的协议，都更可能被东道国的下一任政府废除或是重新谈判。当我们与东道国的现任政府进行讨论时，政治经济的变动必须被纳入考虑的范畴。

这一章通过刻画"非常耐心的资本"（诸如资源融资基础设施，公私伙伴关系，对经济特区、轻工业的股权合资）来强调对实体部门投资的重要性，这些股权资本有助于工作岗位创造和达成更为广泛的发展目标。

同时，本章比较了双边和多边方法的优缺点。通过诸边或多边金融机构，中国和其他金砖国家将会相互学习，并建立"命运共同体"。既有的 OECD 援助提供国也应该考察新兴国家的方法是否提供了关于提升传统北南援助有效性的有用经验。

在 2015 年后的时期中，发展融资将会更少地来源于 ODA，而更多地来自中国国家开发银行、主权财富基金和新兴经济体所提供的其他官方资金流（OOF）、类 OOF 贷款和类 OOF 投资。这是我们建议扩展发展融资的定义的原因，因为这样做能够吸引来自 SWF 和其他公共或私人实体做出更多的贡献。最近，OECD-DAC 决定引入一个新的、更为宽泛的可持续发展总体官方支持（TOSSD）概念，这一做法的方向是正确的，尽管细节上仍有待商榷。

正如关于在南方国家中通过结构转型达成可持续发展目标的多赢解决方案的 G20 成果文件所显示的那样，来自北方和南方的伙伴们能够找到共同的立场来一起努力，我们对这一点持谨慎乐观的态度。如果所有的国家能够一起努力对解除瓶颈的基础设施进行投资，并提供全球公共品，包括实施中国的"一带一路"倡议以及非洲的十项建议，达成可持续发展目标（SDGs）和全球和平的前景将会得到巩固。

参考文献

Akramov, K. T., *Foreign Aid Allocation*, *Governance*, *and Economic Growth*, Washington, DC: International Food Policy Research Institute, 2012.

Akyeampong, E., and L. Xu, "The Three Phases /Faces of China in Independent Africa: Reconceptualizing China-Africa Engagement," In Monga and Lin, eds., *The Oxford Handbook of Africa and Economics*, Oxford, UK: Oxford University Press, 2015.

Arndt, C., S. Jones, and F. Tarp, "Aid, Growth and Development: Have we Come Full Circle?" *UNU-WIDER Working Paper*, 2010/96, United Nations University, World Institute for Development Economics Research, Helsinki, 2010.

Aiyar, S., and U. Ruthbah, "Where Did all the Aid Go? An Empirical Analysis of Absorption and Spending," *IMF Working Papers*, WP/08/34, Washington, DC, 2008.

Balassa, B., "Trade Liberalisation and "Revealed" Comparative Advantage," *The Manchester School*, 33 (2),

1965, pp. 99 - 123

Baker & McKenzie, *Spanning Africa's Infrastructure Gap: How Development Capital is Transforming Africa's Project Build-out*, The Economist Corporate Network, 2015, http: //ftp01. economist. com. hk/ECN_ papers/Infrastructure-Africa

Berg, A. , S. Aiyar, M. Hussain, S. Roache, T. Mirzoev, and A. Mahone, "The Macroeconomics of Scaling Up Aid: Lessons from Recent Experience," *IMF Occasional Papers*, 253, Washington, DC, 2007.

Berg, A. , J. Gottschalk, R. Portillo, and L. -F. Zanna, "The Macroeconomics of Medium-Term Aid Scaling-Up Scenarios," *IMF Working Papers*, 10/160, Washington, DC, 2010.

Boone, P. , "Politics and the Effectiveness of Foreign Aid," *European Economic Review*, 40 (2), 1996, pp. 289 - 329

Boussichas, M. , and P. Guillaumont, *Measuring Official Development Assistance: Why and How to Change*, Policy Brief B100, FERDI, Clermont-Ferrand, France, 2014.

Burnside, C. , and D. Dollar, "Aid, Policies, and Growth," *American Economic Review*, 2000, 90 (4), pp. 847 - 868.

Calderón, C. , and L. Servén, "Infrastructure and Economic Development in Sub-Saharan Africa," *Journal of African Economies*, 19 (suppl. 1), 2010, i13 - i87.

Calderón, C. , and Servén, L. , "Infrastructure in Latin America," *Policy Research Working Paper*, Series 5317, World Bank, Washington, DC, 2010.

"Infrastructure and Growth," In Steven N. Durlauf and Lawrence E. Blume, eds. , *The New Palgrave Dictionary of Economics*, London: Palgrave Macmillan, 2014.

Chandra, V. , J. Y. Lin, and Y. Wang, "Leading Dragon Phenomenon: New Opportunities for Catch-up in Low-Income Countries," *Asian Development Review*, 2013, 30 (1), pp. 52 - 84.

Chen, C. , *South-South Cooperation in Infrastructure in Sub-Saharan Africa*, Working Paper for ECOSOC, United Nations, Mimeo, 2013.

Collier, P. , *The Bottom One Billion*, Oxford University Press.

Collier, P. , and A. Hoeffler, "Aid, Policy and Growth in Post-Conflict Societies," *European Economic Review*, 2004, 48 (5), pp. 1125 - 1145.

Development Initiative, *Investments to End Poverty: Real Money, Real Choices, Real Lives*, Bristol: Development Initiatives, 2013.

Easterly, W. , *The Elusive Quest for Growth: Economists' Adventures and Misadventures in the Tropics*, Cambridge, MA: MIT Press, 2001.

"Can Foreign Aid Buy Growth?" *Journal of Economic Perspectives*, 2003, 17 (3), pp. 23 - 48.

The White Man's Burden: Why the West's Effort to Aid the Rest Have Done So Much Ill and So Little Good, New York: Penguin Group, 2006.

The Tyranny of Experts: Economists, Dictators, and the Forgotten Rights of the Poor, New York: Basic Books, 2013.

Easterly, W. , R. Levine, and D. Roodman, *New Data, New Doubts: A Comment on Burnside and Dollar's Aid, Policies and Growth* (2000), Working Paper 9846, National Bureau for Economic Research, Cambridge, MA, 2003.

Easterly, W. , R. Levine, and D. Roodman, "Aid, Policies, and Growth: Comment," *American Economic Review*, 2004, 94 (3), pp. 774 - 800.

Farole, T. , and G. Akinci, *Special Economic Zones: Progress, Emerging Challenges, and Future Directions*, Washington, DC: World Bank, 2011.

Freeman, C. , "From 'Blood Transfusion' to 'Harmonious Development': The Political Economy of Fiscal

Allocations to China's Ethnic Regions," *Journal of Current Chinese Affairs*, 41, 2012, pp. 22 – 23.

Galiani, S., S. Knack, L. C. Xu, and B. Zou, "The Effect of Aid on Growth: Evidence from a Quasi-Experiment," 2015, http://ssrn.com/abstract = 2400752 or http://dx.doi.org/10.2139/ssrn.2400752.

Hynes, W., and S. Scott, *The Evolution of Official Development Assistance: Achievements, Criticism and a Way Forward*, OECD Development Co-operation Working Paper, 12, OECD Publishing, Paris, France, 2013.

IEO (Independent Evaluation Office) of the IMF, *The IMF and Aid to Sub-Saharan Africa*, Washington, DC: IMF, 2007.

The IMF's Approach to Capital Account Liberalization: Revisiting the 2005 IEO Evaluation, Washington, DC: IMF, 2015.

IMF (International Monetary Fund), *Regional Economic Outlook: Sub-Saharan Africa—Keeping the Pace*, Washington, DC: IMF, 2013.

"The IMF Concludes the Article IV Consultation with Ecuador," Washington, DC: IMF, 2014, https://www.imf.org/external/np/sec/pr/2014/pr14393.htm.

World Economic Outlook, Washington, DC: IMF, 2014.

World Economic Outlook, Washington, DC: IMF, 2015.

Jin, Z., "China's Marshall Plan—a discussion on China's Overseas Infrastructure Investment Strategy," *International Economic Review* (in Chinese), 2012.

Ju, J., J. Y. Lin, and Y. Wang, *Endowment Structures, Industrial Dynamics, and Economic Growth*, Policy Research Working Paper, Series 5055, World Bank, Washington, DC, 2011.

Krugman, P., and A. J. Vernables, *The Seamless World: A Spatial Model of International Specialization*, NBER Working Paper, 5220, National Bureau for Economic Research, Cambridge, MA, 1995.

Li, R., "A Proper Understanding of Debt Sustainability of Developing Countries," *World Economics and Politics*, 4: 72, 2007.

Lin, J. Y., "Rural Reforms and Agricultural Growth in China," *American Economic Review*, 1992, 82 (1), pp. 34 – 51.

Economic Development and Transition: Thought, Strategy, and Viability, UK: Cambridge University Press, 2009a.

"Beyond Keynesianism: The Necessity of a Globally Coordinated Solution," *Harvard International Review*, 2009b, 31 (2), pp. 14 – 17.

"New Structural Economics: A Framework for Rethinking Development," Policy Research Working Paper, 5197, World Bank, Washington, DC, 2010.

"New Structural Economics: A Framework for Rethinking Development," *World Bank Research Observer*, 2011a, 26 (2), pp. 193 – 221.

"Global Crisis Requires Global Solutions," Speech prepared for the Council on Foreign Relations, New York (February 28), 2011b.

"A Pro-Growth Response to the Crisis," *Intereconomics: Review of European Economic Policy*, 2011c, 46 (6), pp. 321 – 326.

"Growth Identification and Facilitation: The Role of the State in the Dynamics of Structural Change," *Development Policy Review*, 2011d. 29 (3), pp. 264 – 290.

Demystifying the Chinese Economy, Cambridge, UK: Cambridge University Press, 2012a.

The Quest for Prosperity: How Developing Economies Can Take Off, Princeton, NJ: Princeton University Press, 2012b.

New Structural Economics: A Framework for Rethinking Development and Policy, Washington, DC: World Bank,

2012c.

"From Flying Geese to Leading Dragons: New Opportunities and Strategies for Structural Transformation in Developing Countries," *Global Policy*, 2012d, 3 (4), pp. 397 – 409.

"Building Infrastructure for a Brighter Future: How infrastructure investment initiative can generate growth and create jobs in the developed world," *Foreign Policy*, 2012e.

Against the Consensus: Reflections on the Great Recession, Cambridge, UK: Cambridge University Press, 2013.

"The Washington Consensus revisited: a new structural economics perspective," *Journal of Economic Policy Reform*, DOI: 10. 1080/17487870. 2014. 936439, 2015a, 18 (2), pp. 96 – 113

"Why I Do Not Support Complete Capital Account Liberalization," *China Economic Journal*, DOI: 10. 1080/ 17538963. 2015. 1002178. 2015b, 8 (1), pp. 86 – 93.

"China's Rise and Structural Transformation in Africa: Ideas and Opportunities," In Celestin Monga and Justin Yifu Lin, eds. , *The Oxford Handbook of Africa and Economics*, Oxford, UK: Oxford University Press, 2015c .

"Later Comer Advantages and Disadvantages: A New Structrual Economics Perspective," in M. Andersson and T. Axelsson, eds. , *Can Poor Countries Catchup*, UK: Oxford University Press, 2016.

Lin, J. Y. , and C. Monga, "Growth Identification and Facilitation: The Role of the State in the Dynamics of Structural Change," *Development Policy Review*, 2011, 29 (3), pp. 264 – 290.

Lin, J. Y. , and D. Rosenblat, "Shifting Patterns of Economic Growth and Rethinking Development," *Journal of Economic Policy Reform*, 2012, 15 (3), pp. 171 – 194.

Lin, J. Y. , and Y. Wang, "Beyond the Marshall Plan: A Global Structural Transformation Fund," paper for the United Nations Post-2015 High Level Panel on development agenda, 2013.

"China-Africa Cooperation in Structural Transformation: Ideas, Opportunities and Finances," Working Paper, 2014/046, United Nations University World Institute for Development Economics Research, Helsinki, 2014, www. wider. unu. edu/publications/working-papers/2014/en_ GB/wp2014-046/.

"China and Africa Cooperation in Structural Transformation," In Justin Lin and Celestin Monga, eds. , *The Oxford Handbook of Africa and Economics*, UK: Oxford University Press, 2015.

Lin, J. Y. and Yan Wang, *Going Beyond Aid: Development Cooperation for Structural Transformation*, Cambridge University Press, London, 2016.

Lucas, Robert, "Why doesn't Capital Flow from Rich to Poor Countries?" *American Economic Review*, 1990, 80 (2), pp. 92 – 96.

Manji, F. , and S. Naidu, "The African Perspective on the Kinds of Development Partnerships China is forming in Africa," Paper presented at the China-DAC Study Group, "Development Partnership for Growth and Poverty Reduction," 2009.

Martens, B. , U. Mummert, P. Murrell, and P. Seabright, *The Institutional Economics of Foreign Aid*, Cambridge, UK and New York: Cambridge University Press, 2002.

MOFCOM (Ministry of Commerce of the People's Republic of China), "*China Africa Economic and Trade Cooperation* 2013," Ministry of Commerce of the People's Republic of China, Beijing, 2013, english. mofcom. gov. cn/ article/newsrelease/press/201309/20130900285772. shtml.

MOFCOM (Ministry of Commerce of the People's Republic of China), *A 30-Year History On Development Assistance Cooperation in China*, Beijing: Ministry of Commerce, 2009.

NDRC (National Development and Reform Commission, Department of Foreign Capital and Overseas Investment), 1979 – 2005 *China's Experience with the Utilization of Foreign Funds*, Beijing: China Planning Press (in chinese), 2009.

Morrisey, O. , and H. White, "Evaluating the Concessionality of Tied Aid," *The Manchester School*, 1996, 64

（2），pp. 208 – 226.

Moyo, D., *Dead Aid: Why Aid is not Working and How There is a Better Way for Africa*, London: Penguin Books,

Naím, M., "Rogue Aid," *Foreign Policy*, 2009, http: //foreignpolicy. com/2009/10/15/rogue-aid/.

OECD (Organisation for Economic Co-operation and Development), "High Level Meeting Communiqué, 16 December 2014," OECD, 2014a, www. oecd. org/dac/OECD%20DAC%20HLM%20Communique. pdf.

Modernizing the DAC's Development Finance Statistics, DCD/DAC (2014) 9, Developing Cooperation Directorate submitted for DAC Senior Level Meeting on 3 – 4 March 2014 at the OECD Conference Center in Paris, 2014b.

The Development Cooperation Report 2014: *Mobilizing Resources for Sustainable Development*, Paris: OECD Publishing, 2014c.

Ostry, J. D., A. R. Ghosh, K. Habermeier, M. Chamon, M. S. Qureshi, and D. B. S. Reinhardt, "Capital Inflows: The Role of Controls," IMF Staff Position Note, SPN10/04, IMF, Washington, DC, 2010.

Rajan, R. G., and A. Subramanian, "Aid and Growth: What Does the Cross-Country Evidence Really Show?" *The Review of Economics and Statistics*, 2008, 90 (4), pp. 643 – 665.

Rodrik, D, and M. McMillan, "Globalization, Structural Change and Productivity Growth," Working Paper 17143, National Bureau of Economic Research, Cambridge, MA, 2010.

Roodman, D., "The Anarchy of Numbers: Aid, Development, and Cross-Country Empirics," *World Bank Economic Review*, 2007, 21 (2), pp. 255 – 277.

Sachs, J., "Aid Ironies," *Huffington Post*, 2009, http: //www. huffingtonpost. com/jeffrey-sachs/aid-ironies_b_207181. html.

Sen, Amarty, *Development as freedom* (1st ed.), New York: Oxford University Press, 1999.

Servén, L., "Fiscal Rules, Public Investment, and Growth," Policy Research Working Paper, 4382, World Bank, Washington DC, 2007.

Shen, X., "Private Chinese Investment in Africa: Myths and Realities," *Development Policy Review*, 2015, 33 (1), pp. 83 – 106.

State Council Information Office, "China's Foreign Aid," White Paper, Beijing, 2011.

"China's Foreign Aid (2010 – 2012)," White Paper, Beijing, 2014.

Stiglitz, J. E., and B. C. Greenwald, *Creating a Learning Society: A New Approach to Growth*, *Development*, *and Social Progress*, New York: Columbia University Press, 2014.

Strange, A., B. Parks, M. J. Tierney, A. Fuchs, A. Dreher, and V. Ramachandran, "China's Development Finance to Africa: A Media-Based Approach to Data Collection," Working Paper 323, Center for Global Development, Washington, DC, 2013.

Summers, L., "U. S. Economic Prospects: Secular Stagnation, Hysteresis, and the Zero Lower Bound," *Business Economics*, 2014a, 49 (2), pp. 65 – 73.

Summers, L., "Invest in Infrastructure That Pays for Itself," *The Washington Post*, 2014b, https: // www. washingtonpost. com/opinions/lawrence – summers – invest – in – infrastructure – that – pays – for – itself/2014/ 10/07/6149d3d6 – 4ca0 – 11e4 – babe – e91da079cb8a_ story. html.

Svensson, J., "Why Conditional Aid Does not Work and What Can Be Done About It?" *Journal of Development Economics*, 2003, 70, pp. 381 – 402.

UN Comtrade Statistics, 2015, http: //comtrade. un. org/

UNCTAD Statistics, *FDI Statistics Division on Investment and Enterprise*, http: //unctad. org/en/Pages/DIAE/ FDI Statistics/FDI-Statistics. aspx.

Van der Hoeven, R., "Development Aid and Employment," Working Paper 2012/17, United Nations University, World Institute for Development Economics Research, Helsinki, 2012.

Woods, N. , "Whose Aid? Whose Influence? China, Emerging Donors and the Silent Revolution in Development Assistance," *International Affairs*, 2008, 84 (6), pp. 1205 – 1221.

Wolf Jr. , C. , X. Wang, and E. Warner, *China's Foreign Aid and Government-Sponsored Investment Activities*: *Scale, Content, Destinations, and Implications*, Santa Monica, CA: RAND National Defense Research Institute, 2013.

World Bank, *Chinese investments in Special Economic Zones in Africa*: *Progress, Challenges and Lessons Learned*, Washington, DC: World Bank, 2011a.

Chinese FDI in Ethiopia, Washington, DC: World Bank, 2012.

Global Development Horizons: *Capital for the Future—Saving and Investment in an Interdependent World*, Washington, DC: World Bank, 2013b.

Resource Financed Infrastructure: *A Discussion on a New Form of Infrastructure Financing*, Led by Havard Halland, John Beardsworth, Bryan Land, and James Schmidt, World Bank, Washington, DC, 2014.

Global Financial Development Report 2015 – 16: *Long-term Financing*, Washington, DC: World Bank, 2015.

World Bank, Poverty Overview, 2016. http://www.worldbank.org/en/topic/poverty/overview.

Xu, J. , and R. Carey, "China's Development Finance: What Issues for Reporting and Monitoring Systems?" *IDS Bulletin*, 2014. 45 (4) .

"Towards a Global Reporting System for Development Cooperation on the SDGs: Promoting Transformational Potential and Impact," IDS Working Paper 462, Institute for Development Studies, Brighton, UK, 2015a.

"China's Development Finance: Ambition, Impact and Transparency," IDS Policy Brief 353, Institute for Development Studies, Brighton, UK, 2015b.

Zeng, D. Z. , *Building Engines for Growth and Competitiveness in China*, Washington, DC: World Bank, 2010.

"Global Experiences with Special Economic Zones: Focus on China and Africa," Policy Research Working Paper, 7240, World Bank, Washington, DC, 2015.

Zhou, H. , J. Zhang, and M. Zhang, *Foreign Aid in China*, Springer, Heidelberg, and Social Science Academy, Beijing, 2015.

第二部分

第五章

基于全球价值链建设的南南贸易合作
——中国的启示[*]

一 导言

自 20 世纪 80 年代以来，正在形成的全球价值链已成为国际贸易的新特点（Krugman，1995）。这一新的贸易模式的出现，改变了人们对贸易政策的思维方式（Hoekman，2014），对重塑发展中国家的贸易合作方式有着重大启发。我国是全球价值链的重要一环，"一带一路"倡议为我国将其他发展中国家带入价值链贸易、促进其包容性增长提供了机会。同时，以构建价值链为主线，引导和组织基础设施建设项目、带动当地民生建设，为"一带一路"倡议的可持续进行奠定了政治经济学基础，是我国和发展中国家经贸合作的一个新思路，也可以成为南南贸易合作的创新型模式。

除了矿产资源和农业等初级产品，在制造业方面，发展中国家之间整体上的比较优势不明显。因此，传统的南南贸易以初级产业及其产品为主。在个别制造业或产品生产上的明显比较优势也会使发展中国家之间出现制造业贸易。但是，在更细微层面上，生产工艺和程序上潜在的比较优势却由于高运输和通信成本无法实现中间品贸易。这是南南贸易长期受到抑制的一个原因。

随着国际通信和运输成本的降低，生产过程可以被分割成多个独立的部分，被分置于全球不同的地方进行生产和组装，全球贸易大幅度增加，突出表现在中国的制造业加工贸易。然而，发展中国家参与价值链生产的方式仍局限于南北贸易模式，即发达国家在本国开发技术，在本国或其他发展中国家进行这些技术密集型零部件的生产，并在发展中国家

---

* 本章作者姚顺利教授是应用国际贸易研究所主任。

进行组装，最后销往本国和世界各地。发展中国家之间的制造业贸易并没有因此发生结构性变化。不仅如此，一些新兴市场国家由于参与了南北价值链贸易，其制造业出口增长迅猛，冲击了其他制造业脆弱的发展中国家，南南贸易不平衡加剧。

南南贸易存在的问题，不仅仅是因为发展中国家基础设施薄弱、贸易治理能力不足等。这些供给侧瓶颈问题同时也制约着部分发展中国家（尤其是最不发达国家）和发达国家之间的贸易关系。在南南合作日益加强的今天，南南贸易有更多的机会。由于自身的发展，新兴市场国家和其他发展中国家的贸易互补性逐渐显著，为其出口提供了潜在的市场，同时也正在成为其重要外国投资者和产业转移来源国。南南贸易存在诸多问题，是因为忽视了南北价值链贸易的成功经验，缺乏导向清晰、协调一致的一揽子政策将这些机会转化为包容性贸易增长，为发展中国家创造就业机会，实现减贫等经济社会目标。这些机会在中国和其他发展中国家的经贸合作中表现得尤其突出。以中国为例，具体研究南南贸易合作中的问题，提出政策建议，是本章的动机和主题。

中国的"一带一路"倡议是重塑南南贸易关系的重要契机。道路、港口和通信等基础建设投资无疑将降低货物运输成本、便利人员往来，使企业能在更大范围内布局、协调各地区生产分工。通过与中国的互联互通发展劳动密集型的制造业，改善就业机会和收入分配状况，是"一带一路"沿线国家民众的普遍愿望。中国制造业有新兴的高科技产业，又有传统的劳动密集型产业，这决定了中国和发展中国家的贸易关系既有互补性又有竞争性。在实施普选的国家，受进口冲击的选民往往会投票支持反对贸易开放的政党，从而减缓或者阻止贸易开放进程。2016美国总统大选结果就是一个典型的例子，这也可能发生在"一带一路"沿线国家，因为这些国家大多实行一人一票的民主选举制度，劳动密集型制造业劳工群体政治影响力不容小视，往往是民族主义和民粹主义政治家争取的对象。因此，抓住全球价值链带来的机会，发挥互补潜力、避免竞争带给周边国家的冲击，不仅仅有助于实现制造业贸易平衡，更能够在沿线国家为"一带一路"倡议争取广泛和持久的民意支持。

本章共分六个部分。在第一部分的导言中对本文的背景和主题略做介绍。第二部分阐述"一带一路"倡议中妥善处理进攻性市场准入问题的重要性。第三部分具体分析我国和"一带一路"沿线国家价值链整合的现状，并以此为背景点评双边贸易政策，指出我国制造业产品的涌入对当地产业带来的冲击和由此引起的政治反弹等问题。为解决这些问题，使"一带一路"建设能够平稳和可持续进行，第四部分论述为我国融入全球价值链、实现贸易减贫提供便利和保障的"加工贸易制度"的实施的成功经验，以及向发展中国家推广这一制度的必要性。第五部分介绍世贸组织"促贸援助"项目，建议以此项目为框架整合地区价值链构建的各种不同项目。第六部分对全文进行总结。

二　"一带一路"倡议的市场准入问题

市场准入也是区域贸易安排的主要议题。在涉及中国的区域贸易谈判中，有两类市场准入：进攻性市场准入和防御性市场准入。前者指我国产品进入国外市场，后者指外国产品进入中国市场。一般来讲，在中国和发达国家的自贸区安排，如和日本、韩国以及澳大利亚之间的自贸区谈判和协议中，市场准入基本上是中国的防御性议题。然而，在与发展中国家的区域贸易安排中，由于其制造业缺乏竞争力，中国制造业的冲击成为它们的主要关切问题，这是"一带一路"倡议中的突出问题。正像我国参与的其他自贸区一样，"一带一路"倡议不仅仅是一个经济项目，更具有战略和地缘政治的意义，经济整合则是次要和浅层次的（Gao，2009）。在处理这类进攻性的市场准入问题时，不应该以出口最大化作为单一政策目标，而应该兼顾其他。构建互利共赢全球价值链，是实现多元政策目标的重要指导思想。

根据和我国的供应链关系的紧密程度，"一带一路"沿线国家又分为三大类：一是和中国有供应链关系的国家，如东南亚国家联盟（以下简称"东盟"）；二是和中国正在形成供应链关系的国家，如印度、巴基斯坦和斯里兰卡等；三是价值链尚未形成或仍处于萌芽状态的国家，如非洲和南太平洋岛国等。这些国家国情各异，但有明显共性：它们大多实施民主政治，通过包容性贸易增长实现减贫是其优先政策目标。以"一带一路"倡议为中心的区域贸易安排，应该考虑这些特点，在以促进贸易为直接目标的援助计划的引导下，把中国通过融入全球价值链实现大规模减贫的成功经验介绍到这些国家，以培育低风险、可持续的经贸关系。

加工贸易制度是我国构建全球价值链成功经验的关键内容。我国对外贸易的一半来源于加工贸易。相较于其他国家类似的加工出口，我国的规模空前庞大。这不仅归因于我国对外商来华直接投资和出口的一系列优惠的政策支持，也受惠于海关的特殊制度安排。尽管我国地理广阔，这种制度仍然能对加工贸易实施有效监督，并为其提供便利。Naughton（1996）清晰地指出："没有任何优惠措施是中国独有的。事实上，它们在东亚甚至全球各地都存在。然而，这些措施在中国实施的规模是不寻常的。在大多数国家中，这类优惠政策只适用于严格监管的加工区。从本质上说，中国创造了一个巨大的出口加工区，它不是一个地理概念，而是事关企业的法律特征。尽管经济特区吸引了大量关注，并靠近华南沿海重要的经济中心，它们并不能决定出口加工制度的规模，凡是出口导向型的外商投资企业均可从事出口加工活动，无论它们是否位于经济特区内。"

从这个意义上讲，加工贸易体系本身就是中国的一种制度创新。它促进了劳动密集型的组装及加工业务在全国范围内的形成，为内陆农村地区数以百万计的农民工创造了大量的就业岗位。这是包容性贸易增长帮助穷人融入全球价值链的一个很好例子。

三 "一带一路"的价值链现状

（一）东盟：变化中的亚太价值链

亚太地区具有成熟的价值链，中国和东盟是其重要组成部分。中国制造业长期以来从事低端和低附加值的出口，获利微薄，极易受到海外市场低迷的负面冲击。从2008年全球金融危机以来，中国一直在试图改变这一状况，部分东盟国家也相应地调整了与中国的供应链关系。

中国的经济发展在全国范围内并不平衡，东盟各国也不尽相同。表5-1列出了东盟成员国的人均国内生产总值（GDP）。值得注意的是，虽然文莱在东盟人均GDP位居第二，因其经济严重依赖石油生产，故人均GDP不能作为其经济和社会发展水平的真实指标。排除文莱后，我们按照人均GDP把东盟成员分为三类：高收入国家（新加坡和马来西亚），中等收入国家（泰国、印度尼西亚和菲律宾）和低收入国家（越南、老挝、柬埔寨和缅甸）。

表5-1 东盟国家人均GDP（部分年份、美元现价）

单位：美元

国家	1997年	2000年	2003年	2006年	2009年	2012年	2013年
文莱	16227	12751	12973	31452	28454	42445	39678
柬埔寨	320	293	314	515	735	977	1047
印度尼西亚	1128	731	1141	1636	2362	3578	3467
老挝	336	333	364	576	913	1394	1505
马来西亚	4672	3874	4150	6160	7216	10338	10407
缅甸	100	184	179	233	538	861	916
菲律宾	1157	980	976	1408	1829	2565	2707
新加坡	25147	22757	22076	33089	37961	52069	55183
泰国	2656	2026	2239	3162	3947	5391	5678
越南	361	403	487	732	1129	1596	1909

资料来源：东盟宏观数据库。

当中国沿海企业开始专业化生产零部件的时候，内陆省份张开双臂，欢迎传统的加工和组装业务内迁。同样，当越来越多的跨国公司在新加坡和马来西亚建立研发中心时（Athukorala，2013），低收入的东盟成员也抓住中国和本地区产业调整的机会，吸引外国投资，建立加工组装基地。中国与东盟日渐精细的生产分工体现在机电以及纺织和服装两大行业。这一点从其贸易演变模式中可以看出。根据联合国"广义经济活动分类（BEC）"对零部件的定义，我们整理 UN Comtrade 的贸易数据，以揭示中国和东盟的贸易演变特征。

表 5 - 2 列出了 1997 ~ 2013 年中国每年从东盟的高收入国家和中等收入国家进口机电产品总值和零部件占比。可以看出，来自这两类国家的产品进口总额均呈上升趋势。然而，零部件进口比例却朝着不同方向发展。正如预期的那样，中国从新加坡和马来西亚的零部件进口份额从 70% 逐渐上升到 80% 以上，上升 10 个百分点以上。相比之下，来自泰国、印度尼西亚和菲律宾的零部件进口份额却从 70% 逐渐下降到 50%，约下降了 20 个百分点。显然，这两组东盟国家和中国在机电行业的生产分工和贸易关系是截然不同的。相对于我国在全球价值链上的位置，新加坡和马来西亚专门针对研发密集型的零部件进行专业化生产，而泰国、印度尼西亚和菲律宾则相反，该领域的生产逐渐减少。这显示，中国机电行业正在调整，在全球价值链上朝着东盟高收入和中等收入国家之间的方向发展。

表 5 - 2　中国机电进口：总值与零部件占比

年份	新加坡和马来西亚		泰国、印度尼西亚和菲律宾	
	总值（美元）	占比（%）	总值（美元）	占比（%）
1997	2473665	75	665924	70
1998	3162320	73	1257820	81
1999	3635103	70	1813598	75
2000	5620990	71	3363350	78
2001	6347620	75	3962382	80
2002	9334555	76	5867400	76
2003	14626641	73	10741213	69
2004	19667705	74	15124575	69
2005	24253822	77	20794834	67
2006	26692954	78	27177642	69
2007	29013142	78	35184507	71
2008	30226313	76	34522304	64
2009	29898793	79	25716588	53
2010	45693785	81	32106585	56
2011	52680807	80	33687027	55
2012	50510017	82	33619388	52
2013	52100644	86	28808834	60

资料来源：UN Comtrade。

表5-3列出了中国对东盟的低收入成员（越南、老挝、柬埔寨和缅甸）在机电和纺织服装两大行业领域的总出口以及零部件份额。同样，总出口也呈上升趋势，但零部件份额的表现却不尽相同。对于机电行业，该份额从1997年的14%上升到2013年的51%，大幅上升了37个百分点。

表5-3 中国对越南、柬埔寨、老挝和缅甸的出口：总值与零部件占比

年份	机电		纺织服装	
	总值（美元）	占比（%）	总值（美元）	占比（%）
1997	271599	14	384747	58
1998	343633	19	394813	53
1999	262603	19	340887	66
2000	32338	25	331176	88
2001	517579	34	341145	91
2002	752497	39	582435	85
2003	909567	39	835752	83
2004	1143743	39	1077106	88
2005	1370289	36	1417777	90
2006	2026148	36	1813211	92
2007	3700063	33	2546995	89
2008	5417107	33	3330831	84
2009	6318347	32	3968419	73
2010	8496394	35	6325552	76
2011	10875649	37	8695420	76
2012	12657988	46	11239111	62
2013	19236707	51	16090113	61

资料来源：UN Comtrade。

对于纺织服装行业，结果也显示出较温和的上升趋势。中国中间品出口份额从1997年的58%上升至2006年的92%，然后开始下降，直至2013年达到61%。中间品出口上升是乌拉圭回合决定于2005年取消《多种纤维协定》（MFA）的结果。2005年之前，配额逐年急剧扩大，我国针对东盟低收入成员的纺织服装业不断上升的中间品出口份额是出于外包战略的考虑，即集中国内资源于高附加值的中间品生产，充分利用东盟当地的廉价劳动力和这些国家在美国和欧盟新获得的市场准入机会，在国外进行成衣加工并销往欧美。2005年《国际纺织品贸易协定》被取消后，欧盟和美国与中国分别签署了《特殊保障协议》，成为限制中国纺织品和服装出口两大海外市场的新机制。几乎同一时期，《跨太平洋伙伴关系协定》（TPP）谈判加速进行，越南于2010年正式加

入，而对纺织品原产地以"从纱开始"（yarn forward）的原则进行规定一直是美国的立场。人们由此形成预期，含有中国纺纱的纺织品和成衣将无法享受 TPP 市场准入优惠。这些因素促成了 2006 年以后中间品出口比重下降的贸易态势。尽管如此，从总量来看，1997~2013 年我国纺织服装业中间品的出口仍然保持了持续上升势头，有助于这些低收入东盟国家开展其纺织和服装业的加工、缝纫和组装业务，强化与我国纺织业的供应链关系。

对于机电零部件，中国制造与高收入东盟国家制造有何差异？从直觉上，我们预感前者所蕴含的技术含量相对不高。为了验证这一点，以 6 位数的海关 HS 编码为标准，我们比较了从中国出口低收入东盟国家与新加坡和马来西亚对中国出口的相同产品的单位价格。表 5-4 列出的对比结果显示，中国零部件的出口价格比高收入东盟国家的出口价格低，这可以从价格比例小于 1 的产品占总产品的百分比看出：从最低 69% 到最高 88% 不等。平均而言，1997~2013 年，在同时存在于东盟高收入国家向中国出口和中国向东盟低收入国家出口的机电产品中，对 81% 的零部件而言，中国产品具有较低的单位价格。

表 5-4　中国与高收入东盟国家机电零部件产品价格比较

年份	HS6 数量	价格比低于 1 的 HS6 数量	价格比低于 1 的 HS6 占比（%）
1997	118	92	78
1998	138	113	82
1999	134	93	69
2000	191	164	86
2001	202	168	83
2002	223	185	83
2003	229	185	81
2004	227	179	79
2005	222	177	80
2006	227	187	82
2007	211	171	81
2008	221	186	84
2009	213	154	72
2010	218	173	79
2011	224	198	88
2012	201	168	84
2013	155	136	88
平均			81

资料来源：笔者根据 UN Comtrade 的数据计算而得。

机电、纺织品和服装是外包程度最高的两个行业。中国和东盟这两大行业的零部件和中间品贸易模式的变化显示：相对于中国，高收入东盟成员在价值链上正越来越多地专注于研发密集型的生产活动；而相对于低收入东盟国家，中国也是如此。中国逐渐成为来自高收入东盟国家零部件的加工和装配中心，以及其相对于低收入东盟国家的类似关系的出现，预示着低技能劳动力将从中得到更多的就业机会。

（二）南亚：形成中的价值链

1.中国－印度

通过振兴制造业扩大出口实现减贫是当前印度改革的主旋律。印度和中国在很多方面具有可比性。中国的制造业和印度的服务业分别是全球价值链的重要组成部分。然而，以信息技术为主的印度服务业，主要雇用技术人员，不能为非熟练劳动力大量创造就业机会，减贫效果有限。仿效中国振兴制造业，促进劳动密集型产品的出口，是莫迪政府经济改革的中心任务。

英迪拉·甘地执政的20世纪六七十年代，印度制定了一系列旨在促进和保障平等的经济政策。尽管其初衷是为了保护劳工和持有土地的农民，《劳工法》和《土地法》却成为今天大规模劳动密集型制造业发展的障碍（Panagariya，2008）。中国－印度区域贸易安排联合研究于2007年完成，由于担忧中国制造业的冲击，印度方面没有同意启动正式谈判。

近年来，印度经济增长减缓，收入不均日趋严重，失业和贫困现象加剧。在中国快速发展的背景下，民众的不满情绪高涨。在强烈的改革呼声下，印度人民党以绝对优势赢得2014年下议院大选，莫迪上台。印度新政府的智囊人物、哥伦比亚大学自由主义国际贸易经济学家贾格迪什·巴格沃蒂（Jagdish Bhagwati）和帕纳格里亚（Arvind Panagariya）描绘了印度的改革蓝图。在引发了有关国家未来经济政策辩论的《为什么增长是重要的》一书中，他们主张包括劳工和土地流通等政策朝着自由市场方向进一步改革，给予企业更灵活的劳工雇佣制度，减少政府对土地买卖的干预，以促进劳动密集型制造业的发展（Bhagwati and Panagariya，2013）。尽管帕纳格里亚是多边贸易体制的坚强捍卫者，但在谈及南亚自贸区时，他甚至认为印度更应该和中国建立自贸区，以引进制造业的外部竞争，倒逼国内改革。为替代已被撤销的"计划委员会"，莫迪政府于2005年初成立了由总理本人亲自挂帅的"改革印度全国委员会"（NITI Aayog），并任命帕纳格里亚为部长级副主席，全盘负责制定印度改革战略。

为了落实振兴印度制造业的战略构想，莫迪政府于2014～2015年启动了"印度制造"（Make in India）倡议。这一倡议旨在鼓励本国企业和跨国公司在印度从事制造业生产，使印度成为外国直接投资的重要目的地。这一倡议是印度与中国投资印度基础设施意愿的契合点，也吸引了小米、华为、联想等中国高科技企业对印度的投资。由于缺乏具有熟练技能的劳动力，其高科技制造业部分面临瓶颈（Choudhury，2016），而对于仅需简单劳动的加工组装业或其他中国低端制造业而言，这是个难得的投资机会。

这看似是一个必然趋势，因为它顺应了中国劳动力短缺的现实和制造业升级换代的变化。两国在人口结构方面互补性强，中国人口逐渐老龄化、劳动成本不断上涨，而印度年轻劳动力丰富。我国制造业升级、低端劳动力密集型产业（特别是制造业加工组装）向外转移，除了东南亚低收入国家以外，印度无疑也是一个可选之目的国。

然而，"印度制造"倡议的配套政策还没有形成。中国低端制造业的投资是否受欢迎？其产品能否在印度国内销售？虽然这能为非熟练工人带来大量制造业就业机会，有助于实现印度经济改革的重要目标，但目前尚无发掘这些潜能的政策保障。印度制造业多为中小企业，从事低端产品的生产。由于无法实现规模经济，面对中国在低端制造业领域的竞争优势，它们对向中国开放贸易和投资心存疑虑。这是 2007 年中国 – 印度区域贸易安排联合研究无功而终的原因，也造成了今天"印度制造"倡议对中国低端制造业转移的保留态度，甚至出现抵制中国产品的民族主义情绪。解决这一问题，不仅需要改革阻碍印度制造业发展的印度国内立法，也需要双方共同寻求创新的制度安排，以减少中国投资印度低端制造业的政治阻力。

2. 中国 – 巴基斯坦

21 世纪初，中国和巴基斯坦开始自由贸易区谈判，并于 2006 年达成协议。与印度相似，巴基斯坦和中国当时在制造业上也没有形成紧密的供应链关系。与印度不同的是，巴基斯坦是中国的全天候盟友，在经济、军事和安全方面依赖中国。作为连接我国内陆和印度洋的国家，巴基斯坦的战略位置对我国的重要性不言而喻。中巴自贸区不仅仅是为了提升双边经贸关系，更是我国地缘战略的重要组成部分。充分顾及巴方利益，是中方的本意，也体现在了书面协议上。从海关税号数目来看，书面协议上中方的各项关税减让都超过巴方。

然而，从实际利用角度来看，巴方的减让远远大于我方减让。例如，巴方实际利用的减让税目仅为 301 个，中方则为 3345 个；而在受保护的敏感性产品税目中，巴方仅利用了 49 个，中方则为 556 个。巴方的减让不仅涵盖中间产品，而且包括与本地企业竞争的最终产品。不仅如此，对巴基斯坦最具出口潜力的产品，如珠宝、纺织品和塑料制品等，中国给予巴方的优惠关税仍高于东盟国家享受的关税。这一协议的第一阶段执行结果是，中国的各种产品大量涌入巴基斯坦，而从巴方进口的产品数额有限，且大多是农业和原材料等初级产品（Pakistan Business Council，2013）。在巴基斯坦国内，中巴自贸区带来的负面效应包括制造业受到冲击、关税下调导致财政收入锐减和对华贸易赤字扩大。巴基斯坦的舆论质疑巴基斯坦从自贸协议中是否真正获得了收益（Siddiqui，2010；Maken，2011）。

之所以产生这样的不尽如人意的结果，有两个方面的原因：一是巴方制定贸易政策的能力不足，二是谈判代表和企业沟通不畅。没有企业介入谈判过程，政府谈判代表就无法充分掌握产业界的贸易实际情况。这样，即便中方有意，也无法达成真正惠及巴方企业的贸易协议。

一个意义重大的贸易协定，却因中国制造业冲击对方市场，产生了巴国政治反弹，削弱了本来的战略目的，事与愿违。今天，在我国周边国家发生政治变革的国际环境下，巴基斯坦的战略重要性更加凸显。中巴自贸区的经验启示我们，贸易政策能力建设应该是我国对外援助的一部分，包括构建与我国供应链相关联的能力建设。这在中巴经贸关系日趋紧密的今天，显得尤其重要。

3. 中国－斯里兰卡

斯里兰卡是印度洋上的航运枢纽，地处中国主要运输线上。和巴基斯坦一样，斯里兰卡制造业落后，没有真正融入全球价值链，但其和印度等大国关系良好，具有多维度的国际关系空间。2014年6月，中国－斯里兰卡自贸区联合可行性研究完成，同年9月正式启动谈判。在这一背景下，斯里兰卡国内政治发生重大变化，使得建立双边产业的供应链关系、避免冲击对方劳动力市场成为紧迫议题。

斯里兰卡实行民主政治，总统和国会均由民众直选。在前总统拉贾帕克萨（Mahinda Rajapaksa）执政的十年中，中斯经贸关系发展迅猛，多个大型投资项目上马。然而，在2015年1月的总统选举中，反对派西里塞纳（Maithripala Sirisena）获胜，并在8月的议会选举中巩固了其权力。新政府对华政策有所变动，对中国投资项目进行了重新评估。显然，进一步推进中斯经贸关系需要充分考虑斯国的新政治环境，特别是普通老百姓选民的经济利益。

在中斯自贸区谈判开始前，斯方知名学者已经开始为协议勾画蓝图。斯里兰卡政策研究院执行院长 Saman Kelegama 博士认为，自贸协议必须顾及斯方两个至关重要的领域：更多产品进入中国市场和对本国成熟的进口替代产业的充分保护。考虑到两国经济的非对称性和不平衡的双边贸易关系，参照《印度－斯里兰卡自贸协议》，中斯协议应该给予斯里兰卡充分的特殊和区别待遇（special and differential treatment，SDT）。具体措施包括：针对具有高度竞争力的中国制造业进口压力，制定更长的负面清单；借助中国制造业在全球供应链中的重要位置，整合两国制造业，使斯里兰卡制造业能够参与到全球价值链中（Kelegama，2014）。

Kelegama 的主张是对斯里兰卡谈判代表的建议，也有助于我国谈判方案的形成。斯里兰卡的输华产品绝大多数为资源和原材料，敏感性税号和产品数量有限。因此，最大限度地对斯开放我国市场不存在不可逾越的障碍。由于当地成熟产业带来了就业机会，并促成了寻求保护的利益集团，在进入斯方市场方面，我国与这些产业竞争的产品强势进入斯里兰卡，必将遭遇强烈的政治阻力和反弹。因此，在制造业市场准入谈判中，避开斯里兰卡成熟的进口替代产业，在斯方空白产业领域推动市场准入的突破；对现存（成熟或幼稚的）制造业，应寻求与之衔接的中间投入和零部件出口，避免制成品输入。这些是我国在市场准入、投资和服务等领域谈判中应该注意的问题。

南亚诸国制造业落后但正在成为全球价值链的一部分。而非洲和太平洋岛国整体上则属于最不发达地区，还没有进入全球价值链，但中国的投资和贸易活动已将价值链触角延伸到了这些地区。

（三）非洲和太平洋岛国：萌芽中的价值链

1. 中国－非洲

非洲的国民经济主要依赖资源采掘业和农业，制造业被边缘化。根据联合国贸发会议《2011 非洲经济发展报告》（UNCTAD，2011），2008 年非洲制造业占 GDP 的比例为 10.5%，而同期亚洲发展中国家的比例则为 35%。非洲在世界制造业生产和出口中的份额则更小，分别为 1.1% 和 1.3%。在非洲制造业 GDP 中，劳动密集型制造业的比例从 2000 年的 23% 下降到 2008 年的 20%。不仅如此，非洲制造业企业多为小型和非正规企业。劳动密集型制造业发展缓慢制约了就业机会的创造，并带来贫困等一系列社会问题。

以 2000 年 10 月启动的"中非合作论坛"为标志，中非关系进入了新阶段，经贸关系快速发展，中国对非洲的投资带动了双边贸易。2001~2012 年，非洲输华产品增加了 20 倍，主要是矿产资源类产品。我国以国有企业为主导的资源领域的投资，有助于拉动非洲经济的发展。但由于采掘业附加值低、利益分配仅限于地方政府和精英，惠及民生有限。再加上忽视环境和生态保护、劳工纠纷等问题，政治反弹强烈。联合国前秘书长科菲·安南领导的"非洲发展小组"近期推出一份题为"采矿公平：管理全非洲的自然资源"的报告，严厉抨击外国企业在非洲杀鸡取卵，伤害非洲。报告对中国在非洲的不透明、缺乏社会责任的做法专文提出措辞谨慎的批评（Africa Progress Panel，2013）。在这一背景下，帮助发展非洲的劳动密集型的制造业，为当地创造就业机会，既是我国通过向国外产业转移来调整经济结构的需要，又是进一步发展中非关系的必然要求。

非洲市场容量有限。人们经常提到的制造业投资非洲的有利之处是零关税、无配额限制（DFQF）进入包括中国在内的主要国际市场的便利。然而，非洲出口的瓶颈更多的是供给约束，即基础设施缺乏、吸收整套制造业项目的能力不足。大规模的基础建设投资不仅需要长时间才能获得收益，而且由于缺乏人力资源开发和其他配套设施，这些投资不能保证能够最终提升整个非洲大陆的制造业生产能力。毋庸置疑，非洲需要外援。但是，政府治理能力薄弱以及政局不稳带来的投资风险更是非洲长期贫穷的根源（Mills，2010）。这些制约因素决定了适度规模的出口导向低端制造业是符合当地具体情况的选择，也决定了非洲制造业融入全球价值链的程度是有限的。尽管如此，非洲参与构建全球价值链的成功案例可以起到积极的示范效应。位于埃塞俄比亚东方工业园的华坚制鞋厂，将中国的设计、技术设备和海外销售与非洲当地丰富的皮革原料和廉价劳动力结合起来，使该国制鞋业成为全球供应链的一部分。这一案例虽然局限于工业园区内部，尚不能够为低技能劳工大规模地创造就业机会。但是，它涉及基础设施建设、贸易和投资政策创新等多个方面，可以为中国调整和制定非洲经贸政策带来启示，意义不可低估。

2. 中国–太平洋岛国

如果说非洲因为基础设施不足、政局不稳，劳动密集型的制造业近期无望成规模地参与全球价值链，那么，太平洋岛国则因为地理位置也不能实现同样的目的。更为重要的是，地理位置无法改动。通过发展劳动密集型低端制造业来加入全球价值链的经济社会发展战略在这一地区行不通，因而需要根据其比较优势，在服务业领域另辟蹊径。

太平洋岛国人口少、陆地面积小，但覆盖广袤的南太平洋，海洋和矿产资源丰富，海洋战略地位重要。2006年首届"中国–太平洋岛国经济发展合作论坛"召开，中国和南太关系开始迅猛发展。2006年南太主要国家斐济发生军事政变，西方国家对军人政权实施制裁，斐济与中国的关系得到进一步加强，同时带动了其他南太岛国与中国关系的加强，双边经贸大幅增长。中国出口多种制造业产品，从南太进口矿产、林木和海产品。中国成为南太的重要投资国，从事道路、港口、学校等基础设施建设。作为旅游胜地，南太国家是服务业净出口国（Yao et al.，2013）。

南太诸国属于低收入国家，西方国家的制裁更影响了其主要经济体斐济。再加上狭小的国内市场和进入国际市场的地理限制，南太制造业不发达。因而，依靠制造业的发展带动整体经济，实现经济社会发展的空间有限。同时，脆弱的生态环境使资源类产业的发展受到限制。但是，作为前英国殖民地，该地区国家属于英联邦国家，具有英语能力的人力资源丰富，并处于独特的时区，可以成为英语呼叫中心，为中国企业服务。

和印度相比，除了规模，太平洋岛国的英语服务业有何特点？首先，印度在服务业的比较优势不是真实的，而是劳动力市场扭曲、制造业受到抑制的表现。莫迪政府的"印度制造"倡议将完善基础设施、统一劳动力市场作为目标，使得印度真实的比较优势，即劳动密集型制造业的比较优势，充分发挥。届时，熟练工人将离开服务业转向制造业，从而导致服务业的萎缩。太平洋岛国则不存在制造业和服务业的优势互换，服务业的比较优势将长期得以保持。其次，印度的服务业是英语国家（主要是美国）信息产业链上的一环，低廉的劳动力成本（而不是英语本身）是其比较优势所在。对于中国的制造业企业而言，太平洋岛国呼叫中心更多的是提供专门的英语服务，双方互补性更强。再次，接受呼叫中心服务的国家需要与当地有紧密的经贸往来和文化交流，以制定量身定做的服务项目。中国近年来已成为当地最主要的非英语贸易和投资伙伴，孔子学院的建立也为以语言培训为基础的合作项目提供了平台。

中国出口型企业正在逐渐涉入包括销售在内的高附加值领域。企业转型和走向海外需要高质量的英语服务。帮助太平洋岛国开发其由于独特的地理和历史条件形成的英语语言服务比较优势，与我国制造业形成供应链，应该是我国在该地区经贸合作的重点。

斐济 2014 年 9 月民主选举后，西方国家不失时机地取消制裁，加快重返该地区的步伐。国家主席习近平于 2014 年 11 月访问南太，又将世界的目光引向这里。为在该地区未来的政局演变中保护我国的经济和战略利益，迫切需要优化我国在当地的投资建设项目，尽可能地惠及广大基层民众。

四　我国加工贸易制度的普适性

中国的加工贸易制度对在"一带一路"建设中构建价值链具有可鉴之处，是中国产业成功转移的必要制度保障，也符合当地的实际情况。一般来说，发展中国家存在大量的贫困人口，特别是在农村地区，更迫切需要包容性的贸易增长。同时，出于保护国内产业和财政收入的考虑，其贸易保护程度高，在多哈回合非农市场准入（NAMA）议题的谈判上处于防守态势，尤其对与当地制造业形成直接竞争的中国劳动密集型制造业心存疑虑。

这和中国的情况很相似。中国早期的工业化侧重资本密集型的重工业，改革开放以来仍保持着对技术密集型的战略性行业的扶持。中国的改革一直在开放贸易和保护进口竞争行业之间寻求平衡。改革开放早期，主要通过"外国部件，国内组装，国内销售"的方式参与制造业国际分工，属于浅层次的价值链整合。严格地讲，因为没有产生附加值出口，这不是真正意义上的价值链贸易。20 世纪 90 年代以来，在加工贸易制度的支持下，实现了深层次的价值链整合，即"外国部件，国内组装，出口国外"。

加工出口非中国所独有。中国的创新之处在于走出了通常封闭的加工贸易区，在整个国家范围大规模地开展出口加工业务。其成功的关键在于创新型的海关管理制度：免除零部件进口关税和附加值税，同时，严格禁止国内销售，确保产品最终全部出口。这种加工贸易制度为零部件大规模跨境流动提供了便利，避免了对国内产业的冲击和关税收入的流失，并创造了大量的加工和装配工作岗位。

相比之下，"一带一路"沿线国家的加工贸易实践还处于初级阶段，或者本地销售（因而没有真正参与全球价值链生产），如低收入东盟国家和印度的机电产业，或者在特定园区内从事出口加工，如埃塞俄比亚东方工业园中的华坚制鞋厂。本地销售的市场空间有限，在较小的封闭区域内设立加工贸易区出口组装产品，在政策试验上有意义。但要实现大规模减贫和包容性贸易增长，还需要将此机会扩大到广泛的低收入人群，需要能够覆盖更广泛地理区域的政策措施。国外学术和政策界非常关注中国制造业出口的经验。但是，其关注点常常在我国的经济特区经验上（Aggarwal，2012）。加工贸易制度是超越经济特区的海关管理制度，涉及商务、海关、质检、税务、外汇等部门的联合监管，两者有根本区别。我国制造业特别是加工组装业成功转移海外，不仅需要投资建设工业园区等基础设施，还需要建立类似于我国的出口加工海关管理制度。在印度，以构建全球价值链为出发点，投资建设工业园区等硬件设施，向印方推介我国加工贸易制度等政策软件，重新考虑中印自贸区，加快中印制造业整合，时机已经成熟。在非洲，更现实的做法是在有限的工业园区内实行出口加工制度。虽然这不能为低技能劳工大规模地创造就业机会，却可以为以后的发展起到示范效应。在"一带一路"目前的发展阶段，向这些国家提供加工贸易海关管理等方面的能力建设援助，输出加工贸易制度，为基础设施硬件建设配套政策软件，不仅是对方的迫切需要，也是我国加工贸易企业向海外转移、优化本国加工贸易产业的需要（国务院，2016）。

如果说非洲出口供给约束使其不能够充分利用进入主要国际市场的优惠贸易待遇，如对一些产品的零关税、无配额限制（DFQF）待遇，那么，东盟和南亚发展中国家面临日益增长的进入发达国家市场的机会，将成为中国加工贸易企业海外转移的目的地。美国"普惠贸易待遇"（GSP）的变迁就是一个很好的例子，这一制度旨在给予发展中国家的产品低于最惠国关税的优惠市场准入待遇，通常是零关税。享受这一待遇的国家大多又是"一带一路"沿线国家。不仅如此，这一项目下的产品和国家范围也在逐渐扩大。美国政府2016年6月底宣布将零关税待遇产品扩展至旅行产品。美国该类产品最惠国关税为4%～20%，而零关税适用于《非洲增长与机遇法案》涵盖的38个非洲国家和43个其他"最不发达""普惠贸易待遇"国家。非洲零关税受益国在美国市场的份额微不足道，出口供给约束使得零关税待遇不会对其减贫和发展有实质性帮助。中国是旅行产品出口大国，中国和越南的旅行产品占美国市场的90%，金额达50亿美元，具有很强的出口竞争力。非洲国家零关税待遇不会对其在美国市场上的地位造成威胁。由于落后的投资和生产环境，非洲国家的这一美国市场准入优势也不足以使制造商从亚洲转移到非洲。有鉴于此，美国政府考虑将旅行产品零关税待遇受益国的范围扩展到全部"普惠贸易待遇"国家。

这一政策动议意义重大。如果成功实施，柬埔寨和缅甸这两个最不发达的东盟国家，还有泰国、印度尼西亚、菲律宾、印度、斯里兰卡和巴基斯坦等"一带一路"沿线国家都享有旅行产品零关税进入美国市场的待遇。这些国家生产潜力巨大，尤其是"一带一路"建设的薄弱环节菲律宾，该国计划旅行产品行业每年增长1亿美元，计划今后五年在这一行业增加投资，创造75000个就业机会（Rushford，2016）。这无疑是我国加工贸易海外布局的重要契机。在此背景下，帮助这些国家建立加工贸易制度，可促进行业价值链的形成，为"一带一路"添加民生的纽带。

五　通过"促贸援助"构建价值链

中国对"一带一路"沿线国家的援助大部分集中于基础设施领域。尽管这种援助策略最终可能提升这些国家的贸易并使穷人受益，但针对贸易瓶颈、将低收入人口纳入全球贸易体系的援助，则更能产生持久的、可持续的减贫效果。这也是2005年在香港举办的WTO第六次部长级会议推出"促贸援助"项目的愿景。促贸援助的领域包括两大类：基础建设和人力资源投资，贸易政策能力建设。这些内容虽然都已存在于我国目前的对外援助项目中，但是用"促贸援助"的框架组织这些项目对我国"一带一路"建设有特殊意义。

首先，"促贸援助"的运作机制包括针对每个国家的贸易和发展需求进行系统诊断，并推荐援助方案。鉴于"促贸援助"的愿景和"一带一路"倡议的目标一致，前者可以为后者提供组织框架，统筹、整合援助项目，增强项目之间的关联，从而提高援助的整体质量和效率。这有助于解决我国目前外援项目存在的散、乱、无序和碎片化等问题，提高援助的可持续性。

其次，实证研究表明，促贸援助对发展中和最不发达国家参与价值链贸易具有促进作用。据估算，每1美元的促贸援助投入可增加发展中国家8美元的出口，而对最不发达国家可增加其20美元的出口。不仅如此，与总出口相比，促贸援助对零部件等中间品出口的促进程度更高（OECD and WTO，2013）。Vijil（2014）使用引力模型实证研究了针对不同领域的促贸援助的有效性，发现促贸援助和区域贸易安排之间存在互补性。与在基础设施和生产能力建设方面的援助相比，在制度性建设（如贸易政策能力建设）方面的援助效果最好，每1美元援助可增加受援国向区域贸易协议其他成员出口27美元。这些研究为我国对"一带一路"沿线国家开展促贸援助，特别是以加工贸易制度为主要内容的能力建设援助，帮助其参与价值链贸易，提供了经验参考。

最后，作为我国对外援助的一部分，促贸援助可以成为沟通中国和西方外援合作的桥梁。我国的发展援助是增长驱动型，注重实际效果；而OECD国家的发展援助是过程驱动型，注重问责、透明、参与等西方民主过程。两者在不同的框架下运行（王小林和刘倩倩，2012）。这种运行模式上的差别使中国外援经常受到西方国家的批评。在一些非原则性的问题上适当调整、减少政治摩擦，已经得到有关部门的重视。通过多边机构提供援助，多边双边援助相结合，打造对外援助升级版，已经成为共识。在WTO主持的"促贸援助"计划的框架下对"一带一路"沿线国家开展援助，顺应了我国外援政策的发展方向（中国世界贸易组织研究会，2014）。

通过加工贸易制度建立"一带一路"价值链需要一揽子配套政策和基础设施的支持。"一带一路"沿线国家情况各异，每个国家需要有专门的援助方案。中国加工贸易制度的成功和其在"南南合作"框架下主要捐助国的身份，使得其能够在"一带一路"沿线国家"促贸援助"项目上有所作为。

六 结语

在与其他发展中国家的贸易合作中，中国可以借鉴其在南北贸易合作中的成功经验。中国工业园区的基础建设投资吸引了从事全球价值链生产和贸易的外国直接投资。中国参与以发达国家为主导的全球价值链，为农业过剩人口创造了就业机会，有助于减贫事业。今天，中国已经跻身于高收入发展中国家行列，一方面和发达国家之间的价值链贸易关系进一步深化，产业升级换代；另一方面，开始向其他发展中国家，特别是低收入发展中国家，转移低端制造业。"一带一路"倡议的实施，以及亚洲基础设施投资银行和金砖国家银行的建立，为该地区的投资提供了保障。制造业发展的"雁阵模式"在"一带一路"沿线国家日益显现出来。

然而，仅有这些还不能保证这些地区能够复制中国奇迹，实现大规模的减贫和包容性增长。在"一带一路"沿线国家，低收入低技能人口大量存在，劳动密集型制造业不发达。以普选为特征的民主政治制度使得制造业工人可以用选票影响贸易开放进程。在此条件下，将价值链贸易和大规模减贫之间内在的经济学逻辑转变成双赢的价值链贸易现实，需要加工贸易制度的保障，以避免与中国制造业的摩擦而引发政治反弹。加工贸易制度是我国的创新，是与基础建设和产业转移等硬件开发相对应的制度软件，也应该是"一带一路"价值链建设的一个重要组成部分。

显然，在全球价值链条件下与中国进行贸易合作，发展中国家需要能力建设。调整我国对外援助模式，在促贸援助的框架下整合外援项目，将加工贸易制度纳入贸易政策能力建设中，是"一带一路"建设持续进行的需要。

参考文献

《国务院关于促进加工贸易创新发展的若干意见》，国发〔2016〕4 号，1 月 18 日。

商务部：《中国—斯里兰卡自由贸易协定联合可行性研究报告》，中国自由贸易区服务网，http：//fta. mofcom. gov. cn。

王小林、刘倩倩：《中非合作：提高发展有效性的新方式》，《国际问题研究》2012 年第 5 期。

姚顺利、田云华、L B Singh：《中国 - 东盟贸易自由化对减贫的影响》，第八届"中国 - 东盟社会发展与减贫论坛"专题报告，2014 年 8 月 7 ~ 8 日，缅甸内比都。

中国世界贸易组织研究会：《重视多边援助，多双边援助相结合——外经贸咨询顾问委员会 2014 年第六次例会》，《专题报道》，2014 年 8 月 28 日，北京。

Africa Progress Panel, *Africa Progress Report：Equity in Extractives——Stewarding Africa's Natural Resources for All*, Geneva, Switzerland, 2013.

Aggarwal, Aradhna, *Social and Economic Impact of SEZs in India*, Oxford University Press, New Delhi, 2012.

Athukorala, Prema-chandra, "Deepening India's Integration in Global Production Networks：Experience, Prospects and Policy Options," paper presented at the Tenth Annual India Policy Forum Workshop, India International Centre, New Delhi, 2013.

Bhagwati, Jagdish and Arvind Panagariya, *Why Growth Matters：How Economic Growth in India Reduced Poverty and the Lessons for Other Developing Countries*, PublicAffairs, New York , 2013.

Choudhury, Santanu, "India's Skills Shortage Challenges Modi's Manufacturing Vision," *The Wall Street Journal*, Business, 2016.

Gao, Henry, "China's Strategy for Free Trade Agreements：Political Battle in the Name of Trade," School of Law, Singapore Management University, mimeo, 2009.

Hoekman, Bernard, "Supply Chains, Mega-Regionals and Multilateralism：A Road Map for the WTO," *EUI Working Paper RSCAS* 2014/27, Global Governance Programme, Robert Schuman Centre for Advanced Studies, European University Institute, Italy, 2014.

Kelegama, Saman, "China-Sri Lanka FTA：Meeting the Challenges," *DailyFT - Be Empowered*, Opinion, 2014, http：//www. ft. lk/2014/07/17/china - sri - lanka - fta - meeting - the - challenges/

Krugman, Paul, "Growing World Trade：Causes and Consequences," Brookings Papers on Economic Activity, 1995, pp. 327 - 377.

Maken, Aftab, "FTA Benefiting China More Than Pakistan," *The News*, Business, 2011, http：//www. thenews. com. pk/Todays - News - 3 - 62419 - FTA - benefiting - China - more - than - Pakistan

Mills, Greg, "Why Is Africa Poor?" *Development Policy Briefing Paper*, No. 6, Center for Global Liberty & Prosperity, Cato Institute, 2010.

Naughton, Barry, "China's Emergence and Prospects as a Trading Nation," *Brookings Papers on Economic Activity*, 1996, pp. 273 - 344.

OECD/WTO, *Aid for Trade at a Glance* 2013：*Connecting to Value Chains*, 2013.

Pakistan Business Council, *Preliminary Study on Pakistan and China Trade Partnership Post FTA*, Karachi,

Pakistan, 2013, http：//www. pbc. org. pk/assets/pdf/21 – Oct_ Pakistan_ China_ Trade_ Study_ 2013. pdf.

Panagariya, Arvind, *India*：*The Emerging Giant*, Oxford University Press, 2008.

Rushford, Greg, "America's Philippines Blunder," *The Wall Street Journal*, Commentary, 2016.

Siddiqui, Salman, "Does Pak-China trade reflect mutual benefit?" *The Express Tribune*, Business, 2010, http：//tribune. com. pk/story/60946/does – pak – china – trade – reflect – mutual – benefit/.

UNCTAD, *Economic Development in Africa Report*：*Fostering Industrial Development in Africa in the New Global Environment*, Geneva, 2011.

Vijil, Mariana, "Aid for Trade Effectiveness：Complementarities with Economic Integration," *The World Economy*, 2014, pp. 555 – 566.

Shunli Yao, Biman Prasad and Meng Xu, "China's Economic Rebalancing amid Global Financial Crisis：Implications for the Pacific Island Countries," *The Journal of Pacific Studies*, Volume 33, 2013, pp. 42 – 60.

第六章

南南发展援助[*]

南南合作源于 20 世纪 50 年代，截至目前已有 60 多年的发展历史。针对南南合作这一概念，国际上许多组织机构做出了相应的界定，如联合国南南合作办公室（The United Nations Office for South-South Cooperation，UNOSSC）、联合国开发计划署（The United Nations Development Program，UNDP）等。虽然各个机构对南南合作的定义表述不尽相同，但其核心要义是一致的。一般来说，南南合作是发展中国家自己发起、组织和管理的，在双边、多边、地区和地区间等多个层次为促进政治、经济、社会、文化和科学发展而开展的合作。[①] 布宜诺斯艾利斯会议（1979）则明确指出，南南合作是由发展中国家之间的技术合作和经济合作构成的。

现代的国际援助始于 1947 年美国的"欧洲复兴计划"（即"马歇尔计划"）。发达国家一直在国际援助领域占据主导地位，当前的国际援助体系也是由经合组织（Organization for Economic Co-operation and Development，OECD）下属发展援助委员会（Development Assistance Committee，DAC）建立并规范的。[②] 随着经济社会的发展，一些传统受援国开始以受援国和援助国的双重角色参与到国际发展援助之中，在接受援助的同时向其他国家提供援助资金。特别是 21 世纪后，一些非 DAC 援助国开展的对外援助开始受到国际社会的关注。但是，从严格的意义上来说，并非所有非 DAC 援助国提供的援助均可以称为南南发展援助。根据非 DAC 援助国之间的一些共同特征，Zimmermann 和 Smith（2011）把非 DAC 援助国分为三类。第一类是新兴援助国，主要由欧盟的新成员构成，但也包括以色列、俄罗斯和土耳其。这类国家对外援助的立法、策略和组织机构等总体上与绝大多数 DAC 成员相同。第二类是阿拉伯援助国（Arab Donors），主要包括科威特、沙特阿拉

---

* 本章作者是黄梅波、陈娜。黄梅波是厦门大学经济学院教授。

① 黄梅波、唐露萍：《南南合作与中国对外援助》，《国际经济研究》2013 年第 5 期。

② 唐露萍：《发展中国家对外援助及其发展方向——以中国、印度、巴西为例》，硕士学位论文，厦门大学，2014。

伯和阿拉伯联合酋长国。这类国家承认自身援助国的角色，其相应的援助管理体制较为薄弱，同时这些国家较为重视以项目交付（project delivery）的方式提供援助。第三类是南南合作伙伴国家。在这类国家中，以巴西、中国、印度、南非、智利、哥伦比亚、墨西哥和泰国等为代表的中等收入国家和新兴经济体最为活跃。[1] 这些国家向其他发展中国家提供财政支持和专门技术，但又不愿以"援助国""援助"等措辞来形容其所提供的支持。

南南发展援助指的是南南合作伙伴国家向其他发展中国家提供的发展援助，有别于传统 DAC 援助国和其他非 DAC 援助国提供的官方发展援助（Official Development Assistance, ODA）。一方面，南南发展援助是在 1955 年的万隆会议精神（南南合作原则，即在政治上坚持尊重伙伴国主权、不附加任何政治条件，在经济上强调互利共赢和促进双方的经济发展）的指导下展开的。另一方面，南南发展援助包含的范围较广，不仅包含 DAC 国家认同的赠款或优惠条件下通过双边或多边形式开展的国际援助，往往还包含相关的贸易、投资、能力建设、技术和知识转让。[2]

一　南南发展援助概况

南南发展援助的援助主体是在对外援助中遵循南南合作原则的中国、印度、南非、智利、哥伦比亚、墨西哥和泰国等非 DAC 援助国。从整体上来看，近年来南南发展援助国的援助规模呈现不断扩大的趋势。同属于南南合作框架下的发展援助，这些国家的对外援助在援助规模、援助对象、援助领域、援助方式和渠道、援助管理等方面存在一定的共性。但是，由于各国历史条件、自身发展情况及周边环境等的不同，其对外援助呈现自身独特的一些特点，发展援助被用于为本国的政治、经济和外交等目标服务。

（一）南南发展援助的援助对象

在援助对象的选择上，南南发展援助国倾向于将周边国家以及在经济发展上与本国相似的国家作为重点援助对象（见表 6 - 1）。近年来随着国际社会对非洲发展关注程度的提高，南南发展援助国也开始将非洲国家列为重点援助对象。以巴西为例，巴西将中南美洲以及加勒比地区作为其经验传授和技术转让的优先对象，因为这些地区在历史上

① Felix Zimmermann, Kimberly Smith, "New Partnerships in Development Co-operation," *OECD Journal*: *General Papers*, 2011, Vol. 2010/1: 37 - 45, http://www.keepeek.com/Digital-Asset-Management/oecd/economics/new-partnerships-in-development-co-operation_ gen_ papers-2010 - 5kgc6cl34322#.V9ToMuyerVc.

② B. Neissan, K. Kelebogile and M. Moilwa, "Developing a Conceptual Framework For South-South Cooperation," *NeST*, 2015, pp. 9 - 10.

或是文化上与巴西有着密切的联系。巴西与非洲的合作，则旨在解决奴隶制时期产生的历史债务问题。[①] 在中国的对外援助中，非洲始终是重要的援助地区。截至2009年，中国对非洲地区的援助资金占总援助资金的45.7%，而这一比例在2010～2012年上升至51.8%（见图6-1）。

表6-1　南南发展援助国的援助对象

援助国	援助国所在区域	重点援助区域	重点援助国家
巴西	拉丁美洲	非洲的葡语国家、中南美洲及加勒比地区、亚洲及东欧地区	莫桑比克、东帝汶、几内亚比绍、佛得角、海地、乌拉圭、危地马拉
中国	东亚	非洲、亚洲、拉丁美洲和加勒比地区	—
印度	南亚	南亚、西非	不丹、阿富汗、孟加拉国、尼泊尔、斯里兰卡
南非	非洲	非洲，尤其是撒哈拉以南非洲国家，主要是南非的周边邻国	津巴布韦、民主刚果、乌干达、马达加斯加、莱索托、马里
智利	拉丁美洲	拉丁美洲和加勒比地区	墨西哥、海地、玻利维亚
哥伦比亚	拉丁美洲	中美洲和加勒比地区	—
墨西哥	中美洲	拉丁美洲和加勒比地区，尤其是中美洲地区	—
泰国	东亚	东亚地区	柬埔寨、老挝、缅甸、越南

资料来源：根据李小云等编《国际发展援助——非发达国家的对外援助》，（世界知识出版社，2013）的相关资料整理。

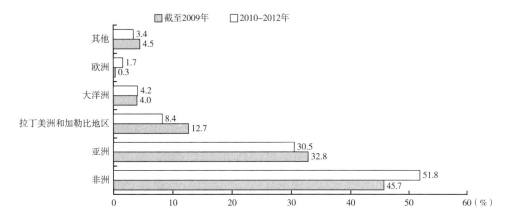

图6-1　截至2009、2010～2012年中国对外援助资金分布对比

资料来源：根据中华人民共和国国务院新闻办公室《中国的对外援助（2011）》白皮书及《中国的对外援助（2014）》白皮书的相关数据整理。

（二）南南发展援助的援助领域

南南发展援助国的援助领域（见表6-2）与其援助规模和援助方式之间有着密切

---

① 黄梅波、谢琪：《巴西的对外援助及其管理体系》，《国际经济合作》2011年第12期。

的联系。一般来说,援助规模较大、援助方式多采取优惠贷款等方式的国家,虽然社会领域也是其援助的重点领域,但更关注当地能源发展、交通和仓储等经济基础设施,如印度、中国等。援助规模较小,并且是以技术援助为主的国家,其援助领域主要集中在教育、卫生和就业等社会领域,如智利、泰国等。此外,与 DAC 成员相比,南南援助国更重视对农业领域的援助,一些国家将农业作为援助的重点领域,如巴西、印度等。

表 6 - 2 南南发展援助国的主要援助领域

援助国	援助领域
巴西	技术援助主要集中于农业、卫生和教育三大领域,且在非洲地区对农业的重视程度更高
中国	主要集中于经济基础设施、社会公共基础设施、农业、工业、人力资源开发合作等领域
印度	无偿援助的主要领域是农村发展、教育、健康和技术合作,贷款的主要领域是基础设施
南非	促进民主和善治、预防和解决冲突、人道主义援助、人力资源开发、社会经济整合以及与其他国家间的合作
智利	社会领域、制度与现代化建设领域、生产发展领域,其中社会领域一直是相对重要的领域,包括文化及文化管理、环境、社会发展、消除贫困、健康和教育
哥伦比亚	集中于政府管理、环境、教育、艺术和文化、生产发展和工厂等领域
墨西哥	农业、能源、基础建设、教育等
泰国	集中于教育、健康和农业三个领域的人力资源合作,具体活动包括培训、派遣泰国专家、提供设备及按合作伙伴需求量身定做的培训项目

资料来源:根据李小云等编《国际发展援助——非发达国家的对外援助》,(世界知识出版社,2013) 的相关资料整理。

随着国际环境和自身条件的变化,南南发展援助国的援助领域也进行了一定的调整。根据《中国的对外援助 (2011)》白皮书及《中国的对外援助 (2014)》白皮书的相关数据,尽管中国在 2009 年之前一直强调经济基础设施的建设,但 2010~2012 年其对于经济基础设施领域的重视程度相对下降,该领域援助资金的比例从截至 2009 年的 59% 下降到 2010~2012 年的 44.8%。与此同时,中国对于社会公共基础设施的重视程度大大提高,截至 2009 年流向该领域的援助资金仅占 3%,而 2010~2012 年该比例上升到了 27.6%。除对社会公共基础设施领域的重视程度提高外,中国对人力资源开发和合作的重视程度也有所提高,2010~2012 年流向该领域的援助资金比重达 3.6%,而在此之前该领域对外援助所占的比重几乎为零。因此,中国对外援助的领域呈现"从经济基础设施向公共基础设施,从硬件建设向能力建设"的转变。

(三)南南发展援助的援助方式和渠道

关于援助方式(见表 6 - 3),DAC 成员通常采用财政援助的方式提供援助,而巴西、印度、智利、墨西哥等南南发展援助国的援助则以项目援助和技术援助为主。

表6-3　南南发展援助国的援助方式

援助国	援助方式
巴西	主要是技术合作,提供部分债务减免、粮食援助和紧急人道主义援助,资金援助的比例很小
中国	包括成套项目、一般物资、技术合作、人力资源开发合作、援外医疗队、紧急人道主义援助、援外志愿者、债务减免8种方式,且以成套项目方式为主
印度	项目援助、技术合作、债务减免、优惠贷款
南非	主要通过"非洲发展新伙伴计划"(The New Partnership for Africa's Development,NEPAD)和非洲复兴和国际合作基金(African Renaissance and International Co-Operation Fund,ARF)来实施援助,以技术援助和人道主义援助为主,也提供一些债务减免
智利	技术援助、奖学金
哥伦比亚	人道主义援助等
墨西哥	主要方式是技术援助,尤其是派出专家和技术人员进行培训,且技术援助主要以三边合作的形式进行
泰国	技术合作,特别是人力资源合作

资料来源:根据李小云等编《国际发展援助——非发达国家的对外援助》,(世界知识出版社,2013)的相关资料整理。

援助渠道通常有双边合作、三边合作以及多边合作三种。DAC成员虽然比较重视通过国际多边机构来向发展中国家提供援助,但从资金总量上来看,双边合作援助仍然是最主要的援助渠道,通过国际多边机构提供的援助资金在其总援助资金中仅占30%左右。南南发展援助国在双边和多边渠道的利用上存在两种不同的模式。一类国家以双边援助为主,较少利用国际多边机构,如巴西、印度、中国等。另一类国家则很少提供双边援助,而主要通过国际多边机构平台提供援助,如南非、泰国等。在2011年南非发展合作局(South African Development Partnership Agency,SADPA)成立之前,75%的南非对外援助通过南部非洲发展共同体(Southern African Development Community,SADC)和南部非洲关税同盟(Southern African Customs Union,SACU)等多边渠道提供。此外,南非援助资金也流向非洲复兴和国际合作基金(African Renaissance and International Co-Operation Fund,ARF)。

三边合作是一种新型的发展援助形式,即一个援助国和另一援助国或国际多边机构合作,向第三国提供对外援助。与DAC国家进行的三边合作比较常见的机制是传统援助国或国际多边机构提供资金和管理经验,而南南发展援助国提供技术人员、场地、设施等技术性投入,合作的主要领域是技术合作,尤其是合作培训。近年来,三边合作越来越受到巴西、印度、智利、墨西哥、泰国等南南发展援助国的重视。以智利和美国的三边合作为例,美国国务院、财政部和农业部共同为项目提供法律实施支持、进行基础设施改善以及分享农业管理实践,智利政府从众多部门调派技术专家为项目提供支持。OECD的一份分析报告指出,墨西哥是国际发展援助中三边合作最活跃的国家之一,其三边合作的主要合作伙伴为日本、法国、德国。① 与非 DAC 国家之间的三边合作则通常采取双方共同出资的方式。比如，墨西哥和阿根廷在合作中各出一半的资金；一些南南发展援助国也采取设立共同基金的方式来向其他发展中国家提供援助，如印度、巴西和南非等。②

（四）南南发展援助国的援助管理

DAC 成员在援助管理上有相对规范的安排，大部分成立了专门机构来对援助进行管理，援助和外交在国家机构设置中处于相对平等的位置。然而，大部分的南南发展援助国在援助管理上并没有设立独立的机构，援助事务通常隶属于本国的外交部、商务部和其他相关政府部门，援助管理的体系设置主要有两种：由隶属于外交部的国际合作署管理以及多部门共同管理。其中，以成立隶属于外交部的国际合作署最为常见，采取这种模式的国家主要包括巴西、南非、智利、泰国等。一些国家，如印度，则采取多部门共同协调和管理的方式处理对外援助事务。但是，无论采取何种模式的管理体系，南南发展援助国在对外援助管理上的共同特点是大部分国家都没有建立一个统一的援助管理体系，在对外援助事务中多部门共同参与的现象普遍存在。虽然大部分国家都有一个主导机构来协调援助事务，但不同部门之间的援助协调仍存在一定的问题。

以巴西为例，巴西发展援助署（Agencia Brasileira de Cooperacao，ABC）成立于 1987 年 9 月，隶属于巴西外交部（Ministerio das Relacoes Exteriores，MRE），专门负责巴西的技术援助以及与之相对应的技术标准和外交政策。关于管理体系，一方面，ABC 建立了一套按管理职能进行划分的管理体系，设 6 个协调司。另一方面，ABC 在开展发展援助之初是按照地理区域的划分与受援国进行双边谈判的，尽管 ABC 通过一系列改革措施促使运行模式逐渐向按管理职能划分的运行模式转变，但是在实际操作过程中还存在一套按地理分配职能的体制。而且除了 ABC 隶属的外交部，参与技术援助的主体还包括农业部、卫生部、教育部等联邦政府部门以及州政府、市政府等地方政府部门，巴西农业研究企业（Empresa Brasileira de Pesquisa Agropecuaria）等国有企业，Oswaldo Cruz 基金会（Fundaaco Oswaldo Cruz）等公共研究中心，国民经济社会发展银行（Banco Nacional de Desenvolvimento Economico e Social-BNDES）等金融机构，以及私人和非政府组织。③ 此外，巴西现有的发展援助法律规制仅仅是针对作为受援国的巴西所开展的双边或多边合作项目，缺乏作为援助国对发展援助活动进行监管的法律框架。因此，根据相关的法律法

① 黄梅波、宋梁禾：《墨西哥的国际发展援助：沿革与趋势》，《国际经济合作》2014 年第 1 期。
② 李小云等编《国际发展援助——非发达国家的对外援助》，世界知识出版社，2013。
③ 吕少飒：《巴西对外援助管理体系及其面临的挑战》，《国际经济合作》2013 年第 10 期。

规，在各个援助主体执行同一主题框架下具体项目的过程中，并未明确 ABC 是否应进行实质性干预和协调。此外，无论是 ABC 内部、巴西各部门及机构之间还是其他利益相关者，其在开展技术合作过程中相互的经验交流与合作也不够充分。[1] ABC 运营至今已有 30 年，但是巴西援助管理体系仍存在组织机构不成体系和缺乏中央协调的弊端。

二　南南发展援助的特点

尽管传统发展援助（南北援助）仍在国际发展援助体系中占据主导地位，但南南发展援助近年来蓬勃发展，成为国际援助体系的新兴力量。通过比较南北援助与南南发展援助我们发现：一方面，南北援助与南南发展援助的目标都是帮助受援国实现联合国的国际发展目标，推进受援国经济社会的发展，其援助理念和原则在很多方面有相似之处；另一方面，南南发展援助和南北援助在不同的历史条件下产生，各南南援助国与传统援助国对发展的理解有所不同，这使得南南发展援助与南北援助在诸多方面存在差异。

（一）南南发展援助与南北援助的共同点

《关于援助有效性的巴黎宣言》（以下简称《巴黎宣言》），规定了提高援助有效性的主权原则、需求导向及能力建设原则、广泛参与原则、相互问责和透明度原则、成果导向原则。对比这五项原则与"布宜诺斯艾利斯行动计划"（Buenos Aries Plan of Action, 1979）、内罗毕会议（2009）以及后续的波哥大会议（2010）和德里会议（2013）提出的南南发展合作的主要原则，我们发现两者存在诸多相似之处，这为南北援助与南南发展援助之间的对话与合作奠定了坚实的基础。

1. 主权原则

主权原则是指发展援助是以受援国的发展为导向的，受援国在发展活动的各个阶段均应处于主导地位。在被誉为援助有效性圣经的《巴黎宣言》和《阿克拉行动议程》（the Accra Agenda for Action）以及标志着援助有效性向发展有效性转变的《釜山伙伴关系》（the Busan Partnership for Effective Development Co-operation）中，南北援助均将主权原则列为其对外援助的原则之一。《巴黎宣言》指出发展中国家在本国发展政策、战略和合作发展行动中享有充分的领导权，[2]《釜山伙伴关系》则强调受援国享有选择优先发展领域的

---

[1]　陆继霞、李小云：《巴西国际发展援助的特点及启示》，《国际经济合作》2013 年第 5 期。

[2]　"The Paris Declaration on Aid Effectiveness," OECD, 2005.

自主权，可自行确定发展模式。① 而南南合作框架下的对外援助一开始就建立在"互相尊重主权和领土完整、互不侵犯、互不干涉内政、平等互利以及和平共处"五项原则之上。1955 年的万隆会议在和平共处五项原则的基础之上提出了万隆会议十项原则，即南南合作原则。随着南南合作的不断推进，其原则发生了一定的调整，但主权原则一直是南南合作的原则之一。1979 年布宜诺斯艾利斯行动计划设定了发展中国家技术合作的九个目标，其中第一个目标就是"在尊重发展中国家自身的价值、追求和特殊需求的前提下，通过提高发展中国家的创造能力以提高其自主发展能力和解决其他发展问题的能力"。

2. 需求导向及能力建设原则

在主权原则的指导下，南北援助和南南发展援助均主张发展合作应该是需求导向的。在南北援助中，《阿克拉行动议程》指出，"援助国对于发展中国家能力发展的支持应当是需求导向的，而且尊重受援国国家主权"。在南南发展援助中，内罗毕会议文件指出，要在满足发展中国家的要求下提高其发展能力和解决发展中国家面临的发展问题，强调满足发展中国家的需求。在后续的波哥大和德里会议文件中，"需求导向"得到了进一步的强调。此外，南南发展援助与南北援助均认识到受援国能力建设的重要性，强调加强受援国的能力建设以使其能够做出发展相关的决策，从而实现可持续发展。在南北援助中，《阿克拉行动议程》指出，"没有强大的机构、系统和当地专业知识，发展中国家无法充分把握和管理自身的发展进程"。在南南发展援助中，布宜诺斯艾利斯、内罗毕、波哥大以及德里会议文件均将能力建设列为其合作的原则之一。② 在南南合作实践过程中，需求导向的特点得到了充分的诠释。

3. 广泛参与原则

南北援助与南南发展援助均将各方的广泛参与纳入其发展合作的原则之中。在南北援助中，《阿克拉行动议程》和《釜山伙伴关系》均强调了广泛参与的重要性。如《阿克拉行动议程》指出，所有的发展伙伴，包括 OECD-DAC 援助国、其他援助国、发展中国家、基金会和民间团体等，需要充分参与发展过程。③《釜山伙伴关系》也指出发展需要依靠各方的参与，发挥各方有差别的、互补的作用。④ 在南南发展援助中，内罗毕会议文件指出，"南南合作鼓励多方参与，非政府组织、私人机构、民间团体、学术机构和其他组织个人等应当在国家发展战略与计划的指导下，与政府共同面对发展挑战和完成发展目

---

① "*The Busan Partnership for Effective Development Co-operation*," OECD, 2012.

② B. Neissan, K. Kelebogile and M. Moilwa, "Developing a Conceptual Framework For South-South Cooperation," *NeST*, 2015, p. 26.

③ "*The Accra Agenda for Action*," OECD, 2008.

④ "*The Busan Partnership for Effective Development Co-operation*," OECD, 2012.

标"。在后续的《波哥大宣言》中，广泛参与原则也被列为南南合作的原则之一。在对外援助实践过程中，众多南南合作项目得到了来自各方的广泛参与。

4. 相互问责和透明度原则

相互问责原则是指发展援助的参与方应对等地为自己的承诺负责。《巴黎宣言》指出，援助国和受援国都应对发展成果负责,[①] 《波哥大宣言》也承认相互问责的重要性。相互问责原则的实施在很大程度上取决于经济合作过程中的信息披露程度，因此南北援助的参与国和南南发展援助国都致力于提高援助的透明度。《阿克拉行动议程》指出，发展援助国承认"更大程度的问责力度和透明程度是推动发展进步的强有力力量"。内罗毕会议文件则指出，相互问责的力度和透明度的提高对提高南南发展援助的发展有效性是非常必要的。

5. 成果导向原则

成果导向原则是指南南发展援助和南北援助均将发展视为终极目标，因此对合作成效的衡量并不是将投入发展援助的资源进行加总，而是以合作对受援国经济、社会、环境发展所做的贡献为准。在南北援助中，《巴黎宣言》、《阿克拉行动计划》和《釜山伙伴关系》均将重成果原则列入其原则体系之中。如《巴黎宣言》强调成果管理。[②]《阿克拉行动计划》则指出，援助的重点在于对发展的实际和可测度的影响。[③]《釜山伙伴关系》则指出，投资和发展政策制定的驱动力应当是可持续的影响。[④] 在南南发展援助中，内罗毕会议文件也将合作的结果、影响和质量作为衡量合作质量的原则之一。

（二）南南发展援助与南北援助的差异

南南发展援助与南北援助有一些相似之处，但南南发展援助更有其区别于南北援助的南南合作特征。

1. 南南发展援助是更广泛的合作

与南北援助有既定的定义不同的是，南南援助国在南南发展合作的定义上还没有达成共识。但是肯定的是，南南发展援助的合作范围更广泛。布宜诺斯艾利斯会议明确指出，南南合作由发展中国家之间的技术合作和经济合作构成，包括贸易、投资、援助、贷款、技术和知识转让、能力建设。[⑤] 根据资金优惠条件，南南合作包括三个部分的内容：

---

① "*The Paris Declaration on Aid Effectiveness*," OECD, 2005.

② "*The Paris Declaration on Aid Effectiveness*," OECD, 2005.

③ "*The Accra Agenda for Action*," OECD, 2008.

④ "*The Busan Partnership for Effective Development Co-operation*," OECD, 2012.

⑤ B. Neissan, K. Kelebogile and M. Moilw, "Developing a Conceptual Framework For South-South Cooperation," *NeST*, 2015, p. 9.

DAC 定义的 ODA，未能达到 DAC 定义的 ODA 优惠条件标准的发展融资活动，以及与发展相关的贸易和投资。南南援助国认为，一国的长远发展需要依靠自身发展能力的建设，援助只能对其发展起到引导和推动的作用。南南合作较为广泛的合作内容可以为发展中国家的发展提供更多的机会和选择。近年来，南南发展援助更为广泛的合作范围也在一定程度上得到了传统援助国的认可。例如，传统援助国近期强调的"援助之外的发展"（development beyond aid）表明 DAC 国家已经在一定程度上认同更宽泛的发展理念。

2. 南南发展援助强调互利共赢

与南南发展援助更加广泛的合作范围相对应的是，南南发展援助强调互利共赢，这在万隆、布宜诺斯艾利斯、内罗毕、波哥大、德里会议文件中均有体现。南南发展援助的领域常集中于基础设施部门，致力于通过援助促进双边贸易、投资和其他商业活动。[1] 南南发展援助的这一特点旨在满足援助国和受援国双方的利益。从受援国的角度来看，基础设施部门的援助有助于缓解受援国基础设施的不足，促进其经济发展。Agenor 等（2006）和 Straub（2008）研究发现，基础设施资产存量的增加对经济增长率有正向的影响，其中影响最大的是通信、道路和电网。[2] 此外，基础设施的建设也有助于削减贸易部门和不可贸易部门的经营成本，促进受援国贸易和投资的扩张。从援助国的角度看，相较于其他领域，南南援助国在基础设施建设领域具有更丰富的经验和成本优势，基础设施援助有利于其产能及经验的输出，因此无论是对于受援国还是援助国而言，南南发展援助将援助向基础设施建设倾斜都是更好的选择。

3. 南南发展援助无附加政治条件

南北援助与南南发展援助均强调发展中国家的主权和需求导向的能力建设，但是两者在对援助是否附加政治条件的立场上是完全不同的。南北援助常常伴随着人权、法律条款改革、良好治理等方面的政治条件。[3] 相反的，基于不干涉他国内政的外交原则，南南发展援助不附加政治条件。一方面，援助附加的政治条件有利于促进受援国建立一套西方式民主和治理体系，有利于监督约束受援国对资金的使用；另一方面，附加的政治条件意味着受援国丧失了一定的主权，同时与需求导向原则相悖。南南发展援助国认为，发展环境的复杂性和动态性使得援助国难以及时全面了解受援国的发展需求，一国的发展是根植于

① M. Nkunde and Y. Yang, "BRICs' Philosophies for Development Financing and Their Implications for LICs," *IMF Working Paper*, WP/12/74, 2012: 3 – 4.

② M. Nkunde and Y. Yang, "BRICs' Philosophies for Development Financing and Their Implications for LICs," *IMF Working Paper*, WP/12/74, 2012: 13.

③ B. Neissan, K. Kelebogile and M. Moilw, "Developing a Conceptual Framework For South-South Cooperation," *NeST*, 2015, p. 26.

该国发展环境的，其附加的政治条件并不一定适合受援国。此外，在不同时期，援助国附加的政治条件往往又随着援助国理念的变化而不断变化，这在一定程度上妨碍了受援国制订长期的发展规划。

三　南南发展援助案例分析

南南发展援助与南北援助的原则存在一定的相似之处，但也有其自身的特点。本部分将给出三个案例，以说明南南发展援助项目的这些南南合作特征，而这些项目中存在的问题将在第四部分中做进一步讨论。

（一）印度援埃塞俄比亚制糖工业发展项目案例研究[①]

针对 2006 年埃塞俄比亚将制糖工业列为其优先发展的领域，印度加大了对埃塞俄比亚制糖工业增长的支持，同时也加强了相关基础设施的建设，以促进贸易的扩张。总的来说，这个项目是一个支持整个价值链的援助案例。由于生产前置时间一般较长，资金对制糖工业而言始终是一个挑战，因此发展援助在此可以发挥重要作用。印度通过开发性金融为埃塞俄比亚提供信贷额度（LOCs），这在某种程度上改变了合作的力度。同时为确保生产的连续性和规律性，保证技术的消化吸收，在援助的过程中，印度还特地为糖菌株提供了更好的种质，一个麻袋厂也为埃塞俄比亚提供了包装上的支持。

1. 项目简介

埃塞俄比亚增长与转型计划（Growth and Transformation Plan，GTP）的目标是确保充分的国内生产，同时建立一个能源发电厂，为核心经济活动提供动力。GTP 为制糖行业设定了明确的目标，即促进人力资源开发、制度能力建设以及支持制糖工业必要的研发活动。制糖工业在埃塞俄比亚主要是国有的，民营企业正尝试进入这一行业，但公共部门几乎拥有全部的所有权。

由于制糖工业被视为埃塞俄比亚经济增长的引擎之一，该项目被赋予了重大的意义。为确保农产品的顺利出口，铁路的配套建设也是十分必要的。因此埃塞俄比亚政府不仅向印度寻求制糖工业发展的支持，为促进糖的出口，埃塞俄比亚政府还向印度寻求修建铁路网的支持。三条铁轨总长 2359 公里，其建成将有助于提高吉布提与无水港和海港之间的

---

① S. Chaturvedi, *The Logic of Sharing: Indian Approach to South-South Cooperation*, Cambridge: Cambridge University Press, 2016, pp. 127 – 142.

连通性。

（1）制糖工业价值链的发展

GTP 的最初目标是，糖和乙醇的年产量分别达到 225 万吨和 30.4 万立方米，同时在计划期结束之时累计发电 607 兆瓦。这需要额外种植生产能力为 155 吨/公顷的甘蔗 20 万公顷。GTP 预计糖出口将为埃塞俄比亚带来 6.61 亿美元的收入，同时创造 20 万个新的工作岗位。在过去的几年里，埃塞俄比亚国内对糖的需求大大增加，该项目旨在降低埃塞俄比亚这种日益加剧的对糖的进口依赖，因此埃塞俄比亚计划在五年内建立七个制糖厂。

印度同意支持埃塞俄比亚建设三家不同的制糖厂，包括 Wonji（Shoa）、Finchaa 和 Tendaho，计划总产量在 2015 年达 158 万吨左右。对制糖工业发展的支持计划通过 2007 ~ 2012 年 6.4 亿美元的 LOCs 实现。这笔 LOCs 通过在五年间以分别支付 1.22 亿美元（2007）、1.6623 亿美元（2009）、2.1331 亿美元（2010）、9100 万美元（2011）和 4700 万美元（2012）的方式实现。

2014 ~ 2015 年，三个工厂的预计产量为约 120 万吨的糖和约 93000 立方米的乙醇，总产值达 9.77 亿美元，为约 81000 人创造就业机会。2009 年，Finchaa 工厂只有约 2200 个永久员工和 5000 个临时员工，Wonji（Shoa）工厂有 2750 个永久员工和 1430 个临时员工。埃塞俄比亚糖业公司（Sugar Corporation of Ethiopia）认为，如果 Tendaho 工厂能实现其全部产能，它将为近 5 万人创造就业机会，同时还将为埃塞俄比亚人和毗邻国家的人创造更多的衍生就业。

（2）兴建铁路

为铁路建设提供资金，是印度支持非洲区域一体化的一项内容，该项目是印度承担的涉及多个国家的第一个项目。印度提供了一笔 3 亿美元的 LOCs 来购买机器、设备和服务，其中服务包括从印度到 Asaita-Tadjoura 的埃塞—吉布提铁路的咨询服务。该铁路将使得埃塞俄比亚可以通过吉布提地区位于红海上的塔朱拉港扩大贸易。该项目于 2013 年 6 月完成。2009 年，埃塞俄比亚出口吉布提的糖仅价值 57 万美元，但在拥有更加便捷的铁路之后，出口额大幅上升。

2. 项目特点分析

该项目试图解决生产和运输之间与日俱增的整合压力。项目几乎得到了该产业所有利益相关者的参与。此外，该项目也从一个新的角度推动了价值链的发展。过去大多数 DAC 援助国通过支持私营部门的发展来推动价值链的发展；在该项目中，这些支持的直接受益者是 ESC，该企业有一个雄心勃勃的商业计划，希望在 15 年内发展为全球十大糖出口商之一。此外，该项目反映了南南发展援助的一些特点。

（1）需求导向的发展合作

埃塞俄比亚将制糖工业视为经济增长的引擎之一，制糖工业的发展是埃塞俄比亚GTP的目标之一。GTP为制糖工业制定了几个明确的目标，包括确保充分的国内生产，建立一个能源发电厂，为核心经济活动提供动力。近年来，资金成为埃塞俄比亚制糖工业面临的一大挑战。此外，为确保农产品出口的连通性，铁路的建设也十分关键。为推动埃塞俄比亚制糖工业的发展，发展援助就显得非常必要。

基于埃塞俄比亚政府的需求，印度向埃塞俄比亚提供了发展援助，反映了南南发展援助需求导向的特点。一方面，印度为埃塞俄比亚制糖工业的发展提供了援助。印度还特别为糖菌株提供了更好的种质和包装支持，不仅援助制糖厂的建设，还向甘蔗种植提供援助。另一方面，印度还为支持糖产品出口的铁路网建设提供了资金支持。总的来说，这个项目是横跨整个价值链的援助案例，印度为埃塞俄比亚制糖工业的发展提供了系统的援助，这使得各项援助内容能够协同地为埃塞俄比亚的经济增长提供动力。

（2）项目管理不善

印度对埃塞俄比亚制糖工业的援助已经取得了许多成就，同时为制糖工业产业链的发展提供了支持。三家制糖厂均提高了产能，对实现GTP的目标有所贡献。但是，该项目也反映了印度发展援助领域内的一些常见问题，特别是援助管理的问题。通过与亚的斯亚贝巴官员以及独立专家的讨论发现，项目实施过程中的延迟问题特别令人失望。该问题表明，印度需要改变或者至少重新考虑其获得LOCs的方法。首先，该项目不应该被视为一次性工程总承包（Engineering, Procurement and Construction, EPC）项目，在项目完成后即离开。EPC没有长期的承诺，同时也不关心交钥匙项目的及时性或确保项目的长期可持续性。正是由于这种局限性，几乎所有的LOCs项目均被延迟，一些项目甚至被商人而非项目负责人控制。根据这一经验，对LOCs过程进行审查以获得项目收益是十分必要的。其次，印度进出口银行向埃塞俄比亚政府提供资金时的延迟也反映了实施机构与发展伙伴之间的沟通问题。如上所述，审查不仅要涉及印度外交部（Ministry of External Affairs, MEA）和印度进出口银行（Export-Import Bank of India）的相关部门，也要获得来自印度发展伙伴关系管理局（Development Partnership Administration, DPA）方面的更大投入。此外，发展伙伴国家能力的构建也是十分重要的，其中又以处理投标过程和为项目选择实施公司的能力为主。超过18家公司参与了本项目，这本身就给埃塞俄比亚政府提出了一个重大的挑战。要对这些公司进行选择，必须要在选定多家公司的基础之上，再指定一家作为EPC。这种在一个EPC领导下的两家公司之间的"联合"也带来了管理上的多重挑战。

（二）中国援巴布亚新几内亚菌草技术合作项目案例研究①

菌草技术是中国的特色农业技术，②该技术投入少、产出高、周期短、见效快，③在国内被作为科技推广和扶贫项目得到了广泛推广，取得了显著经济和社会效益。20 世纪 90 年代以来，中国开始通过对外援助向其他发展中国家推广菌草技术。本案例将基于中国援巴布亚新几内亚菌草技术合作项目，分析中国对外援助的特点。

1. 项目简介

巴布亚新几内亚的菌草培训项目从 1998 年开始，至 2003 年结束。该项目由福建农林大学实施，在具体实施过程中展现了自身的特色。

中国对巴布亚新几内亚的菌草技术合作主要是通过培训、示范以及提供相应农业生产资料，帮助当地农民掌握菌草技术，生产菌菇等农产品，解决农民吃饭和发家致富等问题，并通过综合性开发，培育菌草产业，丰富受援国的农业经济结构，提高其经济发展能力。

菌草技术最早是通过国际组织向发展中国家予以援助，并为一些技术需求国所了解。1994 年，菌草技术被列入"南南合作"项目和联合国开发计划署"中国与其他发展中国家优先合作项目"，定期在福建农林大学为发展中国家举办国际菌草技术培训班。巴布亚新几内亚的东高地省通过这些培训获知了菌草技术，与福建农林大学建立了联系，并与福建省签订了省际合作机制。在此基础上，菌草技术在东高地省成功示范重演，引起巴布亚新几内亚政府首脑的关注。鉴于菌草技术在巴布亚新几内亚实施的良好前景，中国对外经济贸易合作部④对项目的可行性进行了考察。1998 年，中国与巴布亚新几内亚达成在东高地省举办菌草技术培训班的技术合作项目。

巴布亚新几内亚项目在 1998～2003 年实施的五年间，以在当地举办短期菌草技术培训班和派遣专家常驻并提供技术指导两种形式为主。通过中国政府的援助，在东高地省鲁法区建立了菌草生产、示范、培训基地。1998～2000 年中国专家在此常驻两年指导菌草

---

① 黄梅波：《南南合作与中国的对外援助：案例研究》，中国社会科学出版社，2017，第89～101页。
② 为了解决菌业生产与林业生产平衡之间的"菌林矛盾"，福建农林大学林占熺教授于1986年发明了菌草技术，利用野草"以草代木"栽培食用菌、药用菌，并将其应用拓展至菌物饲料、生物质能源、环境保护等领域。
③ 实验证明，运用菌草技术栽培的食用菌、药用菌可以为人类有效提供菌物蛋白食品，每公顷菌草可产高质量鲜菇 60～75 吨。菌草同时可为畜牧业、渔业发展提供丰富的优质饲料，亩产鲜草可达 15 吨以上。菌草可以用于生产沼气，产沼气量是玉米、小麦等农作物秸秆的两倍；菌草"代煤发电"，每亩巨菌草可相当于 4 吨原煤的发电量。菌草也能用于防治水土流失、荒漠和沙地的改良以及吸收二氧化碳，在我国南方每亩巨菌草年可吸收二氧化碳 6 吨。在菌草技术的深加工方面，栽培出的食用菌、药用菌可以用于生产保健食品，菌草可以用于生产纤维板、纸浆等环保材料。20 世纪 80 年代以来，菌草技术被列为我国重点推广科技项目和对口扶贫项目，在福建、宁夏、新疆、内蒙古、陕西、四川、浙江、海南、西藏、湖南、广西等31个省、自治区405个市、县进行了推广应用。
④ 2003 年，原对外经济贸易合作部和原国家经济贸易委员会内负责贸易的部门合并组建成"商务部"。

生产，在 1998 年和 2001~2003 年成功地举办了五期菌草技术培训班，为东高地省培训了 143 名技术人员。通过技术合作和培训，菌草生产从东高地省的鲁法基地推广到高卢卡、贝纳、阿沙罗、亨根诺菲、凯南图等地区，521 个农户参与了菌草生产，许多农户取得了显著效益。[①]

表 6-4　巴布亚新几内亚菌草技术援助项目实施情况

	援助主要内容	实施时间
第一期援助	中方派专家组赴东高地省举办菌草技术培训班	1998 年 7 月~9 月
第二期援助	中方派专家组赴东高地省举办菌草技术培训班	1999 年 6 月~8 月
	中方派 2 名专家为期一年驻鲁法菌草示范基地指导菌草生产	1998 年 9 月~1999 年 9 月
第三期援助	中方派专家组赴东高地省举办菌斑菌草技术培训班	2000 年
	中方派 2 名专家为期一年驻鲁法菌草示范基地指导菌草生产	1999 年 9 月~2000 年 9 月
第四期援助	中方派专家组赴东高地省举办菌斑菌草技术培训班	2001 年 7 月~9 月
第五期援助	中方派专家组赴东高地省举办菌斑菌草技术培训班	2003 年 3 月

2. 项目特点分析

中国援助巴布亚新几内亚的菌草技术项目体现了中国在农业技术合作上的成功经验，同时也体现了明显的南南合作特征。

（1）农业援助以农业技术合作为主

目前，发达国家主要从全球粮食安全的角度，围绕粮食生产、粮食供应以及农村和城市居民的营养对发展中国家提供农业援助。与发达国家相比，中国农业援助以技术合作为主，重视产量的提高、技术的示范和推广，重视技术转移，这能充分发挥中国在农业技术上的比较优势。[②] 经过多年的探索，中国不断完善农业技术合作实施机制，取得了实实在在的援助效果。

（2）不附带任何政治条件，平等互利

中国绝不把对外援助作为干涉他国内政、谋求政治特权的手段。在中国对巴布亚新几内亚的菌草技术合作中，没有附加任何政治条件。同时，中国的对外援助是发展中国家之间的互助。中国对巴布亚新几内亚的菌草技术合作是在平等的基础上开展的，强调合作。一方面中国与受援国共同开展技术研究，另一方面把菌草技术援助与产业投资发展相结合，通过企业化运作模式，提高菌草项目的规模效益。

---

① 福建农林大学提供材料。
② 中国的农业援助在 20 世纪 60~70 年代曾多为大型农场和农业技术推广站等成套项目。这些项目普遍在建成初始取得显著成功，但在移交给受援国后出现了运营不佳的现象。在吸取了经验教训后，中国开始逐渐改变农业援助方式，更加注重技术交流、人员培训等知识型、智力型合作，通过转移中国具有比较优势的、适合当地情况的农业技术，切实帮助受援国实现自给自足、自力更生。

（3）需求导向，注重适宜农业技术的转移

菌草技术合作项目的批准和实施，完全建立在受援国实际需求的基础之上。鉴于中国的发展经验，菌草技术合作项目旨在帮助受援国解决发展中存在的问题，同时以援助效果为标准判断项目成功与否。

农业在中国和广大发展中国家都是重要的基础产业。中国拥有从落后农业国快速发展为农业强国的丰富经验。从生产结构看，中国的农业生产与大多数发展中国家类似，以小规模的农户生产经营为主。从生产技术看，多样化的气候地理环境使中国在水田、旱作、游牧、商品化混合等多种农业类型方面都积累了丰富的生产和管理经验。因此，在对发展中国家进行农业技术合作方面，中国具备独特优势。

同时，技术援助成功的基础在于技术的适用性。因此，一定要了解受援国的实际，根据当地农民的生产和生活需求，有的放矢地进行农业技术转移。菌草技术作为成熟的、在中国大规模推广的项目，在援巴布亚新几内亚项目实施之前也进行了大量的可行性调研。实施单位福建农林大学在巴布亚新几内亚进行了技术重演，充分解决了受援国的适用性问题，为项目的成功实施奠定了基础。

（三）中国援坦桑尼亚农业技术示范中心项目案例研究[①]

农业因其与粮食安全、减少贫困、改善民生的紧密联系，以及农业在受援国经济中的基础性作用，成为中国对外援助的优先领域。农业技术示范中心项目是近年来中国对外农业援助的主要形式之一。本案例通过对中国援坦桑尼亚农业技术示范中心项目进行研究，对项目的运作、成效和特点进行分析。

1. 项目简介

为落实中国前任国家主席胡锦涛在中非合作论坛北京峰会上提出的八项援助举措，经重庆市政府报经国家商务部同意，以重庆中一种业有限公司（重庆市农业科学院下属企业）为主组建重庆中坦农业发展有限公司并承担"坦桑尼亚农业技术示范中心"援建任务。2007年底至2008年初，来自商务部、农业部、重庆市政府、重庆农业科学院和重庆中一种业公司的专家组成考察组前往坦桑尼亚开展了两次专业考察。第一次考察确定了农业技术示范中心项目的建设场址和重点专业领域。第二次考察掌握了项目所在地的宏观经济情况、农业资源与技术状况、相关政策法规等背景，并据此与坦桑尼亚农业部等部门就项目规划、实施方案、运行模式、双方合作等问题进行磋商并最终签署议定书。项目选址位于坦桑尼亚农业主产省的一个村庄内，紧邻坦桑尼亚农业部下属的千里马农业研究所。项目总投资规模约

---

① 黄梅波：《南南合作与中国的对外援助：案例研究》，中国社会科学出版社，2017，第65～75页。

4000 万元人民币，占地 62 公顷，包括办公与培训区、试验示范区和生产示范区。

项目实施运营方案由重庆中一种业公司起草，商务部和农业部相关部门进行评审。根据项目设计方案，示范中心的主要工作内容涵盖水稻、玉米、蔬菜、香蕉组培和单极养殖五大领域。2010 年 9 月示范中心项目完成园区办公、培训、生产和生活用房建设，完成田间道路和灌溉设施修建，完成试验仪器、养殖设备、农业机械和教学培训设施的配备，并于 2010 年 11 月通过了坦桑尼亚政府验收。2011 年 4 月 2 日，示范中心项目顺利举行了对坦桑尼亚政府的移交仪式。2011 年 3 月底承建企业完成全部农业技术专家的派遣。

项目园区建成并移交之后，依次进入技术合作期和可持续发展期。技术合作期为期三年，该阶段示范中心主要有三大功能：试验研究、技术培训和示范推广。试验研究主要为当地引进水稻、玉米和蔬菜的新品种和杂交技术，同时加强配套栽培技术的研究，筛选适合当地农业生产条件的新品种和新技术。技术培训旨在通过中国农业专家讲授现代农业技术，使更多坦桑尼亚学员了解和掌握现代农业知识、使用新品种、应用新技术，增加其收入，并逐步改变其市场化意识，实现坦桑尼亚农业自主发展的目标。培训内容主要涉及水稻、玉米、蔬菜的配套栽培技术和蛋鸡的科学饲养技术及管理。培训对象分为农业科研或推广人员（包括农业技术官员、农业服务站技术人员和农业企业的技术人员）和普通农业生产者两个层次。培训计划采用课堂教学、现场教学和视频教学相结合的方式。技术培训人数计划每年 300 人次，三年总计达到 900 人次。示范推广工作主要是重点选择一批优质高产水稻、玉米、蔬菜新品种与新技术，以示范中心为核心，并在水稻、玉米、蔬菜等农作物的重点优势区域开展技术示范，带动大面积的农产品生产技术升级，显著提高农民的生产效益、科技素质和农产品的竞争能力。技术合作期之后，示范中心项目进入可持续发展期。承建企业根据市场需求进行产业化发展，开展经营性生产活动，为企业谋利的同时支持项目继续发挥公益性功能。

该项目在以下三个方面取得了瞩目的成果：首先，水稻、玉米和蔬菜的品种和高产栽培技术试验取得了瞩目的成果；其次，示范中心积极发挥平台作用，宣传了中国先进农业技术，促进了国际合作；最后，面对坦桑尼亚的实际情况，示范中心调整产业化发展策略，积极探索可持续发展之路。示范中心引入两家中国企业参与国际合作，谋求以项目为平台开展面向受援国市场的合作。中国农业技术示范中心在中心建设和技术合作方面所取得的成就得到坦桑尼亚认可并引起国际关注。

2. 项目特点分析

（1）互利共赢原则

考虑到中非关系的历史传统，示范中心项目采取中国与受援国"合作经营"模式。首先，项目建立了中国与受援国分工合作的组织架构；其次，中心地理位置与受援国合作机构千里马农业研究所位置毗邻，非常有利于沟通协作；再次，项目试验示范内容与千里马农业研究所主要研究内容一致，均以水稻、玉米、蔬菜为主。最后，在项目可行性报告和合作协议的预算中，在培训费用和试验示范专家和科技人员费用模块安排了受援国委派人员办公经费，包括手机网络通信费、差旅费及其他办公经费。

然而，在实践中，由于两国制度的不对称性，中国政府主导发展的"强政府"逻辑遭遇了受援国的地方"弱政府"问题。项目所在地地方政府不能积极有效地完成基础设施建设和协助工作，也没有进行相关人员的正式任命和资金的安排，使示范中心与地方合作研究机构之间难以按照正式制度安排开展合作，而主要是在实践中依靠非正式互惠关系建立并维持松散合作的关系状态。

（2）以受援国需求为导向，以小农户为主要目标群体

示范中心的中国农业技术专家以坦桑尼亚当地小农户的技术需求为导向，根据当地情况对中国农业技术进行选择性调整后推广给农户。在玉米种植技术的推广中，中国玉米专家在对当地玉米种植技术了解后发现当地一些技术具有自身优势。中国玉米专家最初想要向当地农户推广中国的玉米品种，但其发现中国的玉米品种不太适应当地的土壤条件。当地玉米自留种因为是互相串粉，因此具有一定的杂交优势。此外，在玉米种植的盖土环节中，中国技术一般用锄头盖土，而当地人用脚踩，尽管中国国内专家一般要求不要用脚踩，但实际上当地农民用脚踩有一定道理，因为当地土壤含沙重，蒸发量大，用脚踩后能够使这些种子适应当地干旱的环境。

（3）以"政府引导、企业为主、市场运作"为原则促进项目可持续发展

示范中心项目是政府农业援助项目，但项目引入市场化要素，企业成为项目建设和项目实施的主体，并对项目未来运营和商业计划进行探索。企业参与援助，是基于中国以往对外援助经验、国内发展经验和走出去战略的新尝试。出于援助项目可持续发展的考虑，项目在三年技术合作期后进入可持续发展期，要求企业在项目工作的基础上实现产业化发展，实现企业盈利和援助项目公益性功能的双重目标。

企业承建援助项目具有逐利本性，但其逐利行为是在援助项目公益原则之下的受限制的逐利行为。企业受到政府正式制度和非正式制度的多重管控。在项目可持续发展阶段，在项目不再有政府资金支持的时期，企业仍然履行项目公益性职责的动机主要来自两点：一是承建企业与政府或事业单位间的隶属关系，这种机构从属关系使企业顾及项目中的国家立场；二是企业出于利益的考虑而采取的信任资本积累策略。企业承建援助项目可从项目经费中获利，企业对承建援助项目有潜在获利预期，为了获得中央政府部门及地方政府的信任，积累关系资本，企业履行与政府的项目契约中的援助任务，并在项目实施的实践活动中顾及国家利益与形象。然而，通过对企业运作援助项目实践的调查发现，政府管理

部门对项目实施活动缺乏有效的评估监测机制，当援助项目公益性活动不能与企业利益相一致时，企业就会采取消极应对策略，仅以最小化完成项目任务为目标，导致项目难以达到理想效果。

在坦桑尼亚农业技术示范中心的运营中，前期对当地相关政策和市场需求的研究不足，企业盈利模式与项目公益性活动难以保持一致，使得企业在可持续发展期产业化发展路径受挫，企业不得不转变策略寻求其他的产业化发展路径，从而也影响了援助项目在政府退出资金支持后的后续发展。因此，要承建援助项目，企业要充分考虑承建企业选择和项目设计阶段援助项目内容与企业利益的整合，是否能实现援助项目的公益性和企业利益的同时最大化。

中国援建坦桑尼亚农业技术示范中心是首批中国对外援助示范中心项目，其发展过程中出现的问题和积累的经验可作为改善未来示范中心项目的参考。

四　南南发展援助的不足及面临的挑战

南南发展援助和南北援助模式在长期发展援助实践过程中，均形成了自身的特点，两种模式在一定程度上呈现了互相补充、相互借鉴的趋势。南南发展援助对国际发展援助体系的改革具有一定的借鉴意义。但南南发展援助本身也存在一些不足。第三部分中的三个案例已经指出了南南发展合作实践中存在的一些问题。作为国际发展援助体系的新参与者，传统援助国的援助管理特别值得南南援助国学习和借鉴。

（一）南南发展援助的不足

一国对外援助的开展是以其持有的发展理念为核心的，其对外援助的理念、原则、援助对象及援助领域的分布、援助方式和渠道的选择、援助的管理等都与该国所持有的发展理念息息相关。与传统援助国相比，南南发展援助国没有类似 DAC 的机构对南南发展援助体系进行统一和规范，由于缺少统一和系统化的发展援助定义和规范，南南发展援助的政策和管理相对多样化，南南发展援助在援助原则和政策、援助的管理、援助的评估等方面均存在尚待改进的空间。

1. 援助理念政策模糊，援助实践缺乏指导

多数南南发展援助国至今仍未制定专门的对外援助政策以明确本国的对外援助原则、重点援助对象、重点援助领域、援助方式和渠道选择等。

首先，各南南发展援助国对"援助"还未有一个统一的定义，各国对"发展援助"的内涵和外延均有自己的解释，这直接导致了南南发展援助国对外援助数据不具有可比性。由于缺乏统一的援助理念，各南南发展援助国均以自身的发展经验为指导开展对外援助活动，而对外援助项目的确定又多以发展伙伴的需求为导向，项目的选择有一定的随机性，事前的规划相对缺乏。针对援助数据，南南发展援助没有一个类似 DAC 的机构对数据的统计口径进行统一，且也不要求各南南发展援助国按照统一的口径进行援助数据的汇报。除泰国外，其他南南发展援助国均不向 DAC 汇报援助相关数据，其对外援助数据的可获得性和可比性相对较低。

其次，在南南发展援助国普遍存多部门参与本国对外援助、各部门协调不力的情况下，各部门间援助项目缺乏统筹协调，造成援助资源的浪费。以巴西为例，巴西国际发展援助并没有一个统一协调的规划，发展援助基本上是部门各自通过一些项目的形式在开展。巴西发展合作在政策上的真空，容易导致援助初衷与援助成果之间的偏差，特别是在"需求驱动"和"不干预"原则的指导下。[①]

各南南发展援助国对"援助"概念界定的不清晰、援助数据的不透明以及各援助部门协调的缺乏，不利于各国分工合作，不利于集中资源于本国优势领域这一格局的形成，也不利于进一步提高南南发展援助的有效性及其在国际发展援助体系中的影响力。从受援国的角度来说，南南发展援助国对外援助理念和政策的明晰也有利于受援国明确各南南发展援助国在援助领域、援助对象等方面的偏好，有利于双方更有效地推进援助活动。

2. 组织机构存在缺陷，部门间协调不足

由于组织机构及专业人员等方面的缺陷，南南发展援助过程管理不佳问题一直为传统援助国所诟病。

针对援助管理机构，南南发展援助国的援助管理机构多隶属于外交部，其对外援助的开展难免受到一国外交的影响，缺乏独立性。以巴西为例，ABC 因隶属于外交部，因此在发展援助框架中没有财务或人力资源管理等方面的自主权，这极大限制了该机构制定发展援助政策的能力和协调能力。[②] 部分南南发展援助国已经意识到建立独立的对外援助管理机构的重要性，并已经建立相关机构进行对外援助管理机构的重组工作。由于其对外援助往往需要多个部门的参与，各部门之间的对外援助活动存在诸多交叉和重叠的内容，在一定程度上造成了资源的浪费。且这些对外援助部门之间缺乏一个有效的协调机构，也使得这些机构缺乏开展分享经验和探讨互补性等活动的平台。2012 年 1 月，印度外交部在其下设立发展伙伴关系管理局，协调印度的对外援助和发展合作，DPA 还负责在外交部内部协调印度经济与技术合作部（International Technical and Economic Cooperation，ITEC）

---

① 陆继霞、李小云：《巴西国际发展援助的特点及启示》，《国际经济合作》2013 年第 5 期。
② 陆继霞、李小云：《巴西国际发展援助的特点及启示》，《国际经济合作》2013 年第 5 期。

与其他援助部门在培训和技术援助上的合作，对进出口银行提供信用贷款进行追踪管理。尽管印度政府试图通过 DPA 对其发展援助进行统一管理，但是 DPA 仍然缺乏足够的财力和物力去协调、监督乃至统一不同部门之间的发展援助。部门之间乃至部门内部之间的利益纷争加大了印度对外援助统一管理的难度，而且对不同国家发展援助政策制定的决定权仍保留在外交部的领导人手中。除管理机构方面的问题外，南南发展援助的管理还存在人力资源方面的问题，主要表现为发展援助机构员工不足且相对不稳定。

3. 援助监督评估不足，援助效果评价缺乏

在缺乏统一的发展援助定义和规范、援助过程管理不善等因素的影响下，南南发展援助从援助的规划到援助的实施均存在一定的问题。一方面，南南发展援助在数据测量和披露等方面均存在口径不一、不够透明等情况，另一方面，南南发展援助国尚未建立完善的对外援助监督和评价机制，导致南南发展援助的监督评估工作往往难以开展。以南非为例，由于缺乏透明高效的信息管理体系，许多南非政府部门对外援助的信息缺失，南非对外援助管理体系中的监督和评价机制并不完善。虽然南非发展援助署（South African Development Partnership Agency，SADPA）内部有单独的监督和评价机构，但是对其他部门的对外援助难以进行有效的监督和评价。缺乏健全的监督和评价机制会大大降低对外援助的效果，不利于从整体上把握对外援助的实施并分析援助中存在的问题，难以确保其发展援助对本国公民、发展伙伴和其他利益相关方的问责。[①]

随着援助有效性向发展有效性的转变，对外援助更加强调成果导向原则，一国对于本国发展援助效果的评价显得尤为重要。此外，南南发展援助作为一个整体的援助效果也深刻地影响着南南发展援助在国际援助体系中的地位。但是，在援助的实际开展过程中，南南发展援助对援助效果的评价较为薄弱，缺乏评价反馈体系，这往往使得南南发展援助国无法为自身发展援助切实促进了发展伙伴的发展提供有力的论据，这对援助经验的总结和分享也十分不利。

（二）南南发展援助面临的挑战

近年来，南南发展援助取得了重要的进展，在国际社会中受到越来越多的关注，也在国际发展援助体系的改革中发挥着重要的作用。但是，南南发展援助仍然存在诸多的不足，2030 年可持续发展议程也对南南发展援助提出了新的要求。

发展援助的终极目标在于促进受援国的发展。在千年发展目标（Millennium

---

① 黄梅波、李子滪：《南非对外援助管理体系研究》，《国际经济合作》2013 年第 11 期。

Development Goals，MDGs）取得丰硕成果的前提下，可持续发展目标（Sustainable Development Goals，SDGs）已经替代 MDGs 成为各国制定发展政策的核心依据。因此，国际发展援助政策的制定和援助目标的设置也必然更多地以 SDGs 为指导。SDGs 是为所有国家设定的发展目标，这些目标全面涉及各国面临的发展问题，强调在经济、社会与环境三个维度上保持平衡并惠及当代以及后代。① 此外，SDGs 还涵盖了 MDGs 所忽略的全球治理、安全、收入和机会不平等等问题，以更好地符合全球和各国发展的需要，实现全球可持续发展。②

2030 年可持续发展议程包含 17 项大目标，前 16 项是国际社会致力于实现的目标，第 17 项（全球发展伙伴关系）是用来实现前 16 项目标的手段。在第 17 项发展目标中，南南合作或者说南南发展援助的重要性得到了肯定。③ 这与国际发展援助的新格局、新趋势是密不可分的。在国际援助体系中，传统援助国提供的援助所占的比重下降，而非 DAC 援助国的援助额增长迅速，其中又以中国、印度等新兴援助国最为引人注目。如何顺应国际发展援助的趋势，增加南南发展援助在国际发展援助体系中的影响力，成为南南发展援助所面临的首要挑战。具体而言，南南发展援助国需要解决三个方面的问题：一是如何在传统发展援助国援助资金缺乏的情况下，持续保证自身援助资金的充足；二是如何借鉴传统援助国的援助管理经验，实现"援助有效性"和"发展有效性"的双目标；三是如何充分评估和总结南南发展援助的援助效果和经验，固化经验成果，搭建交流平台，与其他发展伙伴开展经验分享和交流，扩大南南发展援助在国际发展援助体系内的影响力。

1. 拓宽对外援助参与主体，保证援助资金充分供给

目前，国际发展援助体系仍然由发达国家主导。新兴市场国家的地位虽然有所上升，但仍处于补充地位，受援国的地位虽有提高但不显著。与此同时，国际援助仍然主要由政府部门主导，非政府部门的作用虽有增加但仍然有限。国际发展援助体系需建立包括传统援助国、新兴援助国、受援国、多边机构、私人部门、民间社会团体等所有主体在内的全面发展合作伙伴关系。各主体责任有别但相互协作、相互促进，共同推进援助和发展进程，以尽早实现国际发展目标和整个人类社会的和谐、可持续发展。在这方面，DAC 国家较为重视动员各方力量参与援助活动，例如，在农业援助方面，为应对全球粮食安全问题，依托"保障未来粮食供给"计划，美国极为重视动员各方力量的参与，并积极推动与主要援助国、受援国政府、企业界、小型农场、研究机构和社会组织的合作。除政府间

---

① J. D. Sachs， "From Millennium Development Goals to Sustainable Development Goals，" *Lancet*，2012，379（9832），pp. 2206 - 2211.

② N. Bates-Eamer et al.，Post-2015 Development Agenda：Goals，Targets and Indicators，the Centre for International Governance Innovation（CIGI），2012：4，http：//sustainabledevelopment. un. org/content/documents/775 cigi. pdf.

③ 崔文星：《2030 年可持续发展议程与中国的南南合作》，《国际展望》2016 年第 1 期。

援助外，许多其他的主体也能发挥积极的作用。动员各方力量参与受援国的农业发展，有利于更快速地解决受援国的发展问题。

首先，积极发挥非政府组织在发展援助中的作用。目前，大部分南南发展援助国的援助主体主要是政府，很少有非政府组织参与发展援助，也缺乏与非政府组织合作开展发展援助的经验。与政府渠道相比，非政府渠道更灵活多样，更能够深入基层，使援助直接惠及平民百姓。[①] 日本政府提出将加强与非政府机构、当地自治机构、中小企业（small and medium-size enterprises，SMEs）以及大学的合作，以创造官方与民间机构联合援助的局面。除了更有效地发挥政府部门的作用外，南南发展援助国需要吸引更多的非政府主体参与到南南发展援助中来，支持非政府部门在发展援助中发挥更重要的作用，积累与非政府主体开展合作的经验，为扩大对外援助的资金规模、提高援助的效果打下基础。未来，在国际发展援助资金中，ODA 额占比将呈下降趋势，私人部门和民间社会团体等非政府组织将为发展援助提供更多资金，以弥补公共资金的不足。在中国菌草技术合作援助项目中，中国应动员各方力量参与援助项目的批准、实施和后续的合作，以保证项目的效果。

其次，积极开拓援外资金来源，鼓励更多融资机制的产生。近年来，传统的 ODA 资金与实际的援助需求间存在很大的缺口。因此，援助国需不断探索新的援助资金来源，创新现有融资方式。目前发达国家正在考虑或已经实施的创新融资方式主要有：全球货币交易和能源使用税（global taxes on currency transactions and energy use）、机票团结税（solidarity taxes on air tickets）、先进市场承诺（Advance Market Commitments，AMC）、主权财富基金（Sovereign Wealth Funds，SWFs）、国际货币基金组织特别提款权（Special Drawing Right，SDR）等。但是，这些融资方式始终是传统融资的补充，不会替代传统融资的主体地位。到目前为止，发展中国家在创新融资方式和渠道方面的进展比较有限。

2. 完善对外援助管理工作，实现发展援助双有效性

近年来，国际社会试图使用如援助有效性等 DAC 标准来评价南南发展援助。传统援助国主要使用"援助有效性"来评价本国的 ODA，以《巴黎宣言》提出的 12 项援助有效性指标来评估其援助的效果。新兴援助国大多强调发展援助对经济发展、减贫、就业等方面的作用，更加强调"发展有效性"。在未来南南发展援助过程中，可以兼顾"发展有效性"和"援助有效性"，以切实提高发展援助的效果。从南南发展援助国本身来看，提高"发展有效性"是提升南南发展援助在国际援助领域内影响力的必然要求，也是各国开展对外援助的初衷；"援助有效性"是对 DAC 援助国的一项要求，旨在实现援助的高效管

---

① 毛小菁：《国际援助格局演变趋势与中国对外援助的定位》，《国际经济合作》2010 年第 9 期。

理，提升援助资源的利用效率。新兴援助国不是 OECD 或 DAC 成员，不必完全接受援助有效性的全部标准和指标，但是可以吸收其中一些有益的内容，以提高南南发展援助管理的水平。其完善援助管理的努力包含以下几个方面的内容。

首先，建立援助法律与政策基础。南南发展援助国应建立发展援助的法律与政策基础。南南发展援助国需制定既能反映国际趋势又符合本国国情的相关立法。此外，系统地制定对外援助的战略、政策、目标和工作重点，提高各部门对发展援助工作的重视程度，并据以指导本国中长期的对外援助工作。在制定相关立法之前，政府可以通过发表政策声明的方式明确发展援助的地位。政策声明涉及援助的地理范围、部门领域以及全球、区域和国别战略，在一定程度上补充南南发展援助在立法方面的暂时缺失。

其次，继续推进援助管理体系的改革。一方面，建立科学完善的发展援助管理机构；另一方面，加强相关人员的招聘和培训，包括对外援助项目管理人员的培训与管理，提高他们的语言能力、援助意识以及对受援国文化习俗的理解。为探索实施"合作经营"的有效机制以及提高项目的工作效率，援助双方政府部门及企业均应加强交流与合作。相应的措施包括更有效的合作机制、更详细的数据、更严格的管理、更专业的员工等。以更有效的合作机制为例，双方可仅指定一个机构对援助问题进行管理，从而减少花费在沟通和搜集信息上的时间。

再次，对援助项目开展全程监控。具体应建立一个完整的监控和评价体系（包括内部和外部的监督与评价），包括项目可行性调查和分析、项目实施过程的监控、项目实施结果的分析三大环节，实施结果导向管理。[①] 在援助项目实施之前，加强需求分析与项目可行性研究是十分重要的。在选择项目之前，需充分了解发展伙伴的发展目标以确保发展项目与总体发展目标相符，在此基础之上，充分研究发展伙伴实际情况，全面把握受援国当地自然环境、政策法规、市场、基础设施等情况，使项目设计与后期实施能够更好地适应受援国实际，并据之进行总体规划并提供系统性援助，从而最大化对外援助的协同效应。对援助项目实施进行监督和评估的具体措施包括完善项目监测与评估体系，细化监督评估指标，建立政府主管部门、承建企业、监督评估机构之间的信息交流与反馈机制。应根据监督评估结果分析项目的实施效果和存在的不足，并根据结果对承建企业等类型的企业建立和完善相应的进出机制。

最后，加强系统性援助，最大程度发挥对外援助协同效应。农业援助是一个系统的体系，包括农业生产的整个过程，同时与当地农户的传统、文化和生活方式密切相关。在未来的农业技术援助中，中国不仅需要提供技术援助，也应考虑农业上游和下游产业链的联

① 吕朝凤、朱丹丹、黄梅波：《国际发展援助趋势与中国援助管理体系改革》，《国际经济合作》2014 年第 11 期。

系，以使技术援助的效果最大化。在未来的援助中，中国也应帮助受援国进行农业发展的总体规划，利用中国的农业发展经验帮助这些国家走上一条因地制宜的农业发展道路，尽快解决这些国家在粮食安全和减贫方面的主要问题。

3. 搭建经验分享交流平台，扩大南南援助国际影响

要提高南南发展援助的国际影响力，除确保援助资金的充分供给和完善对外援助的管理外，南南发展援助还面临着一个无法回避的挑战，即如何固化南南发展援助的经验成果，搭建经验分享和交流平台，广泛参与国际发展援助领域内的交流。

首先，南南发展援助国应搭建交流的平台，构建常规的援助交流机制，以利于南南发展援助经验成果的总结和提炼，更好地促进援助实践的发展，南南发展援助国也需要明确"发展援助"的定义，统一对"发展援助"内涵和外延的理解。对援助数据统计、测算的标准和方法进行统一和规范，确保南南发展援助国援助数据的透明性和可比性。此外，在各南南发展援助国本国发展援助政策的基础之上，总结提炼清晰的南南发展援助理念，明确南南发展援助在国际发展援助体系中的定位。各南南发展援助国还应做好本国对外援助效果的研究，总结固化相应的经验成果。

其次，除南南发展援助国之间的交流外，南南发展援助国还应加强与传统援助国、国际组织及其他非 DAC 援助国之间的合作和交流，积极参与国际发展领域内的多边合作，提高在国际发展援助领域内的影响力。

第七章

南南对外直接投资发展报告[*]

对外直接投资（Foreign Direct Investment，FDI），也称国际直接投资，是一国的投资者（自然人或法人）跨国境投入资本或其他生产因素，以获取或控制相应的企业经营管理权为核心，以获取利润或稀缺生产要素为目的的投资活动，包括兼并、收购、修建新设施、海外业务利润的再投资等。对外直接投资最初是发达国家特有的经济现象，发达国家在这一领域一直占据主导地位。发展中国家和地区较大规模的对外直接投资始于 20 世纪70 年代末，但是在 20 世纪 80 年代，超过 90% 以上的全球 FDI 依然都来源于发达国家（UNCTAD，2005）。

近年来，随着经济全球化的深入，许多发展中国家，甚至一些欠发达国家，都吸引了大量的外商直接投资。2004 年以来，发展中国家和转型经济体在全球 FDI 中所占份额不断升高，发展中国家和地区的 FDI 开始引起人们的关注。发展中国家与发展中国家之间的外商直接投资活动又被称为南南对外直接投资（South-South Foreign Direct Investments，南南 FDI）。从全球资源优化配置的视角来看，发展中国家将成为潜力巨大的投资来源地，来自发展中经济体的企业将成为国际舞台的重要角色，南南 FDI 将为全球经济贸易合作发挥重要作用。

本章将从南南 FDI 的发展历程、发展现状、发挥的作用、成功的经验，以及遇到的挑战和对未来的展望五个部分全面分析南南 FDI。

一 南南 FDI 的发展历程

自 20 世纪 70 年代以来，发展中经济体的对外直接投资活动开始活跃。20 世纪 80 年

---

* 本章作者是惠利、叶初升。惠利，北京大学新结构经济学研究中心博士后；叶初升，武汉大学经济与管理学院教授，经济发展研究中心联席主任，《经济评论》主编。

代，发达国家 FDI 受第二次石油危机引发的经济衰退拖累，发展中经济体 FDI 占全球 FDI 流量份额在 1982 年达到 10% 的高峰。发展中经济体 FDI 流量在 1990 年进一步扩大，并于 1993～1997 年保持 15% 以上的增长。随后受亚洲金融危机干扰，亚洲跨国公司的国际扩张推力减弱，南南 FDI 增速减缓。

近年来，在经济全球化和投资自由化的国际背景下，发展中经济体的对外直接投资取得了令人瞩目的成就，在全球对外投资浪潮中发挥着越来越重要的作用（见图 7－1）。流入发展中经济体的 FDI 在 2015 年达到 7650 亿美元，相当于全世界外向流量的 43.5%。2015 年来自发展中经济体的外国直接投资存量估计为 8.37 万亿美元，约占全球总量的 34%，而该数额在 2005 年为 1.4 万亿美元，约占全球存量的 13%（UNCTAD，2016）。2015 年有 39 个发展中国家和转型经济体报告外国直接投资流量超过 50 亿美元，2005 年仅有 25 个国家超过这一门槛，1990 年则只有 6 个（UNCTAD，2006；World Bank，2011；UNCTAD，2016）。

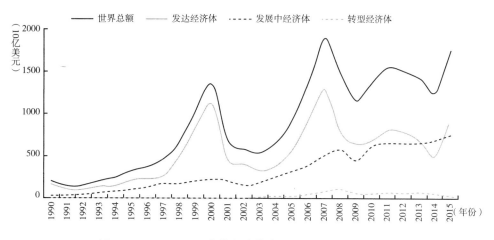

图 7－1　1990～2015 年按经济体类别分列的全球 FDI 流入

资料来源：UNCTAD，FDI/MNE 数据库（www.unctad.org/fdistatistics）。

本部分根据南南 FDI 的整体发展情况，将其发展历程简单划分为 4 个阶段：萌芽阶段（20 世纪 70 年代）、起步阶段（20 世纪 80 年代）、稳步推进阶段（20 世纪 90 年代）、快速发展阶段（21 世纪初至今）。

（一）萌芽阶段（20世纪70年代）

在第一次世界大战之前，发展中国家和地区一直扮演着资本输入国的角色，对发展中国家和地区的外商直接投资只是一种偶然的、极个别的现象。最早有据可考的发展中国家的对外直接投资始于 19 世纪的美洲。阿根廷著名的农产品跨国公司 BungeyBorn 将阿根廷生产的谷物运到其他国家，鞋类生产商 Alpargatas① 在巴西生产给咖啡采集者穿的鞋子。

20 世纪 20 年代，发展中国家的对外投资活动开始萌芽。阿根廷的美洲工业机械公司于 1928 年在巴西建立了一个制造石油泵的子公司，该公司又在智利和乌拉圭开办了工厂，在纽约和伦敦设立了贸易办事处。

20 世纪 40 年代，随着殖民帝国的解体以及殖民地的纷纷独立，这些新生国家的发展问题开始作为国际发展政策目标被提上议程。然而，直到 20 世纪 50 ~ 60 年代，发展中国家之间的对外直接投资才真正产生经济上的重大影响。

20 世纪 50 年代到 60 年代中期，发展中国家开始掀起针对殖民地经济体系的国有化运动。从 20 世纪 60 年代起，拉丁美洲的阿根廷、巴西、墨西哥和委内瑞拉，亚洲的印度、韩国、新加坡、菲律宾和中国台湾地区开始陆续向外直接投资。由于资金短缺，特别是外汇资金不足，发展中国家对外直接投资规模很小，且主要是向邻国发展。

20 世纪 70 年代后期，中东石油输出国组织的一些成员的投资方式也从贷款转向间接投资，后又转为直接投资。1970 ~ 1975 年，发展中国家对外直接投资仅占世界对外直接投资的 0.5%。直到 20 世纪 80 年代中期，南南对外直接投资在全球所占份额依然很低。

从流出量来看，20 世纪 70 年代，全球整体 FDI 流出量较小，其中发展中国家和地区 FDI 流出量甚至可以忽略不计，最高时期也不到 2%。在这一阶段中，发展中国家和地区主要是作为 FDI 的接受国，全球 FDI 流出主要来自发达国家。

（二）起步阶段（20世纪80年代）

20 世纪 80 年代，为了在海外获取市场和自然资源，发展中国家和地区开始在海外加大对外直接投资，发展中经济体增长强劲。由于 1982 年爆发债务危机，许多发展中国家进入"失去的十年"，南南贸易在全球贸易中所占份额降为 5.1%。不过从 20 世纪 80 年代中后期开始，发展中国家和地区 FDI 发展进入较为迅速的阶段。根据联合国跨国公司项目署 1992 年的投资报告，20 世纪 80 年代发展中国家和地区对外直接投资总额占全世界比重从前五年的 1.6% 提高到后五年的 3.4%。南南 FDI 流量从 1980 年的 30 亿美元，增至 1990 年的 130 亿美元。

一些研究表明，在该阶段中，来自发展中国家的跨国公司逐渐积累了技术能力，形成

---

① Alpargatas 后来被巴西投资者并购，但仍然是发展中国家的一个富有美洲特色的著名鞋类品牌，在世界各国都有较大影响。

了企业的特定优势，并将其业务扩大到其他国家（Aykut and Ratha，2004）。根据 John H. Dunning 提出的投资发展路径（Investment Development Path，IDP）方法，这些公司倾向先投资邻近或其他发展中国家的资源和市场，然后再扩大他们在世界各地的存在（Dunning，1979；Dunning，1993；Narula，1995）。如 1983 年母公司在东南亚的发展中国家和地区的 494 家国外制造业子公司中，有 428 家设在东南亚地区，母公司在拉丁美洲的 157 家子公司中，有 118 家设在拉丁美洲。[①] 另外，部分发展中国家和地区随着对外投资实力的增强，也开始向发达地区扩散。如 20 世纪 80 年代早期，阿根廷、墨西哥和中国台湾地区投资于发达国家的比重已经超过投资于发展中国家和地区的比重，20 世纪 80 年代末，印度尼西亚、韩国、委内瑞拉在发达国家的直接投资比重也超过发展中国家和地区。国家案例研究（Dunning et al.，1997；Dunning and Narula，1996；Zhang and VandenBulcke，1996；Whitmore et al.，1989；Lall，1983）则表明，在该阶段中，不同的发展中国家的投资发展路径差异很大，跨国企业投资动机不同。

（三）稳步推进阶段（20世纪90年代）

南南 FDI 流量从 20 世纪 90 年代开始呈现平稳增长的态势，并在 2000 年达到 147 亿美元的小顶峰。得益于一些发展中国家和地区收入和财富的较快增长，流入发展中国家和地区的 FDI 显著增加，从发展中国家和地区流出的 FDI 也显著增加。与此同时，在 20 世纪 90 年代早期，发达国家的收入和财富增长放缓，发展中国家和地区作为 FDI 流入地的吸引力增强，来自发展中国家和地区的一部分 FDI 流入其他发展中国家和地区，南南 FDI 的流量开始增加。1997 年，发展中国家和地区 FDI 流入量占全球的份额已经达到 38.6%，但由于受到 1997~1998 亚洲金融危机的影响，发展中国家和地区 FDI 流入量占全球 FDI 流入量的份额从 1998~2000 年开始出现三年连降，在 2000 年下降到了 17%，甚至低于 20 世纪 80 年代个别年份的份额。

从流出量来看，20 世纪 90 年代以来，更多的发展中国家和地区成为 FDI 流出国，从发展中国家和地区流出的 FDI 增加较为明显，占全球 FDI 流出量的份额在 1994 年首次达到该阶段的历史最高，为 16%。该期也出现了一次衰退，1998 年发展中国家和地区流出的 FDI 占全球 FDI 流出量的份额降至 6%。金融危机导致经济衰退，亚洲发展中国家和地区的经济增长率急剧下降，包括发展中国家和地区在内的世界各国都对该地区投资信心不足。由于通货膨胀、政策自由化以及对并购采取更加随意的态度等起到一些缓冲作用，流入亚洲国家和地区的 FDI 仅仅略微减少，流入整个发展中国家和地区的 FDI 在 1998 年出

---

① 宋亚非：《中国企业跨国直接投资研究：理论思变与战略构想》，东北财经大学出版社，2001。

现了下降的趋势，但这种下降趋势很快在 1999 年就得到了恢复。

20 世纪 90 年代的南南 FDI 具有三个特征。一是南南 FDI 比北南 FDI 增长得更快，截至 2000 年，大约 1/3 的 FDI 流向了发展中国家。二是南南 FDI 流量大幅增加，原因与北南 FDI 飞速增长类似，主要是受结构性、周期性和政策性因素影响，还包括以下方面的作用：一些新兴经济体发展迅速，资本供给充足，跨国公司通过分散经营寻求高收益；一些发展中国家放开资本账户，允许本地企业进行境外投资；一些东道国放松金融管制，允许外国人在当地开公司；地区性贸易安排也促进了南南 FDI 的增长（见表7－1）。三是一些国家（如中国）的优惠待遇也激励了外国投资者，进而促进了南南 FDI 的增长。

表 7－1　20 世纪 90 年代南南 FDI 的影响因素

项目	结构性因素	周期性因素	制度/政策因素
推力	新兴经济体财富快速增长增加了资本供给；劳动力和非贸易性成本增加激励生产商转移到成本较低的地区；破除垄断等国内管制促进了竞争，促使一些大企业在其他国家建立分支机构	工业发达国家利率低，增长率也低，促使资本从发展中国家向快速增长的发展中国家流动	资本账户放开，允许当地企业在境外投资；区域贸易协定促进了南南合作，投资协定增加；关税和非关税壁垒促使生产部门在其他发展中国家重新配置；政府鼓励对外投资，允许外国投资者在本地经营，鼓励企业进行兼并收购；进行对外投资的企业可以享受特惠待遇
拉力	国内市场不断壮大并快速增长；地理临近、种族和文化因素等；低廉的劳动力供给；原材料丰富	－	地缘政治因素
战略方面	获取重要生产要素，如石油	－	－

资料来源：Aykut and Ratha, 2004。

总体来看，从 20 世纪 90 年代开始，发展中国家和地区吸引 FDI 的能力越来越强。到 20 世纪 90 年代末，发展中国家和地区超过 1/3 的 FDI 来自其他发展中国家和地区。在该时期内，投资主要流向东亚、南亚、东南亚和加勒比地区，非洲地区的 FDI 流入量在增加，而最不发达地区的 FDI 流入量一直较小。在该阶段的大部分年份里，最不发达国家在世界 FDI 流入量的比重一直不到 1%。发展中国家和地区的 FDI 流入量在这一阶段中始终集中在几个发展中国家和地区，如中国、巴西、墨西哥、新加坡和印度尼西亚，这 5 个国家的 FDI 流入量占所有发展中国家和地区流入量的一半以上。

（四）快速发展阶段（21 世纪初至今）

进入 21 世纪以后，随着新兴经济体的群体性崛起，南南合作焕发新的生机与活力，发展中国家和地区的 FDI 流入量增长趋势明显，南南对外直接投资活动的吸引力越来越大。除了个别年份（2009 年），发展中国家和地区的 FDI 流入量逐年走高，发展中国家和地区的 FDI 流入量占全球 FDI 流入量的份额持续上升。尤其是自 2009 年以来，流入发展中国家和地区的 FDI 有一半以上来自发展中国家和地区内部。

1. FDI 流入情况

进入 21 世纪，发展中国家和地区对外直接投资尤其是南南 FDI 呈现较快的发展态势。大部分来自发展中国家和地区的 FDI 都流向了其他发展中国家和地区，这种趋势自 2004 年以来尤为明显。从发展中国家和地区流向其他发展中国家和地区的南南 FDI 在全球 FDI 潮流中的地位日益显著。

2001～2003 年，全球 FDI 流入量和发达国家的 FDI 流入量持续减少，甚至达到 1998 年以来的最低点。下降背后的原因主要有经济增长乏力、证券市场崩溃导致跨国并购锐减以及一些国家私有化进程放慢等制度性因素。与此相反，发展中国家和地区的 FDI 流入量几乎没有受到全球以及发达国家这一趋势的影响。全球 FDI 流量和发达国家的 FDI 流入量在 2001 年急剧减少，比 2000 年减少了 50%；发达国家的 FDI 流入量甚至较 2000 年减少了 59%，而发展中国家和地区的 FDI 流入量仅出现了小幅降低（见图 7 - 2）。

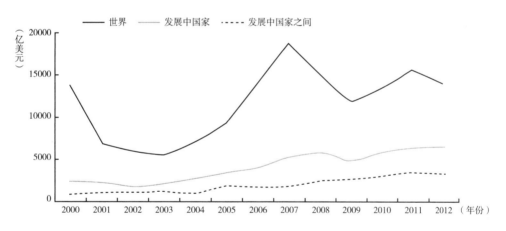

图 7 - 2　2000～2012 年发展中经济体 FDI 流入情况

资料来源：UNCTAD，FDI/MNE 数据库（www.unctad.org/fdistatistics），计算方法参考 Aykut and Ratha（2004）。

2003 年，全球以及发达国家 FDI 流入量继续下降，发展中国家和地区的 FDI 流入量却出现了复苏，南南 FDI 流入量在这期间一直保持稳步上升的趋势。这主要得益于自然资源项目的推动，非洲和亚太地区吸收了以自然资源为基础的大笔 FDI。在发达国家吸引 FDI 能力下降的情况下，更多的国家尤其是发展中国家和地区将 FDI 转向其他发展中国家和地区。

2005 年，南南 FDI 占全球 FDI 流量的 17%。来自发展中经济体和转型经济体的外国直接投资在 2005 年达到 1330 亿美元，相当于全世界外向流量的 17%（UNCTAD，2006）。

2008 年，受全球金融危机的影响，发达国家 FDI 流入量剧烈减少，这也导致了全球 FDI 流入量的大幅降低。发展中国家和地区的 FDI 流入量不减反增，南南 FDI 持续保持强劲增长的态势。这得益于发展中国家和地区的金融体系与遭受重创的美国和欧洲银行体系的联系不太紧密，与发达国家相比，发展中国家和地区较好地抵御了全球金融危机。

2009 年之后，流入发展中国家和地区的 FDI 更是有一半以上来自其他发展中国家和地区。南南 FDI 流量的增长速度高于发达国家流向发展中国家和地区的 FDI（北南 FDI）流量的增长速度，南南 FDI 不仅在发展中国家和地区 FDI 中占据着举足轻重的地位，在全球范围内也已经达到世界 FDI 的 1/5。并且即使遭受亚洲危机的重创，在危机过后的时期里，南南 FDI 仍保持了相对较强的反弹力。

从 2012 年开始，由于全球金融体系的结构性缺陷、宏观经济环境恶化的风险以及对投资者信心造成严重影响的地区性重大政策变动，尤其是欧盟区增长疲软，全球以及发达国家 FDI 流入量再次出现下降趋势。发达国家 FDI 流入量的持续减少再次导致了全球 FDI 流入量的减少，而发展中国家和地区受全球宏观经济形势的影响较小。2012～2013 年，发展中国家和地区 FDI 流入量占全球 FDI 流入量的份额分别为 45.5%、45.7%，已经与发达国家 FDI 流入量占全球 FDI 流入量的份额 48.4%、47.5% 相当。2013 年，流入和流出发展中国家（即南方）的 FDI 流量分别为 886 亿美元和 5530 亿美元，分别占全球 FDI 流量的 61% 和 39%。同样令人印象深刻的是，2010 年中国 FDI 流量超过日本，达到 690 亿美元（2013 年为 1010 亿美元）（UNCTAD，2015）。此外，在来往于发展中国家和地区的总流量中，南南外国直接投资流量在 2010 年达到发展中国家所有对外投资流量的 63%（UNCTAD，2011）。

FDI 流入量从 2012 年起稳步走高，在 2014 年增长了 2% 并达到历史新高。2014 年，流入发展中国家和地区的 FDI 占全球流量的 55%，发展中国家和地区超过发达国家成为全球 FDI 的主要流入地。2015 年发展中经济体 FDI 流入总量达到 7650 亿美元的新高，增长了 9%，而且发展中经济体在前十大东道主中稳占半壁江山。该时期全球 FDI 流量主要以兼并和收购的方式快速增长，主要集中在发达国家，而不是新建投资占主导地位的发展中国家。而且，该时期的 FDI 主要发生在亚洲，约占发展中国家的 3/5～2/3。

2. FDI 流出情况

21 世纪以来，发展中国家和地区 FDI 流出开始复苏，到 2004 年基本恢复到亚洲金融危机前水平（见图 7－3）。随后发展中国家和地区 FDI 流出量占全球 FDI 流出量的份额开始呈现稳步上升的趋势。虽然来自发展中国家和地区的 FDI 占全球 FDI 流出量的份额目前仍然很小，但其速度在加快，已达到全球 FDI 流出量的 1/3。相比于发达国家，发展中国家和地区对外进行直接投资的能力还相对较弱。进入 21 世纪，发展中国家和地区的 FDI 流出量仍然相对较小，而且从发展中国家和地区流出的 FDI 有相当大的部分指向了其他发展中国家和地区。

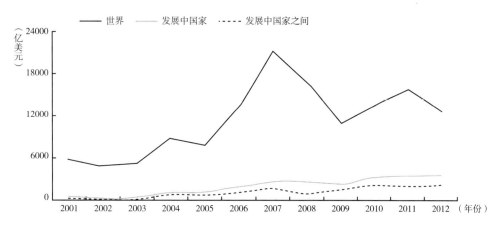

图 7－3　2001～2012 年南南 FDI 流出量

资料来源：UNCTAD，FDI/MNE 数据库（www.unctad.org/fdistatistics），计算方法参考 Aykut and Ratha（2004）。

同 FDI 流入类似，受 2008 年全球金融危机的影响，全球以及发达国家 FDI 流出量剧烈减少，南南 FDI 流出量也有所下降。但从 2009 年起，全球及发达国家 FDI 流出量持续剧烈减少。虽然从发展中国家和地区流出的 FDI 在 2009 年也出现收缩，但南南 FDI 流出却呈现复苏的趋势。2011 年，全球 FDI 流出量较 2010 年增加了 16.2%。这一方面归因于发达国家 FDI 流出量增长，另一方面是由于来自拉丁美洲和加勒比地区的 FDI 减少以及亚洲发展中国家和地区的投资增长缓慢，发展中国家和地区以及南南 FDI 流出量的增长势头放缓。2012 年，由于欧元区持续的不确定性，发达国家 FDI 流出量再次下降，接近 2009 年的低谷水平。相反，发展中国家和地区的投资者继续扩张海外投资，并且绝大多数的 FDI 指向了其他发展中国家和地区。

综合分析南南 FDI 流出量，我们可以看到，发展中国家和地区对外进行直接投资从 20 世纪末尤其是 21 世纪以来才较快发展。进入 21 世纪后，发展中国家和地区 FDI 流出量以空前的速度加快发展，发展中国家和地区流出的 FDI 更多地流向其他发展中国家和地区。随着南南合作的不断深化，南南 FDI 发展不断加速，发展中国家和地区会越来越多地指向其他发展中国家和地区进行对外直接投资。

（五）小结

纵观整个发展中国家和地区 FDI 的发展历程，我们可以看到，20 世纪 90 年代以来，许多发展中国家和地区成为其他发展中国家和地区 FDI 的主要来源。到 20 世纪 90 年代末，发展中国家和地区超过 1/3 的 FDI 来自其他发展中国家和地区。2004 年以来，发展中国家和地区之间的对外投资活动开始频繁起来。2009 年以来，流入发展中国家和地区的 FDI 更是有一半以上来自其他发展中国家和地区，南南 FDI 不仅在发展中国家和地区 FDI 中占据着举足轻重的地位，在全球范围内也已经达到世界 FDI 的 1/5。2004～2014 年，最不发达国家和小岛屿发展中国家的 FDI 存量翻了三番，内陆发展中国家翻了四番。

与发达国家 FDI 波动频繁相比，发展中国家和地区之间的合作不断深化，南南 FDI 始终保持强劲的增长态势。在数次金融危机中，发展中国家和地区所受的冲击都要低于发达国家，而且发展中国家和地区表现出更强的危机抵御能力（这可能是由于南南对外直接投资对债务融资依赖较小，因此波动较小且能尽快恢复）。随着发展中国家和地区之间贸易协定不断推进，资本账户自由化不断加强，南南对外直接投资将在全球发挥越来越重要的作用。

二 南南 FDI 的发展现状

2015 年，世界工业生产增长缓慢，贸易持续低迷，世界经济整体乏力。但对外直接投资活动强劲复苏，全球 FDI 流量达到 1.76 万亿美元，同比增长 38%，达到金融危机以来的最高水平，流出量创 2011 年以来的新高，但仍比 2007 年的峰值低 10 个百分点（UNCTAD，2016）。2015 年，流入发展中国家的外国直接投资达到 7659 亿美元（比 2014 年高出 9%），这是继 2014 年 6810 亿美元历史峰值后的又一新高。从 FDI 流出量来看，发展中国家和转型经济体的跨国企业投资在 2014 年达到历史新高，发展中亚洲对国外的投资高于任何其他区域。从政策支持力度来看，南南国家之间的双边贸易协定（Bilateral Investment Treaty，BITs）占全球 BITs 的约 40%，超过 100 个发展中国家与其他发展中国家签订了贸易协定。[①]

本部分首先介绍南南 FDI 的现状，然后介绍对南南 FDI 影响非常关键的非洲、东亚和东南亚以及中国的投资贸易合作状况。

---

① L. S. Poulsen，"The Significance of South-South BITs for the International Investment Regime：A Quantitative Analysis，" *Northwestern Journal of International Law & Business*，30（1），2010，pp. 101 – 130.

（一）南南 FDI 概况

2015 年全球对外直接投资流出量中的 72% 来自发达国家，发展中经济体所占份额不多（UNCTAD，2016）。总需求减少，商品价格降低，以及货币贬值，导致发展中国家和转型经济体的对外直接投资流出量大大减少。

根据《2016 年世界投资报告》，2015 年流向发展中经济体（包括加勒比地区金融中心）的 FDI 达到 7650 亿美元，比 2014 年增长了 9 个百分点；而转型经济体为 350 亿美元，比 2014 年降低了 38%。其结果是发达国家经济体占全球 FDI 流入量份额由 2014 年的 41% 升至 2015 年的 55%，扭转了发展中和转型经济体连续 5 年成为全球 FDI 主要接受地的局面。

导致发展中和转型经济体 FDI 流入量下降的主要催化剂是商品价格持续下跌，特别是原油、金属和矿物质等的价格下跌。2014 年下半年出现的石油价格骤降严重影响了非洲、南美和转型经济体对石油出口国的外国直接投资。对石油生产国的外国直接投资不仅受价格下降导致计划资本支持减少，还因利润空间缩小导致收入再投资大幅下降。采矿业占主导地位的经济体对外直接投资也因类似原因出现下降。还有一个抑制投资活动的因素是新兴市场经济体增长相对缓慢。转型经济体占据了发展中国家和转型经济体 FDI 的 1/3，然而，转型经济体的经济环境却不太乐观，如巴西和俄罗斯正处于衰退中，南非经济增长缓慢，中国经济增长放缓，印度相对稳定。此外，转型经济体本国货币贬值，导致利润再投资压力加大。

1. 南南 FDI 区域分布

总体来看，2015 年流向发展中和转型经济体的 FDI 增长了 6%，但这主要归功于亚洲经济体 FDI 的持续大幅增长，其他几乎所有发展中和转型经济体的 FDI 流入量均出现下降。2015 年，流入亚洲发展中经济体的 FDI 增长了 16%，达到 5410 亿美元的历史新高。亚洲仍然是世界上接受外国直接投资最多的地区，这主要是由东亚（如中国内地和中国香港）、南亚（如印度）和东南亚经济体的强劲表现推动的。非洲的投资流量下降 7% 至 540 亿美元，拉丁美洲和加勒比地区下降 2% 至 1680 亿美元，转型经济体下降 38% 至 350 亿美元。尽管发展中和转型经济体 FDI 增长缓慢，但是在全球 FDI 接受国中，仍有一半是发展中经济体。2015 年全球前十大外资目的地，依次为美国、中国香港、中国内地、爱尔兰、瑞士、新加坡、巴西、加拿大、印度和法国（见图 7-4）。其中，中国 2015 年对外直接投资流量仅次于美国，跃居世界第二位。

从 FDI 流出来看，2015 年，在流出外国直接投资最多的 20 个经济体中，有 7 个是发展中和转型经济体（见图 7-5），但发展中和转型经济体 FDI 流出量占比较低且大多排名靠后。2015 年，发展中国家和转型经济体的跨国公司减少了他们在国外的投资，如亚洲

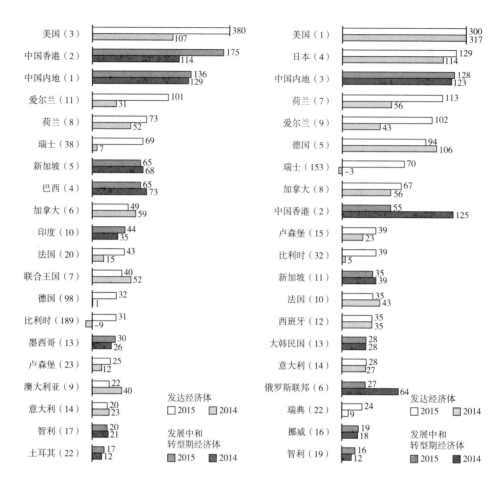

图 7 - 4　FDI 流入量最多的前 20 个经济体　　**图 7 - 5　FDI 流出量最多的前 20 个经济体**

注：1.（x）2014 年排名，2. 单位：10 亿美元　　　注：1.（x）2014 年排名，2. 单位：10 亿美元

资料来源：UNCTAD，FDI/MNE 数据库（www.unctad.org/fdistatistics），2015 年对外直接投资公报。

发展中经济体跨国公司的对外直接投资降低了 17%，降为 3320 亿美元，其中 56% 是由于来自中国香港的对外直接投资减少。此外，对规制案件和地理政治方面的考虑也影响了对外直接投资流出，如俄罗斯提高进入国际资本市场的难度，并采取了一些旨在减少"借贷套利"的政策方案，导致俄罗斯的跨国公司对外直接投资流出量大幅下跌，而西亚地区的区域冲突也抑制了跨国公司的投资。虽然一些 FDI 流出量总体有所下降，但少数发展中国家却快速增长。对比 2014 年和 2015 年的数据，中国从 1230 亿美元增至 1280 亿美元，仍为除美国和日本之外的第三大投资国，科威特从 -105 亿美元增至 54 亿美元，泰国从 44 亿美元增至 78 亿美元，拉丁美洲受益于公司内部贷款规定的改变，对外直接投资流出量增长了 5%。

2. 南南 FDI 的行业分布

从部门情况来看（见图 7 - 6），近年来，南南 FDI 继续向服务业转移。由于服务业部门自由化日益加剧，服务贸易的可能性越来越大。2014 年是可获得行业分类估计的最近一年，服务业占全球 FDI 存量的 64%，制造业仅占 27%，农业仅占 7%，另有 2% 未明确说明（UNCTAD，2016）。除了世界经济结构的长期趋势外，服务业 FDI 数额和比例增加的背后还有一些其他因素，例如：东道国服务部门自由化程度提高、使服务更易于交易的信息和通信技术发展、全球价值链的兴起推动了制造业方面的服务国际化。

发展中国家对内投资的总体部门分布与全球类似，但发展中经济体内部有所变化（见图 7 - 6）。非洲的农业比重比拉丁美洲和加勒比地区（22%）高 6 个百点，比发展中亚洲（2%）高 26 个百分点。发展中亚洲服务业占了 70% 的比重，主要归因于中国香港的优势。由于商品价格大幅降低，FDI 开始大幅向发展中经济体转移，尤其是非洲、拉丁美洲与地中海地区。

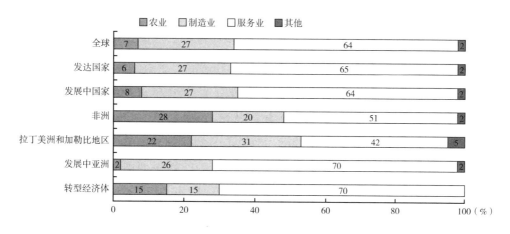

图 7 - 6　2014 年按部门分类的 FDI 内流存量结构

资料来源：UNCTAD，FDI/MNE 数据库（www.unctad.org/fdistatistics）。

拉丁美洲和加勒比地区（不包括离岸金融中心）2015 年的 FDI 流入为 1680 亿美元，与 2014 年基本持平。南美洲由于大宗商品价格下跌、经济不景气等原因 FDI 下降；相比之下，制造业外资的增长使中美洲 FDI 流入取得良好表现。

（二）非洲 FDI 概况

流入非洲的 FDI 越来越多的原因是发展中国家跨国企业的兴起。一些发达国家（特别是法国、美国和英国）2014 年从非洲的净撤资数额巨大，发展中经济体投资者对这些撤出的资产有很大的需求。因此，非洲的并购从 2013 年的 38 亿美元增加到 2014 年的 51 亿美元，上涨 32%，特别是在石油和气体以及金融部门中。在非洲的 FDI 流入存量中，服务业所占的部分最大，尽管比其他区域的份额要低，而且集中在较少量的国家，包括摩洛哥、尼日利亚和南非。金融业在非洲服务业 FDI 存量中所占的部分最大，到 2012 年，一半以上的非洲服务业 FDI 存量是在金融业（56%）中，其次相继是运输、储存和通信（21%）以及商业活动（9%）。

非洲的 FDI 流入量在 2015 年下降 7% 至 540 亿美元。北非 FDI 出现增长，但撒哈拉以南非洲地区（特别是西非和中非）FDI 大幅下降。初级商品价格的暴跌使依赖自然资源出口的非洲国家在贸易、投资和国际收支等方面都面临严重冲击。非洲和中国的经济联系近年来不断增强。非洲尽管经历了相对的经济增速下降，但仍是世界发展较快的地区。2015 年非洲的 FDI 项目增长 7%，是世界上仅有的两个项目增长区域。2015 年非洲 FDI 达到 713 亿美元，比 2014 年的 885 亿美元低，但仍高于 2010～2014 年 680 亿美元的平均值。从地区来看，东非地区外国投资项目数量占非洲地区总量的 26.3%，西非地区占 16.2%，且西非地区吸引外资额领跑非洲。同时，美国是 2015 年非洲最大的外资来源国，共在非洲开展 96 个投资项目，总投资 69 亿美元。此外，非洲地区吸收外资结构也发生了变化，由原先集中于几个国家和行业转为更加分散化，商业服务、汽车、环保技术和生命科学成为投资者新的投资热点。

从投资方式占比来看，2012 年，国际社会对非洲的绿地投资、并购投资总额为 470.12 亿美元，其中绿地投资仍是绝对主体。从产业领域占比来看，按 UNCTAD 的产业分类，2012 年，在全部流入非洲总计 469.85 亿美元的绿地投资中，初级产品、制造业、服务业分别占 15.9%、44.4%、39.7%。值得注意的是，流入非洲制造业的投资绝大部分也是和自然资源的初级加工相关联的，其中食品和烟草，可可、炼油品和核燃料，金属和金属制品三者分别占制造业流入 FDI 的 10.7%、27.1%、21.4%，三者分别占非洲 FDI 流入总额的 4.7%、12%、9.5%。

（三）东亚和东南亚 FDI 概况

20 世纪 90 年代以前，东亚和东南亚 FDI 流入量和流出量均较小且发展缓慢。与拉丁美洲国家相比，东亚和东南亚发展中经济体虽然起步较晚，但其在 20 世纪 80 年代就表现出强劲的发展趋势。

由于发展中国家和地区以及世界 FDI 流入在 20 世纪 90 年代以前流量也较小，平均来看，东亚和东南亚发展中国家和地区 FDI 的流入在 20 世纪 90 年代以前就占到了发展中国家和地区流入量的 30% 左右，在世界 FDI 流入量中占到了 10%，在个别年份（1974 年、1980 年）甚至占到了发展中国家和地区流入量的 50%。2004 年，流入南亚、东亚和东南亚的外国直接投资总额（包括来自离岸金融中心的流入）达到 1380 亿美元（见图 7-7）（UNCTAD，2006），约占南南 FDI 的 65%（见图 7-8）。2005 年南亚、东亚和东南亚的 FDI 存量估计为 14000 亿美元（UNCTAD，2006）。

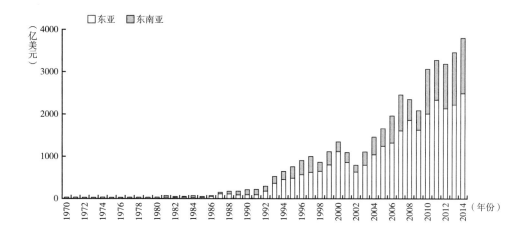

图 7 - 7　东亚和东南亚发展中国家和地区 FDI 流入

资料来源：UNCTAD，FDI/MNE 数据库，http：//unctad. org/fdistatistics。

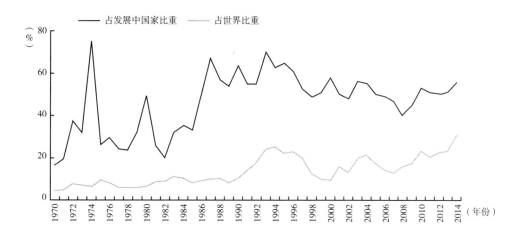

图 7 - 8　东亚和东南亚发展中经济体 FDI 流入比重

资料来源：UNCTAD，FDI/MNE 数据库，www. unctad. org/fdistatistics。

　　20 世纪 90 年代以前，东亚和东南亚发展中国家和地区 FDI 流出流量较小，在 20 世纪 80 年代以前占发展中国家和地区 FDI 流出的比重也较小（见图 7 - 9）。相对于拉丁美洲发展中国家和地区，东亚和东南亚发展中国家和地区作为 FDI 流出国进行 FDI 虽然起步较晚，但自 20 世纪 80 年代后，就表现出强劲的发展态势，到 20 世纪 80 年代中期，东亚和东南亚发展中国家和地区 FDI 流出流量就达到了整个发展中国家和地区 FDI 流出流量的 75% 以上，在 20 世纪 90 年代以后这种占比更是达到了 80% 以上（见图 7 - 10）。虽然自 2001 年以来东亚和东南亚 FDI 流出有所降低，但近几年来又呈现较快的复苏趋势，在 2014 年再次达到了整个发展中国家和地区 FDI 流出流量的 75% 以上，其中，东亚 FDI 流出更是占绝对优势地位。无论是速度还是规模，东亚和东南亚发展中国家和地区的 FDI 流出在发展中国家和地区中都处于较为领先的地位。

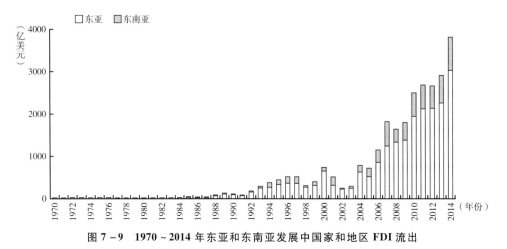

图 7 – 9　1970 ~ 2014 年东亚和东南亚发展中国家和地区 FDI 流出

资料来源：UNCTAD，FDI/MNE 数据库（http：//unctad. org/fdistatistics）。

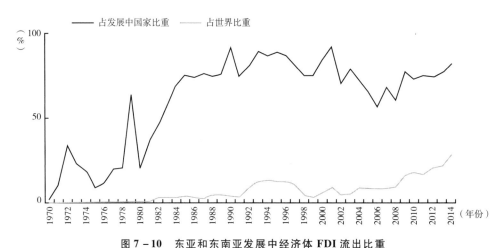

图 7 – 10　东亚和东南亚发展中经济体 FDI 流出比重

资料来源：UNCTAD，FDI/MNE 数据库（http：//unctad. org/fdistatistics）。

无论是吸引外资流入还是对外直接投资，东亚和东南亚在发展中经济体中均具有代表性，可以作为南南 FDI 甚至全球对外直接投资的典范。受数据所限，本节选取中国内地、中国香港、韩国、马来西亚、泰国这 5 个国家和地区 2001 年以来的数据进行简单介绍。

如图 7 – 11 所示，自 2001 年以来，这 5 个国家和地区外国直接投资流入占到了东亚和东南亚发展中国家和地区外国直接投资的一半以上，且有一半以上是来自其他发展中国家和地区。

相比 FDI 流入，这 5 个国家和地区 FDI 流出在整个东亚和东南亚发展中国家和地区外国直接投资流出中的作用更大（见图 7 – 12）。自 2001 年起，东亚和东南亚流向其他国家

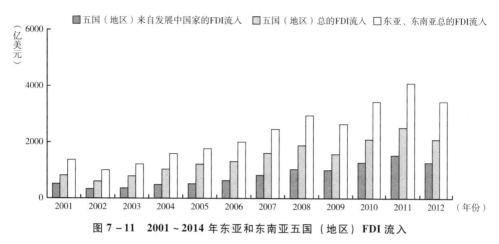

图 7 - 11　2001 ~ 2014 年东亚和东南亚五国（地区）FDI 流入

资料来源：UNCTAD，FDI/MNE 数据库（http：//unctad. org/fdistatistics）。

的外国直接投资主要来自中国内地、中国香港、韩国、马来西亚、泰国这五个国家和地区。2008 年以来，五国（地区）FDI 流出更是占到了整个东亚和东南亚发展中国家和地区外国直接投资流出的 80% 以上，而在这五个国家和地区的外国直接投资流出流量中，又有 75% 以上的外国直接投资流向了其他发展中国家和地区。

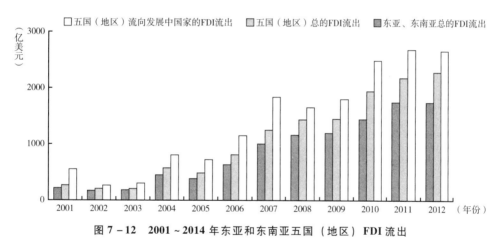

图 7 - 12　2001 ~ 2014 年东亚和东南亚五国（地区）FDI 流出

资料来源：UNCTAD，FDI/MNE 数据库（http：//unctad. org/fdistatistics）。

（四）中国 FDI 概况

改革开放以来，中国企业对外直接投资从无到有，从小到大，2013 年中国对外直接投资净值首次突破千亿美元大关，2015 年创下 1456 亿美元的历史最高值，流量规模超越日本跃居世界第二位，连续三年成为全球三大对外投资国之一。

中国对外直接投资面临的宏观大环境有三次重点性突破：第一次是 1978 年将改革开放定为我国的基本国策，第二次是 2001 年中国正式加入世界经贸组织（WTO），第三次是 2008 年全球金融危机对我国对外直接投资的一次大型洗礼。与此相对应，根据规模、行业以及投资区域的不同，本文将中国对外直接投资划分为三个阶段，分别是：起步阶段（1978～2000）、快速发展阶段（2001～2007）以及迅猛发展阶段（2008～今）。如图 7-13 所示，自 1983 年以来中国利用外资流量和对外直接投资流量上涨的大趋势保持不变，特别是 2000 年以来，中国利用外资流量和对外直接投资流量进入新的快速发展阶段。

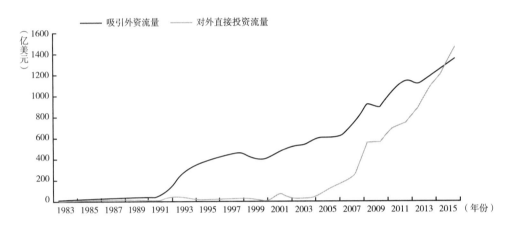

图 7-13　1983～2015 年中国利用外资流量和对外直接投资流量一览

资料来源：1983～2002 年的数据来自 UNCTAD 数据库，2003～2015 年的数据来自《2003～2015 年度对外直接投资统计公报》，中国统计出版社。

从存量来看，2009 年以来亚洲所占对外直接投资存量的比重呈下降趋势，欧洲和北美洲所占比重逐年升高，这反映了中国企业对外直接投资的区域偏好正在发生转变，由发展中国家转向发达国家。但亚洲仍是中国对外直接投资存量最集中的地区，拉丁美洲和欧洲紧随其后。2015 年，中国对外直接投资迈向新的台阶，实现连续 13 年快速增长，创下了 1456.7 亿美元的历史新高，金额仅次于美国（2999.6 亿美元），首次位列世界第二（第三位是日本 1286.5 亿美元），并超过同期中国实际使用外资（1356 亿美元），占全球流量份额由 2002 年的 0.4% 提升至 9.9%。从 FDI 存量来看，中国对外直接投资存量 10978.6 亿美元，占全球外国直接投资流出存量的份额由 2002 年的 0.4% 提升至 4.4%，排名由第 25 位升至第 8 位。2015 年末中国境外企业资产总额达 4.37 万亿美元。

1. 中国对外直接投资的行业分布

中国对外直接投资中第三产业的比重很高，自 2003 年开始迅猛增长，2006 年之后保持 60% 以上比重，但近年来呈逐渐下降的趋势，主要集中在商务服务业和金融业中。第一产业包括农、林、牧、渔业，占比 1.5% 左右，说明中国企业对外直接投资中第一产业的吸引力非常小。第二产业自 2003 年以来即呈波动下降趋势，主要集中在采矿业中。截至 2015 年底，中国对外直接投资覆盖了国民经济所有行业类别，制造业、金融业、软件和信息服务业分别同比增长108.5%、52.3%、115.2%。流向装备制造业的投资为100.5亿美元，同比增长158.4%，占制造业投资的50.3%，带动了装备、技术、标准和服务"走出去"。

从产业分布来看（见图7-14），虽然中国对外直接投资产业门类涉及较多，包括租赁和商务服务业、金融业、制造业、批发和零售业、采矿业、房地产业、软件和信息服务业、建筑业、科学研究和技术服务业等18大类，但对外投资产业布局却比较集中，租赁和商务服务业、金融业、批发和零售业、制造业、采矿业五大行业累计投资存量分别占2015年中国对外直接投资存量总额的24.9%、16.6%、13.7%、13.2%和7.7%，总比重超过76%。特别值得注意的是，服务业的份额显著高于制造业，且近年来呈快速增长趋势。在2014年中国对外投资中，租赁和商务服务业为372.5亿美元（36.2%），采矿业为193.3亿美元（18.8%），批发零售业为172.7亿美元（16.8%），上述3个行业成为对外直接投资的主要领域（71.8%）。2014年中国对服务业投资增长更是骤增27.1%，占比提高到64.6%。2015年中国对外直接投资中，租赁和商务服务业为362.6亿美元（24.9%），金融业为242.5亿美元（16.6%），制造业为199.9亿美元（13.7%），上述3个行业成为对外直接投资的主要领域（55.2%）。

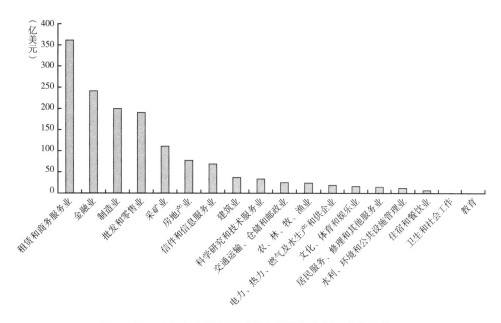

图7-14 2015年中国累积对外直接投资存量行业分布情况

资料来源：中华人民共和国商务部、中华人民共和国国家统计局、国家外汇管理局编《2015年度对外直接投资统计公报》，中国统计出版社，2016。

总的来说，中国对外直接投资行业分布广泛，聚集趋势明显；第三产业的对外直接投资比重较高，但近年来呈逐渐下降的趋势；制造业单项投资规模增加，境外企业实力逐步增强。

2. 中国对外直接投资的区位分布

截至 2015 年底，中国 2.02 万家境内投资者在国（境）外设立 3.08 万家对外直接投资企业，分布在 188 个国家和地区，占全球国家（地区）总数的 80.7%。虽然投资目的地十分广泛，但主要集中在几个国家和地区，例如亚洲的中国香港和韩国，拉丁美洲的开曼群岛和英属维尔京群岛等。2015 年流向中国香港、荷兰、开曼群岛、英属维尔京群岛、百慕大群岛的投资共计 1164.4 亿美元，占当年流量总额的 79.7%。对亚洲特定国家和地区的投资反映了中国企业在对外直接投资前期对文化接近、距离接近地区的固有偏好，拉丁美洲的开曼群岛和英属维尔京群岛等则是国际著名的避税地，具有有利于输出国的税收和法律体系，可以降低税率并减少法律风险，这些因素直接影响中国企业对外直接投资目的地的选择。另外，中国加大了对"一带一路"沿线国家的投资。2015 年底中国对"一带一路"相关国家的直接投资存量为 1156.8 亿美元，占中国对外直接投资存量的 10.5%。

从洲际分布来看（见图 7-15），中国对外直接投资流向全球六大洲，其中亚洲和拉丁美洲是吸收中国对外直接投资流量排名前两位的区位。2004 年以来，亚洲地区始终对中国企业的直接投资保持着较强的吸引力，但在 2005 年和 2006 年两年中，拉丁美洲对中国企业对外直接投资流量的吸收能力甚至超过亚洲，成为当年吸收中国对外直接投资流量最多的区位。2007 年拉丁美洲吸收中国企业对外直接投资流量并未保持上升趋势，并在 2008 年步入低谷，成为 2004～2015 年中占中国对外直接投资净额比例最低的一年。中国对欧洲、北美洲、大洋洲、非洲的直接投资流量总体上保持着快速上升趋势，但在中国对外直接投资净额中所占比例不高。2015 年底，中国在亚洲的投资存量为 7689 亿美元（70%），亚洲地区继续保持中国企业对外投资合作的最大市场地位。亚洲是中国对外直接投资最大的目的地，也是最大的对外承包工程和劳务合作市场。中国在拉丁美洲的投资存量为 1263.2 亿美元，占比 11.5%；欧洲为 836.8 亿美元，占比 7.6%；北美洲为 521.8 亿美元，占比 4.8%；非洲为 346.9 亿美元，占比 3.2%；大洋洲为 320.9 亿美元，占比 2.9%。

非洲也是中国的重要投资国。但一直到 20 世纪 70 年代，中国和非洲国家的经济贸易合作仍然以援助和贸易为主。20 世纪 80 年代以来，中国对非投资合作规模逐渐增长，合作方式趋向多样化，合作主体日益多元化。近年来中国对非投资受全球经济复苏疲软、国际大宗商品价格波动以及埃博拉疫情的影响，2014 年，中国对非洲直接投资流量为 32 亿美元，较上年下降 5%，占当年中国对外直接投资流量的 2.6%。截至 2014 年底，中国在非洲地区的投资存量为 323.5 亿美元，占中国对外直接投资存量的 3.7%。截至 2014 年底，中国企业在非洲设立的境外企业超过 3000 家，占境外企业总数的 10.6%，投资覆盖率达 86.7%，主要分布在尼日利亚、赞比亚、南非、埃塞俄比亚、坦桑尼亚、加纳、肯尼亚、安哥拉、苏丹、阿尔及利亚等国家。

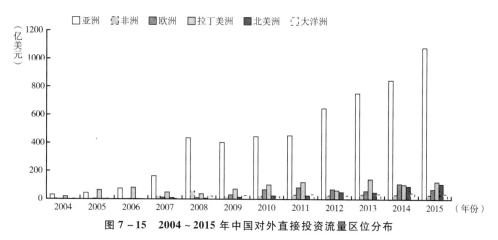

图 7 - 15　2004 ~ 2015 年中国对外直接投资流量区位分布

资料来源：2004 ~ 2015 年度对外直接投资统计公报，中国统计出版社。

从经济体发展阶段来看，中国对外直接投资存量的 80% 分布在发展中经济体。2015 年底，中国在发展中经济体中的投资存量为 9208.87 亿美元，占发展中经济体投资存量的 83.9%（见图 7 - 16），其中中国香港为 6568.55 亿美元，占发展中经济体投资存量的 71.3%；东盟为 627.16 亿美元，占 6.8%。中国在发达经济体中的投资存量为 1536.52 亿美元，占存量总额 14%。2015 年底，中国在转型中经济体中的直接投资存量为 233.21 亿美元，占存量总额的 2.1%。

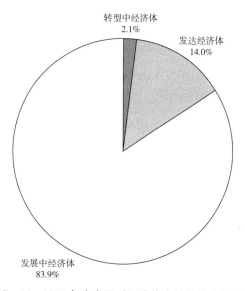

图 7 - 16　2015 年底中国对经济体直接投资存量构成

资料来源：中华人民共和国商务部、中华人民共和国国家统计局、国家外汇管理局编《2015 年度对外直接投资统计公报》，中国统计出版社，2016。

三 南南 FDI 的作用

对外直接投资作为全球间资本流动的主要途径，从本质上说是一个国家或地区的资本要素流动到其他国家或地区。对外直接投资主要带来两个方面的影响：一是减少了国内的资本要素，影响投资来源国的经济发展；二是增加了投资来源国在外国的资产，带来了额外的收益，同时伴随资本要素的流出，人口、技术等生产要素也发生流动，对投资来源国的经济增长、国际贸易、就业、技术以及产业结构等诸多方面都会产生重要影响。

南南 FDI 对于发展中国家和地区的作用包括五个方面：经济增长效应、就业效应、贸易发展效应、技术效应和产业结构调整效应。由于 FDI 对不同国家和地区的具体效应可能存在差异，该节在不同的小节中选取了各种效应中具有典型性的国家进行数据分析。

（一）对东道国经济增长的影响

南南对外直接投资对东道国和母国的经济发展具有不同的影响。对于东道国来说，对外直接投资是一个包含资本、知识和技术的综合，可以从多方面促进经济增长。但是，从长期来看，这种直接投资对本国的投资可能存在挤出效应，同时容易破坏一国的创造性。对于母国来说，对外直接投资对一国经济的影响具有替代效应和互补效应。

1. FDI 对东道国的经济影响

发展中国家，特别是劳动力较为充足的国家，能够通过吸引从中国迁移出的劳动密集型企业获益。尤其是在南亚，稀缺的企业家能力和资本投入一直是竞争型制造业的头等约束（林毅夫、王燕，2016）。FDI 流入使当地企业能够克服这些约束，并充分利用来自中国和其他新兴国家产业转移带来的影响。

《全球经济展望》报告指出，发展中国家和地区的经济增长率从 2013 年的 4.8% 上升至 2014 年的 5.3%，这种经济发展速度与南南 FDI 规模的同步增长，显示出二者之间存在着一定程度的关系。东亚和东南亚的南南 FDI 给东道国带来的影响与北部 FDI 不同，主要表现在以下几个方面。首先，制造业内部，南南 FDI 主要分布在纺织服装业、食品、木材加工和造纸业、橡胶制品业；而北部 FDI 倾向投资化学制品、交通运输设备以及部分机械制造业。其次，从企业规模来看（以企业产值和劳动力数量来衡量），发达国家的企业一般规模更大。最后，来自发达国家的企业一般生产率更高。比如，在印度尼西亚，日企的生产率一般比来自亚洲其他发展中国家的生产率要高。在南方 FDI 占据重要位置的行业中，如食品、纺织、木材加工或家具制作，该差异则不明显。

此外，联合国记录了二十多个发展中地区和国家接受来自发展中国家和地区 FDI 的数据，将这些数据与各个国家的 GDP、进出口额、消费支出等数据分别进行分析，发现 FDI 对发展中国家和地区的进出口具有显著影响，其具体表现在通过接受 FDI，跨国公司在本国进行投资促使本国的出口增加，同时跨国公司在进行生产经营的过程中需要从母国进口原材料，加强与母国之间的联系，这在一定程度上促进了东道国的进口额。

但是，从长期来看，这种 FDI 可能会对经济增长产生挤出效应。在印度，联合利华的子公司印度斯坦利华公司兼并了当地主要竞争对手塔塔米尔斯油厂，从而取得了印度浴室肥皂 75% 的市场份额和洗涤剂 30% 的市场份额。跨国公司往往会选择生产成本较低的东道国生产标准化产品，其产品相对于本土产品来说具有更大优势，从而对本国的企业具有排挤效应，导致垄断的发生，从而影响东道国经济可持续发展。同时，这种长期的 FDI 容易造成东道国自然资源、生态环境的破坏，最终东道国不得不为环境的破坏埋单，从而影响东道国经济的增长。

2. FDI 对于母国的经济影响

在南南对外直接投资活动中，FDI 对资本流出方的经济具有替代效应和互补效应。替代效应是指对外直接投资将国内生产转移到国外，从而减少了国内投资机会，进而减少国内的总产出。互补效应是指跨国企业在国外的生产活动可以带动母国生产投入和出口产品的增加，从而促进母国经济增长。

以中国的香港和澳门地区为例，自 2001 年开始，两个地区保持了较高的增长速度，作为"亚洲四小龙"之一的中国香港，在经历了 1997 年的亚洲金融危机之后，于 2002 年逐渐恢复，并开始新一轮快速的增长。但是 2007 年爆发的美国金融危机，对两个地区都有不同程度的影响。中国香港地区的 GDP 和人均 GDP 从 1980 年的 288.18 亿美元和 5691.8 美元，分别增加到 2009 年的 2105.7 亿美元和 29805 美元，分别增加了 6 倍和 4 倍。其地区生产总值的快速增长与其 FDI 关系密切。中国香港在 2001 年对发展中国家和地区投资 168.23 亿美元，2012 年升至 730.23 亿美元，上涨了约 3.3 倍。将中国香港地区的 FDI 流量数据与其国内增长总值之间进行相关性分析，可以得出两者之间存在着较强的相关性，大约每百万美元的对外投资对区内生产总值的贡献率为 1.24。

在对其他二十几个发展中国家和地区进行拟合的过程中，我们发现经济体较小的国家或地区（包括中国澳门地区），这种 FDI 不但没有促进其经济增长的趋势，反而替代了国内投资的机会，导致国内投资机会减少，影响了国内经济的发展，表现了一种替代效应。像中国、印度、巴西等这些大的经济体国家，其 FDI 对国内经济增长具有显著的促进作用，表现了一种互补效应。

以往人们通常关注 FDI 替代国内投资机会的影响。近年来，学界关注到 FDI 也能通过互补效应促进国内经济增长，主要表现为以下两个方面：一是通过对外直接投资的方式，在其他发展中国家建立生产基地或销售网点，以扩大生产规模和经营规模；二是不同发展中国家在资源存量、技术发展水平和消费习惯等诸多领域存在一定的差异，因而能够通过生产要素的组合配置，达到降低生产成本和经营成本的目的。

结合南南对外直接投资对母国和东道国的影响，对外直接投资对大多数发展中国家和地区具有经济促进效应。对于经济体较小的国家，对外直接投资在短期内的确会拉动国内生产总值；但从长期来看，这种对外投资的方式对国内投资具有挤出效应。

3. 对发展中国家和地区的贸易发展效应

20世纪90年代以来，随着经济全球化和新兴经济体崛起，南南贸易迅速增加，呈现较强且持续的增长趋势。1990～1999年，南南贸易量年均增长14%（以当年美元价格计算），2000～2010年，年均增长16%，在全球贸易中所占份额从1990～1991年的7.4%，增至2000～2001年间的10.2%，并于2009～2010年增至15.4%。在整个20世纪90年代，南南出口并无明显趋势，在发展中经济体总货物出口中所占份额从33.7%增至39%。然而，在此之后，南南出口在全球总货物出口中所占份额从2000年的44%增至2012年的57%，进口方面增长更快，从44%增至59%。

对外直接投资对一国的贸易发展效应包括四个方面。一是贸易替代效应，即投资与贸易之间存在一定程度的替代关系。二是贸易创造效应，即对外直接投资可以在东道国和母国之间创造新的贸易机会，从而促进贸易规模的扩大。FDI促使母国的资本货物、技术和服务等出口，从而提高母国的贸易量，同时，这种相互之间的密切联系降低了来往的成本，提高了贸易效率，促进了信息的跨国流动。因此从长期来看，FDI会带来新的贸易需求，从而促进贸易出口。三是贸易补充效应，FDI在创造贸易机会的同时，往往会带来一些后续的经济活动，因此这种投资并不是时点性质的，而是一种长期投资，像产品的维修服务、产品原材料的供给等都会增加东道国与母国之间的贸易机会。四是市场扩张效应，FDI通过跨国公司的形式在外国生产、销售货物，加深了对东道国的市场渗透，进一步拓展了新的第三国市场，从而有利于母国其他商品的出口贸易，增加贸易量。

从中国、巴西、哥伦比亚、新加坡和墨西哥的贸易数据来看，各个国家的进口与出口贸易额在1990～2015年都呈现增长趋势。尤其是中国，其出口额从1992年的849.4亿美元上升到2014年的23423.43亿美元，上升了26.6倍，同时其进口额也呈现高速增长的状态（见图7-17、图7-18）。除此之外，2008年，各个国家的进出口额都出现了骤降的趋势，这是金融危机导致的，但是在2009年之后，各国的贸易额又逐渐恢复，并呈现增长的趋势。在对贸易净额的分析中，我们发现中国除了1993年出现的贸易逆差外，其他时间段内都是贸易顺差，并且贸易净额也不断上升。哥伦比亚和墨西哥的贸易净额一直处于贸易逆差的状态，新加坡在 1989～1997 年一直处于贸易逆差状态，但是在 1997 年之后，其贸易净额不断上升扭转了逆差，形成贸易顺差。

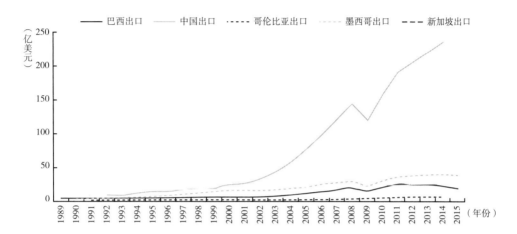

图 7 - 17　1989～2015 年中国、巴西、哥伦比亚、新加坡、墨西哥贸易出口

资料来源：UNCTAD（Commodity Trade Statistics Database）。

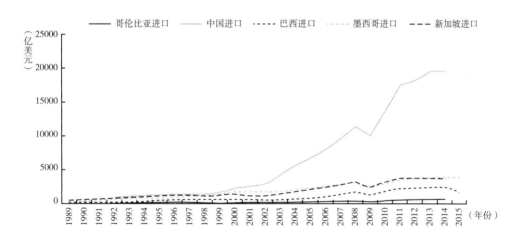

图 7 - 18　1989～2015 年中国、巴西、哥伦比亚、新加坡、墨西哥贸易进口

资料来源：UNCTAD（Commodity Trade Statistics Database）。

发展中国家和地区进出口额与其 FDI 之间存在着密切联系。将这五个国家的进出口总额、净额分别与 FDI 流出和流入量进行分析之后，数据结果表明发展中国家和地区对发展中国家和地区的直接投资对出口具有显著的正相关性。中国、新加坡、墨西哥和哥伦比亚都显示了对外直接投资对本国的贸易具有补充效应和扩张效应。尽管巴西显示了不显著的负相关关系，但这也表明了 FDI 确实给本国的贸易带来了负面的影响，即贸易挤出效应。同时巴西和墨西哥都显示了接受 FDI 对贸易净额产生了负面影响。

总之，从长期来看，FDI 对发展中国家和地区的贸易额是有明显的促进作用的，尽管在短期来看，将会对本国的贸易额产生缩减效应，但是这种效应迟早会被扩张效应和补充效应弥补，加强南南对外投资合作对发展中国家和地区的贸易同样具有明显的创造效应。

（二）对东道国就业的影响

发展中国家和地区往往面临巨大的就业压力，南南 FDI 有利于创造就业机会，减少就业压力。在新加坡的实践中，1996～2000 年的对外投资在制造部门创造了 33600 个工作岗位。这种对外投资对于母国来说，既存在积极的补充效应，也存在消极的替代效应。但从整体来看，补充效应最终将会超过替代效应。对于东道国来说，接受对外投资包括跨国公司在本国投资设厂，进行商业活动，这种方式有利于增加就业机会，缓解东道国的就业压力。

粗略估计，2014 年，中国制造业在全国雇用了约 1.24 亿工人，大部分集中在劳动密集型部门（大约 8500 万人）。不断上涨的劳动力成本迫使中国企业升级到高附加值和资本与技术更加密集的部门，并将工作岗位转移到劳动力成本更低的国家。印度当前雇用了约 900 万工人，巴西约有 1300 万工人。这些新兴国家共雇用了约 1.1 亿工人，未来几十年间，这些工作岗位将转移到其他发展中国家。非洲有十亿人口，现在平均收入水平是中国的 1/4，很多国家的收入水平甚至不及中国的 1/10。有学者提议，将中国的制造业企业转移到非洲，可以一步到位地让中国劳动力密集型产业发挥渠道和研发优势，从而进入微笑曲线两端，并获得最大的加工制造业基地，促进产业结构转型升级，而且能够为非洲国家创造大量的工作岗位。

1990～2013 年，菲律宾的就业率一直维持在 60% 左右，智利的就业率在 50% 左右上下波动，并在 2009 年之后有上升的趋势。从长期来看，各发展中国家和地区的就业人数呈上升趋势，1997 年爆发的金融危机对发展中国家和地区的就业和工资水平影响巨大，除中国大陆以外都出现了不同程度的下降，之后各国的就业人数和工资水平恢复原来的水平，并开始平稳增长。

在工资水平方面，1993 年智利的每小时工资为 45.67 比索，到了 2008 年就已经上升到 122.74 比索，上升了 1.7 倍。菲律宾的月工资从 1990 年的 4259 比索上升到 2008 年的 14055 比索，上升了 2.3 倍，上升幅度更大。通过对智利的就业人数、就业率、工资水平与 FDI 进行拟合之后，验证了关于 FDI 对发展中国家和地区就业率、就业人数以及就业水平的促进作用。

通过对其他发展中国家和地区的 FDI 的流入、流出量进行相关性分析，我们可以发现发展中国家和地区之间的 FDI 对就业水平的影响是显著的，尽管有的国家显示 FDI 对母国存在着替代效应。的确，这种效应是真实存在的，因为一国放弃了在本国投资的机会。但总体上 FDI 的补充效应却大于这种替代效应。首先，FDI 促进了母国与东道国之间的商业联系，使其他的相关联产品的需求增加，从而促进母国的就业。其次，FDI 往往采用跨国公司的方式，这种方式往往会在行政管理、法律部门中创造一定的就业机会。最后，FDI 对母国的经济增长效应在一定程度上也能提高母国的工资水平。

（三）对东道国的技术溢出效应

FDI 是技术转移的重要载体，是发展中国家获取国外先进技术的重要渠道。外国公司在带来资本的同时，还引入了先进的产品技术和管理能力，这些都有助于技术溢出（Crespo and Fontoura，2007；Narula and Driffield，2012）。由于跨国公司进入某些具有强大行业壁垒产业的垄断行为会受到遏制，资源配置能够得到改善。此外，竞争还能推动当地技术水平的提高，示范效应将加快技术的转移和扩散程度，从而促进东道国生产率的提高。

许多实证结果表明，发展中国家若想从跨国公司的技术溢出中获益，要具有一定的人力资本水平，而且东道国经济发展阶段、熟练劳动和管理人员的可获性、技术可利用程度、要素价格扭曲程度等也会影响跨国公司在东道国投入的技术水平。本国企业的规模、技术管理水平、产权制度和内部制度结构、东道国的要素市场和产品市场等都会制约对跨国公司技术溢出的吸收（杜兰英、周静，2002）。Aggatural 的研究发现，1969 年在印度的制造业中，平均 65% 的外资企业的劳动力素质要高于当地企业的劳动力素质，而在外资企业中只有 16% 是资本密集型的。

南南 FDI 对发展中国家和地区的技术效应主要表现在两个方面。第一是母国对东道国的技术效应，母国在东道国进行投资，为其带去了先进的生产方法、管理手段以及研发技术，促进了东道国科学技术的进步。根据柯布道格拉斯生产函数，技术上的突破带来的是一种规模增长。从长期来看，这种技术进步对东道国的国内生产总值的增长的影响是深远的。技术效应的第二个方面是东道国对母国的技术溢出效应。FDI 企业在东道国所获得的技术可以通过内部转移或对外溢出两种方式向母国传递。内部转移是指在东道国的跨国公司通过经济上的行为将技术转移到母国，对外溢出是指通过母国企业与东道国企业之间建立的联系而形成的产业带动，比如配套产业的产品服务和出口等。

（四）对东道国产业结构的影响

投资对产业结构调整具有重要作用，一是能够形成现实需求，二是能够创造新的生产能力。这两个因素促使社会上形成新的需求和产业，从而改变原来的产业结构，与未进行投资的产业相比，投资产业以更快速度增长，从而能够改变现有的产业结构。外商直接投资作为区域经济固定资产的中间力量，其投资的方式和方向极大地影响着东道国产业结构调整的过程（杨安，2013）。

南南FDI对发展中国家和地区的产业结构调整的影响主要是通过两方面实现的。一方面，资本从母国流入东道国，以跨国公司的形式为东道国建立新的产业，促使原有的产业转型升级或者对原有的产业进行改造。同时，转型成功的东道国最终将会把转型经验通过FDI的方式输送到下一个东道国，最终促进发展中国家和地区整体的产业结构调整升级。另一方面，资本输出国也会从中得到好处，通过资本输出，母国将具有比较优势的产业替代比较劣势的产业，从而促进整个国家的产业结构升级。最终每个产业的转型升级将会影响第一、第二、第三产业比重的变动，进而考察农业、工业和服务业所占比重的变化与FDI之间的关系。

每一个发展中国家和地区的第一产业的比重都呈现下降的趋势（见图7-19）。同时，每一个国家第一产业的下降趋势都呈现波动的形式，但是最终都会下降到10%左右。图7-20显示了这些发展中国家和地区第二产业在GDP中所占的比重，呈现倒"U"形趋势。图7-21的趋势则更加明朗一些，每个发展中国家和地区的第三产业的比重都呈现上升的趋势，即服务业不断发展，工业、农业的比重不断下降。

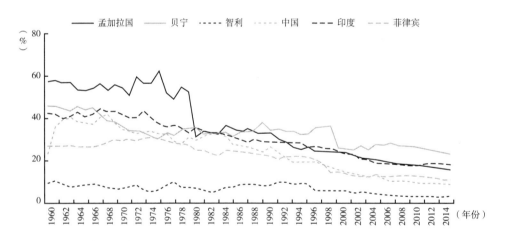

图7-19　1960～2014年中国、智利等发展中国家和地区第一产业比重

资料来源：UNCTAD（The World Bank）。

不论是FDI的流出还是流入都与第一产业比重的下降存在着明显的关联。在对第二产业比重与FDI进行拟合的过程中，除了中国、智利等个别国家，大多数发展中国家和地区显示了明显的正向关系。在考察第三产业比重与FDI存量和流量之间的相关性时，除了中国的第三产业比重随着接受对外投资的增长而增长以外，其他国家都显示了一种负相关的关系。

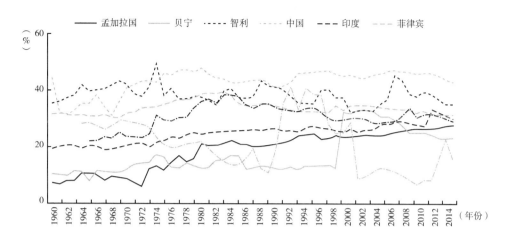

图 7 – 20　1960 ~ 2014 年中国、智利等发展中国家和地区第二产业比重

资料来源：UNCTAD（The World Bank）。

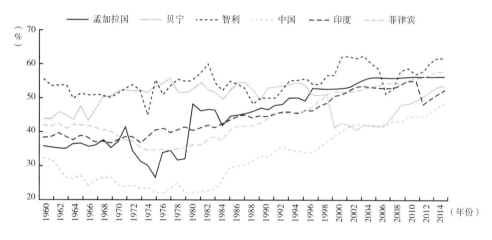

图 7 – 21　1960 ~ 2014 中国、智利等发展中国家和地区第三产业比重

资料来源：UNCTAD（The World Bank）。

综上，南南 FDI 对发展中国家和地区的第一、第二产业的转型升级具有一定的促进作用，这是通过不断向其他国家转移产业的形式实现的，但是对第三产业的转型升级来说，FDI 似乎并没有起到太大的作用。

（五）小结

南南合作通过对外投资的形式不断影响发展中国家和地区的经济、就业、技术和产业结构。FDI 对于发展中国家和地区来说具有极大的促进作用，尽管其中存在一些负面效应，但是这种有利的影响最终将会超过负面效应。从总体来看，南南 FDI 无论是对东道国还是对母国的发展都是至关重要的。发展中国家要善于利用 FDI 的积极作用，促进本国家和地区的经济增长、就业改善、贸易提升、技术改进和产业结构升级。

四 南南 FDI 的经验

20 世纪 90 年代以来发展中国家和地区对外直接投资取得的发展成就，在很大程度上是由东亚和东南亚发展中国家和地区对外直接投资的发展带来的。根据《世界投资报告》，2014 年全球 FDI 下降了 16%，达到约 12300 亿美元，接近国际金融危机后的最低点。与欧洲、北美的 FDI 流入量大幅下降不同，亚洲发展中经济体 FDI 流入量再创新高，成为国际投资体系中的主角。

由于外国直接投资已成为投资和资本形成的重要来源，许多国家采取措施改善和协调其体制环境，以加强其竞争力。2000~2012 年，有 55 个国家通过了共 1082 项机构政策改革，以为外国投资者创造更有利的环境。同样，截至 2013 年底，已在 201 个国家签署了共计 9175 项双边投资条约，其中包括改善和重新调整东道国和母国的机构设置的特点（UNCTAD，2014）。

（一）基础设施互联互通

从整个发展趋势来看，无论是 FDI 流入还是 FDI 流出，东亚和东南亚发展中国家和地区 FDI 的发展都是整个发展中国家和地区 FDI 发展的典范。除了和大部分发展中国家和地区直接外国直接投资的共性——寻求效率和市场而投资于邻国外，值得其他发展中国家和地区学习和借鉴的，还在于东亚和东南亚各国以及经济体伴随着区域合作加强带来的基础设施、商业合作和制度领域的互联互通建设。

从一开始，东亚和东南亚地区就在地区和双边安排框架内合作，签署或启动越来越多包含投资条款的区域自由贸易协定或经济安排，共同促进外国直接投资。东盟－中国等自由贸易区的建立以及区域投资合作（东盟投资区）为市场准入提供了保证，其中一些安排涉及非关税壁垒，这便利了生产投入和资源采购，也促进了寻求市场、资源和效率的投资问题。区域合作对东亚和东南亚地区的影响十分明显。如大湄公河次区域经济合作机制的设立，便大大加强了柬埔寨、老挝、缅甸、泰国、越南和中国云南省 6 个国家和地区的经济联系。该合作机制还促进了 CLMV（柬埔寨、老挝、缅甸、越南）4 国与区域内其他国家间的基础设施互联互通。

在区域一体化举措的推动下，跨国基础设施项目进一步加强，电力、公路和铁路行业实现区域性互联互通。东盟国家以建设"增长三角"（印度尼西亚、马来西亚和泰国）、经济走廊和增长区的方式实现其区域内的经济合作，并借此加强了邻近地区的互联互通。近期提出的诸多合作机制也进一步推动区域一体化以及互联互通建设。这些机制既有国家层面的（如中国的"一带一路"倡议），也有区域和国际层面的（如亚洲基础设施投资银行的建立）。区域一体化政策的实施以及融合区域价值链的商业和经济需求，都推动了基础设施互联互通。基础设施行业投资的增加不仅有助于投资环境的改善，还提高了整个区域的引资能力，尤其是对效率追求型制造业外国直接投资的吸引。

非盟下属组织"非洲发展新伙伴计划"首席执行官、尼日尔前总理易卜拉欣·马亚基在非盟第二十五届峰会前夕接受新华社记者采访时说，中国帮助非洲进行基础设施建设令人称道，尤其是中国政策性金融机构近年来为非洲交通基础设施投入巨资，使一些项目得以实施，非盟"非洲发展新伙伴计划"确定了16个经济和社会效益较好的项目，等待投资者注资。这些交通基础设施项目的实施将有助于改变非洲一些偏远地区长期以来经济发展难有起色的困境。长期以来，中国一直在帮助非洲开展基础设施建设，仅以交通基础设施为例，中国在非建设了1046个成套项目，修建了2233公里铁路、3530公里公路，为改善非洲国家人民生产生活条件做出了实实在在的贡献。2014年，中国国务院总理李克强访非期间提出中非合作建设非洲铁路、公路、区域航空"三大交通网络"的倡议，也是中国促进非洲互联互通和一体化进程，破解非洲发展瓶颈，帮助非洲实现自主可持续发展的庄严承诺。①

设施联通是"一带一路"倡议的重要内容。多数亚洲国家在道路、铁路、港口、电站、洁净水、能源与可再生能源、健康与教育等领域都有着较大的基础设施建设资金需求。亚洲开发银行研究所政策简报显示，2010~2020年，亚洲地区需要约8.22万亿美元用于电力、交通、通信、水利和环保领域的设施建设，其中，东亚和东南亚地区的基础设施建设资金需求占总需求的50%以上，印度基础设施建设需要2.1万亿美元左右。亚洲国家基础设施和互联互通建设的庞大需求为中国加强在该区域的基础设施投资建设提供了大量机遇。"一带一路"亚洲沿线国家未来在公路、铁路、港口、油管、桥梁、输电网路、光缆传输等基础设施互联互通中将衍生大量投资合作机会。

（二）制度环境和政策措施

跨国公司根据各国资源、劳动力、技术和服务的不同水平来选取目的地。影响外资投入的因素包括输入国的软环境和硬环境。软环境包括：一个国家的宏观经济是否稳定，政治与社会是否安定，法律制度是否健全，会计制度是否符合国际标准，是否具备知识产权的保护和争端解决机制等。硬环境因素包括：水、电、自然资源是否充足，交通、通信和

---

① 中华人民共和国商务部对外援助司：《非盟官员：中国帮助非洲进行基础设施建设令人称道》，http：//yws.mofcom.gov.cn/article/public/201512/20151201215024.shtml。

基础设施是否完备，劳动力技能以及相关产业的发展程度等。此外，与投资有关的各种制度（包括设立企业的手续，对外资的各种限制和要求，投资激励机制，政策的连贯性、透明度、实施效率、协调性等）以及外贸和外资自由化政策，私营企业的发展状况等，这些都对本国吸引外资的能力产生直接影响。

中国被看作吸收 FDI 最成功的例子之一。2015 年，中国实际使用外资金额为 1356 亿美元，位列全球第三位。一般认为，外商看中的是中国大量廉价而高素质的劳动力、巨大的人口与市场规模，同时看好中国的发展前景。除了这些因素外，中国政府采取的外资优惠政策对吸引 FDI 也起到了决定性作用。这些优惠措施主要包括：减免所得税、返还所得税、提供优惠贷款等。加入 WTO 后，中国政府外资政策有所改变，从优惠政策转向放松对外资的限制，采取的措施主要包括：放松产品国产成分的比例要求、放松出口限制、开放经常项目、逐步放宽外汇收支平衡限制、放松对外资资格的限制以及逐步消除对高利润和敏感部门的进入壁垒等（潘金娥，2005）。

马来西亚是 1997 年金融危机后 FDI 出现反弹的一个代表，这得益于马来西亚政府在金融危机后采取的一系列直接和间接措施。金融危机后，马来西亚政府不断调整多项措施，全面开放，通过提高管理能力和生产效率来提高竞争力，履行地区和全球协定的承诺等。政府采取的直接措施包括：挖掘本国竞争力，完善公平竞争的环境，提高 FDI 审批效率，强调高科技、资本和技能优先，积极参加区域合作，加大开放力度，提高优惠措施等。间接措施包括：增加教育和培训经费、技术支持和财政支持等。

还有一种观点认为正是发展中国家的制度劣势吸引了其他发展中国家的投资。一般认为在对外直接投资过程中，发展中国家的企业处于劣势。因为，一般情况下，来自发展中国家的企业品牌营销力更弱一些、技术更低级（Cuervo-Cazurra and Genc，2008）。而且，东道国政府会更倾向北方的发达国家，因为后者能为其带来更先进的技术、更大的国际市场网络（Stopford and Strange，1992）。然而，事实上，发展中国家企业在对外直接投资中也有一些优势，至少是在发展中国家投资时。发展中国家一般市场机制较差、产权制度不明晰、基础设施可能也不是很好。但正是这些经验，使这些国家的企业在面临类似的环境时具有相对优势（Cuervo-Cazurra and Genc，2008），从而促使了大量发展中国家转向其他发展中国家投资，进而促进了南南 FDI 的发展。

（三）产业集群和经济特区的经验

东亚和拉丁美洲从 20 世纪 70 年代起就设立了经济特区，以吸引其他国家的跨国企业投资其劳动密集型制造业。

根据国家劳工组织（International Labour Organization，ILO）的经济特区数据库报告，

经济特区由 1986 年分布在 47 个国家的 176 个，扩展为 2006 年的 130 个国家共 3500 个（Boyenge，2007）。经济特区或工业园区带来的收益可以分为两类：一是"静态的"经济收益，如创造就业、促进出口增长、增加政府收益、提高外汇收入等；二是"动态的"经济收益，如促进技术升级、技术转让和创新、促使经济多元化、提高当地企业生产率等（Zeng，2010）。

产业园区建设是中国改革开放以来经济快速增长的重要经验，是"中国模式"的重要特征（Zeng，2010）。伴随着中国企业"走出去"步伐的加快，国内建设工业园区的经验开始向全球复制，其影响力和作用不断增强。近年来，有 40 多个国家提出希望中国与其共建合作区。境外经贸合作区通过与所在国在经济、政治、社会、文化等领域的深入合作，合作区模式受到东道国政府和当地社会民众的认同，成为中国发展模式、管理理念、文化和价值理念等软实力输出的重要渠道和"走出去"的重要名片。

中国政府支持有实力的企业到境外开展多种形式的互利合作，以促进与东道国的共同发展。中国企业在境外投资建设经贸合作区，是以企业为主体，以商业运作为基础，以促进互利共赢为目的，主要由企业根据市场情况、东道国投资环境和引资政策等多方面因素进行决策。通过建设境外经贸合作区[①]，吸引更多的企业到东道国投资建厂，增加东道国就业和税收，扩大出口创汇，提升技术水平，促进经济共同发展。

境外经贸合作区契合所在国经济和产业发展诉求，成为"一带一路"倡议的重要抓手，也是中国实现产业结构调整和全球产业布局的重要承接平台，并让世界理解了中国共赢的投资理念。境外合作区对促进中国企业特别是中小企业"走出去"作用明显。"走出去"企业往往对国外政治制度、政策法律、语言文化不熟悉、不适应，也面临着工业基础设施薄弱、产业配套差、水电路等外部配套条件不足等诸多困难。合作区为中国企业"走出去"搭建公共平台，积极拓展海外发展空间，为发挥产业集群和投资规模效应创造了条件，有利于实现互补协同，共同抵御风险，对推动中资企业"走出去"具有较强的带动作用。[②]

自 2006 年以来，商务部会同有关部门，积极推动企业建设合作区。通过制定合作区考核办法，开展了合作区确认考核和年度考核工作；下发了关于加强合作区风险防范工作有关问题的通知；完成了与朝鲜、柬埔寨、白俄罗斯、马来西亚、老挝、印度尼西亚、埃塞俄比亚等国家政府商签合作区协定；在广交会、宁波浙洽会、厦门投洽会、南宁东盟博

---

① 境外经贸合作区是指中国企业在境外有条件的国家或地区建设或参与建设的基础设施较为完善、产业链较完整、带动和辐射能力较强、影响力较大的工业、农业或服务业园区，以吸引中国或其他国家企业投资兴业。

② 赵星：《将境外经贸合作区建成产业"走出去"的有效平台》，《中国财经报》2015 年 7 月 2 日。

览会上开展了合作区招商活动；举办了合作区所在国相关人员培训活动等。[①]

　　境外经贸合作区成为中国对非集群式投资的重要平台。中国企业在非洲建设境外经贸合作区开创了中非合作的新模式。截至 2015 年 11 月底，在建的境外经贸合作区中有 20 个位于非洲地区。其中，赞比亚中国经贸合作区是中国在非洲地区设立的第一个境外经贸合作区，也是赞比亚政府宣布设立的第一个多功能经济区，该区累计投资近 15 亿美元，已有 35 家企业入驻。此后，中国企业在埃塞俄比亚建设了东方工业园，在埃及建设了苏伊士经贸合作区，在尼日利亚建设了莱基自由贸易区等一批经贸合作区。[②]

　　目前，中国企业正在建设 75 个境外经贸合作区，其中 13 个合作区通过了确认考核，分别是：巴基斯坦海尔－鲁巴经济区、泰国泰中罗勇工业园、柬埔寨西哈努克港经济特区、越南龙江工业园、赞比亚中国经贸合作区、埃及苏伊士经贸合作区、尼日利亚莱基自由贸易区、埃塞俄比亚东方工业园、俄罗斯乌苏里斯克经贸合作区、中俄托木斯克木材工贸合作区、俄罗斯龙跃林业经贸合作区、中俄（滨海边疆区）现代农业产业合作区、匈牙利中欧商贸物流合作园区。

　　境外经贸合作区是中国对外直接投资的一种创新模式，深化了中国与东道国的务实合作，为企业搭建了分享国际市场资源和参与国际经济合作的平台，使中国出口可以有效地绕过贸易壁垒，减少贸易摩擦。同时，境外经贸合作区还能为企业消化过剩产能、缓解国内生产经营成本压力等提供有效渠道。

（四）将援助与投资相结合

　　中国在南南发展合作中的方式不同于已有援助者，而是采取将援助、贸易和投资结合起来的方式，推动南南合作，促进受援国的减贫和经济增长，发展巩固中国与广大发展中国家的友好关系，实现互利共赢。除了坚守"一个中国"，在合作中中国并不附带其他政治条件。中国政府"从来不把这种援助看作单方面的赐予，而认为援助是相互的"（《中国政府对外经济贸易技术援助的八项原则》，1964）。

　　中国作为一个发展中国家，积极推动南南合作，通过加强基础设施建设、提高生产能力、给予零关税待遇、帮助参与多边贸易体制、培训经贸人才等，促进其他发展中国家和最不发达国家的贸易发展。[③]

---

① 商务部境外经贸合作区专题网站，http：//www.mofcom.gov.cn/article/zt_jwjjmyhzq/。
② 《境外经贸合作区成为一带一路的重要抓手》，中国投资咨询网，http：//www.ocn.com.cn/hongguan/201507/smcpp01225138.shtml。
③ 中华人民共和国国务院新闻办公室著《中国的对外援助（2014）》白皮书，人民出版社，2014。

（1）改善与贸易有关的基础设施。2010～2012年，中国援建与贸易有关的大中型基础设施项目约90个，有效改善了受援国贸易运输条件，扩大了与其他地区的互联互通。中国发挥在技术、设备材料和人力资源等方面的优势，在确保工程质量的同时，有效降低了项目投资成本。

（2）提高与贸易有关的生产能力。中国援建一批与贸易相关的生产性项目，在一定程度上提高了受援国相关产业的生产能力，满足市场需求，优化进出口商品结构。2011年12月，中国在世界贸易组织第八届部长级会议期间，与贝宁、马里、乍得和布基纳法索"棉花四国"达成合作共识，通过提供优良棉种、农机、肥料，推广种植技术，开展人员培训，支持企业技术升级和产业链拓展，促进四国棉花产业和贸易发展。

（3）给予零关税优惠待遇。为有效推动发展中国家对华产品出口，2005年，中国首度对非洲25个最不发达国家190个税目的商品实施零关税，之后不断扩大零关税待遇受惠面。2011年11月，中国国家领导人在二十国集团戛纳峰会上宣布，将对与中国建交的最不发达国家97%税目的产品给予零关税待遇。到2012年底，最不发达国家对华出口已有近5000个税目商品享受零关税待遇。2008年以来，中国已连续五年成为最不发达国家第一大出口市场，吸收最不发达国家约23%的产品出口。

（4）支持最不发达国家参与多边贸易体制。中国是世界贸易组织"促贸援助"倡议的积极参与者。2008～2010年，中国每年向世界贸易组织"促贸援助"项目捐款20万美元，2011年后提升至每年40万美元。中国利用上述捐款设立"最不发达国家加入世贸组织中国项目"，为最不发达国家举办加入世界贸易组织的相关研讨会，资助最不发达国家人员参加世界贸易组织重要会议和到世界贸易组织秘书处实习。2010～2012年，中国以"促进贸易便利化及加入世界贸易组织"为主题，举办了18期研修班，与发展中国家400余名政府官员分享经验。2016年4月，北京大学南南合作与发展学院（简称南南学院）挂牌成立仪式在北京大学国家发展研究院朗润园举行。南南学院由习近平总书记2015年9月26日在纽约联合国总部出席并主持南南合作圆桌会时宣布设立，该学院将成为发展中国家交流发展理念、总结发展规律的平台，为更多发展中国家提供更好的智慧与人才支持。

相关研究表明：中国的投资与援助对非洲的经济增长产生了正向显著的影响（汪文卿、赵忠秀，2014）；投向社会基础设施部门的援助会加速中国对非投资的增长，投向经济基础设施部门的援助对投资的影响呈先升后降的倒"U"型趋势，与此同时，直接流向东道国生产性部门和政府的援助与中国对非投资则呈"U"型关系（董艳、樊此君，2016）。

五　南南 FDI 面临的挑战与未来展望

南南对外直接投资在发展中取得了瞩目的成就，表现了强大的生命力和活力。与此同时，南南对外直接投资在发展中不可避免地面临着一些挑战。南南对外直接投资的发展是挑战与机遇并存的。

（一）南南 FDI 面临的挑战

1. 全球经济乏力，贸易保护主义抬头

国际金融危机以来，市场需求不足矛盾突出，全球贸易保护主义势头高发，很多世贸组织成员采取了贸易保护措施。全球贸易增速连续 5 年低位徘徊，贸易保护是连续多年国际贸易增速低于世界经济增长的重要原因。根据世界贸易组织的统计，G20 成员制定的贸易限制措施中的 80% 仍在实施，影响全球进口量的 4%。根据长期监测世界各地贸易保护主义活动的全球贸易预警（Global Trade Alert）组织发布的报告，2015 年全球出台的贸易限制措施数量比 2014 年增加了 50%，贸易限制措施数量是自由贸易措施的 3 倍。此外，从 2010 年开始，每年前四个月全球只有 50～100 个贸易限制措施出现，而 2016 年开始的头四个月已有 150 个。

虽然 WTO、G20 等组织早前在多个场合呼吁反对贸易保护主义，但仍旧难以抵挡贸易保护主义抬头的势头。从目前来看，世界经济仍将处于低速增长和调整分化中，美国进入加息周期增加了世界经济增长前景的不确定性，发达国家经济复苏曲折艰难，新兴经济体经济增长动能不足，在全球经济复苏乏力的情况下，贸易保护主义会加剧危机。

2. 不稳定因素增加，政治风险上升

发展中国家的经济环境、基础设施环境、制度环境等存在一定的问题，投资环境欠佳，给 FDI 带来困难，政治风险、安全风险等成为在发展中国家投资的重大障碍。

非洲方面，尽管近年来整体局势趋稳，但局部动荡时有发生，尤其是非洲大陆政局自 2011 年北非动荡开始，部分地区进入新一轮激烈变动期。部分非洲国家和地区发生局部战争、冲突和恐怖袭击，引发安全问题，对整个非洲地区的和平与安全带来挑战。受历史遗留问题困扰，非洲国家政治制度仍不完善，治理能力低下，经济自主性脆弱。非洲国家社群、族群和宗教三大矛盾突出，政治骚乱、武装冲突、恐怖袭击、有组织犯罪、治安安全五大主要类型的安全问题持续存在。安全问题危及中国投资和人员安全，阻碍南南对外

直接投资的合作与发展。①

亚洲方面，部分国家和地区近年来不断出现动荡，政治风险大幅提升。经贸合作的顺利发展需要和平稳定的政治环境。亚洲部分国家的政治风险上升会使外国投资面临一定政治风险，对企业投资造成直接的经济损失或人员伤亡损失，企业在"走出去"的过程中需要做好东道国市场调研，尽量减少政治风险对投资合作造成的损失。

国际政策方面，国际投资协定的数量和影响继续扩大。2015 年，各国缔结了 31 个新协定，这使得全球国际投资协定总数达到了年底的 3304 项。尽管每年新增国际投资协定数量持续下降，但由于协定涉及更多国家，因而其经济和政治影响力有所增强。最新签订的国际投资协定遵循了不同的协定范本。同时，区域协定往往规定签约方的双边条约继续有效，从而使得投资规则体系更加复杂。最新数据显示：截至 2016 年 5 月底，近 150 个经济体正围绕至少 57 个新的国际投资协定进行谈判。

此外，投资者和东道国间的仲裁案数量继续增长。2015 年新增针对投资者－国家间纠纷的仲裁案例达到 70 起，这是年度数据的一个新纪录。

3. 国际竞争压力增大，安全风险提高

非洲方面，发达国家和新兴经济体争相加大对非投资，发展中国家对非经贸合作面临更加激烈的竞争。欧美大型国际承包商积极调整其业务布局，对非洲投资兴趣增加；韩国、日本企业在政府的支持下也在增加在非洲的活动；俄罗斯和巴西也都表现了对参与非洲区域运输网络的兴趣，发展中国家企业在非洲面临的国际竞争压力增大。

拉丁美洲方面，部分国家国内经济衰退，传统政治格局有所改变，影响了经济政策的持续性与稳定性。有的国家投资政策环境尚存一些不利因素，如税收种类多、税率高，生产成本高、运输服务不完善、收费高，办事时间长，法令、法规繁多复杂，且经常会颁布一些临时措施，使外资企业难以很快适应，外企人员难以获得工作签证，雇用和解聘雇员困难，劳资纠纷时有发生。做好风险防控预案关系企业投资能否顺利进行。

亚洲方面，不同国家和地区间经济发展水平差异较大，对外资的开放度也有所不同。根据世界银行《营商环境报告》，亚洲各个国家和地区的营商环境排名差距较大，排名靠前的有新加坡、中国香港、马来西亚、韩国等国家和地区，其中新加坡连续多年位居第一，而缅甸、老挝、泰国等国家排名靠后。各经济体间的发展不平衡性、内生的结构性经济矛盾等原因导致各国的外资政策存在较大差异，部分亚洲国家对外资限制较多，营商环境也各有优劣，提升了企业对不同地区的投资难度。

---

① 　张宏明编《非洲发展报告 No. 18（2015～2016）——中国企业在非洲：成效、问题与对策》，社会科学文献出版社，2016。

此外，不同国家政治、经济、制度和文化等因素差异带来的信息不对称增加了投资风险，投资者"国籍"日益模糊带来了所有权和投资协定监管等问题。因此，在对发展中国家的直接投资中，投资风险的预测、规避与管理是企业投资面临的首要问题。

（二）对南南FDI的未来展望

尽管南南FDI在发展过程中不可避免地面临着挑战，与发达国家相比，南南FDI还存在薄弱之处。但伴随着发达国家经济发展的放缓以及发展中国家和地区经济的强劲增长，发展中国家和地区FDI无疑将保持稳定的增长态势。

1. 基础设施建设和产能合作

近年来，中国与有关方面共同努力，带动以金砖国家合作为代表的南南合作蓬勃发展，还大力推动亚洲基础设施投资银行、金砖国家新开发银行的建设，倡导"一带一路"，推动互联互通建设和国际产能合作，为周边国家和全球发展提供新的公共产品，促进发展中国家共同发展。"一带一路"倡议连接43个亚洲国家和其他19个中东欧国家，具有巨大的规模经济效应。从"一带一路"倡议所辐射的地理范围来看，沿线的中亚、西亚、北非、中东欧、南亚、东南亚以及大洋洲等地区大部分国家均以发展中国家为主。"一带一路"倡议强调沿线国家加强基础设施建设，实现互联互通、资金融通、货物畅通的目的，对推动各国经济增长十分有益，对全球经济增长意义重大。"一带一路"可能对南亚和东南亚基础设施贫乏的国家产生变革性影响，将刺激其投资并提升增长潜力。

中国是南南合作的重要参与者和主要贡献者。根据联合国公布的数据，当前南南合作框架下的贸易额约为5万亿美元，FDI占全球的一半。根据《2015年度中国对外直接投资统计公报》，2015年中国企业对"一带一路"相关国家的投资流量为189.3亿美元，同比增长38.6%，是对全球投资增幅的2倍，占当年流量总额的13%。[①] 中国政府简政放权采取了便利化措施，也促进了企业对外投资。2014年颁布境外投资新的管理办法，到2016年9月8日商务部和地方商务主管部门共完成境外投资备案和核准21175件，其中核准件只有11件，占总数0.5%，99.5%都通过便利的备案方式完成，这使企业"走出去"对外投资合作变得更为方便。60多年来，中国积极参与南南合作，共向166个国家和国际组织提供近4000亿元人民币的援助，派遣60多万人次的援助人员支援发展中国家建设，为全球范围的南南合作树立了良好典范。

随着"一带一路"倡议的深入和发展，对外贸易与对外投资相互促进。中国积极发

---

① 2015年对外直接投资流量位列前十的国家有：新加坡、俄罗斯、印度尼西亚、阿联酋、印度、土耳其、越南、老挝、马来西亚、柬埔寨。

展多边贸易关系，截至 2015 年 12 月底，中国已签署实施 14 个自贸协定，涉及 22 个国家和地区，自贸伙伴遍及亚洲、拉丁美洲、大洋洲和欧洲等地区。"一带一路"倡议契合中国和沿线国家和地区的共同需求，在满足沿途国家发展利益诉求的同时，也将为中国企业开展对外投资合作带来历史性的新机遇。"一带一路"倡议已经得到沿线大多数国家和地区的积极响应。中国将加快推进"一带一路"倡议，同更多国家和地区的发展战略进行有效对接，深入开展多领域互利共赢的投资合作，包括基础设施互联互通和国际经济合作走廊建设等。这将有利于进一步扩大中国企业同沿线国家和地区的基础设施建设和国际产能合作。

2. 经济文化地理背景优势

由于经济发展水平差异较小，相当部分发展中国家与东道国有源远流长的历史文化联系。相对于发达国家，发展中国家的跨国公司更容易了解、接触和适应发展中东道国的投资环境，能够提供更符合发展中东道国需求的产品、劳务和技术，具有更高的应对发展中东道国政治经济风险的能力。地理毗邻优势也是发展中国家跨国公司拥有的重要优势。南南外商直接投资的国际经验表明，发展中国家的国际公司在选择投资地域时，倾向选择地理位置接近、经济文化背景接近、历史上往来较多的国家，如巴西公司对拉丁美洲的其他国家投资，印度公司对尼泊尔的投资，俄罗斯公司对苏联分离出来的国家投资，南非对加纳、莫桑比克、津巴布韦、博茨瓦纳、纳米比亚、坦桑尼亚、赞比亚等国投资，中国对中国香港、印度尼西亚、蒙古国、韩国、柬埔寨和泰国等国家和地区投资等。

3. 国际投资体制改革

随着国际投资体制改革的推进，其成果日益显著。贸发组织的投资政策架构和国际投资体制改革路线图正在不同层面影响着关键的改革进程，相应的，新一代投资协定正在产生。在国际投资协定体制改革的第一阶段，各国已就改革的必要性建立了共识，确定了改革的领域和方法，审查了各自的国际投资政策以及国际投资协定体系，制定了新的投资协定范本，并开始就签订新的国际投资协定进行谈判。约 100 个国家使用贸发组织投资政策架构和改革路线图对其现有的国际投资协定进行了审查，60 个国家据此设计了相关协定的具体条款。

联合国贸发组织引领的国际投资协定体制改革正在进入第二阶段。在这一阶段，各国将继续签订新的高标准投资协定，同时也将梳理、修订或重新谈判现有的数量庞大的国际投资协定，提高这些协定的质量和水平。在国际投资体制改革的第一阶段，改革努力主要体现在国家层面。进入第二阶段后，各方将更重视区域投资政策及规则的协调与整合，着手解决当前国际投资体制日益碎片化的倾向。新一代国际投资规则可能逐步形成。

投资便利化是关系 2030 年发展议程的一个重要问题。在国家层面吸引外资的政策体系中，多数措施涉及投资促进，却忽略了便利化。在国际投资协定中，具体的便利化措施非常少。因此，这是完善国际投资协定内容值得注意的一个问题。联合国贸发组织设计的"全球投资便利化行动指南"在这方面提供了具体的行动方案和政策选择，值得各国参考。

（五）小结

随着发展中国家经济的强劲发展，南南贸易水平不断增长，南南对外直接投资对促进发展中国家经济的增长，逐步摆脱在经济上对发达国家的依赖，改变旧的国际分工的格局和建立国际经济新秩序等方面具有重大的意义，它是历史发展的必然趋势。南南对外直接投资为发展中国家的经济增长与贸易发展提供了活力与动力，将有力促进发展中国家甚至全球经济社会的发展。

参考文献

董艳、樊此君：《援助会促进投资吗——基于中国对非洲援助及直接投资的实证研究》，《国际贸易问题》2016 年第 3 期。

杜兰英、周静：《论跨国公司在发展中东道国的技术溢出效应》，《国际贸易问题》2002 年第 7 期。

胡迪锋：《发展中国家对外直接投资的贸易效应研究》，硕士学位论文，复旦大学，2008。

金明玉、王大超：《韩国对外直接投资与产业结构优化研究》，《东北亚论坛》2009 年第 3 期。

李春顶：《境外经贸合作区建设与我国企业"走出去"》，《国际经济合作》2008 年第 7 期。

林毅夫、王燕：《超越发展援助》，北京大学出版社，2016。

刘源超：《发展中国家对外直接投资的理论与模式研究》，博士学位论文，北京大学，2008。

潘金娥：《"东亚的外国直接投资：经验与启示"国际研讨会综述》，《国际经济评论》2005 年第 1 期。

舒鹏：《浅析当代发展中国家的对外直接投资》，《国际贸易问题》2004 年第 8 期。

汪文卿、赵忠秀：《中非合作对撒哈拉以南非洲国家经济增长的影响——贸易、直接投资与援助作用的实证分析》，《国际贸易问题》2014 年第 12 期。

王勋：《金融抑制与发展中国家对外直接投资》，《国际经济评论》2013 年第 1 期。

王滢淇、阚大学：《对外直接投资的产业结构效应——基于省级动态面板数据的实证研究》，《湖北社会科学》2013 年第 5 期。

吴先华、郭际、李有平、阳毅、袁建辉：《基于面板数据的世界主要国家全要素生产率的计算》，《数学的实践与认识》2011 年第 13 期。

冼国明、杨锐：《技术累积、竞争策略与发展中国家对外直接投资》，《经济研究》1998 年第 11 期。

肖雯：《中国境外经贸合作区的发展研究——以浙江省的境外合作区为例》，硕士学位论文，浙江大学，2014。

杨安：《FDI 与产业结构优化升级的相关性研究》，博士学位论文，山东大学，2013。

余道先、周石：《发展中国家对外直接投资模式的新诠释——基于综合竞争力阶梯模型的分析》，《财贸经济》2010 年第 12 期。

张海波：《东亚新兴经济体对外直接投资对母国经济效应研究》，博士学位论文，辽宁大学，2011。

Amighini A，Sanfilippo M.，"Impact of South-South FDI and Trade on the Export Upgrading of African Economies," *World development*，2014，64，pp. 1 – 17.

Aykut D，Goldstein A.，"Developing Country Multinationals：South-South Investment Comes of Age," *Industrial Development for the 21st Century：Sustainable Development Perspectives*，New York，2007，pp. 85 – 116.

Aykut D，Ratha D.，RESEARCH NOTE South-South FDI flows：how big are they? John H. Dunning，Emeritus Esmee Fairbairn Professor of International Investment and Business Studies，University of Reading，United Kingdom and Emeritus State of New Jersey Professor of International Business，Rutgers University，United States，2004，13（1），p. 149.

Bonn. Cuyvers，L，M. Dumont，G. Rayp，and K. Stevens，"Home Employment Effects of EU Firms' Activities in Central and East European Countries," *Open Economies Review*，2005，16（2），pp. 153 – 174.

Bonn. Ekholm，K，and J. Markusen，"Foreign Direct Investment and EU-CEE Integration," Background paper for conference on Danish and International Economic Policy，2002，12（4），pp. 23 – 24.

Braunerhjelm，P，and L. Oxelheim，"Does foreign Direct Investment Replace Home Country Investment? The Effect of European Integration on the Location of Swedish Investment," *Journal of Common Market Studies*，2000，38（2），pp. 199 – 221.

Crespo，N.，& Fontoura，M. P.，"Determinant Factors of FDI Spillovers – What Do We Really Know?" *World Development*，2007，35（3），pp. 410 – 425.

Cuervo-Cazurra，A.，and M. Genc.，"Transforming Disadvantages into Advantages：Developing-Country MNEs in the Least Developed Countries," *Journal of International Business Studies*，2008，39（6），pp. 957 – 979.

Dahlberg M.，South-South FDI with Focus on Africa-Extent，Determinants and Effects，2005.

Demir F.，"Effects of FDI Flows on Institutional Development：Does It Matter Where the Investors are from?" *World Development*，2016，78，pp. 341 – 359.

Dunning，John H.，"Explaining the International Direct Investment Position of Countries：Towards a Synamic or Developmental Approach," *Weltwirtschaftliches Archic*，1981，119，pp. 30 – 64.

"Multinational Enterprises and the Global Economy," and Rajneesh Narula，"The Investment Development Path Revisited：Some Emerging Issues," in John H. Dunning and RajneeshNarula，eds.，*Foreign Direct Investment and Governments：Catalysts for Economic Restructuring*，London：Routledge，pp. 1 – 41.

Roger Van Hoesel and Rajneesh Narula，"Third World Multinationals Revisited：New Developments and Theoretical Implications," Discussion Papers in International Investment and Management，227，Reading：University of Reading. mimeo，1997.

Herzer，Dierk，"The Long-run Effect of Foreign Direct Investment on Total Factor Productivity in Developing Countries：A Panel Cointegration Analysis," *Foreign Direct Investment* II，2015，5（7），pp. 27 – 28

Lall，Sanjaya，*The New Multinationals：The Spread of Third World Enterprise*，Chichester：Wiley，1983.

Lipsey R E，Sjöholm F.，"South-South FDI and Development in East Asia," *Asian Development Review*，2011，28（2），pp. 11 – 31.

Narula，R.，& Driffield，N.，"Does FDI Cause Development? The Ambiguity of the Evidence and Why It Matters," *European Journal of Development Research*，2012，24（1），pp. 1 – 7.

Stopford，J.，and S. Strange，*Rival States，Rival Firms：Competition for World Market Shares*，Cambridge：Cambridge University Press，1992.

UNCTAD'S World Investment Report 1999：Foreign Direct Investment and the Challenge of Development，New York and Geneva：United Nations.

UNCTAD'S Word Investment Report 2003：Analysis of the Media Feedback：Implications for Development，New

York and Geneva: United Nations.

UNCTAD'S World Investment Report 2004: The Shift Towards Services, New York and Geneva: United Nations.

UNCTAD'S World Investment Report 2005: Transnational Corporations and the Internationalization of R&D, New York and Geneva: United Nations.

UNCTAD'S World Investment Report 2006: FDI from Developing and Transition Economies: Implications for Development, New York and Geneva: United Nations.

UNCTAD'S World Investment Report 2011: non-equity modes of international production and development, New York and Geneva: United Nations.

UNCTAD'S World Investment Report 2015: Reforming International Investment Governance, New York and Geneva: United Nations.

UNCTAD'S World Investment Report 2016: Investor Nationality: Policy Challenges, New York and Geneva: United Nations.

Whitmore, Katherine, Sanjaya Lall and Jung-Taik Hyun, "Foreign direct investment from the newly industrialized economies," *International Economics*, 1989, 21, pp. 25 – 44.

World Bank, Chinese investments in Special Economic Zones in Africa: Progress, Challenges and Lessons Learned, Washington, DC: World Bank, 2011a.

Zeng, D. Z., Building Engines for Growth and Competitiveness in China, Washington, DC: World Bank, 2010.

Zhang, Hai-Yan and Danny van den Bulcke, "China: rapid changes in the investment development path," in John Dunning and Rajneesh Narula, eds., *Foreign Direct Investment and Governments: Catalysts for Economic Restructuring*, London: Routledge, 1996, pp. 380 – 422.

第三部分

第八章

"一带一路"与新兴发展合作[*]

导　言

中国倡导的丝绸之路经济带和二十一世纪海上丝绸之路（以下简称为"一带一路"）旨在基于双赢的原则促进经济发展合作。"一带一路"连接了从亚洲、非洲到欧洲的广大地区，并且涵盖了中国自身的经济发展议程，满足了参与各方的发展利益和需求。

"一带一路"倡议是中国探索新国际经济合作形式的尝试，为参与各方提供了包容性的合作框架来规划、共同投资开发基础设施网络、工业园区以及其他项目。为了克服融资短缺的瓶颈，中国还发起成立了亚洲基础设施投资银行（AIIB）、新开发银行（NDB），并建立了自己的丝绸之路基金（SRF）。

"一带一路"倡议的顺利实施，已取得了一系列重要的早期成果。"一带一路"倡议重点关注基础设施网络建设，鼓励建设工业园区、能力建设和制度安排（FTA，贸易和投资便利化等）等综合性开发项目。为控制各种风险和挑战，"一带一路"倡议、AIIB、NDB等不仅加强与各参与方的合作，还与现有的国际组织，如世界银行、亚洲开发银行等密切合作。作为一种新型发展合作，"一带一路"倡议有助于培养增长动力，缩小经济发展差距。

一　"一带一路"倡议回顾

（一）为什么中国是发起者

2013 年 9 月 7 日，中国国家主席习近平在纳扎尔巴耶夫大学（哈萨克斯坦）发表了

---

* 本章作者是张蕴岭、张中元。张蕴岭，研究员，中国社会科学院学部委员，国际研究学部主任；张中元，经济学博士，副研究员，中国社会科学院亚太与全球战略研究院。本文原文为英文，由张中元译成中文。

关于"丝绸之路经济带"的演讲,他赞扬了古丝绸之路在增进中国与外部世界的经贸关系、社会文化的联系、维护和平中发挥的重要作用,呼吁中国和哈萨克斯坦建立一个连接中国、欧洲和其他主要欧亚地区的交通、经济走廊。2013 年 10 月 3 日,习近平在印度尼西亚国会的演讲中提出建设"21 世纪海上丝绸之路"的建议,"21 世纪海上丝绸之路"旨在扩大中国与东南亚、南亚、中东、东非以及地中海等海洋国家之间的贸易和经济联系。两大倡议("一带一路"倡议)合在一起涵盖了亚洲、欧洲和非洲的广大地区,加强了陆地和海洋之间的联系,是一项包括基础设施、产业园区、港口网络以及文化交流等内容的综合议程。

在 2013 年 11 月召开的中国共产党第十八届中央委员会第三次全体会议上中共中央提出要加快与周边国家之间的基础设施互联互通以促进"一带一路"倡议的实施。国家主席习近平敦促加快制定"一带一路"倡议的规划,以取得显著成果。2015 年 3 月 28 日,国家发展改革委员会、外交部和商务部在国务院的授权下,联合发布了"推动共建丝绸之路经济带和 21 世纪海上丝绸之路的愿景与行动"的官方文件(以下简称"一带一路"文件)。①

"一带一路"倡议被视为指导中国长期发展的重大战略,从经济的角度来看,自中国于 1978 年实施改革开放政策以来,中国的东部沿海地区由于其地理优势已成为最具活力的地区,越来越多的资源和劳动力都流向东部沿海地区。中国国内发展的区域不平衡已经成为影响整个社会经济稳定可持续发展的一大风险。中国政府已做出了许多努力以减少东部和西部地区之间的差距,如在 2000 年中国政府宣布了"西部大开发战略"(WDS),优先建设覆盖 12 个省、市、自治区的基础设施(包括公路、高速公路、铁路、电力和天然气项目等)。

虽然西部大开发战略取得了明显的进展,但西部地区的竞争优势似乎没有得到显著的提高,中国东部和西部地区之间的发展不平衡也没有得到显著的改善。与西部大开发战略的国内导向相比,"一带一路"倡议同时强调了西部发展的向内性和向外性。根据"一带一路"文件,"一带一路"倡议涵盖了亚洲大陆、欧洲和非洲,一头是活跃的东亚经济圈,一头是发达的欧洲经济圈,覆盖的国家具有巨大的经济发展潜力。

丝绸之路经济带主要连接中国、中亚、俄罗斯和欧洲(波罗的海),通过中亚和西亚连接中国与波斯湾、地中海,以及连接中国与东南亚、南亚和印度洋。海上丝绸之路重点方向是从中国沿海港口过南海到印度洋,进而延伸至欧洲;另一条路线则是从中国沿海港

---

① 原则、目标和关键领域的主要内容来自"推动共建丝绸之路经济带和 21 世纪海上丝绸之路的愿景与行动"("一带一路"文件),http://news.xinhuanet.com/english/china/2015 - 03/28/c_ 134105858_ 2.htm。

口过南海到南太平洋。[1] 将中国与"一带一路"倡议沿线国家相连接,有助于建立一个新的经济空间,不仅为中国的西部地区拓展新的边界,也扩展了整个中国的新发展空间。对于中国国内来说,随着西部地区成为联系中国与"一带一路"倡议沿线国家的桥梁,新发展空间有利于吸引投资和劳动力从东部地区流向西部地区。

地理位置赋予了中国促进"一带一路"倡议的特殊需要和优势,中国东面(东、东南方向)是浩瀚的海洋,西面(西北、西和西南方向)是涵盖了许多从亚洲到欧洲国家的广袤大陆。发展海上航线似乎很容易,但它们需要配套设施和综合网络,包括海港、港口、物流网络,以及有关国家之间的官方层面上的制度安排,还有私人层面上的商业社区。

中国与周边国家之间的互联互通需要跨境基础设施网络的支持,包括公路、铁路和航空,但现在所有这些跨境基础设施无论是在硬件上还是在软件上都不发达。"一带一路"倡议旨在改善跨境基础设施网络,通过海上丝绸之路提高现代化港口的连接,建设港口区、海上物流网络;通过丝绸之路经济带优先发展基础设施网络和经济区。因此"一带一路"倡议有助于提高中国的地理环境和开放的经济发展空间。"一带一路"倡议在本质上不是反对美国的"亚洲支点"战略,而是基于中国自身的需要。[2]

"一带一路"倡议还有助于开发新的市场机会,这对中国经济转型意义重大。经过了三十多年的高速增长,中国经济转向了"新常态"的局面,即从高速增长转变为中等速度的增长。为了创造新的增长引擎,需要建立以内需拉动的增长动力,同时拓展外部市场机会。发展中国家能够提供全球经济的新空间。但是发展中经济体薄弱的基础设施和工业供应链已成为其发展的瓶颈。大部分中国的邻国是发展中经济体,如果他们通过参与"一带一路"倡议改善其经济环境,将有利于中国的发展。通过为基础设施和工业区建设提供资金,"一带一路"倡议能够为欧元区和非洲地区创造新的增长潜力。在"一带一路"建设中,中国可以发挥关键性作用,因为中国在投资资金、设备供应,以及在发展基础设施网络和工业区方面的技术和经验上拥有独特的优势,这也为中国企业"走出去"提供了巨大的发展机会。[3]

与贸易不同,直接投资将使中国经济与其他经济体之间的一体化程度更高。"一带

---

[1] 参见"一带一路"文件,http://news.xinhuanet.com/english/china/2015-03/28/c_134105858_2.htm。

[2] Lucio Blanco Pitlo Ⅲ认为著名的丝绸之路的复兴似乎预示着中国的魅力的扩展,通过增加贸易优惠和交通互联互通赢得在该地区的邻国和其他国家的欢迎。如果发展良好的软实力战略是一个崛起的世界大国的标志,这是否意味着中国已经在其崛起的道路上?当然……,参见"China's 'One Belt, One Road' To Where?"http://thediplomat.com/2015/02/chinas-one-belt-one-road-to-where。

[3] Song Yonghua, B&R Leads China's Companies to Go Abroad, http://world.people.cn/n/2014/1227/c1002-26285988.html。

一路"倡议通过增加海外投资为中国经济进一步融入全球市场迈出了新的一步。"一带一路"倡议文件表示，"推进'一带一路'建设既是中国扩大和深化对外开放的需要，也是加强和亚欧非及世界各国互利合作的需要"。其实，"一带一路"倡议不是中国政府匆忙抛出的一个突发奇想，因为许多建议和行动早已提出并实施，如中巴经济走廊、上海合作组织（SCO）框架下的经济议程、孟中印缅甸经济走廊、中蒙俄经济走廊等。

在经济改革的前三十年，中国取得了非常快速的经济增长，这主要得益于快速的出口增长和外商直接投资（FDI）的流入。但是中国的经济增长已经遇到了瓶颈，其面临的挑战是如何将中国经济推向更高层次，并维持适度的增长水平。[1] 自2012以来中国经济增长开始放缓，有人认为中国经济增长进入了一个"新常态"[2]。在过去的几十年里，中国经济的高增长主要依靠两个引擎，即出口和投资。中国传统的出口行业主要是劳动密集型，附加值低，这些行业现在面临较高的重组压力。由于经济增长速度放慢以及过去的快速扩张，重工业和装备工业的产能过剩问题突出，"一带一路"倡议的实施为中国提供了重新分配其制造能力和提升其在全球价值链中的地位和作用的机会。根据研究，中国的全球价值链升级将更加适应其他国家的需求，尤其是将满足亚非发展中国家的经济发展需求。[3]

"一带一路"倡议是以发展合作为导向的，它使中国能够在沿线区域和国家通过发展基础设施网络、建立工业园区等许多项目来寻找新的经济发展机会。中国许多劳动密集型制造业工厂需要重新寻找生产场所以降低成本，保持竞争优势，而亚洲和非洲的发展中国家具有利用其低廉的劳动力成本优势发展自己的制造业的能力和需求。不同于过去转移重污染产业的传统模式，中国将在"一带一路"框架下与当地国家共同协商、设计、建设新的产业。这种新型的合作发展不同于传统的援助和基于市场力量配置落后生产能力的模式。

案例1 工业园区

工业园区的基本理念是通过发展完善的工业基地，以竞争性的基础设施作为吸引投资的先决条件，发展出口导向或本地市场导向的制造业。这些产业可以通过利用当地资源，参与生产链，培养当地的工业生产能力。发展中国家需要新的产业和技术以实现现代化、多元化和工业可持续发展的目标，而这些经济体需要面对阻碍企业获取新技术知识、资金

---

① Tim Summers, "China's 'New Silk Roads': Sub-national Regions and Networks of Global Political Economy," *Third World Quarterly*, 2016, 37 (9), pp. 1628 – 1643.

② 这个概念在中国有特殊的含义，因为它需要大约7%的GDP年增长率。

③ 孟祺：《基于"一带一路"的制造业全球价值链构建》，《财经科学》2016年第2期。

的各种市场、制度障碍。

制度薄弱、缺乏经验会增加交易成本和经营风险。建设工业园区将带来许多好处，工业园区可以通过支持初创企业、创新型企业、新企业孵化和知识型企业的发展，克服这些障碍，进而加快经济发展。工业园区作为政策工具能够增强区域和国家的产业竞争力，同时通过经济规模效应降低公共服务设施的成本。成功的工业园区也因此成为增长和创新中心，创造高增长区域，引领国民经济的发展。

工业园区帮助中国企业海外投资拓展产业价值链，并有助于降低风险。工业园区能提供一系列的公共设施和服务，如咨询、金融服务、培训、技术指导、信息服务、联合研究设施和商务支持服务，满足入驻企业的技术需求。在2005年之前成立的中国海外工业园区主要由企业自己主导建设，到2006年已引起中国政府的关注，商务部指导建设境外经贸合作区后，海外工业园区建设被整合到对外经济政策的制定之中。

工业园区是根据企业需求而提供道路、运输和公共设施（实体基础设施）的综合性规划。在泰国、巴基斯坦和埃及的工业园区展示了中国企业如何更好地适应当地文化并融入当地社区。2006年，坐落在巴基斯坦拉合尔的海尔工业园区更名为"海尔－鲁巴经济区"，并将经营范围扩展到家用电器、汽车、建筑材料和纺织业等。2011年白俄罗斯和中国宣布建设工业园区，该园区成为两国最大的经济合作项目，习近平主席表示建设工业园区成为中欧间"一带一路"建设的发展模式。

海尔－鲁巴经济区（HREZ）

2001年2月，海尔通过与巴基斯坦的Panapak电子公司设立合资企业，使海尔空调进入巴基斯坦市场。海尔－鲁巴集团自成立以来就快速增长，集团的经营业务范围包括：涤纶纱、电子电器、发电、房地产和汽车业务。目前海尔已成为巴基斯坦第二大最受欢迎的家电品牌，近几年来一直保持空调、洗衣机等产品最高的巴基斯坦市场占有率，而海尔冰箱的市场占有率则排名第二。海尔在巴基斯坦的企业目前在海尔－鲁巴经济区生产冰箱、冰柜、洗衣机、家用空调、商用空调、电视机、微波炉等小家电，海尔－鲁巴经济区成立于2006年，位于巴基斯坦第二大城市——旁遮普省的省会城市拉合尔。旁遮普省是巴基斯坦的经济发展中心，近几年其平均GDP增长率达到8%以上。海尔－鲁巴集团在未来五年内计划投资15亿美元。2015年，巴基斯坦的海尔－鲁巴合资公司宣布在拉合尔开始生产笔记本电脑和智能手机，其成功在很大程度上归因于海尔－鲁巴经济区的建设和中国政府的支持，海尔－鲁巴经济区是中巴经济走廊建设的一部分，也是其他中国企业进入巴基斯坦市场的门户。

产业合作是中巴经济走廊建设的一部分，中巴合作领域包括制造业重要部门，如纺织服装、家用电器、汽车、汽车零部件和其他运输设备、车辆、电器机械、轻工行业、金属制品、皮革制品、建筑材料业（包括大理石、花岗岩、水泥）和其他矿物等；还包括农业、水资源管理、沿海开发（包括旅游业在内），生物科技、制药、临床研究等技术研发，以及金融业和服务业等领域。2013 年，巴基斯坦开始酝酿发展工业区的构想，这一想法背后的主要动机是吸引中国企业在巴基斯坦发展产业，并促进中巴企业之间的伙伴关系。在初始阶段有计划地建立特别经济区，便于吸引更多的中国企业在巴建立工厂。中巴同意在这些地区提供必要的基础设施便利，用于建设工业园区和经济特区。根据中巴领导人在北京峰会上签署的协议，价值 155 亿美元的煤炭、风能、太阳能和水能项目于 2017 年开工，并向国家电网增加 10400 兆瓦的电力，并在 2021 年之前额外投资 182 亿美元，以带来 6120 兆瓦的电力。①

中埃苏伊士经贸合作园区（SETC-Zone）

在中国政府的倡议下，中埃苏伊士经贸合作园区由天津泰达投资控股有限公司与中国非洲发展基金于 2008 年 7 月出资成立，中埃苏伊士经贸合作园区位于苏伊士运河的南口、红海西岸，紧邻因苏哈那港和苏伊士省城，距苏伊士运河南入口 45 公里，距埃及首都开罗 110 公里。中埃苏伊士经贸合作园区建设是在 1999 年 4 月埃及总统穆巴拉克访问中国时签署的重要合作项目，工业园占地 105 万平方米，起步阶段包含四个产业集群：（1）纺织和服装；（2）石油设备；（3）玻璃纤维；（4）高低压电器行业。

中国还赞同埃及提出的新苏伊士运河经济走廊战略，埃及的经济发展与中国的"一带一路"倡议为两国的经济结构调整创造了机会。来自不同行业的企业，如石油产品、非机织织物、仓储企业的设备和互补的生产业务已经入驻园区。根据埃及《每日新闻报》2016 年的报道，68 家来自埃及、日本、韩国、法国和中国的企业已经在该园区投资 10 亿美元。33 家企业已经在园区建立了生产基地并开始运营。工业园区促进了埃及的工业化和现代化发展，工业园的扩建工程正在进行中。扩建工程建筑面积达到 6 平方公里，估计投资 2.3 亿美元，预计在 10 年内完成。工业园区扩建项目完成后，工业园区除了拥有以出口为导向的制造设施外，还拥有现代化的仓储和物流基础设施。

埃及为世界领先技术提供中间品的定位宣传可以促进该国的工业化发展，中埃苏伊士经贸合作园区的产业集群定位符合苏伊士广大地区现有的产业需求和产业结构。建设合作园区的目的是协助中国企业，使之能够以最低的成本和最有效率的方式发展国外业务。中小企业在其孵化阶段或扩张阶段追随大企业，能够雇用当地劳工从事低技能的工作。这些经营活动符合苏伊士市周边的现有行业现状，也满足了埃及国内市场的消费需求。除了优

---

① "Backgrounder：China-Pakistan Economic Corridor," http：//www. chinadaily. com. cn/world/2015xivisitpse/2015 – 04/22/content_ 20503693. htm.

惠政策外，合作园区也为中国企业进入全球主要海上航线，并向全球消费市场，特别是地中海和大西洋贸易区提供商品带来了机会。中国可以充分利用埃及身为许多重要市场中心的地理优势，大大缩短中国企业生产的商品抵达消费市场的距离。以合作园区为基地，埃及是运往欧洲和其他地区制造商品货物的理想枢纽。

中国作为一个新兴发展经济体，一直愿意在建立新的全球经济治理方面承担更大的责任，为全球经济增长提供新的动力。目前全球经济面临着许多新的挑战：2008年金融危机后经济复苏缓慢，贫富国家、地区之间的发展极不平衡，国际机构在支持恢复和纠正失衡方面发挥的作用不足。"一带一路"倡议通过学习经验，相互分享资源、共享利益，有助于建立新的增长引擎和新的包容性、平衡发展模式。"一带一路"倡议下的一些举措，如建立亚投行、新开发银行并不是为了替代现有的世界银行（WB）、亚洲开发银行（ADB）等国际机构，相反，他们将通过合作来实现互补。例如，亚投行开始的基础设施项目是与亚行、世行联合开展融资业务。① 由于现有的国际经济体系与世界经济的发展现实协调性较差，亟须新的思路和新的倡议，而中国倡导"一带一路"的目的就是提供一种新的思路和推动全球经济增长、改善全球经济治理的新框架。有些人担心中国可能通过倡导"一带一路"建立与现有国际体系不同的机制，这是没有根据的，中国无意也没有能力去创造一个不同的国际经济体系，而且中国是现有国际体系的重要成员，多年来从现有国际体系中获益良多。②

（二）主要原则和目标

"一带一路"倡议的目的是通过双赢的合作方式促进区域经济发展。"一带一路"倡议的文件指出：（1）"一带一路"倡议符合联合国宪章的宗旨和原则，坚持和平共处五项原则；（2）欢迎所有国家、国际和地区组织参与；（3）提倡文明包容，尊重不同国家选择的发展道路和模式，促进所有国家和平共处、共同繁荣；（4）遵循市场运作，遵守市场规则和国际惯例，以企业为主体，通过市场发挥资源配置的决定性作用，政府发挥其应有的功能；（5）寻求容纳各方的利益和关切。③ "一带一路"倡议虽是中国政府的一项举措，但并不意味着是中国或中国政府的独角戏，"一带一路"倡议遵循共商、共建、共享

① 参见新闻 "AIIB and ADB Provide Loan Together on the Project"，http：//bank. jrj. com. cn/2016/03/22102320721783. shtml。
② 习近平在杭州 G20 的讲话中指出，"中国发起新机制和倡议并不针对任何国家。相反，他们的目标是补充和完善目前的国际机制，实现合作共赢，共同发展。中国的对外开放不是个人秀。相反，它对所有人都开放。它不追求建立中国自己的势力范围，而是支持各国共同发展。这意味着中国不是在建立自己的后花园，而是将花园与所有国家共享"。http：//www. china. org. cn/chinese/2016 – 09/05/content_ 39233599. htm。
③ 参见 "一带一路" 文件，http：//news. xinhuanet. com/english/china/2015 – 03/28/c_ 134105858_ 2. htm。

的原则。伙伴关系和市场规则意味着中国与参与各方共同设计和建设"一带一路"，企业是计划实施的主体。虽然政府在启动和促进"一带一路"倡议中起着主导作用，但企业在建设中发挥重要的作用，因此需要建立公私伙伴关系（PPP）。[①] "一带一路"倡议不仅促进中国的发展，也繁荣其他国家的经济。"一带一路"倡议是"一带一路"沿线国家的合唱，而不是中国自己的独奏曲。[②]

"一带一路"倡议旨在促进经济要素的有序自由流动，实现资源的高效配置和市场深度融合，鼓励"一带一路"沿线国家实现经济政策协调，开展更加深入和广泛的高标准区域合作，共同营造一个开放、包容、均衡的区域经济合作架构以促进各国的发展。它本着开放的区域合作精神，以平等互利为特征，寻求互利共赢，在共商、共建、共享的基础上，"对所有国家、国际和地区组织开放参与"。[③]

从地理上看，丝绸之路经济带重点是将中国、中亚、俄罗斯（波罗的海）和欧洲紧密联系起来，将中国与波斯湾和地中海通过中亚和西亚联系起来，并且使中国与东南亚、南亚与印度洋地区互联互通。其目标十分明确，且具有任务导向。该经济带将通过发展中国－蒙古国－俄罗斯、中国－中亚－西亚，以及中国－中南半岛经济走廊，聚焦建设新亚欧大陆桥。它将利用国际运输航线，依靠"一带一路"沿线国家的核心城市，并利用主要经济产业园区作为合作平台。丝绸之路经济带由三条路线组成：第一条是从中国经中亚和俄罗斯到欧洲（波罗的海），第二条是从中国经中亚、西南亚到波斯湾、地中海，第三条是从中国经东南亚、南亚到印度洋。

21世纪海上丝绸之路将重点放在连接主要港口，共同建设便利、安全、高效的运输航线，海上丝绸之路的路线设计是通过南海和印度洋打通从中国海岸到欧洲的通道，以及从中国海岸经由南海抵达其他南太平洋国家。其中中巴经济走廊和孟中印缅经济走廊（BCIM）建设将与"一带一路"倡议密切协调。

案例2　经济走廊

经济走廊是一个地理区域内的基础设施综合网络，旨在刺激经济发展。走廊可以连接制造业枢纽、高供应和需求的区域，以及价值增加链上的生产者。经济走廊占地面积较小，覆盖明确的地理空间，一般跨越交通动脉，并且强调走廊及其周边地区的实地规划和能够产生最大收益的基础设施发展。这些走廊能够促进协同作用并提供良好的发展机会，

---

① 《习近平在中共中央政治局第三十一次集体学习时强调借鉴历史经验创新合作理念，让"一带一路"建设推动各国发展》，新华网，http：//news. xinhuanet. com/mrdx/2016－05/01/c_ 135326297. htm。

② "President Xi Vows Mutual 'Belt and Road' Benefit," *People's daily*, 2016－05－01, http：//en. people. cn/n3/2016/0501/c90000－9051862. html.

③ "Vision Document," http：//english. mofcom. gov. cn/article/zt_ beltandroad/.

如连接中小型企业的全球价值链生产网络。经济走廊不仅指支持和促进商品和服务流动的运输网络，也覆盖促进人员流动和信息交换的功能，因为经济走廊不限于硬件基础设施，如公路系统、铁路或港口，还包括软件基础设施，如贸易便利化和贸易能力建设等。因此经济走廊能够提供有效的运输系统，减少实体和非实体的边界障碍，如低质量的公路、铁路和低效的许可证制度。

"一带一路"倡议将利用国际运输航线以及核心城市和主要港口，进一步加强合作，建立六个国际经济合作走廊，包括：中蒙俄经济走廊（CMREC）、新亚欧大陆桥（NELB）、中国－中亚西亚经济走廊（CCWAEC）、中国－中南半岛经济走廊（CICPEC）中巴经济走廊（CPEC）以及孟中印缅经济走廊（BCIMEC）。

中巴经济走廊（CPEC）

2013 年 5 月，李克强总理在访问巴基斯坦期间首次提出了中巴经济走廊（CPEC）的概念。中巴经济走廊旨在快速扩大和升级巴基斯坦的基础设施，同时深化和扩大中巴两国之间的经济联系。在中巴经济走廊建设中基础设施项目穿越巴基斯坦，最终通过公路、铁路、石油和天然气管道以及光纤网络的大网连接巴基斯坦西南的瓜达尔市与中国西北的新疆维吾尔自治区。

按照 2015 年 4 月中国和巴基斯坦在伊斯兰堡的联合声明，中国和巴基斯坦将积极推进重点合作项目，包括喀喇昆仑公路的升级改造二期工程、瓜达尔港东部湾的高速公路、新的国际机场、从卡拉奇到拉合尔的高速公路、拉合尔轨道交通、海尔－鲁巴经济区、以及中巴跨境光纤网络。巴基斯坦官方预测，2015～2030 年这些项目将带来 70 万左右的直接就业机会，并使国家经济增长每年提高 2～2.5 个百分点。如果落实所有的计划项目，这些项目的价值将等于自 1970 年以来在巴基斯坦所有外商直接投资的总额，相当于巴基斯坦 2015 年 17% 的国内生产总值。[①]

孟中印缅经济走廊（BCIMEC）

2013 年 5 月李克强总理访问印度期间，中国和印度共同提出建设孟中印缅经济走廊。2013 年 12 月，孟中印缅经济走廊联合工作组第一次会议在昆明召开。这四个国家的官方代表就经济走廊的发展前景、合作优先领域与合作机制进行了深入的讨论。经济走廊建设的设想是便利商品、服务和能源的市场准入，取消非关税壁垒，提高贸易便利化，加大投资基础设施建设，联合勘探和开发矿产、水资源和其他自然资源，基于比较优势发展价值链和供应链，将比较优势转化为竞争优势。孟中印缅经济走廊是一个通过

---

① "Backgrounder：China-Pakistan Economic Corridor，" http：//www.chinadaily.com.cn/world/2015xivisitpse/2015 - 04/22/content_ 20503693.htm.

次区域经济合作获得收益的倡议。孟中印缅四方进行联合研究，各成员之间的互联互通将促进人员和商品的跨国流动，减少陆路贸易障碍，确保更大的市场准入，提高多边贸易额。

中国－中南半岛经济走廊（CICPEC）

在2014年12月曼谷举行的第五次大湄公河次区域经济合作领导人会议上，对于深化中国和中南半岛的五个国家之间的关系，中国国务院总理李克强提出了三点建议：（1）共同规划和建设一个广泛的交通网络，以及一些工业合作项目；（2）为筹款活动创造一个新的合作模式；（3）促进社会经济发展的可持续性和协调发展。在第12届中国－东盟商务与投资峰会后不久，来自中国和东盟的代表就建立南宁新加坡经济走廊达成"南宁共识"，该走廊更正式的名称是"中国－中南半岛国际经济走廊"。中国－中南半岛经济走廊将促进中国－东盟共建自由贸易区和"海上丝绸之路"，有利于地区繁荣和沿线人民生活水平的提高。

经济走廊规划从中国南方地区的城市南宁和昆明贯穿中南半岛，通过公路和铁路连接中国、越南、老挝、柬埔寨、泰国、马来西亚和新加坡。经济走廊将连接八个主要城市：新加坡、吉隆坡、曼谷、金边、胡志明市、万象、河内和南宁。从南宁出发，进一步的连接节点将扩展到沿海的广州和香港，形成"一条走廊连接10个城市"的模式。走廊将包括两条相关的路线：一条通向越南，另一条将扩展到欠发达的老挝、柬埔寨和缅甸。

新亚欧大陆桥（NELB）

新亚欧大陆桥，也称为第二亚欧大陆桥，是从中国江苏省的连云港经新疆阿拉山口最终到荷兰鹿特丹的国际铁路线。该路线的中国部分包括连通中国东部、中部和西部的兰州—连云港铁路和兰州—新疆铁路。延伸出中国领土后，新亚欧大陆桥穿越哈萨克斯坦、俄罗斯、白俄罗斯和波兰，到达欧洲的沿海港口。

中蒙俄经济走廊（CMREC）

中国、蒙古国和俄罗斯陆上相连，已经通过边境贸易和跨境合作建立了各种经济联系。2014年9月，三国国家元首在上海合作组织（SCO）杜尚别峰会首脑会晤上同意在中蒙、中俄、俄蒙双边关系的基础上打造三方合作协议，同时在原则上确定了三国合作的方向和重点领域。三国领导人还同意共同建设中国提出的丝绸之路经济带、欧亚大陆桥以及蒙古国的草原之路，并承诺将加强铁路和公路互联互通建设，推进通关和运输便利化，促进交通运输跨国合作，着手建立中蒙俄经济走廊。2015年7月，三位领导人举行会议，正式通过中蒙俄三国合作的中期发展路线图。

2016年9月13日，中国国家发改委发布了建设中蒙俄经济走廊的指导意见，提出要加速三国的一体化发展，推动经贸合作。中蒙俄经济走廊的建设是基于满足三国的实际需要而提出的。对中国而言，发展中蒙俄经济走廊的目的是在北部边境与蒙俄两国建立更紧密的联系；蒙古国需要大力发展外向型经济，但它缺乏东部和西部通道；俄罗斯则期望从欧亚经济增长中获得效益。因此建设中蒙俄经济走廊将惠及所有参与方。①

中国－中亚西亚经济走廊（CCWAEC）

在 2015 年 6 月山东举行的第三届中国中亚合作论坛上，中国和五个中亚国家签署的联合声明提出要致力于"共建丝绸之路经济带"。在此之前，中国与塔吉克斯坦、哈萨克斯坦和吉尔吉斯斯坦已经签署了建设丝绸之路经济带的双边协议，中国还与乌兹别克斯坦签订了建设丝绸之路经济带的合作文件，以进一步深化和扩大贸易、投资、金融、运输和通信等领域的互利合作。

中国－中亚西亚经济走廊从中国新疆经由阿拉山口与中亚和西亚的铁路网络相连接，到达地中海海岸和阿拉伯半岛。走廊主要涵盖五个中亚国家（哈萨克斯坦、吉尔吉斯斯坦、塔吉克斯坦、乌兹别克斯坦和土库曼斯坦）以及西亚的伊朗和土耳其。五个中亚国家的国家发展战略，包括哈萨克斯坦的"智慧之路"，塔吉克斯坦的"能源、运输和食品"规划（旨在振兴国家的战略），以及土库曼斯坦的"强大和幸福时代"，与建设丝绸之路经济带都能找到发展的共同点。

经济走廊沿着明确的地理位置连接着各经济主体，提供了重要的经济节点，这些节点通常是集中了大量经济资源的中心城市。它们并不是孤立的点，而是能通过网络效应在区域经济发展中产生更大的溢出。然而，当前并没有统一的标准指导六大经济走廊建设，如经济走廊应该有哪些发展目标，如何实现等。实现经济走廊促进区域经济一体化的效果取决于现有特定的网络经济走廊模式。它需要新的方法，以有效利用经济地理学中描述的区域经济一体化和包容性增长的融合效应。经济走廊不是单纯的人员、货物流动的交通互联互通，它需要整合经济网络和经济参与者。孤立的经济走廊不会产生显著的经济效益，而应将其作为发展综合经济网络的一部分，如全球和区域价值链和生产网络。

建设经济走廊项目，中国不仅要考虑短期的经济效益，更重要的是要考虑对方的长期经济发展战略。中国除了鼓励能源和交通基础设施等经济走廊"硬实力"项目外，还需要注重发展"软实力"，如智库，政府官员、媒体和教育交流合作，逐步积累经验，为全面实施"一带一路"倡议做出安排。

"一带一路"倡议具有开放性和包容性，不仅沿线国家可以参与，也欢迎世界上其他国家参与建设。以亚投行为例，其成员资格对真正有兴趣并愿意做出贡献的所有国家开

---

① "New Details of China-Mongolia-Russia Economic Corridor," http：//www. ecns. cn/business/2016/09 – 14/226432. shtml.

放。① 互联互通并不仅仅局限于这些路线，它应被解读为涵盖了横跨欧亚大陆的多种多样的连接。② 事实上，"一带一路"倡议的地理覆盖范围非常灵活，涵盖那些愿意参与国家的基础设施、社会经济发展的互联互通。

"一带一路"倡议的重点集中在：（1）政策协调，通过协调经济发展战略和政策，制订计划和措施，为合作伙伴实施计划提供政策支持；（2）通过建设基础设施网络实现互联互通，包括建设计划和技术标准系统的整合；（3）通过改善投资和贸易便利化促进贸易和投资，消除投资和贸易壁垒，创造良好的营商环境；（4）通过建立货币稳定体系、投融资体系和信用信息系统的金融合作，实现货币互换结算，发展债券市场，建立新的金融机构，如亚投行（AIIB）、新开发银行（NDB）以及上海合作组织（SCO）等融资机构；（5）通过促进文化交流和学术交流、人员交流与合作、媒体合作、青年和妇女的交流和志愿服务，赢得公众的支持。中国作为一个发展中的大国，可以在上述实践中扮演特殊的角色，或作为倡导者，或作为主要参与者提供关键的资本投入和技术支持。③

互联互通是"一带一路"建设的优先领域，互联互通主要是加强基础设施建设和技术标准体系，在亚洲、欧洲和非洲之间建立一个与亚洲所有次区域相连接的基础设施网络。交通基础设施建设重点是提高道路网络连通性，建立国际运输公路和铁路物流系统，其他基础设施建设主要包括能源基础设施、跨境光缆、通信干线网络等。

投资和贸易合作是"一带一路"建设的关键领域，这一领域的合作旨在通过促进投资和贸易便利化，消除贸易和投资壁垒，在沿线国家之间构建自由贸易区。"一带一路"倡议下的合作将有助于扩大贸易和投资，提高贸易和投资结构，通过改善基础设施、建立工业区、港口网络、发展筹资以及能力建设等创造新的发展领域。

金融合作是"一带一路"建设的关键支撑。金融合作涵盖了广泛的跨境金融议程，其中包括货币稳定、项目融资、双边货币互换、结算、债券市场、人民币计价债券等。亚投行、新开发银行、丝路基金以及中国东盟银行间协会和上合组织银行间协会等都将发挥各自的作用。在"一带一路"建设中要加强金融监管合作，建立有效的监管协调机制，提高风险应对和危机管控的能力，建立区域金融风险预警系统，创建交流与合作的机制以应对跨境风险和危机。通过这些协同努力，有助于促进货币的稳定，增强信用体系的能力，鼓励商业性股权投资基金和民间资金参与重点项目的建设。

---

① 亚投行成立于 2015 年 12 月 25 日，最初的成员有 57 个，其中 37 个来自亚洲，20 个来自其他地区。

② Tim Summers, "China's 'New Silk Roads': Sub-national Regionsand Networks of Global Political Economy", *Third World Quarterly*, 2016, 37 (9), pp. 1628 – 1643.

③ "The B&R Document," http://english. mofcom. gov. cn/article/zt_ beltandroad/.

民心相通为"一带一路"建设提供了公共支持，"一带一路"建设不仅包括促进经济的议程，还包括文化、学术交流、培训、媒体合作、人才、青年和妇女交往，从而"赢得公众对深化双边和多边合作"的支持，"一带一路"建设还鼓励人才交流、旅游、体育交流、疫情信息共享、预防治疗技术和医务人员的培训交流，提高科学和技术合作，以及对青年就业、创业的培训实践合作、职业技能开发、社会保障管理和非政府组织之间的交流与城市之间的合作。

"一带一路"倡议连接亚洲、欧洲和非洲是在新时期对古丝绸之路精神的复兴，"一带一路"倡议作为中国为地区和世界提供的公共产品，不仅包含了中国深化改革和全方位开放的国内议程，还考虑了其他参与方的利益。[1] 中国有句俗语"要想富，先修路"，基础设施落后是发展中国家国内经济发展的瓶颈，也是发展中国家实现跨国经济发展的瓶颈。因此"一带一路"建设以互联互通为主，包括道路网络，促进贸易、资本流动、政策协调和民心相通的交流。一项研究表明，互联互通的改进将促进产业链的发展，也推动了城市、城市群以及广大地区的发展。[2]

考虑到"一带一路"沿线国家经济的多样性，"一带一路"通过项目建设紧密连接对东道国的发展规划，促进来自中国和其他方面的资源的有效配置，实现双赢。所有合作伙伴将在参与建设海洋、陆上的欧洲－亚洲－非洲经济走廊以及实施增长领域新项目的过程中获益。[3] 事实上，该地区的大多数发展中国家的经济发展受到基础设施不足的阻碍。"一带一路"倡议成为突破这一瓶颈的良好契机，它能够设计、出资建设国家内与跨国公路、铁路干线和交通网络。鉴于自身的经济发展经验，中国会在帮助发展中国家改善基础设施方面发挥重要作用。许多项目已经连接各个次区域，包括高铁、石油和天然气管道以及电信和电力等。"一带一路"倡议建立了包容性的框架，对所有有兴趣参与倡议的伙伴开放，因此除了丝路基金、亚投行等，其他金融机构也将积极参与"一带一路"建设。更重要的是，企业作为主要参与者，"一带一路"倡议欢迎中国企业和所有其他企业在开放和公平竞争的基础上开展投资。

例如，落后的基础设施是东盟共同体面临的最严重挑战之一，由于基础设施投资的限制，互联互通总体计划的进展非常缓慢。东盟具有参与"一带一路"倡议的优越条件，其位置处于陆上丝绸之路经济带和海上丝绸之路的最佳位置。[4] 丝绸之路经济带连接亚洲

① 苏格：《全球视野之"一带一路"》，《中国国际问题研究》（英文版）2016年第2期。
② 孙久文、顾梦琛：《"一带一路"战略的国际区域合作重点方向探讨》，《华南师范大学学报》（社会科学版）2015年第5期。
③ Yong Wang, "Offensive for Defensive: the Belt and Road Initiative and China's New Grand Strategy," *The Pacific Review*, 2016, 29 (3), pp. 455–463.
④ Haiqing Wang, "Commentary: 'Belt and Road' Initiatives to Benefit Asia, Beyond," 新华网, http://news.xinhuanet.com/english/2015-03/31/c_134113505.htm。

和欧洲的基础设施, 通过发展新的工业区、金融中心、自由贸易和投资区以及其他综合项目, 如油气管道、电网、互联网络、输电线路和通信网络等, 促进各方发展建立紧密的经济合作, 这将催生一个巨大的欧亚市场。[1] 洲际开放和动态经济区的愿景必将对全球经济格局产生巨大的影响, 成为新政治、经济秩序的基础。[2]

(三) "一带一路" 倡议的现实意义

目前 "一带一路" 倡议引起了国际社会的复杂反馈, 虽然大多数国家欢迎 "一带一路" 倡议的举措, 但有些人认为这是中国最终颠覆现行国际经济体系野心的证据。虽然经济结构调整和增长放缓刺激了中国寻求更多的海外市场的愿望, 但作为世界第二大经济体, 中国可以投资海外市场, 在全球范围内建立自己的供应链, 而不是简单地向国外倾销产品。显然 "一带一路" 倡议与中国的经济崛起以及近期经济增长放缓有较强的联系。[3]

中国与邻国之间的经济规模的巨大差异意味着随着双边经济相互依存日益加深, 中国具有更大的杠杆撬动能力。"一带一路" 倡议鼓励中国企业走出去, 为东道国当地经济发展做出贡献。诚如预期所言, 在经济新常态下, 中国的资本流动将对世界释放发展红利。[4]

互联互通和基础设施建设在 "一带一路" 倡议中具有长远的意义, 从历史来看, 陆地上的连接是人民与人民、国与国之间开展文化和商业活动的主要途径。丝绸之路是中国与亚洲其他地区以及欧洲之间的主要连接。自 16 世纪的地理大发现以来, 由于海路比陆路更优越, 海路逐渐成为现代商业活动和交流的主要途径。陆地上跨国、跨大陆的连通已变得落后, 内陆国家发展受阻, 由于海上强国主导殖民体系, 一些国家即使位于海洋附近, 其发展也受到阻碍。

"一带一路" 倡议意图重新建立陆地上的互联互通与新的海上联系。正如 "一带一路" 文件指出, "一带一路" 贯穿亚洲、欧洲和非洲的大陆, 一端连接着充满活力的东亚经济圈, 另一端连接着发达的欧洲经济圈, 涵盖了具有巨大经济发展潜力的众多国家。丝绸之路经济带通过投资基础设施和其他经济活动, 建立一个紧密联系的经济区, 涵盖亚洲、欧洲和非洲。21 世纪海上丝绸之路倡议通过投资基础设施、港口网络、临港商务区

---

[1] Tim Summers, "China's 'New Silk Roads': Sub-national Regions and Networks of Global Political Economy," *Third World Quarterly*, 2016, 37 (9), pp. 1628 – 1643.

[2] Werner Fasslabend, "The Silk Road: a Political Marketing Concept for World Dominance," *European View*, 2015, (14), pp. 293 – 302.

[3] Junxian Gan and Yan Mao, "China's New Silk Road: Where Does It Lead?" *Asian Perspective*, 2016 (40), pp. 105 – 130.

[4] Tim Summers, "China's 'New Silk Roads': Sub-national Regions and Networks of Global Political Economy," *Third World Quarterly*, 2016, 37 (9), pp. 1628 – 1643.

等经济项目建设海上联结，将给重点合作领域带来新的增长潜力和新的秩序。①

对于丝绸之路经济带而言，目前其面临的挑战是政治稳定性以及来自极端势力和投资安全的威胁；21 世纪海上丝绸之路面临的挑战是如何处理好与部分东盟国家在南海问题上的争端，以及由南海和印度洋海上航线带来的与印度在战略上的不信任。此外美日的战略猜疑也很强，关于自由和安全航行的原则、海上供应链和物流网络，以及海洋资源开发都可以基于合作的精神予以解决。中国无意谋求海上竞争或通过 21 世纪海上丝绸之路（MSR）获取主导权。②

案例 3　东盟互联互通促进与中国的经济一体化

由于贸易和投资流量的提升，运输和物流成为经济增长的关键推动力，能够有效促进东盟单一综合市场和生产基地的建设。表 8 - 1 列出了整个东盟地区的运输和物流状况。

表 8 - 1　东盟国家的运输和物流状况

	港口	机场	铁路	公路
柬埔寨	差	一般	差	差
印度尼西亚	差	一般	良好	一般
老挝	—	差	—	一般
马来西亚	良好	良好	良好	良好
菲律宾	一般	一般	差	一般
新加坡	良好	良好	良好	良好
泰国	良好	良好	良好	良好
越南	一般	一般	一般	一般
缅甸	差	差	差	一般

资料来源：Comparison of Logistics Infrastructure of Countries in ASEAN，http：//www. business-in-asia. com/infrastructure_asean. html。

据亚洲开发银行估计，在近十年中亚洲地区的基础设施需要 8 万亿美元的投资，但亚洲开发银行和世界银行却很难找到经济上可行的项目。例如，马来西亚持续大力发展其公路、高速公路、机场等基础设施，但是铁路是该国基础设施的显著瓶颈，直到最近这一领域的基础设施都面临投资不足的困境。然而随着该国经济发展水平的提高，当前它已不能再像过去一样从发达国家或世界银行等国际组织获取优惠的基础设施项目融资和软贷款项目。据亚洲开发银行估

---

① 参见"一带一路"愿景文件，http：//news. xinhuanet. com/english/china/2015 - 03/28/c_ 134105858_ 2. htm。
② Sara Hsu 认为，侧重软实力而非军事力量或经济胁迫等影响深远的外交政策，可以说是更加多元的全球化版本 3……全球化版本 3 的一部分看起来更国际化、更合作、避免片面。期望建设一个更加和平、包容的全球化，这改变了发达国家与发展中国家之间的力量平衡对比。正在变化中的全球化会带来什么问题，无疑中国的"一带一路"倡议正在强化这一事实。参见 Sara Hsu，"China's one belt and one road-globalization 3. 0，"http：//triplecrisis. com/chinas-one-belt-one-road-globalization-3 - 0/。

计，为维持东盟目前的经济增长趋势，在基础设施领域内的投资将超过 1 万亿美元。

东盟国家位于中国-中南半岛经济走廊的设计路线上，它们在"一带一路"倡议中将发挥至关重要的作用，进一步促进区域一体化。陆地和海洋的互联互通对贸易和安全非常重要。提高和扩大中国与东盟之间的互联互通非常重要，特别是涉及新加坡、马来西亚、泰国、缅甸、越南、柬埔寨和老挝。一长串东盟内部以及中国与东盟的论坛、协议和互联互通相关事项清单，显示了东盟的重要性。有人建议在东南亚大陆通过一系列的公路和铁路连接中国与东盟。中国与东盟在 2011 年签署了基础设施建设指南，中国愿意加强规划、整合技术体系，加快重大项目的建设，尤其是高铁主干线与东盟公路、港口和机场的互联互通。例如，新加坡—昆明铁路是"南宁新加坡经济走廊"建设计划的一部分，随着 2013 年昆明—曼谷公路通车，南北经济走廊建设已初具规模，中国也在广西通往友谊关和东兴港的中越边境完成了高速公路的建设，从昆明到缅甸和越南的边界公路也得到了升级改造。

中国国务院副总理张高丽在 2015 年 9 月南宁召开的第十二届中国-东盟博览会开幕式和中国-东盟商务与投资峰会上提出要加快建设东盟的主要基础设施，中国倡导的区域互联互通与东盟的规划不谋而合，海上丝绸之路倡议可以支持许多现有的双边和区域互联互通、经济联系倡议和协议。从这个角度看，海上丝绸之路倡议恰好切入了区域互联互通的期望。[①] 东盟国家一直是中国的主要贸易伙伴，自 2010 年推出中国-东盟自由贸易区（CAFTA）以来，不断提升的制度合作，与越来越精细化的区域内供应链，推动了中国与东盟双边贸易的快速发展。预计中国-东盟贸易将从 2014 年的 3665 亿美元增加到 2020 年的 1 万亿美元，互联互通是实现这一目标的关键。新的公路、铁路建设将促进中国日益成为这一区域生产网络、接收原材料和资本货物的中心。双向投资、大型基础设施项目、电子商务、跨境人民币交易的发展将在中国-东盟经济合作中发挥更大的作用。地理上的发展合作强调了互联互通对促进双向贸易、商务、旅游、人员交流以及合作解决共同关注问题的重要性。

除了基础设施升级，东盟国家还通过引入一站式的海关服务和统一的行政措施，以加强区域互联互通。中国也愿意与东盟一起打造中国-东盟信息港，提高信息基础设施建设，促进次区域的可持续发展。例如，泰国与其他东盟国家合作引入了现代电子物流和一站式出口服务中心以提高物流效率。老挝和越南最近在边境检查站推出了单一窗口检验，中国和泰国也正在努力简化各自的进口条例。

---

① "Vice Premier Zhang Gaoli's Speech at China-ASEAN Expo," http：//europe. chinadaily. com. cn/china/2014 - 09/17/content_ 18614066. htm.

目前超过 60 个国家已经表达了对参与"一带一路"倡议的兴趣，2015 年 5 月 9 日，中国与俄罗斯以及欧亚经济联盟签署了共同推进"一带一路"倡议的协议。2015 年 6 月 29 日，57 个国家就建立亚投行签署了协议。中国联合巴西、印度、南非和俄罗斯于 2015 年 7 月 15 日正式宣布成立金砖国家新开发银行。中国还在 2014 年底建立了丝路基金。这些都表明"一带一路"已经从倡议落实到了行动。

中国希望通过给"一带一路"沿线国家提供更好的互联互通和更大的经济效益，从而树立一个全新的负责任大国的形象，以此提高自己的声誉。通过"一带一路"建设，中国传播自己的一些发展经验，从而对国际经济体系发展做出贡献。例如，中国强调发展基础设施在经济发展中的重要性，对发展中国家加快其现代化进程，并增强其建立包容性经济体系以及全新金融机构，具有宝贵的借鉴意义。新的金融机构，如亚投行、丝路基金、新开发银行，有助于建立一个公平的国际金融体系，以符合全球治理发展的新形势。

"一带一路"建设包含两个部分内容，其主要部分是有关国家的国内经济项目，另一部分是跨境基础设施网络，即公路、铁路、航空以及连接亚欧非地区的海运航线。然而互联互通并不仅仅意味着公路、铁路、港口、机场等"硬件基础设施"的建设，还包括从政策支持到制度建设（如 FTAs 等）的"软件基础设施"的发展。

由于"一带一路"沿线国家大多是发展中国家，金融设施薄弱，能力不足，许多人担忧"一带一路"建设项目投资面临着较高的风险。"一带一路"建设项目投资的安全性和效率的确至关重要。"一带一路"建设项目按照公私合作伙伴关系模式运作，其中私人投资发挥主要作用，而政府提供基本的支持。政府协议提供法律和政策支持，新的机构（如亚投行）将把握投资安全的原则。当然，在长期基础设施投资与项目的安全性和效率之间达成平衡，会是一项挑战。

"一带一路"建设已经取得了明显进展，中国已经与 20 多个国家签署了合作协议。"一带一路"倡议具有将经济欠发达和政治不稳定的"一带一路"沿线地区变成世界经济活力新支柱的潜能。这不仅大大提高了"一带一路"沿线地区人民的生活水平，而且将"一带一路"沿线地区发展成为全球供应链的一个新的细分市场，从而促进了世界经济的增长。

二 新型发展合作

（一）发展合作的演变

在过去一段时间里，发展合作主要意味着发达国家向欠发达国家提供官方发展援助

（ODA）。过去曾有明确的援助框架以规范、框定援助提供国和受援国的实践行为。目前这一框架正在发生改变，施加这一改变力量的是一种更为复杂和多样化的发展合作方法蓝图，其内涵远比援助要丰富，以新兴的参与者和方法为特点。[1] 发展合作是动态变化国际合作系统的一部分，它在国家、区域和全球层面上过于分散、协调性较差，同时参与者及新方法又层出不穷。[2]

发展合作的根本目的是提高贫困国家的生活条件，但是由于捐赠者的援助在分配上一直由不同的动机驱使，其中包括援助接受者的需要以及捐赠者的利他动机[3]和捐赠者的利益[4]，而超越援助是另一种发展合作的方式。尽管新的超越发展合作援助模式在过去的十年里蓬勃发展，但由于超越援助仍处于起步阶段，关于超越援助的概念存在较大的争议。超越援助作为一个总称，从不同的角度突出了发展合作的转变，部分是通过充满活力的南南发展合作的扩张和发挥着越来越大作用的非国家行为者，如非政府组织（NGO）和私人慈善基金会等，将其推到了前台。

最传统的发展合作活动是促进发展中国家与发达国家的经济趋同，使它们能够实现经济增长和结构转型。更广泛的国际发展架构的重新设计，包括国际贸易体系和国际金融体系，以及减缓气候变化，促进对发展政策连贯性的追求，从而使国家层面实施的所有影响发展中国家的政策能考虑发展合作的目标，这些目标涉及更大程度的参与者多样性以及更复杂的协调行动，以达到有效的发展结果。新发展合作模式中参与者的增加以及发展合作模式的多样性引起了越来越多的关注，传统的援助发展合作结构治理模式已经不适应新的形势。

随着外商直接投资的迅速增长和结构性转变，国外汇款和全球化的金融流动也越来越重要，新发展合作的重要特征是政府发展援助作为发展中国家的主要外部资金来源之一，其相对重要性显著降低。为应对目前的全球和国家发展挑战，已经有越来越多的国家关注超越援助的模式，在一个更广阔的发展合作模式下重新界定援助的角色。[5]

不同发展合作的方法植根于不同的发展合作模式。当前存在强烈的发展合作分化的倾

---

① Charles Gore, "Introduction: The New Development Cooperation Landscape: Actors, Approaches, Architecture," *Journal of International Development*, 2013 (25), pp. 769 – 786.

② A. Acharya, Fuzzo de Lima AT, M. Moore, "Proliferation and Fragmentation: Transactions Costs and the Value of Aid," *The Journal of Development Studies*, 2006, 42 (1), pp. 11 – 21.

③ D. Headey, "Geopolitics and the Effect of Foreign Aid on Economic Growth: 1970 – 2001," *Journalof International Development*, 2008, 20 (2), pp. 161 – 180.

④ J-C. Berthélemy, "Aid Allocation: Comparing Donors' Behaviors," *Swedish Economic Policy Review*, 2006 (13), pp. 75 – 109.

⑤ Heiner Janus, Stephan Klingebiel and Sebastian Paulo, "Beyond Aid: A Conceptual Perspective on the Transformation of Development Cooperation," *Journal of International Development*, 2015, 27, pp. 155 – 169.

向。南南合作通过建立国家生产能力以促进经济收敛，并确保这种经济收敛同时具有可持续性和包容性。南南合作的重要特点是具有多样性，并建立在共同的原则之上，这些原则明确地基于相互平等、相互尊重、互利互惠以及在承担共同责任、分享共同经验的前提下尊重国家主权。[①]

援助提供国正在越来越多地寻求与受援国的合作，使它们的资金、技术援助与当地政府的良好治理，包括政治改革和完善的市场体系相联合、相协调。但越来越多的证据表明，这并不是一个行之有效的方法。发达国家提供的援助资金越来越多地与其政治目标相挂钩，援助所起的支持发展议程的作用则有所减弱。发展中国家已经认识到援助本身不足以促进发展，因此他们也越来越不再依赖援助，发达国家通过提供援助的方式来影响其政策制定的能力也就有所下降。根据经合组织针对 40 个发展中国家政府的一项调查，尽管存在经济和环境方面的巨大挑战，对发展合作的需求较大，但各国政府希望捐赠者提供资金以支持政府主导的部门项目，提供更多、更好的技术援助和政策支持以有利于撬动更多的私人资金投入。[②]

发展合作援助提供国之间迫切需要增加相互之间的对话，甚至在某种范围内以共同的目的和更协调的方式与全球范围内的合作伙伴加强互动。然而，身为发展中国家的援助提供国并没有将它们的资金援助视为政府发展援助，它们探索基于公平、信任、互惠互利和建立长期关系的模式作为目前发展合作模式的替代方式。

（二）新型发展合作

与传统的南北经济关系相比，"一带一路"倡议采取不同的方式共享资源，基于平等的伙伴关系共同发展、共享利益。"一带一路"倡议避免将投资、知识共享、培训和技术转让与任何硬的或软的政治条件相挂钩。"一带一路"参与方作为平等的伙伴，各国、各地方的政府应该承担更大的责任，采用完整的高水平服务，满足建设项目的基本要求。在"一带一路"倡议中，沿线伙伴国家要负责项目的规划、设计和运营，中国与参与"一带一路"的国家是合作伙伴关系，中国投资者也必须与其他国家的投资者在公开、公平的条件下展开竞争。"一带一路"倡议提出的促进发展援助和合作的新思想、新战略，也需要在对发展中国家的资金、技术转让方面有所创新，以适应发展中国家的优先事项。

---

① Charles Gore, "Introduction: The New Development Cooperation Landscape: Actors, Approaches, Architecture," *Journal of International Development*, 2013 (25), pp. 769 – 786.

② Robin Davies and Jonathan Pickering, " Making Development Co-operation Fit for the Future, A Survey of Partner Countries," *OECD Development Co-operation Working Papers*, 2015, No. 20, OECD Publishing.

案例4　中国在非洲的开发性投资

非洲在基础设施发展上落后于许多其他发展中国家。基础设施落后导致很多企业的服务与其他地区相比成本较高。例如，在非洲的公路运输成本是美国的2～4倍，沿主要港口的出口运输时间是亚洲的2～3倍，西方捐赠者一般不从事大型硬件基础设施建设的援助，其大量的援助是面向社会部门或有限的基础设施部门，如对家庭健康有直接影响的供水和卫生部门。西方捐赠者从硬件基础设施建设中退出的一个重要原因是他们认为私营部门可以填补这一空白。的确私人投资已经满足了电信业的许多需求，电信业是非常适合私人运营的行业。然而电力、高速公路和铁路却难以吸引私人资金投入，这些部门的投资回报需要非常长的周期，加上欠发达国家政治和经济的不确定性，私人投资者需要非常高的回报率以弥补风险，其结果是导致了非洲目前的基础设施建设赤字。

中国作为非洲的基础设施项目的主要参与者受到广泛的欢迎，中国有着援助非洲的悠久历史。中国国务院新闻办公室2011年发布了中国对外援助的第一个白皮书，根据白皮书统计，从20世纪50年代到2009年底，中国对外援助额为2562.9亿元，其中对非洲国家的援助占45.7%。2014年7月10日，中国发布了对外援助的第二个白皮书，根据白皮书统计，中国对外援助的总额为893.4亿元，其中对非洲国家的援助占51.8%。①

中国作为非洲国家的发展合作伙伴，提供资金帮助非洲国家重点建设基础设施、促进经济发展。中国提供信贷资金支持，使得非洲国家通过优惠贷款支持基础设施项目和建设新的公路、水电厂、医院和现代化的机场。大部分的融资优惠条件都符合西方官方发展援助的定义，同时中国高度重视以提供援助为手段，从根本上提高受援国的发展能力。中国不仅授人以鱼，最重要的是授人以渔，以帮助这些国家探索一条自主发展的道路。

中国希望深化与受援国的关系，赢得国家的民心。通过提供对外援助，中国展示了承担更多更大国际责任的意愿。项目建设集中于重点突破制约发展中国家发展的三个瓶颈——基础设施落后、人才短缺和资金不足，以加快工业化和农业现代化实现自主和可持续发展。中国主要以承接项目提供资金的形式而不是直接向受援国提供对外援助，中国承担了项目建设资金的分配和使用，由中国企业负责建设和管理，以确保资金的正确使用，提高援助项目的效率，确保资金不会被受援国的官员挪用或私吞。中国作为一个发展中国家，不认为对外援助是简单的捐赠，而是将其作为南南合作的重要形式，对外援助通过帮助受援国建设与经济发展相关的项目，有利于推进中国和其他发展中国家互利双赢、共同发展。

---

① 参见中国对外援助白皮书，2011年、2014年，http：//www.humanrights.cn/cn/rqlt/rqwj/rqbps/t20140710_1187667.htm，http：//www.scio.gov.cn/zfbps/ndhf/2014/document/1375013/1375013_3.htm。

中国的对外援助自 2000 年以来不断增加。在 2015 年 12 月的约翰内斯堡中非峰会上，习近平宣布中国政府对非洲的援助将翻倍，在未来从 2016 年到 2018 年的三年内达到 600 亿美元，其中包括以赠款和无息贷款的形式发放给非洲国家的 50 亿美元一揽子计划，以优惠贷款和出口信贷的形式提供的 350 亿美元，以及另外 50 亿美元用于成立中非发展基金（CADF）以支持中小企业的发展。中非发展基金由中国国家开发银行于 2007 年 6 月成立，初始资金为 10 亿美元，未来逐步达到 50 亿美元。该基金的主要目的是通过过渡性融资、财务咨询、非洲特定管理建议、识别潜在的投资机会以及对接中国投资者与非洲项目，促进中国在非洲的投资。股权基金在支持贸易和合作当中发挥了重要的作用，而正是这些贸易与合作为非洲发展指明了一条道路。事实上，基金成立后中国在非洲的投资开始明显回升。[①]

国有企业曾经是中国海外投资的领头羊，但现在中国进入非洲的直接投资中近一半来自较小规模的私人投资者。同时中国个人纷纷在批发和零售业、餐饮业和制造业中设立企业，中非发展基金（CADF）指明了中国与非洲之间的合作新路径，其中私营部门通过在市场中发挥重要作用，并承担自身风险，积极参与非洲市场的投资。中非发展基金的重要之处在于关注非洲发展的关键领域，并确保中国企业所参与的伙伴关系能够有效地在参与各方之间分担风险。这促进了"双赢"策略的实现，无论是非洲还是中国的企业均会从投资中受益，这也有利于引导非洲企业和政府努力设计盈利可行性高的项目，同时使当地民众受益。中非发展基金还承担着确保投资必须符合社会和环境标准的责任，满足创造就业机会、民众福利和本地标准的要求。中非发展基金资助的项目建设还有助于给非洲国家带来更多的税收和出口。

近年来，中国对非洲基础设施的投资不断增加。据新华网报道，2015 年中国最大的铁路承建商中国铁道建筑总公司（CRCC）在非洲签署的两大建设订单总额近 55 亿美元，包括一个在尼日利亚 35.06 亿美元的城铁项目和一个在津巴布韦的 19.3 亿美元住宅建设项目。[②] 中国在非洲的投资已不再局限于自然资源开发和基础设施建设，越来越多的公司在非洲寻找新的市场，这些工程公司、机械出口商和其他中国企业建立了规模和竞争优势，它们需要寻找新的投资机会，创造就业机会。非洲提供了广阔的投资机会，目前对非洲投资的资金远远不能满足非洲国家对投资的需求。由中国的外汇储备和中国进出口银行联合成立的中国非洲产业能力合作基金，初始资本为 100 亿美元，主要投资非洲国家的制造业、高新技术、农业、能源、基础设施和金融等领域。

① "President Xi Jinping Delivers Speech at FOCAC Summit," http://english.cri.cn/12394/2015/12/05/4083s906994.htm.

② "China Inks 5.5 Bl. USD Infrastructure Construction Contracts in Africa," 新华网，http://news.xinhuanet.com/english/2015-04/27/c_134189494.htm。

中国更多的劳动密集型制造企业正在广阔的非洲大陆寻找发展机会，这为非洲提供了良好的就业机会。非洲有大量的青年人口，有超过 2 亿的年龄在 15~24 岁的年轻人，然而约有 60% 的非洲年轻人是失业者。中国把更多的劳动密集型制造业转移到非洲以加快非洲国家工业发展。在未来，这些投资应该符合不同非洲国家的发展重点，更加注重技术转移，增加本地的增加值以及创造就业机会。

从地理上看，"一带一路"覆盖了 60 多个国家的广大地区。它需要所有相关合作伙伴的积极参与和密切合作。"一带一路"发展遵循的原则是"在满足所有参与者利益的基础上通过协商共同建设，努力整合所有参与者的国家发展战略"。[①] 大多数"一带一路"沿线国家和地区都是发展中经济体，人均 GDP 水平仍然很低，不到世界平均水平的一半。任何单独的国家都不可能建立一个良好的基础设施网络。"一带一路"倡议作为一项集体议程，无论是通过合作伙伴还是通过新建立机构之间的合作，都有助于动员、聚集资源。[②] 事实上，为了满足新的需求，新机构的建设被赋予了高度期望。例如，由于基础设施的发展需要长期的投资，公共资金和金融机构的合作支持至关重要。亚投行是基础设施发展合作融资的新型模式，有助于解决长期投资的瓶颈约束。亚投行的运作将严格遵循国际公认的原则，由其成员共同做出决策。既要适应新的需求，又要面临新的挑战，那么同时改革现有的国际机构，并建立新的国际机构是必需的。国际社会欢迎为世界经济带来新动力的新倡议和行动，因此众多来自亚洲、非洲和欧洲的国家作为创始成员积极参与亚投行的组建，尽管美国和日本拒绝参与。中国作为新兴的力量，以负责任的姿态提出新的倡议，一方面可以在全球发展中发挥更大的作用，另一方面也为全球发展做出更多的贡献。[③] 亚投行能够提供足够数量、灵活性强的投资资金和技术帮助，及时响应、满足伙伴国家项目的需求。这些国家申请亚投行的援助时，它们必须保证自己拥有配套资金和足够的能力。

事实上，由于基础设施投资额大，预计在未来几年还会进一步增加，所有的发展中国家在满足他们的基础设施需求方面都面临着巨大的压力。据联合国贸易和发展会议

---

① 参见"一带一路"文件，http：//news. xinhuanet. com/english/china/2015 - 03/28/c_ 134105858_ 2. htm。

② 恰如观察到的现状，一国融资建立新的港口及相关运输设施或升级现有的设施，将会非常欢迎新的援助者和融资提供者，增加区域互联互通将促进贸易和商业，使得参与国家能够更有机会进入巨大的中国市场，同时吸引急需的投资。参见 Lucio Blanco Pitlo Ⅲ，"China's 'One Belt, One Road' To Where？" http：//thediplomat. com/2015/02/chinas-one-belt-one-road-to-where。

③ Muhammad Azizul Haque 认为中国筹资承担全球责任明显的体现了中国确保中国和世界的和平、稳定与发展的努力。这体现在中国提出了建立亚投行、金砖国家银行、上合组织、亚信会议（CICA）等建议上。参见 Muhammad Azizul Haque，"'One Belt, One Road initiative of China，" http：//www. chinadaily. com. cn/m/gansu/2014 - 09/04/content_ 18545901. htm。

（UNCTAD）估计，为实现2030年可持续发展目标（SDGs），发展中国家每年需要投资3.3万亿～4.5万亿美元（需要超过目前投资金额约2.5万亿美元），这些投资主要集中在基础设施项目（如电力、电信、交通、水、卫生）以及与基础设施相关的具体项目（如食品安全、减缓和适应气候变化、健康和教育）。各国在设定的SDGs之下，共同实施2030年可持续发展议程，对全球资源具有显著影响，这其中包括对公共和私人基础设施投资的影响。[①]

在资金来源方面，发展合作传统上通过双边和多边捐赠者提供资助。但研究表明一半以上的基础设施融资是由发展中国家政府自己承担的，约1/3的融资来自国内和国际的私营部门。发展援助的份额维持在6%～7%的较低水平上。[②] 这表明需要新型的发展援助和合作模式。"一带一路"倡议中的私人－公共伙伴关系（PPP）模式提供了新的发展合作框架，使得私人融资更安全、更有保障。过去的经验表明，在电力、电信、运输和供水等领域，发展中国家的外商直接投资份额较少，现有的投资相对实现可持续发展议程所需的有效资源量而言仍只占一小部分。

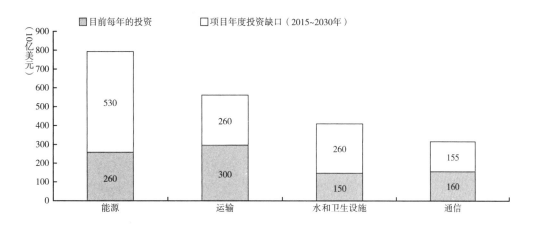

图8-1 当前基础设施领域投资及项目投资缺口

资料来源：Miyamoto and Chiofalo（2015）。

至于基础设施，约1/3的支出分别用于运输和能源，剩余的2/3在水和卫生以及通信领域之间分摊。图8-1显示了目前各基础设施部门每年的融资水平以及预计的项目投资缺口，能源部门的投资尤其需要大幅增加。在具体的基础设施部门中，水和卫生设施、能源、运输的外部融资份额一般在6%～7%左右，但通信行业只有1%左右，这可能与减

---

① UNCTAD，"*World Investment Report*，" 2016，United Nations Publications.

② Kaori Miyamoto and Emilio Chiofalo，"Official Development Finance for Infrastructure：Support by Multilateral and Bilateral Development Partners，" *OECD Development Cooperation Working Papers*，2015，No. 25，OECD Publishing.

贫联系较弱以及私营部门的融资份额较高有关。为了实现可持续发展议程目标，直到2030年每年需要的投资金额是目前投资额的2~3倍。[1]

亚投行是基础设施建设驱动经济发展模式在国际上的自然拓展，经济的长期增长可以通过大量的、系统的、广泛的基础设施投资来推动。新发展银行是由金砖国家（巴西、俄罗斯、印度、中国和南非）建立的一家多边机构，通过贷款、担保、参股或其他金融工具支持公共或私人项目。它的目的是通过项目帮助国家建立发展计划，实现社会、环境和经济的可持续发展，促进基础设施和可持续发展项目对成员的经济增长带来重大影响。从未来的角度来看，成立更多的以发展为导向的新型机构是必要的，它能为包容性发展带来新的活力。

"一带一路"倡议是及时的，由于结构的变化，目前世界经济正处于非常困难的时期，因为收入分配的差距，国内和跨国发展水平不平衡，以及贸易和投资等因素的影响，反全球化趋势呈加强状态。基于双赢和共享的"一带一路"倡议对公共和私人投资更具吸引力，有助于提高发展中国家有利的内部和外部贸易环境，进而促进经济增长的潜能。更重要的是"一带一路"是合作倡议，而不是战略竞争，它为培养合作精神、创造共同利益带来了机会。

三 "一带一路"建设面临的困难

（一）协商一致建设至关重要

协商一致共同建设"一带一路"的共识是至关重要的。虽然"一带一路"建设能够惠及所有合作伙伴，但许多政客和媒体仍将它视为中国的项目，只给中国带来利益。由于中国是一个正在崛起的大国，他们对中国提出"一带一路"倡议的意图仍有猜疑，[2] 因此更多的磋商是非常必要的。由于"一带一路"倡议涵盖了双边和区域议程，在不同的层次的协商是必要的。建立信任和得到合作伙伴的充分支持的关键努力之一是将"一带一路"倡议下的项目与沿线国家的规划和发展计划相对接。同时新开发机构与世界银行、

---

① Kaori Miyamoto and Emilio Chiofalo, "Official Development Finance for Infrastructure: Support by Multilateral and Bilateral Development Partners," *OECD Development Cooperation Working Papers*, 2015, No. 25, OECD Publishing.

② 对海上丝绸之路港口设施可能军民两用的性质存在担忧，如，最近中国潜艇访问科伦坡，关于中国海军在该岛、马尔代夫建立基地的传闻，巴基斯坦邀请中国在瓜达尔建立海军基地，都引起一些国家对中国提高在印度洋的存在并不仅限于商业港口的建设和运营的担心。如果区域竞争者将海上丝绸之路视为便利解放军抵达访问的一种战略，他们即使不直接对抗，但也可能会采取措施阻止其他国家的参与。参见 Lucio Blanco Pitlo Ⅲ, "China's 'One Belt, One Road' To Where?" http://thediplomat.com/2015/02/chinas-one-belt-one-road-to-where。

国际货币基金组织、亚洲开发银行等国际金融机构的合作也十分重要。虽然"一带一路"倡议聚焦发展，但它对政治关系、区域安全以及社会文化关系等都具有重要的影响。加强在这些领域的合作，在促进发展的过程中是必不可少的。

对于中国而言，国内对"一带一路"倡议正确的理解和持久的推动对其实施非常重要。虽然目前中国领导人，特别是习近平主席对"一带一路"倡议给予了极大重视，但地方政府官员和企业界对新发展合作取得共识的努力还有待提高。其中一些人可能把"一带一路"倡议当作促进贸易、投资或淘汰落后产能的一项外向型的战略，还有一些人认为"一带一路"倡议是政府主导的战略，以支持中国企业走出去，并获得项目合同。①

对于合作伙伴而言，由于不同的国情和复杂的国内政治、社会情况，以及面临着治理和资源的约束，"一带一路"倡议可能会成为政治争端议题甚至其中一些项目会中途夭折。极端恐怖主义在一些国家可能是威胁潜在投资者信心的消极因素。涉及不同国内组织之间的利益分配与协调的挑战，有时可能会延迟甚至阻滞项目的实施。② 来自专家和商业界对国家或跨国大型项目风险的预警，如，建立一个中国西北与欧洲联系的庞大走廊经济区要受很多因素的影响，其中包括距离、地理特征、成本、安全、施工时间以及不同性质的合作伙伴等。

中国作为"一带一路"倡议的倡导者，需要协调国内利益，评估不同商业项目风险，加强双边经济贸易协定和规则，促进和推广成功的合作模式，构建关键的创业项目，寻找与各国家之间关于发展经济、政治合作、安全保障和人员交流的契合点。"一带一路"建设特别强调要让中国的意图和利益与沿线国家当地的发展规划和优先项目相对接。

中国与许多国家和地区签订了协议来共同建设"一带一路"，包括俄罗斯、蒙古国、中亚、中东欧、非洲、南亚，以及东盟国家。一些重大项目，如对接俄罗斯－欧亚经济联盟和欧亚铁路、蒙古国草原之路，中国与东盟一些成员的高铁项目等都有所进展。中国还宣布，一个跨非洲的基础设施网络将在"一带一路"倡议下与非洲国家合作建设。③ 基础设施作为发展强大的经济联系和更好的政治合作的基础正在积极地推进建设中。④

中巴经济走廊是"一带一路"建设取得共识的一个绝佳例证，中巴之间相互信任，因而很容易达成协议。中巴经济走廊能够帮助中国保障能源供应，也有助于巴基斯坦吸引

---

① Scott Kennedy and David A. Parter，"Building China's One Belt，One Road，"https：//www. csis. org/analysis/building-China's-"one-belt-one-road".
② 盛斌、黎峰：《"一带一路"倡议的国际政治经济分析》，《南开学报》（哲学社会科学版）2016 年第 1 期。
③ Yong Wang，"Offensive for Defensive：the Belt and Road Initiative and China's New Grand Strategy，"*The Pacific Review*，2016，29（3），pp. 455 – 463.
④ Werner Fasslabend，"The Silk Road：a Political Marketing Concept for World Dominance，"*European View*，2015，（14），pp. 293 – 302.

大量投资，将巴基斯坦发展为一个区域经济中心。另一个例子是中蒙俄经济走廊，在过去很长的一段时间里，由于安全和战略问题，蒙古国采取了"第三方外交"，旨在平衡与中国和俄罗斯的关系。"一带一路"倡议有助于消除不信任，促进三国之间的密切合作。中国发改委发布的文件表明，中蒙俄经济走廊建设将集中在促进贸易投资、跨境经济合作区和跨境运输线等领域。① 当然，"一带一路"建设是一个漫长的过程，而不是一个短期项目，取得共识贯穿在整个建设过程中，其关键是保持动力和可持续性。

（二）金融支持

根据亚行的一项研究报告，亚洲发展中经济体的基础设施投资有巨大的需求，到2020年可高达8.28万亿美元。例如中巴经济走廊下的基础设施项目就需要400亿美元的投资。② 如何为基础设施项目获取如此巨大的融资对"一带一路"建设至关重要。一般来说，有四种融资方式：（1）来自东道国的初始资本，但几乎所有的发展中国家的能力是有限的；（2）外国投资者，由于长期的利润回报率较低和面临不确定性风险，他们的投资通常都非常谨慎；（3）国际金融机构的贷款，如世行、亚行等，通常只有有限的资金；（4）从发达国家获得的官方发展援助，但是受到越来越严格的限制。因此"一带一路"建设面临的挑战是在为基础设施融资的问题上，每一参与方只有有限的潜能。

"一带一路"倡议旨在建立一个广泛而具有包容性的合作框架和可靠的发展环境，使所有的资源能够聚集起来，同时建立新的金融机构为基础设施及其相关领域建设提供融资。如成立亚投行以提供金融支持将促进相关国家的基础设施的互联互通。③ 但是亚投行、丝路基金、新开发银行的规模都太小。各金融机构和公司之间的密切合作非常重要，在某些情况下，特别是对大型跨国项目建设，银团贷款是可行的模式。通常跨国项目融资的可持续性难以管理，考虑不同的文化、法律制度和其他制度与政策，在国外经营一个项目存在较大困难，更不用说管理如此多具有不同政治制度和社会信仰的跨国项目，④ 因此有必要与合作伙伴或有关国家建立协调机制和合作设施

在过去一段时间里，美元曾经是贷款和其他投资资本的主要货币，由于资本需求巨大，需要开展多种货币互换业务，包括双边和多边的货币互换安排。人民币的作用得到加强，中

---

① "New Details of China-Mongolia-Russia Economic Corridor," http：//english. sina. com/buz/f/2016 – 09 – 14/detail-ifxvukhx5095819. shtml.

② 《"一带一路"旗舰："中巴经济走廊"详解》，网易财经，http：//money. 163. com/15/0422/01/ANP6CG7300253B0H. html。

③ 刘国斌：《论亚投行在推行"一带一路"建设中的金融支撑作用》，《东北亚论坛》2016年第2期。

④ Huang, Yiping, "Understanding China's Belt & Road Initiative：Motivation, Framework and Assessment", *China Economic Review*, 2016, doi：10. 1016/j. chieco. 2016. 07. 007.

国与许多国家签订了人民币互换协议，这有助于更多的国家将人民币用于基础设施融资。基于与中国签署的协议或担保，可以发行人民币债券为项目融资。可以鼓励人民币成为"一带一路"沿线国家在跨境贸易结算中的主要货币，"一带一路"沿线国家可以使用人民币作为央行外汇储备。实际上，人民币在商品贸易、基础设施融资、电子商务结算中有巨大的发展潜力，这表明拓展诸如银团贷款、发行债券等人民币融资渠道，提高人民币离岸对冲风险的功能，不仅有利于金融和商业部门的发展，也有利于推动人民币离岸市场的发展。①

（三）风险分析

虽然"一带一路"倡议为创造新的经济支柱和促进经济发展的新政策思路提供了重要的机会，但它也面临着巨大的风险和不确定因素，如地缘政治风险管理、国际政策协调和跨国项目融资的可持续性等。② 作为一种新的区域经济合作模式，"一带一路"倡议有助于推动国家之间的深度一体化，解决在低制度化合作机制、低标准化程度的经济规则条件下影响经济发展的自然障碍。"一带一路"倡议依然面临着非常复杂的规则风险，尤其是在国际体系、跨国系统和企业管理方面，需要在全球、区域和双边层面上完善规则和制度。③

"一带一路"建设是一项系统而复杂的长期工程，面临着多重风险和挑战，"一带一路"沿线国家的政治制度和经济制度差异较大。由于历史、宗教、边界的划定和自然资源等因素，沿线国家之间的关系也复杂多样。这需要投入大量的外交资源解决各国之间的合作问题，有时会因社会和文化差异而导致进一步恶化。一些国家的民族主义者反对大规模的开发项目，他们担心这样的发展最终会导致当地居民失去对自然资源控制。一些地方领导人和居民也怀疑他们是否能从项目中得到收益。

由于"一带一路"倡议跨越广阔的地区，各国之间需要有效的合作协调机制，一些现有的组织和安排，如上海合作组织，能够满足各国之间的对话和交流的需要，严重依赖双边协调机制虽然具有一定的灵活性，但要牺牲政策合作的一致性。"一带一路"倡议包含五个合作优先领域，如果没有一个有效的协调机制，大多数的优先事项均会面临困难。许多"一带一路"沿线国家都是最不发达国家，相互之间联系不畅，道路条件差、等级低，铁路技术标准多样化增加了运输周转环节而导致低效率。由于海上运输信息共享有限，在一些国家频繁发生海上安全事故，为了改善这种状况，需要大量的投资，但这些项

---

① "Leaders of Multinational Companies Seek Further Cooperation Through Belt and Road Initiative," 新华网，http：// news. xinhuanet. com/english/2016 – 05/18/c_ 135369616. htm。

② Tim Summers, "China's 'New Silk Roads'：Sub-national Regions and Networks of Global Political Economy," *Third World Quarterly*，2016，37（9），pp. 1628 – 1643.

③ 马学礼：《"一带一路"倡议的规则型风险研究》，《亚太经济》2015 年第 6 期。

目不可避免地要等待长期才能实现投资利润。

中国与美国以及日本之间的战略竞争使"一带一路"建设面临更加复杂的发展环境，美国和日本表达了他们对中国的"一带一路"倡议的极大关注，他们要么设法劝阻他们的盟友不加入倡议，要么在他们的竞争优势上设置不同的议程。如日本拒绝加入亚投行，为自己的优先项目设立发展基金。中日之间在高速铁路项目和其他一些项目上存在激烈竞争，给中国企业带来明显的负面影响。美国竭力推出自己的"丝绸之路外交"，促进"印度－太平洋战略"。南海纠纷也给"一带一路"建设带来了负面影响。①

四　结论

"一带一路"倡议的显著特点是中国将其作为重要的合作平台，其中互联互通是关键，而构建国际秩序的合作是一个多维度、开放的过程。在全球经济地理深刻变化的背景下，"一带一路"倡议可以被视为包含了跨国因素的空间规划，通过基础设施投资刺激全球经济的项目，并为构建新的国际合作和国际秩序探索新的方法。② "一带一路"倡议能够为中国拓展新市场提供机会，有助于促进中国的经济结构调整和转型，以新的思路和途径探索新型的发展合作模式。"一带一路"倡议以平等参与、共同利益、利益共享的方式惠及所有参与方，同时在建设过程中通过培育公私伙伴关系以体现这一精神。③

虽然中国在"一带一路"倡议中起着主导性的作用，但中国无意主导整个过程或谋求霸权，相反，中国希望基于平等、公开、公平的原则建立新秩序，这对区域和全球的和平、合作与发展是至关重要的。④ 目前虽然还没有一个成型的中国发展模式，但可以通过试验和适应性学习进行多方面的探索和努力，虽然这一过程要面临重大的挑战和困难，甚至是失败。作为一个学习的过程，发展合作的转型可以为中国与"一带一路"沿线国家创建连接和协同。"一带一路"倡议超越了传统的"富国－穷国"援助的方法，它将一个更广泛的框架，结合区域和国际机构各种资源，包括传统的援助和新的创新工具，开放给发达国家和发展中国家。

"一带一路"倡议扩大了转移知识和资源，开辟了从特殊的发展合作历史经验中交流

---

① 黄凤志、刘瑞：《日本对"一带一路"的认知与应对》，《现代国际关系》2015年第11期。
② Zhongping Feng and Jing Huang, "Sino-European Cooperation on the Belt and Road Initiative: Drive, Dynamics, and Prospect,"《现代国际关系》（英文版）2016年第2期。
③ 白云真：《"一带一路"倡议与中国对外援助转型》，《世界经济与政治》2015年第11期。
④ 张蕴岭：《中国的周边区域观回归与新秩序构建》，《世界经济与政治》2015年第1期。

和学习的机会，所有的合作伙伴都在寻求新的、更平等的发展合作模式，从新的地缘政治和新逻辑出发，超越政府不应该参与市场规则的新自由主义框架。通过经济走廊建设、亚欧交通运输网络和海运枢纽的支持，"一带一路"建设已经取得了一些早期收获，但是"一带一路"建设还要面临许多挑战。如由于地缘政治角逐带来的政治风险可能对中国政府提供的优惠融资项目带来金融风险。[1] 要在发展合作中取得进展，需要提出新的思路和制度，这并不意味着要消除现有的机构，而是通过结合新倡议（如"一带一路"）改革现有的援助和融资模式，进而建立新的合作伙伴关系框架。[2]

---

[1] 余莹：《我国对外基础设施投资模式与政治风险管控——基于"一带一路"地缘政治的视角》，《经济问题》2015年第12期。

[2] 《中国与联合国签署"一带一路"谅解备忘录》，中国财经，http://finance.china.com.cn/news/20160920/3911240.shtml。

第九章

中非南南合作[*]

一 导言

在过去的二十年里，中国在与非洲的合作中面临着重要的学习曲线。面对西方主导的关于非洲大陆新殖民主义的批判，中国行动者日益关注诸如非洲当地工人就业、鼓励非洲更多获利以及环境等问题。此外，非洲主要向中国出口基础性资源（如同美国与欧盟的情况），进口制成品，因此中非双方面临着贸易不平衡的挑战，中国目前正通过实验性的非洲工业化计划来解决此问题。如果中国希望坚持南南合作中相互合作、互利互惠的精神而非不平衡的重商主义，那么解决这些问题至关重要。

中国和非洲之间的南-南关系在近几十年来日趋加强。在过去的十五年里，撒哈拉以南非洲（SSA）的经济增速显著快于过去四十年的增速。自 2000 年以来，世界上经济增速最快的十个经济体中有六个来自撒哈拉以南非洲（SSA）。据渣打银行估计，在未来五年，SSA 经济体平均增速将超过亚洲同等国家。20 世纪 80 年代，中非的贸易额为 10 亿美元，但到了 2012 年，贸易额已超过 2200 亿美元（Grimm，2015；Cissé，2012）。中国对非洲的投资也在不断上升，年增长率达到 114%（Wang and Elliot，2015；Moyo，2012）。2011 年，中国对苏丹、津巴布韦、毛里求斯、赞比亚和尼日利亚的直接投资占中国在非洲对外直接投资（OFDI）的 70%（Wang and Elliot，2015；Moyo，2012；Cissé，2012）。在贸易方面，中国自 2013 年以来一直是非洲最大的贸易伙伴，几乎向所有 54 个非洲国家均出口其制成品。截至 2013 年底，中国在非洲的外商直接投资（FDI）存量已达 260 亿美元（Chen et al.，2015）。目前，非洲大陆有 2000 家中国企业（Pigato，2015）。作为非洲

---

[*] 本章作者是 Ross Anthony，Yejoo Kim，Emmanuel Igbinoba，Nusa Tukic and Meryl Burgess。Ross Anthony 博士供职于南非斯泰伦博斯大学中国研究中心。

国家的投资伙伴，中国目前体现的和潜在的能力都是巨大的。

本章讨论了中非南－南合作关系中关于政治、经济和民间社会的一些观点，并概述了中国参与基础设施建设、电信和贸易活动的情况。本章侧重研究外商直接投资（FDI）与制造业，这些是非洲发展可持续经济非常重要的部分。外商直接投资与制造业的发展也反映了非洲摆脱资源依赖的发展路径并没有对"自下而上"的经济发展带来影响。最后，本章介绍了中国与非洲合作过程中面临的一些挑战，包括劳动力和环境问题，并探讨了中国如何应对这些挑战。

二　南南合作

在过去半个世纪中，中国与非洲大陆之间的关系已经从主要基于政治伙伴关系转变为主要基于市场互动。在 19 世纪 50～60 年代，中国与非洲的合作主要在冷战时期建立，此时各社会主义国家均结成同盟。在毛泽东领导时期，中国在诸如获得联合国成员资格以及政治孤立台湾地区的问题上寻求非洲国家的支持（Yun，2014）。非洲社会主义国家政府，如津巴布韦、埃塞俄比亚和赞比亚等，也从中国获得了各种形式的发展援助。随着冷战结束，中国的政治目标基本达成，之前在非洲的援助开始累积为不可持续的财政成本（Yun，2014）。20 世纪 90 年代，中非关系再次深化。由于经济由政府主导转变为市场导向，中国制造业部门得到了快速的发展。为了保证制造业部门的持续发展，中国再次寻求非洲的帮助以获得原材料（Cissé，2013；Moyo，2012）。

过去二十年中，中国与非洲大陆的关系主要受几个经济因素的影响，包括中国需要资源来发展国内经济以及通过市场准入和技术、知识转让提升国际竞争力（Cisse，2013；Alden and Davies，2006）。这也标志着中非关系从主要基于政治动机进入基于经济动机的新时代。中国与非洲国家的南南合作在很大程度上是两个因素的结合——发展中国家共同的命运感以及期望利用当代市场力量来实现发展愿景。

早期，社会主义时期的援助是南南合作（SSC）的有力推手。南南合作不是一个新概念，它在 20 世纪 50 年代初便存在，并在 1978 年被联合国大会认定为官方术语。虽然其定义随时间有所变化，但是在 2010 年联合国贸易和发展会议上"南南合作"被正式定义为"为实现共同发展目标而促进发展中国家之间的政治经济技术合作的过程、机构和计划"（UNCTAD，2010）。南南合作常常在特点、方法和最终目标等方面被拿来与南北合作（NSC）比较。简而言之，南北合作通常指北半球国家对南半球国家的发展援助。二者的分歧也围绕经济发展的概念，发展程度通过国内生产总值（GDP）、人类发展指数（HDI）排名以及由世界银行（WB）和国际货币基金组织（IMF）定义的收入类别排名来核算

（Thearien，1999；Mimiko，2012）。此外，由北方国家（也称为"发展援助委员会"）向南方国家提供的发展援助，是由其双边（从政府到政府）或多边（从政府到国际机构、组织）特征来界定的，这其中也包括用于技术援助、扶贫等方面的资金供给。另一方面，南南合作与西方援助的概念不同，它包括混合投资、贸易、发展援助和技术转移（Brautigam，2009；Grimm，2015）。

将上述分类标准应用于中国，可以发现中国是属于南南合作类型而不属于 DAC 类型的援助提供国。根据 2014 年人类发展指数，中国是一个高度发达国家，但是它的人均 GDP 低于平均水平，因此根据世界银行和国际货币基金组织的标准，中国并不是发达国家和高收入经济体。然而，中国自 2013 年以来一直被列入新兴工业化国家（NICs）。新兴工业化国家还包括金砖国家合作伙伴中除俄罗斯以外的其他三个国家——巴西、印度和南非。中国作为新兴工业化国家，同时也具有与其他南方发展中国家共有的特征，而其也一直坚称自身为发展中国家，这些事实说明分析中国政府以及中国企业在与南方发展合作伙伴国家关系中所做出的南南合作努力是极其重要的。

与许多非洲国家一样，中国经常利用其"发展中国家"的身份，作为在南南合作框架内向非洲国家提供援助的筹码。虽然中国与非洲合作伙伴之间的经济条约存在不平等，但是互利互惠、平等、尊重仍是维持关系的中心支柱。互利互惠、平等的原则在今天依然指导着中国的外交政策，也是中国制定同发展中国家相互合作八条标准的基础。"中国援助第三世界国家的八项原则"也被称为"对外经济技术援助八项原则"（Yun，2014），包括：

（1）强调平等互利；

（2）尊重主权，绝不附加条件；

（3）提供免息或低息贷款；

（4）帮助受援国独立发展，自力更生；

（5）建设投资少、收效快的项目；

（6）以市场价格提供优质设备和材料；

（7）确保有效的技术援助；

（8）根据当地标准支付专家薪酬（Chin，2012）。

Grimm（2015）指出与中国的合作协议通常是在政府与政府的谈判中制定的一揽子交易（与南北合作中双边援助的方式相同），包括援助措施、商业贷款和重点中国公司的一些战略投资支持。在此过程中，南南合作涉及大量的参与者：国家、商业团体（国有和私有）和民间社会团体。

三　政治驱动

南南合作在政治上是通过中国的软实力来促进的，其中最有力的是中国企业在海外的扩张。中国政府主要通过金融支持（如低息贷款）使一些中国企业进入全球轨道，加速这些中国企业的国际化进程。考虑到中国对能源安全的需求，在这种情况下非洲成了一个越来越具吸引力的地方（Taylor，2006）。自21世纪以来，中国领导人不断强调软实力，软实力已经成为中国官方话语的一部分。

在胡锦涛主席的第二个领导任期内，软实力的思想就已经开始生根发芽。胡锦涛强调中国的国际地位和影响力必须通过硬、软实力两种形式来传播。这种思想在习近平主席所提出的实现中华民族伟大复兴的"中国梦"中被沿用（Ferdinand，2016）。2013年，中国进一步拓展了这一概念，进而包含了"非洲梦"。部分学者，如Zhao（2012，2015）、Sautman和Hairong（2007）、Breslin（2011）、Zhu（2013）等，将此称为"中国发展模式"，Ramo（2004）则称之为"北京共识"，以作为"华盛顿共识"的一种替代选择。

虽然没有共同的定义，但软实力的概念在促进对中国海外利益与身份更积极的理解中得到了广泛的接受和应用（Breslin，2011：2）。关于中国的软实力及其崛起，Joseph Nye认为中国的硬实力和软实力虽然没有达到美国的高度，但是它们正在迅速拓展领地（Nye，2005）。Joshua Kurlantzick在2007年指出，中国在非洲的软实力战略是通过经济和外交手段来完成，如援助、投资和参与多边组织（Kurlantzick，2007：6）。发展中国家越来越多地利用多边机构作为其对被边缘化不满的出路，这也反映了发展中国家希望纠正国际体制内不平衡状态的野心。近年来，中非关系通过双边交流和各种多边框架得到了加强，成为这一新背景下产生的交互关系的突出代表。在非洲大陆，中国主导的多边机制在传播中国经济增长的成功故事和知识经验中发挥了作用。目前中国两个主要的合作伙伴关系包括金砖国家（BRICS）和中非合作论坛（FOCAC），其中中非合作论坛是每三年召开一次的部长级会议，目的是加强中国与非洲国家在多个层面上的合作。

20世纪90年代末，中国的主要政策制定部门已经为讨论对非政策举行了数次战略会议。中非双方认识到在新形势下加强磋商与合作的必要性。中非合作论坛成立于2000年10月，这也是中国与非洲建立新的政治合作的象征。中非合作论坛的主要目标是加强磋商、增进了解、扩大共识、加强友谊，以促进经济合作与贸易。同时，中非双方在中非合作论坛会议上强调了南南合作的联系。在联合国（UN）、世界贸易组织（WTO）、国际货币基金组织（IMF）和世界银行（WB）等全球论坛上，援助非洲已经成为一个重要的问题。在中非合作论坛的旗帜下，中国政府也设法参与到非洲多边论坛中，如非洲联盟（AU）和非洲发展新伙伴计划（NEPAD）。非盟委员会于2011年10月作为正式成员加入中非合作论坛而不再只是作为观察员，并于2012年参加中非合作论坛第五届会议。此外，2015年5月，中国正式接纳非盟成为常驻代表团。在第六届中非合作论坛会议之后，北京主办了一次后续会议。中国和53个非洲国家的代表讨论了上一年举行的中非合作论坛后续行动的执行情况。双方重申他们将在今后密切合作。

推进南南合作的另一个重要国际组织是金砖国家论坛。金砖成员的活动提供了一种传统西方援助国家所提供的发展合作模式的替代品。虽然金砖成员在地理位置、历史、文化和社会经济条件方面存在巨大差异，但他们一直致力于形成集体认同以应对全球层面的各种挑战。成员之间共享的利益包括促进投资和贸易、技术转让以及金融基础设施。南非的加入使该集团更能代表新的政治和经济力量。南非在经济方面的战略地位和其作为与非洲大陆有贸易联系的区域商业中心被其他成员视作其最重要的特点之一。金砖国家在非洲也需要一个具有贸易联系、良好金融基础设施和可以与之开展政治合作的伙伴。南非已在包括非盟在内的各种区域论坛上发表非洲大陆的声音，它与其他非洲国家共同关注经济不平等、贫困和失业问题。南非被纳入金砖国家集团，这赋予了它在非洲大陆和全球舞台上的重要地位。南非与其他金砖国家的合作预计将提供一个实现包容性增长的机会，带来诸如就业等社会机会，这也是南非国内政策的基石。

为推动共同发展，金砖国家已经斥资1000亿美元启动了新开发银行（金砖银行）。该银行将推动金砖国家之间的合作，弥补其他发展伙伴和国际金融机构（IFIs）在实现全球增长和发展中的不足。在全球范围内，基础设施需求总额为5.7万亿美元（Maasdorp，2015）。金砖银行将使这类融资更加容易，这对金砖成员和其他发展中国家都十分有利。金砖国家的建立为南非提供了很多机会，比如，南非可以吸引更多来自其他金砖成员的外商直接投资。此外，南非拥有丰富的矿产资源，这为其与资源需求量大的金砖成员开展贸易创造了机会。这些计划将刺激南非经济增长，使其解决高失业率和贫困问题。2016年6月的季度统计数据显示，南非的失业率达到26.6%（Stats SA，2016），2016年的基尼系数达到63.4%（Bertelsmann Stiftung，2016）。南非将同时作为主要股东与借款人同新开发银行合作。作为借款人，南非将利用新开发银行作为其基础设施发展计划以及区域一体化方案的资金来源。

在政治上，中国已经能够通过多边组织来协调应对各类挑战，并最大限度地提高其全球影响力。这些平台可以提供分享思想和经验的机会。南非参与这些多边机制为它带来了更多的可持续发展的机会。然而，南非应当迅速确定如何从这些关系中受益，制定指导方针并迅速实施，从而最大化地提高效益。南非自身的利益与追求共同发展和繁荣的双边、多边机制息息相关，此时关键的问题便是这种关系的可持续性。金砖成员处于不同的发展阶段，例如中国和印度未来将不再是发展中国家。

四　合作模式

（一）基础设施

中国对非洲发展最重要的影响是在基础设施领域。中国凭借具有竞争力的价格和相对更快的建设速度在基础设施建设中拥有极大的优势。中国的参与企业包括许多不同性质的企业：国有企业（国家级、省级）、私营企业。其中几个大型国有企业（SOEs）占主导地位，如中国交通建设有限公司（CCCC）、中国路桥公司（CRBC）。基础设施建设的合作充分体现了中非关系中的"双赢"口号：一方面中国国内基础设施部门的剩余产能不断增加，海外基础设施建设为其提供了新增业务；另一方面非洲国家获得了急需的基础设施，将极大促进互联互通和经济增长。

2013～2014年，中国公司的大型项目数量增长了46.2%（德勤，2015）。2005年，中国铁道建筑总公司（CRCC）投资了18.3亿美元用于维修遭战争破坏的安哥拉本格拉铁路（已于2014年完工）。2012年，中国交通建设有限公司（CCCC）将毛里塔尼亚的努瓦克肖特港口（也被称为友邦港）扩建了900米。其他重要的港口建设包括中国商业控股国际（CMHI）目前对坦桑尼亚巴加莫约港口17亿美元的投资（包括卫星城市开发）和4.6亿美元的海港投资，建成后该海港将拥有2000万标准箱（20英尺长的集装箱）容量。在多哥，2012年CMHI购买了洛美港集装箱码头（LCT）50%的股份，并将其扩建到四个泊位，容量达到220万标准箱（TEUs）。在航空领域，中国也是重要的参与者。中国江西集团扩建了赞比亚的Kenneth Kaund国际机场，内罗毕国际机场由安徽建设和中国国家航空技术国际工程公司（CATIC）重新开发，第一阶段已于2016年完成。

在中国和非洲，越来越多的跨大陆项目像上述例子一样开展。2015年1月，中国和非盟签署谅解备忘录（MOU），旨在通过铁路、公路、航空和工业化（为每个部门设立委员会）连接非洲大陆。虽然没有时间范围和价格标签，但是该协议将包含已经存在的项目，如肯尼亚拉穆港－南苏丹－埃塞俄比亚交通走廊（LAPSSET）项目——连接肯尼亚、埃塞俄比亚、乌干达、卢旺达、坦桑尼亚和南苏丹（铁路、公路和港口），连接巴马科（马里首都）、塞内加尔达喀尔港口与科纳克里（冈比亚）的铁路，价值110亿美元。LAPSSET项目旨在将主要的东非中心（肯尼亚、南苏丹和埃塞尔比亚）与偏远的次区域以及其他邻国（乌干达、布隆迪、卢旺达和刚果民主共和国）相连接。该项目包括拉穆群岛曼达湾的一个港口、通往朱巴（南苏丹）和亚的斯亚贝巴（埃塞尔比亚）的标准航线、公路网、石油管道（苏丹南部和埃塞俄比亚）、巴尔戈尼（肯尼亚）的炼油厂、三个机场。其中，三个机场分别为位于肯尼亚西北部的图尔卡纳县、与南苏丹和乌干达接壤的洛基乔基奥机场，位于肯尼亚中央的伊西奥洛国际机场和位于港口城市拉穆的曼达岛拉穆机场。另外，该项目还包括建造三个度假城市（拉穆、伊西奥洛和图尔卡纳湖）。

2012 年中非合作论坛北京行动计划强调要加强人和商品的互联互通，促进非洲发展。该计划将面临协调多个区域组织的挑战，这些组织包括西非国家经济共同体（ECOWAS）、南部非洲发展共同体（SADC）、中部非洲国家经济共同体（CEEAC）、东非共同体（EAC）、东部和南部非洲共同市场（COMESA）、中部非洲经济和货币共同体（CEMAC）、阿拉伯马格里布联盟（AMU）和非洲经济共同体（AEC）。

中国的基础设施建设将在非洲继续发展，例如最近公布的丝绸之路经济带和 21 世纪海上丝绸之路（"一带一路"）将大规模的基础设施建设和工业化项目延伸至中亚、太平洋和印度洋地区（包括东非）。这些投资也可能包括其他援助者的投资。例如，由中国牵头成立的亚洲基础设施投资银行（AIIB），其股东国家包括世界上大多数主要国家（除日本和美国）。2015 年 3 月，中国宣布对非洲实施一个类似的计划——"三网络和工业化"，除进一步发展非洲交通外，也对非洲工业化进行援助。

（二）通信业务

中国企业还通过出口网络产品、建立合资企业和投资当地通信业务来拓展其在发展中国家的市场。2013 年，作为设备供应商，华为和中兴在南非市场的份额合计占 50% 以上，超过在非洲的其他欧美企业。华为和中兴对非洲的基础设施建设也做出了贡献。例如，在南非，华为计划帮助南非政府在 2020 年前实现 100% 的宽带普及率（2013 年仅为 26%）。中兴于 2010 年对 Cell C 投资 3.78 亿美元，华为于 2008 年对 Telkom SA 投资 2.11 亿美元。华为、中兴等中国企业加大了非洲电信行业的市场竞争，从而降低了市场价格，增加了消费者的选择使消费者受益。这些受益国家包括加纳（中兴：传输网络，2006）、阿尔及利亚（华为：海底电缆，2010）、利比亚（中兴：3G 网络，2005）、尼日利亚（华为：NGN 移动软交换，2010）、安哥拉（中兴：光纤骨干网，2008）和埃塞俄比亚（中兴：光纤传输、GSM、网络扩张，2006）（Cisse，2012）。华为在非洲建立了六个培训中心（尼日利亚、安哥拉、肯尼亚、南非、埃及和突尼斯），中兴则建立了四个培训中心（埃及、埃塞俄比亚、阿尔及利亚和加纳）。这些政府与电信运营商的合作还将专注于技术推广、专业咨询和学术研究。

（三）制造业

在这样的背景下，中非经济关系加强的一个突出特征便是中国对非洲制造业投资的增加。中国政府鼓励企业在非洲大陆从事制造业，强调分享自身基于工业化的经济发展经验（也帮助中国扩大其在非洲大陆的软实力）。其中一个表现是建立经济特区（SEZs）、出口加工区（EPZs）、经济加工区、自由区、外贸区和工业园区。中国已经在赞比亚、埃塞俄比亚、尼日利亚、埃及和毛里求斯建立了经济特区。中国政府和非洲东道国政府都给予包括税收优惠、贷款等支持，希望能够吸引面临劳动力成本增加和国内企业竞争的中国私营企业。位于埃塞俄比亚亚的斯亚贝巴附近 Bishofu 地区的华坚鞋业公司便是一个成功的例子：该公司雇用了大约 1000 名本地工人，组成几个小组，每个小组包含一名中国主管。公司的经营业务主要是将当地皮革加工成鞋子并销往国际市场，而公司也正在逐步扩大其业务。然而，华坚的成功在某种程度上是在经济特区建立的大背景下的一个特例，因为中国在非洲建立经济特区常受到官僚主义、沟通不畅、地方基础设施薄弱、市场联系不足、部分东道国政府缺乏承诺等问题的困扰，有的经济特区地理位置也不佳。

转移制造业部门实际上符合中国自身的经济结构转型需要。许多研究指出中国已经到达刘易斯拐点。从发展阶段来看，中国也已从劳动力过剩的模式转向劳动力稀缺的模式（Friedman and Kuruvilla，2015）。劳动力短缺将导致劳动力成本上升，因此中国投资者将转移生产单位，促进中国企业的国际化。非洲廉价和丰富的劳动力也是吸引这些中国企业的一个重要因素。此外，非洲国家与美国、欧盟有着各种优惠的贸易协定。这些进入欧盟、美国市场的优惠条件也在很大程度上影响着中国投资者的决定。比如，非洲增长和机遇法案（AGOA）可以为企业提供免税免配额进入美国市场的机会。由于美国对大量进口的中国产品有严格的规定，因此非洲可以作为中国产品进入美国市场的中转站。中国对非洲制造业的投资有望促进非洲出口导向的经济增长、技术转让、就业机会创造，并带来其他与发展相关的好处。它还将为非洲经济更紧密地融入全球经济提供机会，这反过来也将扩大中国在非洲大陆的软实力。

五　外商直接投资及其对可持续发展的作用

随着新兴经济体在国际贸易和投资中所占份额增加，针对南南一体化的学术和政策兴趣已经重燃，同时也激发了各界对较不发达国家经济增长方式的辩论。虽然来自中国的外商直接投资被认为通过生产力溢出和资本存量注入为发展中国家的轻工业发展做出了贡献

（Lin and Wang，2014：12），但是人们也担忧这样会加深在初级部门的资源诅咒①问题（Carmighani and Chowdhury，2012：479 - 498），以及中国跨国企业（MNE）会替代它们在非洲同地区生产同质产品的竞争对手的问题（Morrissey，2012：26 - 31）。

由于中国政府的"走出去"政策，自1996年以来中国对撒哈拉以南非洲（SSA）的外商直接投资增长显著，但是与非洲国内生产总值和流入非洲的外商直接投资总额相比依然处于较低的水平。不过，中国对多数国家的平均外商直接投资流入占其总外商直接投资流入的10%，其中津巴布韦达到52%，毛里求斯为26%（Weisbrod and Whalley，2011：3；UNCTAD，2012）。来自中国的外商直接投资的显著特点是集中在采掘行业，但近年来，投资的行业也越来越多元化，包括农业、金融、轻工业、电信和建筑业，其中最多的投资项目集中在制造业和基础设施领域（UNCTAD，2011）。这是因为中国国有企业大多集中于采掘业和基础设施部门，而私营的中小企业则更多地关注轻工业、制造业和服务业。

此外，中国跨国公司（MNCs）帮助许多非洲国家形成上 - 下游综合产业链，从而将资源优势转化为经济增长机会，比如在赞比亚采铜的同时修建道路、医院和其他经济基础设施。

随着中非经济关系的增强，撒哈拉以南非洲国家经济也进一步发展，那么来自中国的外商直接投资对非洲国家经济增长的结构性影响究竟如何？一般认为外商直接投资对经济增长的影响在理论上是正向的（相关研究关注提高生产力的效应），同时它对东道国出口多样化和出口升级也具有积极的影响。东道国公司通过生产力溢出效应、外国公司的收购和努力积累，增加出口的多样性以及单位价值。多年来，在不同的文献中构建了不同的指标来探讨出口多样化和出口升级的决定因素，以及它们带来的影响（Amighini and Sanfillipo，2014：6 - 7；Hausmann et al.，2007：1 - 25）。

虽然撒哈拉以南非洲经济体被认为主要由出口驱动经济增长，但是最近的研究焦点则从出口何种商品转变为出口商品的组成对经济增长有多大价值。Hausmann等（2007）指出具有较高出口单位价值和较多出口种类的经济体比出口品种较少、出口单位价值较低的经济体的经济增长更快。结构转型是指在现代经济可持续增长过程中在三个广义部门中（农业、制造业和服务业）重新分配经济活动（Kuznets，1966：306；Lin，2012：2 - 18）。实际上，在对出口产品没有进行结构转型的情况下增加出口可能不利于经济的可持续增长，特别是在出口的产品由初级产品或低价值产品组成的情况下（Hwang and Rodrik，2007：1 - 25）。因此，我们可以看到出口单位拥有更高价值或质量产品的国家经济增长表

---

① 一个矛盾的情况：有大量不可再生资源的国家经济增长停滞甚至经济收缩。

现更好。

为了回答南-南外商直接投资对撒哈拉以南非洲国家结构转型的影响渠道，我们将以中国对 SSA 国家服装和纺织部门发展的影响为案例进行研究，以确定来自中国的外商直接投资是否对 SSA 国家出口多样性和出口升级产生影响。服装和纺织部门被认为是工业革命和经济增长的催化剂，是经济可持续增长的驱动力，在欧洲（工业革命）、美国和亚洲（包括中国），该部门都率先进行结构转型。这是因为它很容易吸引外商直接投资，同时也是劳动密集型部门，因此能够创造新的就业机会；另外它与其他部门，如农业和制造业也有着紧密的联系（垂直联系和水平联系），因此也有助于巩固发展制造业基础。为了分析中国的外商直接投资对 SSA 国家出口升级的结构性影响，本章建立并分析了1996～2013 年间 16 个 SSA 国家的行业面板数据。

在过去几十年中全球化的好处显而易见，随着人员、商品服务以及资本在国家间流动性日益增加，发展中国家也由此获得了更快、更稳定的经济增长。外商直接投资能够从发达国家对欠发达国家进行促进生产力的转移，这使其成了全球化进程中关键的因素（Moran，2010）。虽然外商直接投资在创造就业和技术转让方面的作用已经被认识到，但是很少有证据表明外商直接投资对东道国出口升级存在影响。由于跨国公司具有更领先的生产技术与知识，它们的产品通常被认为具有更高的单位价值，判断外商直接投资对出口升级的影响便是基于这一事实。

此外，在同一部门的国内企业可以通过观察来学习掌握国外厂商的生产和营销技术，从而对自身出口产品进行质量升级。因此，从跨国公司的生产力溢出中受益的供应商可以出口更高价值的产品。此外，通过积累跨国公司溢出效应得到更高质量的投入品，也将有益于国内最终产品的生产者，使他们能够参与出口升级。最近，一项新的研究强调了外商直接投资对出口升级的正向影响。通过分析美国、日本对印度直接投资的公司层面数据，可以发现外商直接投资对东道国出口的横向多样化有显著的正向影响（Banga，2006：558－568）。这一效应主要发生在非传统部门，如教育、医疗保健和快餐等，因为在这些部门中外国公司相比于国内公司来说更多为出口导向型。Iwamoto 和 Nabeshima（2012）以及 Tadesse 和 Shkralla（2013）基于不同国家的样本也发现了类似的结果。

最后，Harding 和 Javorcik（2012）通过比较 1984～2000 年间 105 个国家的投资靶向部门的出口单位价值与非靶向部门成为靶向部门前后的出口单位价值，讨论了吸引外商直接投资是否能提高出口质量的问题。结果表明外商直接投资的流入有利于提高发展中国家的出口质量。Moran（2010）指出外部流动所产生的知识溢出是促进地方经济结构转型的重要渠道，因为它们不仅有助于提高现有产业的生产力，更重要的是它们带来了新的想法和经验，促进了对新的生产方式的探索，从而有利于东道经济体的多元化和升级改造。这些影响主要通过增加出口总量（强化利润效应）、出口产品种类（广延边际），提高出口产品质量来达到（Crespo and Fontoura，2007：410 - 425；Harding and Javorcik，2012：964 - 980）。

然而，这种溢出的有效发生受投资性质的影响，并取决于一系列因素，例如进入的动机或模式（Crespo and Fontoura，2007：410 - 425；Narula and Driffield，2010：1 - 7）。即使在具有最有利条件的行业内，不同的文献也反复强调溢出效应要求受援国具有一定水平的吸收能力，比如内部化外部知识流的能力（Crespo and Fontoura，2007：410 - 425）。就非洲而言，Morrisey（2012）指出外商直接投资的部门主要集中在初级产业，而企业和国家层面吸收能力低下往往意味着相比于现有文献所预期的正向溢出效益更少的收益。投资来自发达国家还是其他发展中国家对出口和经济增长的潜在影响也很重要。尽管来自发达国家的外商直接投资仍普遍存在，但是来自发展中国家的新一轮投资者的出现增加了南南流动（South-South flows）的相对规模，特别是在区域内层面上（UNCTAD，2006）。与南 - 北外商直接投资相比，南 - 南的外商直接投资可能对东道国经济产生更积极的影响，因为发展中国家企业更可能提供其他发展中国家更易于获得的商品和服务（Lipsey and Sjoholm，2011：11 - 31）。发展中国家的外商直接投资也可以弥补国内低储蓄的问题，有利于低收入国家进行资本积累，特别是那些由于制度薄弱，传统投资者不愿意投资的国家（Dixit，2012）。这一点在外商直接投资基础设施建设时变得尤为重要，而这种情况在来自其他发展中国家，特别是金砖成员的外商直接投资中经常出现（Mlachila and Takebe，2011；UNCTAD，2012）。非洲的南南外商直接投资（South-South FDI），特别是轻工业部门，也可以通过非洲大陆生产活动迁移而获利，这种迁移通常是因为需要为第三市场建立出口平台，如来自中国的外商直接投资投资纺织业的案例（Kaplinski and Morris，2009：551 - 569），或者是为了获取再出口自然资源的利益，如农业投资案例（UNIDO，2011）。

从上述文献来看，我们可以推断对于发展中国家而言，南南流动（South-South flows）比南北流动（South-North flows）更有利（Amsden，1986：249 - 274；Greenaway and Milner，1990：47 - 68；Klinger，2009）。相关研究发现，在通过使用进口商品获得知识溢出效应时，合作国家的组成十分重要（Mlachila and Takebe，2011）。南方国家的进口商品和来自南方或北方的外商直接投资与国内商品和国内资本投资之间都存在着技术差距。这种技术差距影响着受援国将外部知识流内部化的能力（Gelb，2005）。Munemo（2013）发现来自中国的资本是促进非洲技术转让的重要渠道，而技术转让则极大地促进了非洲经济增长。另一方面，最近的研究表明，与进口的北方国家商品相比，进口的南方国家商品在技术上更接近国内产品，这对提高出口质量的影响有限，但可以增加非洲低技术制造业的出口品种（Aykut and Goldstein，2007）。拥有南方国家的对外直接投资更有利于提高制造业出口质量，更有利于在低技术部门（特别是农业、纺织业和服装业）引入新品种。在产品多样化较低的国家里上述影响更为明显（Amighini and Sanfilippo，2014：1－17）。此外，新结构经济学（NSE）的方法强调，对于发展中国家来说外商直接投资比其他外来资金流更为有效，因为它通常投资符合一国比较优势的行业，对该国的净贸易地位也会产生正向的影响（Lin，2012）。

历史上杰出的经济学家如亚当·斯密和大卫·李嘉图都强调专业化对经济增长的重要性。他们都认为一个国家需要集中生产具有比较优势的产品来最大限度地发挥其生产潜力。但最近的研究强调出口多样化是经济增长的加速器。出口多样化促进经济增长的渠道包括：通过增加出口产品总量来改善贸易条件（Amighini and Sanfilippo，2014：1－17），降低出口不稳定性和外汇的不稳定性，从而稳定出口收益，通过改进生产技术来实现知识溢出效应（Lin，2012）。

Hausmann 等人的研究指出，出口产品的多样化而非单一化对经济增长十分重要（Hausmann et al.，2007：1－25）。他们认为一个国家出口的质量水平对其经济增长具有深远的影响，因此出口商品单位价值（复杂程度）较高的国家可以实现更快的增长。他们的观点基于这样的前提：在全球市场中生产率较高的商品存在弹性需求，因此一个国家可以大规模出口商品而不受贸易的不利影响，从而产生大量的贸易收益。"对一个国家的印象来自它出口的商品"这句话便可以描述经济增长与出口单位价值的关系。Wang 和 Wei（2008）的后续研究发现物质和人力资本积累以及政府政策决定了一个国家出口一篮子商品的单位价值。

下面利用结构转型的典型部门——服装业和纺织业的贸易数据，展示了过去二十年来中国和 SSA 经济体之间贸易和投资的日益增加与经济一体化的增强是否对出口多样化和出口商品升级产生了影响。结合不同的研究，结构转型可以通过一系列反映不同维度的指标来衡量：一个国家出口品种是否更多、出口质量是否更高、出口产品功能是否更高级、出口产品市场是否更复杂精细。这些影响指标的值越高，中国投资对该部门的影响就越大。这些指标超越了传统衡量净贸易状况和贸易平衡贡献度的指标，试图捕捉结构转型的不同维度，以衡量 SSA 国家服装业和纺织业的结构性变化。

为了评价中国外商直接投资对 SSA 经济增长的结构性影响，本章对 1996～2013 年的 SITC 协调制度（HS）分类跨国出口数据和 UNIDO 中部门具体变量情况进行描述性分析。每个指标都根据来自中国两个时期（1996～2002 年和 2003～2013 年）的外商直接投资以及具有发达服装业和纺织业的非洲国家该行业的出口数据来分析。下列结果展示了来自中国的外商直接投资对非洲结构转型的代表部门——纺织业的出口升级和多样化的边际影响（见图9-1、图9-2、图9-3、图9-4）。[①]

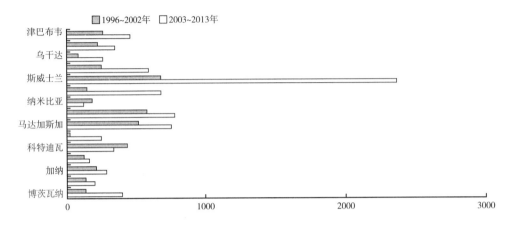

图9-1　出口多样化

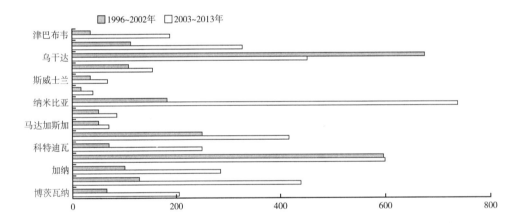

图9-2　出口单位价值

---

① 出口品种（EV）是出口产品种类的代理变量。该指标衡量了各部门出口产品的多样化程度。出口品种的增加意味着在更大产品范围内扩大出口能力，是出口升级的传统措施。尽管为了测量跨部门的出口多样性需要对所有出口产品进行计算，但笔者认为在给定行业中出口品种数量的增加意味着生产能力的扩大和进入国外市场产品数量的增加，这都是出口表现更好的信号。出口单位价值（EUV）代表出口产品的平均价值。该指标衡量了出口产品的平均质量水平，通常反映了出口质量的升级，等于出口产品总价值和出口数量的比值（Baldwin and Harrigan，2011；Harding and Javorcik，2012）。出口产品平均质量的提高可以被视为出口国拥有以更高质量的产品进入市场的能力。出口市场的规模为出口市场的平均GDP。该指标反映了出口产品可以达到大型经济体的程度。大型经济体可能会有更多（至少是横向）差异化需求，因此可以预期出口市场的GDP越高，出口国扩大这些市场中产品品种的潜力越大。出口市场的平均收益，以出口市场的人均GDP的平均值表示。该指标衡量了出口产品市场可以达到富裕市场的程度。由于富裕市场意味着更具差异化（水平和垂直）和更复杂的需求，因此向这些市场出口商品更加有利可图，特别是对于低收入国家而言。

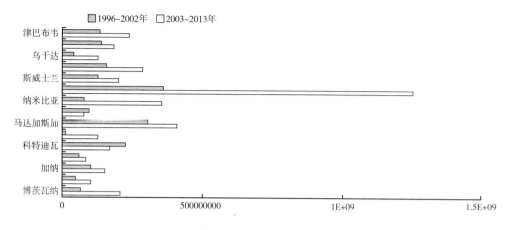

图 9-3 出口市场规模

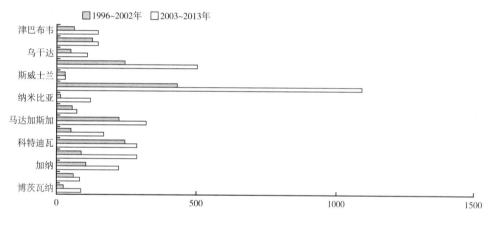

图 9-4 出口市场人均 GDP

虽然单个指标是结构转型的代理变量，但它们往往描述了一个国家出口情况改善的不同方面。这些不同方面的指标不一定彼此相关，因此它们是评价服装和纺织业结构转型的相互补充而非相互替代的指标。事实上，各国在出口升级的不同维度可以呈现不同的趋势。最后，这些不同维度的指标对不同的东道国的特征做出的反应没有必要也不一定相似。

可以看出，中国对服装和纺织业的外商直接投资在众多国家之间存在着一定的趋势。这与 Harding 和 Javorcik（2012）的研究结果相似，他们发现中国对撒哈拉以南非洲服装和纺织业的外商直接投资对东道国出口市场的出口升级、多样化、出口市场规模和平均收入均有正向影响，但是这种正向影响在 SSA 经济体中并不是均匀分布的，南部非洲国家与其他地区相比一般表现更好。造成这种情况的一个原因可能是南部非洲国家地区的技术水平有所提高、经济和社会基础设施有所改善以及更有利的经济政策和更强有力的体制。由以上结果可以发现，由于吸收能力与技术差异，相比于南 - 北外商直接投资，来自中国的外商直接投资更容易被撒哈拉以南经济体吸收，对其结构转型更为重要。非洲决策者应当制定可行政策，增加发展中经济体之间的外商直接投资流入。

（二）制造业案例分析：海信、南非

海信既提高了南南合作的效益，又提高了中国在国外的软实力，是进行相关研究的一个很好的案例。海信是家用电器和电子制造商，于1996年进入南非市场，最初企业设在约翰内斯堡米德兰。在20世纪90年代末，南非当地电视生产制造行业无法满足日益增长的需求，严重依赖进口。当时城镇低收入居民区对低端产品的市场需求不断增长，因此海信进入的意图聚焦非洲低端市场。

2012年，海信宣布将业务扩展到西开普省。中非发展基金（CADF）的参与加速了海信的发展。中非发展基金属于中国开发银行，为促进中国在非洲国家的投资而设立。在2012年第五届中非合作论坛之后，海信和CADF联合投资位于开普敦以外的亚特兰蒂斯工业园区的工业设施。CADF投资4500万美元修建海信位于亚特兰蒂斯的设备，并持有45%的股权。中国政府也参与了该公司的建设，希望能够通过它提高中国的软实力。一位中国驻开普敦领事馆的官员肯定了海信在提高国家软实力方面的作用，并提到了这一问题的其他方面，例如高层政府官员的频繁访问对海信的快速发展十分有利。海信在南非电子产品市场上取得了重大突破，并在2013年进一步扩大其业务。海信副总经理强调，公司正转向高端市场，将与南非市场中的其他全球品牌竞争。

中国与南非政府密切的政治关系也使海信能够获得来自国内的支持。自1998年两国建立外交关系以来，中国与南非关系得到了显著提升。在接下来的几年里，两国签署了一系列协议。2000年，中国国家主席江泽民和南非总统姆贝基签署了《比勒陀利亚宣言》。2002年，南非－中国双边委员会（BNC）成立，成为促进两国合作的关键引擎。随后，双边关系从伙伴关系发展到战略伙伴关系，再发展到全面战略伙伴关系。在这种密切关系下，中国大使馆和南非领事馆都对海信业务的发展起到了重要的作用。从一系列利益相关者的采访可以看出，南非的以下几个组织均参与了海信的发展：贸易与投资部（DTI）、西开普省贸易投资发展局（WESGRO）等。通过希望建立新生产设施的制造投资计划（MIP），DTI为海信提供可报销的现金补助268万雷亚尔。毫无疑问，来自国内和东道国政府的支持是海信成为南非经济中成功企业的主要原因之一。

我们可以从海信在南非市场越来越成功的例子中归纳以下几点。海信产量的增加反映了南非出口市场的扩张。海信通过南非所有高端家电零售商分销产品，并且通过其他渠道吸引中产阶级客户。这些零售公司拥有本地分销渠道以及覆盖非洲南部地区和西非国家（如尼日利亚和加纳）的国际分销渠道。海信的成功与生产的扩大有助于纠正南非和中国之间的贸易不平衡，扩大南非的出口市场。南非经济发展部部长 Ebrahim Patel 强调：

> 2012 年，我们从其他国家（包括中国）进口的电视机数量相比 2008 年减少 34%，比 2011 年减少 29%。与此同时，我们向其他国家出口的电视机数量相比 2011 年增长 77%，出口额达到 9400 万美元（779 亿雷亚尔）。进口量的下降和出口量的增加导致我们的电视机贸易逆差急剧下降，从 2008 年的 3.34 亿美元下降至 2012 年的 1.72 亿美元。同时，南非增加了对非洲其他国家的电视机出口，出口最多的十个国家中有九个为非洲国家，南非 90% 的电视机出口量是出口非洲国家。

海信副总经理透露了海信从组装由中国进口的零部件到在南非从头开始生产整个产品的技术转移过程。[1] 这也展示了中国政府对技术转让的承诺，以及中国所扮演的善意合作伙伴的角色。南非政府也试图通过对进口成品征收高关税来促进当地工业化，这已成为激励外国投资者将其制造设备迁往该国的战略之一。由于在南非进口电视成品的关税很高，海信最初免关税进口零部件然后由南非人组装。最后公司电视机的生产逐渐能够从开始到结束均在南非。

随着公司扩张，海信在创造就业方面也受到了极大的关注。失业问题是南非最紧迫的社会问题之一，西开普省也不例外。自海信宣布扩张以来，人们一直期望该公司能够促进西开普省弱势地区的经济发展。亚特兰蒂斯长期以来是一个高失业率的贫困地区，并且存在着各种社会问题，如普遍存在的非法药物和酗酒问题。在这种情况下，提供就业机会被视为振兴城市的重要方式。根据亚特兰蒂斯的全国矿业工人联盟（NUMSA）官员的说法："……2014 年在亚特兰蒂斯已经有四五家企业倒闭。在这种情况下，海信的扩张以及由其创造的就业机会对经济具有十分积极的影响。海信在 2012 年直接创造了 300 个工作岗位，并通过当地物流公司、广告代理、海关清关、分销商和售后服务公司间接地创造了就业机会。"

海信成功地渗透了南非市场并逐步定位于高端电子生产商。与此同时，它通过技术转让和创造就业为南非经济发展做出了贡献，对增强中国作为真诚发展伙伴的形象也起到了极大的作用。毫无疑问，海信的成功对南非的地方经济产生了积极的影响。然而，为了更

---

[1] E. Khan，海信南非副总经理的个人访谈，2013 年 11 月 7 日，亚特兰蒂斯，开普敦。

准确地观察软实力，我们必须关注人与人的关系。换句话说，大量的参与者和互动者也参与到了扩展软实力的过程中，其中人与人的关系十分重要。人们常常认为，只有政府行为者才与软实力有关，但工人的日常活动及其对中国投资（比如劳工关系）的看法同样重要。

中国参与者是否遵守非洲的劳工标准是一个关键的问题。在这方面，东道国的治理或政策似乎只停留在纸面上，执行力度不强。因此需要有效的监测和执行系统。然而，在大多数情况下，投资决策可能只在国家层面做出，地方政府和其他社会参与者（如工人）的观点并没有被考虑。工业化进程中日益增加的项目将为中国政府提供一个展示中国企业可以在非洲有良好的商业实践并促进非洲经济发展的机会，这将有助于改善中国投资的消极形象。然而，在中国参与非洲工业化的进程中，需要来自实践中国软实力的不同行动者做出承诺。

六 可持续发展：劳工和环境

过去十多年来，中非经济和政治交互的增加引发了争论，特别是西方国家对此批判颇多。中国观点人士通常会对这种批评声感到惊愕，尤其考虑到是欧洲最初在非洲进行了殖民活动。然而，不可否认的是，中国也会像其他大型投资者一样，在进入非洲市场时让非洲付出一定的代价。企业，无论是私营还是国有，早已成为全球舞台上的激烈竞争者，但具体到中国的情况，最受人关注的是进入非洲采掘行业的国有跨国公司。来自全球南方国家（中国、巴西、印度、南非等）的跨国公司经常声称，它们在出于"经济实践、统一和人道主义原因"的投资活动中践行了更广义的南南合作概念（Carmody，2011：108）。因此，对公司及其所经营地方社区的互惠原则成了这些跨国公司在非洲国家从事采掘业的主要话语。不过，公司究竟有没有以互惠的方式处理所有相关方的关系就是另一个问题了。

中国在诸如劳工、透明度、安全和环境等方面已经取得了长足的进步，与非洲国家及其众多的非政府组织和公民社会运动的接触，促使中国在企业社会责任（CSR）方面引入很多改变。在许多情况下，中国企业并非无道德地剥削非洲劳工，而是中国国内的劳工惯例在移植海外时，受到国际上越发严格的监督。因此，中国对非洲企业社会责任态度的转变也更广泛地反映了中国目前在中国企业和国家的社会责任方面的制度文化的转变。容易受到批评的两个方面是中国企业对劳工和环境问题的态度。在劳工方面，中国公司一直受到如下的指控：低安全标准、工作时间长、低工资等。在环境方面，中国参与者则被指控非法野生动植物走私、不注意企业对环境的影响，并在环境敏感地区进行基础设施建设。

中国政府已经对这些指责采取了高度重视的态度，并为在海外投资的公司制定了相关政策。但由于企业类型众多，国有企业与私营企业并存，所处的商业环境又千差万别，所以这些政策的实施和监管仍困难重重。

（一）企业社会责任

如前所述，中国企业已经成为非洲资本密集型采矿和基础设施行业显著的竞争者。在这些领域中最引人注目的企业是那些获得中国政府支持的国有企业，据称这是中国利用这些企业来与西方国家竞争，在扩大企业自身影响力的同时确保自然资源的供给（Brooks and Shin，2006；Campbell，2008）。需要牢记的一个方面是具体投资部门对中国国家利益的重要性，基于此，国有企业和私营企业的重要性可能不同。例如，Xu（2015）指出，到 2011 年为止，在欧洲的中国私营企业项目中有 36% 在制造业，22% 在服务业；而国有企业的项目 35% 在建筑业，25% 在采矿业。显而易见，国有企业参与制造业的比例很低（只有 6%），而私营企业参与建筑业的比例很低（只有 5%）。然而，值得注意的是，私营企业在采矿行业的投资逐渐增加并有赶上国有企业的趋势，到 2011 年底私营企业的投资总额已达 16%（Xu，2015）。来自西方企业以及中国私营企业的竞争的增加，都使得中国国有企业不得不调整其在非洲的经营方式，包括改善工作条件和遵守当地的环境标准。

此外，对于中国私营企业的运作以及它们是否遵循南南合作原则，目前的文献没有提供有价值的洞见。然而，在过去十年中，对中国国有企业（特别是矿业国有企业）的媒体监督给这些公司施加了重压，媒体要求公司调整他们原有与南南合作原则相悖的企业社会责任实践。对"中国企业"的抨击高潮发生在 2011 年，当时人权观察社发表了一份关于中国国有企业在赞比亚铜带上滥用劳工，以及其经营活动导致环境退化的报告，而这与他们在进入新市场时经常强调的南南合作原则形成鲜明对比。报告说，2005 年 4 月，46 名赞比亚工人在中国有色金属矿业公司（CNMC）所有的制造采矿爆炸品的工厂爆炸中丧生，而这也成了赞比亚铜矿历史上伤亡最为惨重的事件之一（HRW，2011）。

在 2006 年的类似事件中，工人对低工资（工资低于赞比亚最低工资 26.8 万夸卡）和恶劣的工作条件（安全设备不符合标准，缺乏防护头盔和手套等）提出了抗议，紧接着还袭击了中国经理；暴动随后转向了中国的经理总部，据报道有 5 名工人被一名中国经理枪击致伤（HRW，2011）。这些事件再加上许多其他劳动力滥用和环境恶化事件（加蓬 - 贝林加铁矿石、赞比亚 - 谦比希铜冶炼厂）迫使中国矿业公司实施更好的企业社会责任举措。此外，根据一项对 58 家在肯尼亚、莫桑比克和乌干达的中国国有企业和私营企业的研究，一些公司回应说他们已经努力以自己的方式改善社区关系和技术转移（Weng，

2016）。虽然企业社会责任实践的改善越来越明显，但南南合作的很多方面仍需进一步改进。南南合作倡议很多时候在本质上具有临时性，这就要求技能和技术转移作为南南合作的核心原则得到进一步的提升。此外，在经营地培养当地人的技能也符合公司的利益，因为技能和技术转移意味着更强的竞争力和更好的企业形象，后者对确保新项目的实施也大有裨益。通过建设城镇、学校、诊所以及协助妇女从事创业活动，公司履行了企业的社会责任。通过培训员工和赞助非洲学生去中国学习新技能，技能和技术转让日益增多，通过这些行动，中国也越发成为一个可靠的南南合作伙伴。

上述关于海信的案例虽然取得了一定的成功，但也成了进一步发生各类劳资纠纷的典型案例。例如，海信工人声称该公司过度地借用了南非培训计划提供的奖励。该计划旨在为失业的南非青年提供免费培训和更好的就业机会，同时，雇主可以期待有技能、有经验、只需要较少监督的工人。该计划的意图是使工人就业变得更加容易。然而海信的工人认为该公司滥用该计划，他们称学习者在技能发展上并没有得到足够的培训，因为他们做的与其他工人在生产线上做的其实一样。工人声称，公司利用学习者进行生产因而支付的金额也低于全国最低工资，所以公司并不需要雇用新工人。在这一点上，还值得注意的是，根据这个计划南非政府每月向学习者支付 1 500 兰特，公司支付 500 兰特。因此，该计划的主要资金来源是工资税。工人提出的另一个问题与工作量相关。一些工人抱怨说，随着公司生产量的增加，每个工人的工作量也在增加。

工人还对业绩压力表示不满，称"公司只关心数量，而不是质量"。一些工人还抱怨工作的条件。许多工人指出，公司不向工人提供护目镜等安全设备，不提供正规的就餐场所，并且他们被要求在不卫生的环境下工作。本地工人与中国工人，尤其是工程师的关系，普遍存在问题。很显然这主要是语言障碍导致的，因为大多数中国工程师不会说英语。中国工程师与当地工人之间缺乏沟通，这使得当地人对他们的中国同事印象变差，前者将后者描述为"傲慢自大"。这些工人在访谈期间表达的不满与在其他非洲国家的中国企业在各种报告中呈现的相似。公司对此是有利可图的，因为它支付低工资，使用受补贴的学习者而不是雇用新员工，他们增加生产量但薪水却没有上涨。持续存在的问题是工作条件、工作量和报酬。这些问题不禁令人怀疑，海信这样的中国公司在进入非洲市场时是否能在东道国创造有价值的工作岗位。

对于中国政府来说，"如何确保中国企业在海外有最佳表现"已经成为一个迫切的问题。由于无数私营投资者（中国的小型私营企业）参与非洲的工业化进程，中国政府难以建立中国的理想形象。例如，进出口银行的行为准则要求投资者遵守当地法规。因此，银行采用绩效指标，例如中国银行的环境报告。尽管做出了这些努力，但是以这些规定约束国有企业相对容易，而它们是否可以约束在非洲迅速发展的私营经营者却令人生疑。在非洲，越来越多的中国投资者倾向在纺织或轻型机械业这类劳动密集型行业中开展业务。尽管他们创造了就业机会，但这些都是低收入行业，因此劳工相关问题仍然没有解决。如果中国政府希望扩大其在非洲大陆的软实力，投资的可持续性是一个关键因素。在这方面值得注意的是，非洲东道国也应当在促使中国企业满足本国需要上发挥积极作用。在海信的这个例子中，公司早在近二十年前进入南非市场，但它仍没有遵守当地的法规。南非政府积极吸引可以为经济做出贡献的外国"潜在"投资者，也应当在对这类投资企业的问责制和监督方面发挥同样积极的作用。地方政府以及当地社区的民声都应在此过程中受到重视。

虽然有人对中国在与非洲关系中采取的这种合作模式（将援助与贸易和投资捆绑在一起）提出了质疑和批评，但批评者经常忽略这些投资带来的技术转让。缺乏技术转让是中国公司遭受诟病的一个重要方面，然而，这一情况正在转变。本土劳动力成本的上升和中国货币的升值正迫使中国将其大部分低端产品外包给国外，而非洲正是其中的一个理想之地。弗里德曼（2009）认为，这种可以将亚洲活力推向非洲的模式将使非洲国家走上一个增值的阶梯，这意味着处境不利的非洲人将通过中国的投资摆脱贫困。如果确实如此，根据弗里德曼（2009）的观点，中国将成为非洲发展的催化剂。

因此，中国公司对非洲发展进程确实有一定程度的影响。此外，当谈到中国企业时，人们通常把中国企业等同于中国政府，因为在非洲看到的大多数公司都是国有企业。因此，中非关系的批评者经常认为，中国的企业有义务遵守国家规定的官方政策路线，其中包括其应严格遵守中国的外交政策及其原则（南南合作原则）。

（二）环境

中国企业产生影响的另一个领域是环境。在对环境敏感的区域（如石油和天然气、采矿、水电和木材）和基础设施项目中，环境问题尤其突出。其中一个备受关注的、极具危害性的现象是犀牛和大象等大型动物的偷猎，在东亚市场的不断增加（尽管中国承受了大部分责难，但其他国家如越南和泰国也牵连其中）。中国政府对这类问题已经很重视，并将这些问题列入2015的中非合作论坛会议"约翰内斯堡行动计划"的议程中。然而，真正的挑战在于这些承诺的执行、与地方政府和非政府组织的合作意愿以及环境教育对中国自身的影响。

中国企业对非洲环境的影响经常在媒体报道和学者评论中出现（通常是负面的）。例如，在赞比亚，2013年非洲最大的铜生产商禁止一家中国矿业公司运营一个100万美元的项目，据说是因为后者不符合某些环境要求。赞比亚环境管理局称，中国公司未能对受项目影响的家庭、田地、土地和建筑物进行全面盘点，以及为流离失所者提供"解决冲突机制"。2007年加蓬的非政府组织报告说，一项被提议的在加蓬实施的贝林加铁矿项目将导致刚果热带雨林中伊温多河上的56米宽、3.2公里长的Kongou瀑布被中国企业建造的Kongou大坝淹没（Stella，2007）。环境组织呼吁中国机械工程公司（CMEC）和政府之间的合作需要公众参与，并且强调政府在对透明度、反腐败和环境社会保护相关的问题上要承担足够的责任。在2011年进行谈判和环境影响评估（EIA）后，该项目被搁置，中国机械工程公司（CMEC）最终失去了实施该项目的权利（International Rivers，n. d.：1；Hance，2009）。2014年，因为中国石油天然气集团公司（CNPC）没有遵守环境标准，乍得政府停止了该公司的石油生产。乍得政府以CNPC在国家南部钻探石油时违反了环境标准为由，关停了该公司在该国的所有活动，并且要求对该国进行的所有原油勘探活动进行调查。乍得对中国石油集团的环境违法行为罚款12亿美元，随后允许中国石油天然气公司在整改后于10月恢复运营。乍得政府敦促公司严格遵守环境规定，尤其是关于废物管理的规定。

一些非洲国家关注的另一个问题是非法木材贸易。1998年，由于木材行业的巨大增长及其对环境的严重伤害，中国政府实施了伐木禁令。中国是目前世界上木材和木制品最大的进口国、消费国和出口国。过去三十年来快速的经济增长、中产阶级人群扩大和城市化使得中国木材业快速发展。大规模伐木引起森林和生物多样性的退化，并导致土地侵蚀和山体滑坡。该禁令旨在保护中国自己的森林，却也使得中国企业不得不从别处开始寻找木制品。中非国家，如加蓬和喀麦隆以及莫桑比克，已成为非洲向中国出口木制品的主要国家。然而，近年来却有许多关于中国企业和非洲地方政府官员参与非法采伐的报道。

木材业是刚果盆地经济的主要部分，尤其是在加蓬和喀麦隆这两个国家。在加蓬，木材和木材工业是仅次于石油出口收入的第二大经济来源。因此，非洲森林对于扶贫、就业和生计等问题是十分重要的。鉴于森林的重要性，大多数非洲国家对其森林实行环境和经济的管制就不足为奇了。然而，实施是一个薄弱环节。莫桑比克对大多数商业木材实行原木出口禁令以促进国内木材加工的发展。但是薄弱的政府组织架构和能力的缺乏导致执法的无效。此外，中国企业通过"简单的许可证"流程和与当地社区建立的伙伴关系参与了非法木材贸易。不过一个巴掌拍不响，莫桑比克的官员们也参与到非法贸易中。2007年以来，有许多关于非法木材贸易被查获的报道，而涉及的官员们也都已下台。

非洲与中国的木材贸易几乎全是原木。2010年，加蓬政府发布禁止未加工木材出口的禁令以鼓励地方经济的增值。然而，立法和海关做法的不一致导致了禁令的实施困难重重。高级政府官员是特许权分配的受益者，他们不需要向外国人（包括中国人）支付应缴税款和分包优惠（保留给加蓬国民），这也已经成为另一个颇具争议的问题（CIFOR，

246

2011 年）。木材贸易和森林管理因而成为中非关系中的一项重要议题，该议题也包含在中非合作论坛（FOCAC）的议程内。

在全世界范围内，非法砍伐的西非红木因为其粉色或者红色的木质受到了众多追捧，因而在国际市场上价格极高。根据联合国环境规划署（UNEP）和国际刑警组织（INTERPOL）2016 年发布的关于环境犯罪的报告，在玫瑰木家具（在中国称为"红木"产业）、地板和装饰品的高需求的驱动下，亚洲成为非法采伐红木的主要目的地。"目前在中国 25 个地区估计有 3000 家红木工厂。例如，在一个小乡镇萍乡就有 2000 个红木企业（UNEP – INTERPOL，2016：55）。对这种木材物种的极高需求导致了红木林的不可持续发展和枯竭，而非法木材贸易市场欣欣向荣。

侦破在西非木材和森林产品非法贸易的行动称为"原木行动"，由国际刑警组织（INTERPOL）协调配合。这项行动就包括了对西非红木的侦察。2015 年 7 月～9 月，九个国家参加了这项行动：贝宁、布基纳法索、科特迪瓦、冈比亚、加纳、马里、毛里塔尼亚、塞内加尔和多哥（INTERPOL，2015）。行动初期查获了非法获得的红木，价值 2.16 亿美元，并逮捕了 44 人（INTERPOL，2015）。国际刑警组织称，调查正在以上国家进行，通过信息互换尽可能地将参与这一贸易的犯罪团伙一网打破。这项行动提高了人们对该区域红木非法贸易的政治意识，塞内加尔要求在《濒危物种国际贸易公约》（《濒危物种公约》）附录二中列入红木。这一建议由八个国家，即贝宁、布基纳法索、几内亚、几内亚比绍、马里、尼日利亚、多哥和乍得共同提案（UNEP – INTERPOL，2016）。

然而，中国对木材进口的监管并没有考虑其他国家的出口禁令。中国对与非洲交易的某些产品，包括木材实行了免进口关税的政策。中国政府对进口原木不征税的政策促进了原木的进口，而不是成品木材的进口。这有利于中国的木材产业，但也削弱了非洲出口增值的潜力。中国和一些非洲国家在木材贸易方面还存在着重大失衡。此外，中非两国间的木材管理制度的实施也面临着挑战，这主要源于非洲国家的腐败和治理不力，缺乏执法立法的能力。非洲国家必须保证海关官员的严格合作，以确保现有法规的执行，从而确保向中国出口的木材是合法的，并且木材的获取方式是可持续的。对中国木材的进口管制，有关中国进口木材的规定应该得到清晰的审视与理解，这对于中非双方当局来说都是如此。

在泰国和越南等国家中，中国是犀牛角的顶级消费者之一，同时中国也是泰国和马来西亚等国象牙产品的主要消费者之一。犀牛角的价格可以高达每公斤 10 万美元。这些角制品在亚洲被看作地位的象征，或者被错误地当作治疗癌症和宿醉的良药，即使它们是由与指甲相同的材料组成的。大多数中国人长期以来都相信象牙是地位的象征，或者认为其具有保护人类的魔力，因而在中国人们对象牙雕刻品和其他象牙制品有着巨大的需求，中国也因此被视为全球最大的象牙市场。

在过去几年中，犀牛角的非法贸易大幅增加，据犀牛偷猎数据，一些犀牛物种在非洲和亚洲的某些地区濒临灭绝。世界上目前有五种犀牛物种：两种非洲物种（黑、白犀牛）和三种在南亚和东南亚被发现的亚洲物种（大独角犀、爪哇犀牛和苏门答腊犀牛）。在印度和尼泊尔的特莱风景区、印度东北部的阿萨姆和北孟加拉的草原上有超过 3000 个大独角犀牛（WWF，2016a）。爪哇犀牛种类是最受威胁的，只有 60 只存活在印度尼西亚的乌龙克隆国家公园（WWF，2016b）中。最后一只越南爪哇犀牛在 2010 年被偷猎。苏门答腊犀牛的最后更新的数目是婆罗洲的 200～275 头，因而也与爪哇犀牛一同被认为是最受威胁的犀牛物种（WWF，2016c）。19 世纪 60 年代，在非洲发现了大约 65000 头黑犀牛，但在被偷猎之后黑犀牛所剩无几。20 世纪 90 年代初，黑犀牛数目达到历史最低，只有 2000 多只，而白犀牛在一个世纪前也近乎灭绝。目前，大约尚存活着 4800 只黑犀牛和 20000 只白犀牛（WWF South Africa，无日期）。由于世界上大多数黑、白犀牛物种都是在南非被发现的，该国一直是犀牛偷猎者的主要目的地。作为世界上剩余 80% 犀牛的栖息地的南非，以及津巴布韦和肯尼亚等国家都遭受了偷猎者的杀戮冲击。根据环境事务部（2016 年）的报告，2014 年被偷猎的犀牛有 1215 头，2015 年则为 1175 头，比 2014 年减少 40 头。截至 2016 年 5 月 8 日，南非已有 363 头犀牛被杀，按此比例到 2016 年底将有 1037 犀牛被偷猎（UNEP - INTERPOL，2016）。

有报告称，非洲的大象数量已经达到了一个临界点，每年出生的大象数目低于被捕杀的数目。国际野生动植物贸易监测网络 TRAFFIC 报道说，2013 年至少有两万头非洲大象死亡，平均每天有 50 多头大象死亡（in Burgess，2014）。根据 C4ADS（一个报告全球冲突和安全问题的国际组织）的报道，坦桑尼亚是当前大象盗猎危机的中心，2009～2013 年，有将近 25000 头大象，也就是近 66% 的塞卢斯公园的"居民"流失（in Burgess，2014）。尽管肯尼亚最大的港口蒙巴萨是非洲大陆最活跃的象牙贩运中心，为中非和东非偷猎提供服务，但是坦桑尼亚的港口在这方面也不遑多让，亚洲大规模的象牙缉获活动经常可以追溯到坦桑尼亚。在这些地方，此类非法贸易增加的驱动力之一就是腐败。在坦桑尼亚和肯尼亚，政府官员、合法狩猎特许经营者以及负责安全的官员都参与了贸易。对象牙的需求主要还是由亚洲迅速增长的市场推动的。这些商品由于其稀缺性而被视为地位的象征。

中国在保护濒危野生动物方面过去也有类似的经验。中国享誉世界的哺乳动物——大熊猫，经济发展和自然栖息地的入侵使其生存遭受了威胁。这导致中国政府采取重大战略和行动以拯救熊猫。中国政府的经验和南非政府的意愿有助于将这些问题列入议程。

（三）中国的回应

2015 年，中国对象牙贸易颁布了为期一年的禁令。法律规定，在中国从事象牙交易的相关企业必须持有相应的许可证。尽管许可证允许交易的象牙数量有限，且许可证有一定期限，但是人们只需要修改一下许可证上的日期，这一规定就沦为一纸空谈。另一方面中国政府已经签署了包括 CIERS 公约在内的许多国际协议，旨在禁止非法野生动物交易。同时通过与诸如世界自然基金会（WWF）、TRAFFIC、野生动物贸易监控网络等组织以及南非等国家合作，中国自身的执法力量得到了大幅增强。

南非与中国就 2010 年的环境管理领域合作签署了协议，其主要目标是促进两国在环保事业上的共同努力（环境事务部，2015）。两国的环境部部长于 2011 年就该合作协议的实施进行了进一步的会谈。然而，由于被偷猎的犀牛数量一直居高不下，此合作协议并不足以遏制犀牛濒危的势头。因此，2013 年，南非环境事务部部长 Edna Molewa 和中国环境部部长王毅签署了另一份合作协议，希望在遵守国际公约及其他相关法律的前提下，通过合作执法的方式来遏制偷猎犀牛所造成的危害。

据报道，2014 年因国际野生动物犯罪而被没收的非法野生动物制品数以吨记，有超过 400 名嫌疑人在行动中被逮捕。同年，一名中国籍象牙走私犯在肯尼亚被捕并成功引渡。这是中国首次在海外帮助逮捕野生动物犯罪嫌疑人。中国国务院总理李克强访问肯尼亚并强调了象牙问题，向世界传达了中国领导人的声音。中国名人参加反对非法野生动物贸易的活动，努力对中国百姓使用犀牛角制品或象牙制品的行为进行教育。因为来自亚洲的很多消费者并不清楚这些产品的来源，所以这些中国名人试图让他们了解这些制品的产生对非洲野生动物造成的危害。

近年来，中非合作论坛框架下的行动计划一直致力于加强环境保护计划。过去，中非合作论坛关于生物多样性的行动计划包括以下内容：生物多样性的维护、环保产业的发展以及中国承诺帮助非洲国家更好地保护生态系统与生物多样性。然而，具体的行动却较为有限。现在，越来越多更加具体的问题在中非合作论坛中被提出，如能源与自然资源、海洋经济、环境保护以及应对气候变化。2015 年，在约翰斯堡举行的中非合作论坛上第一次专门对野生动物贸易进行了讨论。在这之前的活动中，环境问题还没有成为中非政治经济关系的一部分，中非合作论坛只是将其视为次要问题。在第三届中非合作论坛峰会上启动的"北京行动计划"（2007～2009），做出了以下承诺。

（1）中国政府投资设立联合国环境规划署 - 中非环境中心，非洲方面对此表示赞赏。

（2）双方致力于促进环境保护和人力资源开发合作的对话交流。在未来的三年中，中国将持续增加来华接受培训的非洲环保管理人员和专家的数量。双方还将就环境保护工作与联合国环境规划署进行多边合作。

（3）同意推动双方在能力建设、水污染和荒漠化防治、生物多样性保护、环保产业和环境示范项目等领域的合作。

"约翰内斯堡论坛行动计划"在环境保护方面则（2016～2018）更为详尽，该计划的"环境保护与应对气候变化"部分细分出了以下几点。

（1）双方将共同致力于促进"中非联合研究中心"项目的发展，在保护生物多样性、荒漠化防治、可持续性的森林管理以及现代农业示范等方面开展合作。

（2）双方将加强在保护野生动植物领域的合作，帮助非洲国家提升保护能力，加强环境保护人员能力建设，为非洲国家提供环境和生态保护领域培训名额，探讨合作实施野生动植物保护示范项目，联合打击野生动植物非法交易，尤其是在非洲大陆偷猎大象、犀牛等濒危物种的行为。

（3）中方宣布将投资200亿元人民币用于设立中国南南合作基金，支持其他发展中国家应对气候变化，提高他们获得绿色气候基金的能力。非洲方面对此表示赞赏。

（4）双方就共同努力改善水资源管理和恢复废弃矿山生态功能的工作达成共识。

以上说明以中非框架为基础的环境关系对于相关政府官员来说越来越重要。中国和非洲的领导人在致力于实现更大的经济政治合作发展的同时，再也不能忽视可持续发展和环境保护的重要性。

七 结论

中国在非洲进行的大量大规模计划意味着中国将在未来持续参与其中。中国的交互已经在许多方面取得了成功，比如提供各种形式的发展援助，尤其是基础设施的改善。至关重要的是，中国改变非洲产业化格局的程度将决定非洲经济是否更加繁荣。从南南合作的角度来看，增加技术转让和能力建设也起到了一定作用。在2015年的中非合作论坛上，中国政府承诺将投入100亿美元设立"中非产能合作基金"用于支持行业合作。其中包括制造业、高新技术产业、农业、能源、基础设施、金融和工业园区的发展。该基金也将通过在非洲设立专业学校来支持20万非洲专家的"教育"以及在华40000非洲人的培训。当然，在争取南南合作方面，中国的成绩令人印象深刻，并且在未来的发展过程中具有很大的潜力。

与此同时，如此规模的发展援助也带来了一定程度上的负面影响，这是无法避免的。在这方面，将所有的过错归咎于中国是不公平的。今天的西方国家同样要应对一系列类似的问题，比如环境恶化、企业的社会责任、选矿等。此外，西方国家在它们与非洲的经济交互中，对非洲的原材料有着严重的依赖，而这种情况经常被认为只是中国的问题。从技术上来说，因为中国和非洲都属于发展中国家，所以仍然有很大的改善空间。中非合作论坛的结果能够反映相关政策，很明显，中国越来越重视可持续发展和企业社会责任等问题，而这些也都是中国在国内外都面临的挑战。在许多方面上，是非洲政府而非中国方面决定了执行的情况。不同的国家实行不同的政策，有的国家的条件相对严格（例如卢旺达和博茨瓦纳），有的国家则相对宽松一些（例如刚果民主共和国和莫桑比克）。关于中非关系有一个人们理解较少的方面，就是非洲国家机构的问题，它们在关于中非交互的讨论中很少被提及。从这个意义上说，非洲国家不仅仅应当与中国成为合作伙伴，还应当借助其发展自己的潜力以实现可持续发展。某些非洲国家较弱的国家能力正在阻碍这一过程。

参考文献

Alden, C., and Davies, M., "A Profile of the Operations of Chinese Multinationals in Africa," *South African Journal of International Affairs*, 2006, 13 (1), pp. 83 – 96.

Alden, C. and Large, D., "China's Exceptionalism and the Challenges of Delivering Difference in Africa," in Zhao, S., eds., *China in Africa: Strategic Motives and Economic Interests*, Abingdon, New York: Routledge, 2015.

Amighini A., and Sanfilippo, M., "Impact of South-South FDI and Trade on the Export Upgrading of African Economies," *World Development*, 2014, 64, pp. 1 – 17.

Amsden, A. H., "The Direction of Trade-Past and Present-and the Learning Effects of Exports to Different Directions," *Journal of Development Economics*, 1986, 23, pp. 249 – 274.

Aykut, D. and Goldstein, A., "Developing Country Multinationals: South-South Investment Comes of Age," OECD Development Centre Working Papers, 257, OECD Publishing, 2006.

Baldwin, R. and Harrigan, J. Zeros, "Quality and Space: Trade Theory and Trade Evidence," *American Economic Journal: Microeconomics*, 2011, 3 (2), pp. 60 – 88.

Banga, R., "The Export Diversifying Impact of Japanese and US Foreign Direct Investment in the Indian Manufacturing Sector," *Journal of International Business Studies*, 2006, 37 (4), pp. 558 – 568.

Bertelsmann Stiftung (BTI), *South Africa Country Report*, 2016, https://www.bti-project.org/fileadmin/files/BTI/Downloads/Reports/2016/pdf/BTI_ 2016-South-Africa.pdf.

Bräutigam, D., *The Dragon's Gift. The Real Story of China in Africa*, Oxford: Oxford University Press, 2009.

Breslin, S., "The 'China model'and the Global Crisis: From Friedrich List to a Chinese Mode of Governance?" *International Affairs*, 2011, 87 (6), pp. 1323 – 1343.

Brooks, P. and Shin, J. H., "China's Influence in Africa: Implications for the United States," *Background*, No. 1916, Heritage Foundation, 2006.

Burgess, M., *Is increased Chinese Infrastructure Linked to Dwindling Numbers of African Wildlife*? 2014, http://www.ccs.org.za/wp-content/uploads/2014/10/CCS-Commentary-Chinese-infrastructure-wildlife-MB-2014.pdf.

Campbell, H., "China in Africa: Challenging US Global Hegemony," *Third World Quarterly*, 2008, 29 (1), pp. 89 – 105.

Carmignani, F., and Chowdhury, A., "The Geographical Dimension of the Development Effects of Natural Resources," *Environmental and Resource Economics*, 2012, 52 (4), pp. 479 – 498.

Carmody, P., *The New Scramble for Africa*, Cambridge: Polity Press, 2011.

Centre for International Forestry Research (CIFOR), *Chinese Trade and Investment and the Forests of the Cong Basin*, Working Paper No. 67, 2011.

Chen, W., Dollar, D., and Tang, H., "China's Direct Investment in Africa: Reality Versus Myth," *Brookings*, 2015, https://www.brookings.edu/blog/africa-in-focus/2015/09/03/chinas-direct-investment-in-africa-reality-versus-myth/.

Chin, G. T., "China as a 'Net Donor': Tracking Dollars and Sense," *Cambridge Review of International Affairs*, 2012, 25 (4), pp. 579 – 603.

Cissé, D., "FOCAC: Trade, Investment and Aid in China-Africa Relations. *Policy Briefing*," *Centre for Chinese Studies: Stellenbosch University*, 2012.

Cissé, D., "Forum: China's Engagement in Africa: Opportunities and challenges for Africa," *African-East Asian Affairs: The China Monitor*, 2013, 2, pp. 72 – 90.

"Convention on International Trade in Endangered Species of Wild Fauna and Flora (CITES)," *The CITES Appendices*, https://cites.org/eng/app/index.php.

Crespo, N., and Fontoura, M. P., "Determinants factors of FDI spillovers-What do we really know?" *World Development*, 2007, 35 (3), pp. 410 – 425.

Deloitte, *Deloitte on Africa: African Construction Trends Report* 2014, Johannesburg: Creative Solutions, 2015.

Department of Environmental Affairs (DEA), *Minister Edna Molewa Highlights Progress in the Fight Against Rhino Poaching*, 2016, https://www.environment.gov.za/mediarelease/molewa-highlightsprogress-againstrhinopoaching.

Dews, "F. 8 Facts about China's Investments in Africa. *Brookings*," 2014, https://www.brookings.edu/blog/brookings-now/2014/05/20/8-facts-about-chinas-investments-in-africa/.

Dixit, A. *Governance, Development and Foreign Direct Investment*, Max Weber Lecture Series 2012, Florence: European University Institute, 2012.

Esterhuyse, H. and Burgess, M., *Preparing for FOCAC VI: China-South Africa Co-operation in Conservation and Renewable energy*, 2015, http://www.ccs.org.za/wp-content/uploads/2015/08/CCS-PB-SA-China-FOCAC-MB-HE-2015-02.pdf.

Ferdinand, P., "Westward Ho-The China Dream and 'One Belt, One Road': Chinese Foreign Policy under Xi Jinping," *International Affairs*, 2016, 92 (4), pp. 941 – 957.

Fortune, *Global* 500, 2016, http://beta.fortune.com/global500/.

Friedman, E., "China-driven Development," *Beijing Review*, 2009, http://www.bjreview.com/world/txt/2009-02/01/content-176304.htm.

Friedman, E., and Kuruvilla, S., "Experimentation and Decentralization in China's Labor Relations," *Human Relations*, 2015, 68 (2), pp. 181 – 195.

Gelb, S., *South-South Investments: The case of Africa in The World Economy-The National, Regional and International Challenges*, The Hague: Fondad, 2005.

Greenaway, D. and Milner, C., "South-South Trade: Theory, Evidence and Policy," *The World Bank Research Observer*, 1990, 5 (1), pp. 47 – 68.

Grimm, S., "China-Africa Cooperation: Promises, Practice and Prospects," in Zhao, S., eds., *China in Africa: Strategic Motives and Economic Interests*, Abingdon, New York: Routledge, 2015.

Grimm, S. and Tukić, N., "China's engagement in Africa and Environmental Sustainability-Regional Synthesis

Report," Manuscript prepared for World Wildlife Fund-USA, 2013.

Hance, J. , "*Gabonese Environmental Activist Receives Prize for Standing Up to Government, Chinese Company*," 2009, http: //news. mongabay. com/2009/0419-hance-essangui. html.

Harding, T. and Javorcik, B. , "Foreign Direct Investment and Export Upgrading," *The Review of Economics and Statistics*, 2012, 94 (4), pp. 964 – 980.

Hausmann, R. , Hwang, J. , and Rodrik, D. , "What You Exports Matters," *Journal of Economic Growth*, 2007, 12 (1), pp. 1 – 25.

Hook, L. , "Zuma Warns on Africa's Trade Ties to China," *The Washington Post*, 2012, https: //www. washingtonpost. com/world/asia-pacific/zuma-warns-on-africas-trade-ties-to-china/2012/07/19/gJQAFgd7vW-story. html.

Human Rights Watch (HRW), "You'll Be Fired if You Refuse" Labor Abuses in Zambia's Chinese State-owned Copper Mine, 2011, https: //www. hrw. org/sites/default/files/reports/zambia1111ForWebUpload. pdf.

Independent Online (IOL), *SA Authorities Release Chinese Vessels*, 2016, http: //www. iol. co. za/news/crime-courts/sa-authorities-release-chinese-vessels-2040508.

International Rivers. n. d. , "*Belinga Dam, Gabon*," https: //www. internationalrivers. org/resources/belinga-dam-gabon-3597.

INTERPOL, *INTERPOL Operations Target Illegal Timber Trade in Africa and the Americas*, 2015, http: //www. interpol. int/News-and-media/News/2015/N2015-206.

Iwamoto, N. and Nabeshima, K. , "Can FDI Promote Export Diversification and Sophistication of Host Countries?" Dynamic Panel System GMM Analysis, *IDE Discussion Paper*, 347, Chiba: IDE/JETRO, 2012.

Kaplinsky, R. and Morris, M. , "Chinese FDI in Sub-Saharan Africa: Engaging With Large Dragons," *The European Journal of Development Research*, 2009, 21 (4), pp. 551 – 569.

Klinger, B. , "Is South-South Trade a Testing Ground for Structural Transformation?" UNCTAD policy issues, International Trade and Commodities Study, 40, 2009.

Kuznets, S. , *Modern Economic Growth: Rate, Structure and Spread*, New Haven, CT: Yale University Press, 1966.

Kurlantzick, J. , *Charm Offensive: How China's Soft Power Is Transforming the World*, Yale University Press, 2007.

Lin, J. Y. , *New Structural Economics: A Framework for Rethinking Development*, Washington, DC: The World Bank, 2012.

Lin, J. Y. and Wang, Y. , "China-Africa Co-operation in Structuring Transformation: Ideas, Opportunities and Finances," *WIDER Working Paper*, No 046, 2014.

Lipsey, R. E. and Sjoholm, F. , "South-South FDI and Development in East Asia," *Asian Development Review*, 2011, 28 (2), pp. 11-31.

Loewe, M. , "Chinese Skippers Appear in Court for Illegal Fishing in SA Waters," 2016, http: //www. bdlive. co. za/business/agriculture/2016/05/25/chinese-skippers-appear-in-court-for-illegal-fishing-in-sa-waters.

Maasdorp, L. , "Brics Bank Aims to Close Gap in Infrastructure Investment," *Business Day*, 2015, http: //www. bdlive. co. za/opinion/2015/09/18/brics-bank-aims-to-close-gap-in-infrastructure-investment.

Mlachila, M. and Takebe, M. , "FDI from BRICS to LICs: Emerging Growth Drivers?" *IMF Working Pape*, No 11/178, Washington, DC: IMF, 2011.

Moran. T. , Foreign Direct Investment and Development: Launching a Second Generation of Policy Research: Avoiding the Mistakes of The First, Revaluating Policies for Developed and Developing countries, Washington, DC: Peterson Institute, 2010.

Morrisey, O., "FDI in Sub-Saharan Africa: Few Linkages, Fewer Spillovers," *The European Journal of Development Research*, 2012, 24 (1), pp. 26 – 31.

Morrissey, O. and Zgovu, E., *The Impact of China and India on Sub-Saharan Africa: Opportunities, Challenges and Policies*, London: Commonwealth Secretariat, 2011.

Moyo, D., *Winner Take All: China's Race for Resources and What It Means for the World*, New York: Basic Books, 2012.

Munemo, J., "Examining Imports of Capital Goods from China as a Channel for Technology Transfer and Growth in Sub-Saharan Africa," *Journal of African Business*, 2013, 14 (2), pp. 106 – 116.

Munemo, J., "Trade between China and South Africa: Prospects of a Successful SACU-China Free Trade Agreement," *African Development Review*, 2013, 25, pp. 303 – 329.

Narula, R and Driffield, N., "Does FDI Cause Development? The Ambiguity of the Evidence and Why it Matters," *European Journal of development research*, 2012, 2491, pp. 1 – 7.

Nowak-Lehmann, D. F., "Trade Policy and its Impact on Economic Growth: Can Openness Speed up Output Growth?" Georg-August-Universität Göttingen, Ibero-America institute for economic research (IAI, Göttingen), 2000.

Nye, J., "The Rise of China's Soft Power," *Belfer Center for Science and International Affairs*, 2005, http: // belfercenter. hks. harvard. edu/publication/1499/rise-of-chinas-soft-power. html.

Oluwafemi Mimiko, N., *Globalization: The Politics of Global Economic Relations and International Business*, North Carolina: Carolina Academic Press, 2012.

Pigato, M., and Tang, W., "China and Africa: Expanding Economic Ties in an Evolving Global Context," 2015, http: //www. worldbank. org/content/dam/Worldbank/Event/Africa/Investing% 20in% 20Africa% 20Forum/ 2015/investing-in-africa-forum-china-and-africa-expanding-economic-ties-in-an-evolving-global-context. pdf.

Ramo, J. C. *The Beijing Consensus*, London: The Foreign Policy Centre, 2004.

Sautman, B., and Hairong, Y., "Friends and Interests: China's Distinctive Links With Africa," *African Studies Review*, 2007, 50 (3), pp. 75 – 114.

Statistics South Africa, "*Unemployment*," 2016, http: //www. statssa. gov. za/? s = unemployment&sitem = statistics% 20by% 20place.

Stella, N, "Central Africa's 'Most Beautiful Waterfall' Under Threat," 2007, http: // www. internationalrivers. org/resources/central-africa-s-most-beautiful-waterfall-under-threat-2880.

Tadesse, B., and Shukralla, E. K., "The Impact of Foreign Direct Investment on Horizontal Export Diversification: Empirical Evidence," *Applied Economics*, 2013, 45 (2), pp. 141 – 159.

Taylor, I., "China's Oil Diplomacy in Africa," *International Affairs*, 2006, 82 (5), pp. 937 – 959.

The Economist, "The Lion Kings," 2011, http: //www. economist. com/node/17853324.

Thearien, J. P., "Beyond the North-South Divide: The Two Tales of World Poverty," *Third World Quarterly*, 1999, 20 (4), pp. 723 – 742.

Tiffen, A., "The New Neo-Colonialism in Africa," *Global Policy*, 2014, http: // www. globalpolicyjournal. com/blog/19/08/2014/new-neo-colonialism-africa.

United Nations Conference on Trade and Development (UNCTAD), World Investment Report-FDI from Developing and Transition Economies: Implications for Development, Geneva: United Nations Conference on Trade and Development, 2006.

United Nations Conference on Trade and Development (UNCTAD), Asian Foreign Direct Investment in Africa-Towards a New Era of Cooperation Among Developing Countries, Geneva: United Nations Conference on Trade and Development, 2007.

United Nations Conference on Trade and Development (UNCTAD), *South-South Cooperation: Africa and New Forms of development Partnership*, Geneva, 2010.

United Nations Conference on Trade and Development (UNCTAD), Technology and Innovation Report-Innovation, Technology and South-South Collaboration, Geneva: United Nations Conference on Trade and Development, 2012.

"United Nations Environment Programme (UNEP) and Interpol," *The Rise of Environmental Crime: A Growing Threat to Natural Resources Peace, Development and Security*, 2016, http: //unep. org/documents/itw/environmental-crimes. pdf.

Wang, F. and Elliot, E. A., "China in Africa: Presence, Perception and Prospects," in Zhao, S. eds., *China in Africa: Strategic Motives and Economic Interests*, Abingdon, New York: Routledge, 2015.

Wang, Z. and Wei, S. J., "What Accounts for the Rising Sophistication of China's Exports?" in Feenstra, R. and S-J. Wei, eds., *China's Growing Role in World Trade*, University of Chicago Press, 2010.

Weng, X., *CSR Practices of Chinese Businesses in the Global South*, International Institute for Environment and Development, 2016.

Worldwide Fund for Nature (WWF), *Greater One-Horned Rhino: Overview*, 2016a, http: //www. worldwildlife. org/species/greater-one-horned-rhino.

Worldwide Fund for Nature (WWF), *Javan Rhino: Overview*, 2016b, http: //www. worldwildlife. org/species/javan-rhino.

Worldwide Fund for Nature (WWF), *Sumatran Rhino: Overview*, 2016c, http: //www. worldwildlife. org/species/sumatran-rhino.

Worldwide Fund for Nature South Africa (WWF), n. d. *Rhino Facts*, http: //www. wwf. org. za/what-we-do/rhino-programme/rhino-facts/.

Xinhua, Pinyin celebrates 50th birthday, 2008, http: //www. china. org. cn/english/news/242463. htm.

Xu, Y-C., "Chinese State-Owned Enterprises in Africa: Ambassadors or Freebooters?" in Zhao, S. eds., *China in Africa: Strategic Motives and Economic Interests*, Abingdon, New York: Routledge, 2015.

Yun, S., *Africa in China's Foreign Policy*, Brookings: John L. Thornton China Centre. 2014.

Zhao, S., "Hu Jintao's Foreign Policy Legacy," *E-International Relations*, 2012, http: //www. e-ir. info/2012/12/08/hu-jintaos-foreign-policy-legacy/.

Zhao, S., "A Neo-Colonialist Predator or Development Partner? China's Engagement and Rebalance in Africa," in Zhao, S. eds., *China in Africa: Strategic Motives and Economic Interests*, Abingdon, New York: Routledge, 2015.

Zhu, Z., *China's New Diplomacy: Rationale, Strategies and Significances*, Bucknell University: Ashgate, 2013.

第十章
巴西发展合作：参与者、利益和未来的挑战[*]

一　前言

研究表明，"南南"与"南北"发展合作常常表现出这样的特点：各国存在不同的历史经验，其中牵涉多方面的国内参与者、多个同时实施的主题议程，并且同时存在多种动机。此外，还有各国政府为顺利实行任期内各项策略所"定制"的制度。（BRAUTIGAM，2011；CHATUVERDI et al.，2012；CHISHOLM et al.，2009；COMELIAU，1991；DEGNBOL - M. & ENGBERG-P.，2003；LANCASTER，2007；LIMA，MILANI & ECHART，2016；PETITEVILLE，2001；VEEN，2011）。即使是在经合组织成员国这种已经对普遍标准以及同行评议监督等定义有系统制度的国家，在经合组织发展援助委员会成员国实施发展合作的过程中，依然有多种多样的政府实践行为。国家发展轨迹的多样性以及发展合作领域相关制度的缺失，为南南合作带来了困扰，但同时也在政治创新以及管理流程的灵活度方面创造了机遇。在缺乏健全体制的情况下，国家可以在规则、流程以及实践上有所创新，尽管缺乏审查制度或者低共识往往导致国际范围内的数据比较和集体规范的构建变得异常困难。这就是当前北 - 南援助和南南合作的现状，也是巴黎 - 阿克拉 - 釜山进程试图打破的僵局。以巴西为例，自20世纪70年代开始，巴西就作为援助提供国参与国际发展合作（IDC）。然而，巴西提供政府资金及其在国际发展合作方面提出利益诉求却发生在1988年宪法制定之后。尤其自2003年以来，巴西的政府和民间组织均开始在政治上强调南南合作。那么巴西当前的国际发展合作现状如何？哪些机构在提供教育发展合作（IDC/ED）？国际发展合作通过何种渠道开展，双边还是多边？巴西进行国际发展合作的规范和标准是什么？以上问题是我们在本章中将要讨论的，我们尤其关注的是巴西在五个非洲葡语国家（PALOP）的表现。

---

[*] 本章作者是 Carlos R. S. Milani 教授，社会科学高等学院发展学博士，巴黎大学政治科学院国际关系学博士后，现为里约热内卢州立大学社会与政治学研究所政治科学与国际关系教授、国家科学委员会高级研究员。

二　巴西国际发展合作概况

根据巴西应用经济研究所（IPEA）和巴西发展合作署（ABC）的官方数据，从 2005 年到 2010 年，巴西的国际发展合作资金从 1.58 亿美元上升到大约 9.23 亿美元。其中，技术援助支出增长了 4 倍：从 1140 万美元上升到 5770 万美元。人道主义援助从 48.8 万美元上升至 1.61 亿美元[①]。表 10 - 1 比较了巴西 2009 年和 2010 年两年的国际发展合作情况。而官方公共支出显示，2010 年巴西国际发展合作资金的分布情况为：68.1% 在拉丁美洲，22.6% 在非洲，4.4% 在亚洲和中东，4% 在欧洲，1.1% 在北美。具体到拉丁美洲，前五名的合作国家占到了巴西在该区域国际发展合作资金的 80.4%，这五个国家分别为海地（47.4%）、智利（16.3%）、阿根廷（8.6%）、秘鲁（4.5%）和巴拉圭（3.6%）。在非洲，葡语非洲国家得到的发展合作资金占巴西在这个区域总合作资金的 76.5%，其中佛得角以 24.4% 的占比排名第一，其他的国家为几内亚比绍（21.2%）、莫桑比克（13.3%）、圣多美和普林西比（10.4%）以及安哥拉（7.2%）。（IPEA & ABC，2013）

表 10 - 1　巴西国际发展合作支出情况（2009 ~ 2010 年）

国际发展合作方式	2009 年		2010 年		2009 ~ 2010 年差异(%)
	金额(美元)	占总量比例(%)	金额(美元)	占总量比例(%)	
技术合作	55536795	11.5	57770554	6.3	4
教育合作	25269265	5.2	35544099	3.8	40.7
科技合作	—	—	24099084	2.6	—
人道主义援助	49455870	10.2	162060218	17.6	227.7
维和行动	71255114	14.8	332422426	36	366.5
与国际组织合作	281340414	58.3	311569290	33.7	10.7
总量	482857458	100	923375671	100	91.2

资料来源：IPEA & ABC（2013：18）。

巴西发展合作署公布的数据也揭示了巴西对国际发展合作越来越感兴趣的事实。根据其线上数据库[②]的资料，1999 年到 2012 年间巴西在其他发展中国家共实施项目 1464

[①]　本报告中所有的金额数量均用美元（现值）表示。

[②]　详情请见 http://www.abc.gov.br/projetos/pesquisa。根据 PUENTE（2010）的资料，巴西外交部（MRE）所属巴西发展合作署的预算增长情况如下：0.05%（2001），0.48 %（2002），0.43%（2003），0.62%（2004），2.4%（2005）。这里需要注意的是，巴西在国际发展合作中实施技术援助项目的约 1/5 由巴西发展合作署负责，而巴西应用经济研究所的相关数据则仅涉及巴西发展合作署自己负责协调的技术援助项目。

个，其分布为：南美洲 577 个，非洲 552 个，加勒比地区 164 个，中美洲 90 个，亚洲 65 个，北美（墨西哥）15 个，大洋洲（巴布亚新几内亚）1 个。从部门来看，这 1464 个项目中，573 个是社会政策类（包括健康、文化、体育、社会发展、环境和教育），539 个是治理类（公共管理和规划、城镇发展、司法、法律能力建设、国防和安全）。

应用经济研究所和巴西发展合作署在 2011 年和 2013 年的报告中指出，巴西已与 159 个国家进行了发展合作，合作金额共计 15 亿美元，其中与国际组织合作进行的占 56%（见表 10 - 2）。2005 年至 2013 年的 9 年间，巴西联邦政府支出约 41 亿美元。2011、2012 和 2013 年，巴西的技术援助主要集中在非洲和拉美等国家，分别占 46.4% 和 45.5%。在此期间与巴西合作较多的国家分别为莫桑比克、圣多美与普林西比、东帝汶、几内亚比绍、萨尔瓦多和秘鲁。2011 至 2013 年间，在关于棉花和农业发展领域的能力建设项目框架下，巴西与一些国家的合作迅速增加，如贝宁、布基纳法索、乍得以及马里等。根据应用经济研究所和巴西发展合作署的数据，巴西发展合作署是该时段国家技术援助项目的主要实施机构（执行数额占总预算的 71.6%），紧随其后的是巴西农业研究所（EMBRAPA，5.5%）和国际健康合作部（4.5%）。

表 10 - 2　巴西国际发展合作支出情况（2011 ~ 2013 年）

国际发展合作方式	2011 年	2012 年	2013 年	三年合计	
	金额（美元）	金额（美元）	金额（美元）	金额（美元）	占总量比例（%）
技术合作	45617071	33970749	31846055	111433875	7
教育合作	20689408	22251006	23809864	66750278	5
科技合作	73106869	72085370	53174326	198366565	13
人道主义援助	72418476	109828325	21667913	203914714	13
难民保护与支持	4710229	4122857	1819718	10652804	1
维和行动	40167190	20654923	10330872	71152985	5
与国际组织合作	331642424	250857370	254157155	836656949	56
总　量	588351667	513770600	396805904	1498928179	100

资料来源：IPEA&ABC（2016：15 - 16）。

尽管根据经合组织发展援助委员会的标准，巴西的国际发展合作数量和规模都不算大，但巴西已经加快了参与南南合作活动的步伐。根据巴西应用经济研究所和巴西发展合作署的报告，巴西政府并不认为自身属于"正在崛起的援助者"。巴西的国际发展合作战略优先考虑实践经验的分享，并且强调运用官方、公务员以及公共机构作为先导来实施其国际发展合作行为。巴西的国际发展合作活动并不包括向合作方直接转移资金。我们必须注意的一点是，巴西的国际发展合作支出是作为一种公共支出来统计的，遵循每年的预算法并记入年度开支当中①。因此，其国际发展合作支出并不包括对投资贷款的补贴或外债的免除。赠款只有在特别的情况下才能纳入这一范畴。巴西联邦政府在国际发展合作领域的公共支出主要有两种形式：（1）支付给公务员及其从事的与合作相关的行政活动（机票、津贴、工资；技术工时费、奖学金以及补贴）；（2）与多边机构合作的资金投入（IPEA & ABC，2013：14）。表 10 - 1 和表 10 - 2 中的数字反映了巴西应用经济研究所为将所有这些国际发展合作的支出数量化所做的努力，但这种特有的统计方式，必然会与实际情况有所偏差。

巴西国际发展合作账户系统（COBRADI）显示出一系列的优缺点。一方面，它在统计上被定义为 100% 优惠的基金。这一点表明了巴西政府超越经合组织发展委员会定义的官方发展援助（ODA）的决心，后者要求优惠基金的比例至少为 25%。数据及其所能表现的形式与定义，可以清晰地反映巴西政府在标准和概念这两个维度对现有官方发展援助的修正。而在有关"全球治理"的讨论中，巴西政府一直在抵御像国际货币基金组织或联合国安理会那样进行全面的制度改革，其外交也可能在援助、合作准则和制度方面扮演修正主义的角色。实际上，如我们在下文中将要讨论的，巴西已经加入到包括印度、南非和中国在内的国家群体中，试图向经合组织在援助体系中的地位发起挑战（MAWDSLEY，2012）。尽管这些国家分别具有各自的特征，但它们共同努力，强调了世界需要建立另一种国际发展援助的政治概念。例如，它们提出了一种不同的"援助有效性"观点，又被称为"2015 后发展议程"。基于学者对传统意义上的国际合作的批评（EASTERLEY & PFUTZE，2008；ESCOBAR，1995；HAYTER，1971；NAYLOR，2011；PANKAJ，2005；RIST，1996），我们认为这种新兴趋势的影响是非常积极的，因为这种趋势意味着打破一种小团体性的、假装是普世的政治和文化垄断，这种垄断在实际上缺乏合法性，并且缺乏发展中国家的全员参与。

另一方面，巴西应用经济研究所的数据并没有将本质上不具有 100% 优惠属性的公共支出纳入统计体系当中。巴西国家发展银行（BNDES）提供的贷款、冲销的外国负债或其他一些巴西联邦内团体实施的活动并未在巴西国际发展合作账户系统中有所显示。因此，这意味着巴西在国际发展合作领域的贡献可能被低估。然而，由于缺乏数据及进行进一步深入研究所需资料的获取渠道，我们并不能对此进行实证分析。必须承认，巴西政府迄今为止为提高国际发展合作领域透明度所做出的努力是十分重要的进步。尽管如此，由于数据的时效性等因素，应用经济研究所和巴西发展合作署的报告仍应及时公布，并且数据质量也需提升，从而为巴西社会创造一个更加有效、负

---

① 巴西国际发展合作的主要数据资料由巴西应用经济研究所掌握，该机构是巴西战略事务秘书处的重要官方智库。

责的政策环境。

比较巴西和经合组织发展援助委员会援助国之间援助行为的差异非常不易，因为基本的统计标准就是不同的。即便如此，在考虑巴西国际发展合作系统独特性的情况下，表10－3试图将巴西2010年对所有发展中国家和非洲葡语国家的官方发展援助与几个发达国家①进行比较。那么，表10－3揭示了什么？一个惊人的发现是，2010年巴西的官方发展援助，在五个非洲葡语国家中的三个（佛得角、几内亚比绍、圣多美和普林西比）均超过了法国。但与法国和英国相比，巴西的官方发展援助依然相对较低，水平大致处于葡萄牙和韩国之间。巴西在安哥拉和莫桑比克两国开展官方发展援助的影响力比较有限。值得注意的是，在巴西国家开发银行的支持下，巴西企业（比如巴西淡水河谷公司、巴西欧德布莱克特建筑公司等）在安哥拉和莫桑比克的投资成效显著。同时，在莫桑比克开展的"日本－巴西－莫桑比克农业发展三方合作计划"中，巴西在社会经济和环境方面做出了不容小觑的积极贡献（FUNADA，2013；GARCIA，KATO & FONTES，2013）。

表10－3 巴西与部分国家对非洲葡语国家的官方发展援助比较

单位：美元，2010年现值

国别	对所有发展中国家	对安哥拉	对佛得角	对几内亚比绍	对莫桑比克	对圣多美和普林西比
法国	9148323588	6233268	4057970	1837232	20757697	2379727
葡萄牙	431828020	15112615	146560618	15716624	116002957	25719823
韩国	900610000	18830000	—	12000	95000	—
西班牙	4389805311	13378128	21234126	8290563	60926999	1273429
英国	8016800000	16680000	900000	70000	10442000	—
美国	2658641000	54820000	37120000	6520000	277910000	20000
巴西	597010617	2643276	8953437	7804779	4901040	3812296

注：巴西2010年的国际发展合作支出总额为92.34亿美元，其中包括双边和多边的资金。本表数据已将巴西与发达国家和多边组织共同完成的部分去掉了，表中数据对应年份为2010年，这是目前可以获取的最新数据。

资料来源：OECD/DAC 官方发展援助在线数据库（www.oecd.org/dac）；IPEA & ABC（2013：18－24）。

---

① 这里挑选的国家将基于以下准则：（1）法国和英国国内 GDP 与巴西可比；（2）从历史原因来看，葡萄牙是所有非洲葡语国家形成的关键因素，这里将其作为一个案例；（3）美国是主要援助国，美国国际开发署在非洲设立了办公室，其中包括罗安达和马普托；（4）西班牙和韩国有相似水平的 GDP，两个国家在经合组织的援助有效性争议中表现得非常积极；（5）韩国与巴西一样，也是新兴援助国，但同时也是发展援助委员会成员国。

三　发展合作的部门及优先合作区域

技术合作支出占 2010 年巴西国际发展合作支出的 6.3%，共计 5777.06 万美元，同期人道主义援助占 17.6%，其他领域，如教育合作、科技合作与维和行动的支出占比分别为 3.8%，2.6% 和 36%，与国际组织合作占总支出的 33.7%（详见表 10 - 1）。与 2010 年相比，在 2011~2013 年，技术合作支出占比（7%）并没有太大的变化，教育合作支出占比增加到 5%，人道主义援助和维和行动支出占比分别降至 13% 和 5%，科技合作和与国际组织合作支出占比则分别增加到 13% 和 56%（详见表 10 - 2）。

巴西发展合作署是技术援助的主要执行机构。由于能够很好地适应发展中国家当地的环境，技术援助近年来被当作公共政策良好实践的典范在全球范围内迅速兴起，但其并不是巴西公共支出的优先领域。根据应用经济研究所和巴西发展合作署相关资料，农业、卫生和教育是巴西开展国际发展合作的主要部门。另外，非洲、拉丁美洲和加勒比地区国家是巴西技术援助的主要国家和地区，这证实了自 1995 年以来的历史趋势（PUENTE，2010）。时任巴西发展合作署主任的 Fernando Abreu 在 2013 年的"三年计划框架"中对拉丁美洲和加勒比地区及非洲分别追加了 4000 万美元和 3600 万美元的预算，后一部分资金更是重点集中于非洲葡语国家（ABREU，2013）。这一方面可能是由于拉丁美洲国家往往倾向于以更具能力的政治制度来实施技术合作项目，另一方面也说明巴西自 1996 年葡语国家共同体建立以来在外交政策上对葡语国家的重视（CABRAL & WEINSTOCK，2010；PUENTE，2010）。

图 10 - 1 明显地显示出巴西的技术援助主要集中在两个区域：拉丁美洲和非洲。巴西发展合作署的资料显示，1999 年至 2012 年间，84 个国家与巴西发展合作署开展了合作活动，其中有 40 个非洲国家、13 个加勒比地区国家、11 个南美国家、11 个亚洲国家、7 个中美洲国家、1 个北美国家（墨西哥），以及 1 个大洋洲国家（巴布亚新几内亚）。2005 至 2010 年期间，拉丁美洲是巴西发展合作署开展技术援助项目最多的地区，非洲则是在该机构预算中所占份额最大的地区。对拉丁美洲和非洲的政策侧重植根于巴西自身的社会、文化，并体现于其近来外交政策特点的转变。经历了再民主化的余波之后，尤其是从 2003 年起，对南南合作关系的聚焦在巴西外交议程中获得了稳固的地位。

图 10 - 2 所映了巴西与发展中国家开展发展合作项目的可能性。如图 10 - 2 所示，在拉丁美洲和非洲，巴西外交代表机构分布转为密集，这将确保巴西能够在这两个地区直接开展双边对话并实施发展合作项目。仅在非洲大陆，巴西的外交使馆就有 38

个，而法国、美国、墨西哥、土耳其、中国和印度在非洲的外交使馆数量分别为50、55、8、35、41和29个。①

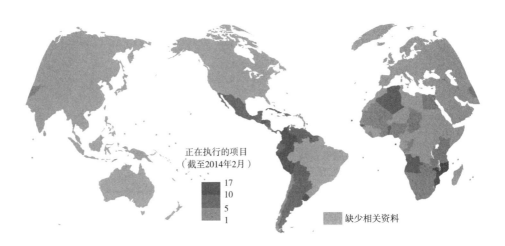

图 10 – 1　巴西技术援助分布

资料来源：ABC 资料库（2014）。

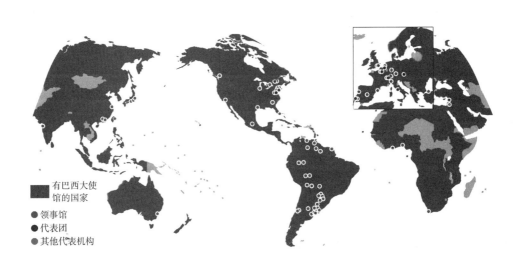

图 10 – 2　巴西外交代表机构分布情况

资料来源：资料来源：巴西外交部（2014）。

　　矛盾的是，巴西的国际发展合作或许还反映了公共 – 私人关系的张力，因为在那些技术合作项目最多的国家，巴西的跨国公司和商业活动也很多（图 10 – 3）。巴西的对外直接投资领域包括矿业、基础设施和民用工程项目，如公路、机场、海港、地铁、能源、石油勘探、农业等经济部门。在这些部门，巴西成为对拉丁美洲和非洲国家具

————————————

　　① 数据来源：巴西外交部。

图 10 - 3　巴西企业在全球的分布情况

资料来源：各公司网站（2013）。

有重要意义的关键参与者。新的领域，如生物燃料（乙醇和生物柴油）在近年来蓬勃发展，给巴西在南南合作中的话语和实践带来一些争议（ALBUQUERQUE，2014）。外商直接投资当然与国际发展合作不同，但是一类主体的实践与另一类主体的实践之间的现实界线常常是十分模糊的，这与南北合作类似。巴西在非洲和拉丁美洲的商业策略将可能在巴西"合作推动"的经济增长与传统西方国家和新兴经济体所倡导的经济模式存在差异的问题上，引发政治及道德方面的争议。如果巴西的南南合作战略确实是一种可供选择的发展模式，那么实证研究需要说明的是，其与传统发展实践相比究竟有何不同。

四　巴西的主要发展合作参与方：巴西发展合作署的角色

在国家层面，巴西发展合作署是国家发展合作的主要协调机构，但同时巴西国内的各职能部门（如卫生、体育、文化、农村发展等），也都在其特定的领域负责国际发展合作相关的工作，甚至巴西发展合作署所隶属的外交部，也成立了处理有关食品问题的粮食安全合作项目组（CGFome）①。巴西国际发展合作倡议实际上是由总统秘书处、联邦及市政府等国家会议的参与者［类似于食品安全委员会（CONSEA）、国际事务委员会（CPAI）与国家委员会和农村可持续发展委员会（CONDRAF）之间的关系］所提出的（MILANI，

---

① 2006 年至 2016 年期间，其负责人道主义援助、粮食安全、农村发展和小规模家庭农业等方面的工作。2016 年 9 月，巴西外交部决定暂停该部门的工作并将其任务移交给巴西发展合作署。

RIBEIRO，2011）。此外，巴西国际发展合作也遵循南南合作区域组织和峰会，包括葡语国家共同体（CPLP），印度、巴西和南非论坛（IBSA），金砖国家（中国、巴西、俄罗斯、印度以及南非五国），阿拉伯－南美国家和非洲－南美洲对话等所确定的相关国际规定。由于报告和政策在制定中缺乏必要的协商，我们认为现有的制度设置、政策议程均过于薄弱，其后果是导致巴西的国际发展合作被割裂，从而使国家和地方之间的发展合作机制缺乏连贯性。这些问题可能是巴西建立国际发展合作社会政策过程中所要面临的切实存在的挑战。

通过来自国家部委和公共机构的公务员开展技术合作是巴西国际发展合作的主要特征。尤其是自1988年以来的立宪及再民主化阶段，公务员和技术顾问在教育、卫生、农业、文化和公共管理方面积累了专业技能，并且获取了有关国内政策和与利益集团进行交往的"第一手"信息。公务员成为巴西国际发展合作的主要实施者，他们的人力成本往往比国内和国际市场上的专家更低，并且来自各种不同的政府机关及公共机构，比如Oswaldo Cruz基金会（FIOCRUZ，巴西卫生研究机构）和巴西国家木薯与热带果树研究中心（EMBRAPA）。目前来看，他们对巴西国际发展合作的参与阻碍了巴西"援助产业"的发展。很多社会团体没有机会参与到巴西的国际发展合作项目和计划中。但其中也有一些例外，如Viva Rio、ALFASOL和Missão Criança，这些都是参与巴西发展合作署教育和人道主义合作项目的非政府组织。数个巴西非政府组织正在关注权利问题（人权和女权问题、发展权和安全环境权等），它们对巴西政府在这些领域的"参与不足"提出了批评，这个课题依然需要社会科学学术研究和政策网络倡导方面的更多关注（MENDONÇA et al.，2013；SANTOS，2014）。

我们需要指出的是，巴西政府避免使用经合组织发展援助委员会和"南北合作"的相关术语、标准和规范的做法是值得注意的。如"援助"、"政治附加条件"（人权、民主等）、"援助国、受援国伙伴关系"等用语，在巴西的官方外交演讲及其国际发展合作陈述中是不会出现的。这一方面体现了巴西对传统援助的批评，另一方面是因为巴西自身具有不依靠南北合作而实现发展的能力，两者结合，使巴西能够自行建立一套平等的、无附加条件的、由需求驱动的原则。根据巴西发展合作署和应用经济研究所的官方文件，"平等关系"意味着在巴西和其他合作国家之间不存在项目决策和实施意义上的等级关系；而"无附加条件"则是巴西尊重发展中国家主权的象征，即在合作过程中不附加与民主和人权相关的任何政治条件；"需求驱动"则意味着发展中国家从自身发展需要的角度制订计划，巴西不会在发展合作中加以干涉。当然，巴西的外交政策与合作原则植根于其官方话语之中（图10－4），必须经受独立研究者的检验分析。

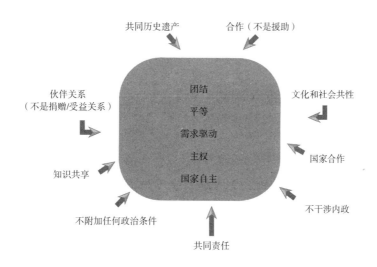

图 10 – 4 巴西国际发展合作原则

资料来源：MILANI & CARVALHO（2013）；IPEA & ABC（2010，2013）。

更重要的是，从 2003 年开始，在外交政策上，巴西已经在构建以南南合作理念为核心的政策体制（MAWDSLEY，2012a；MILANI & CARVALHO，2013）。巴西并非经合组织成员，它更喜欢在联合国经济与社会理事会发展合作论坛的"保护伞"下进行关于国际发展合作的讨论，因为后者是得到巴西外交政策承认的，可以进行交流、谈判的，合法的、具有普遍意义的多边机构（BURGES，2014）。2014 ~ 2015 年的经济危机以及 2016 年的政治变革可能会对巴西发展合作领域的议程产生影响，不过这个趋势需要研究者持续关注与监测。

五 对巴西教育合作的关注

根据巴西发展合作署的数据，教育、卫生和农业是巴西技术援助项目中排名前三位的部门。职业教育、成人和青少年识字工程、非正式教育和特殊教育等领域的培训、能力建设、公共管理和技术转移是巴西教育合作的主要形式。2005 ~ 2013 年已经完成和正在进行的项目中，农业、卫生和教育，以及国防和军事合作、环境、社会发展和能源方面所占比重分别为 19.26%、15.4%、10.93%、9.14%、6.01%、4.47% 和 4.02%。而在这些合作项目中，巴西发展合作署的教育发展合作项目主要集中在拉丁美洲、加勒比地区和非洲，以及东帝汶。

除了巴西发展合作署对于技术合作数据的统计之外，巴西发展合作署和应用经济研究所针对巴西国际发展合作的第一版报告（COBRADI，2010），将教育合作列在"对外奖学金"的类目下，但第二版报告（涵盖了从 2010 年起的数据，2013 年发布）中建立了一套有别于前版报告的体系，其中有一个章节名为"教育合作"，包含了对外奖学金和巴西教育发展合作框架下的国际交流项目。2016 年的报告（包含 2011 年到 2013 年期间的数据）中，巴西联邦政府在教育合作项目上的支出为 1.3 亿雷亚尔，约合 5500 万美元（IPEA & ABC，2016：67）。

早在 1950 年，巴西就制定了政策，为在其国内学习的外国学生提供奖学金。根据巴西外交部教育处[①]的说法，巴西教育合作的主要目的是：（1）提高其他发展中地区高等教育水平；（2）构建巴西民众和外国青少年在教育领域的对话机制；（3）传播巴西的文化与语言。实际上，文化和教育被认为是巴西在国际上的重要软实力，可以加强巴西与其合作伙伴之间的政治和经济联系（PINHEIRO & BESHARA，2012）。

图 10 - 5 显示了巴西国内留学生的生源国家以及巴西出国留学生的目的地国家，其他新兴经济体，如中国、印度、墨西哥和南非也在实施此类项目（MILANI et al.，2016；WOODS，2008；ZIMMERMANN & SMITH，2011）。

根据两份巴西国际发展合作账户系统报告（IPEA & ABC，2010，2013），巴西 2005 ~ 2010 年的高等教育奖学金支出约为 1.74 亿美元，约占同期全部国际发展合作支出的 7.4%。2009 ~ 2010 年，教育发展合作支出在公共支出中的比例上升至 40.7%（IPEA & ABC，2013：18）。根据巴西发展合作署和应用经济研究所 2013 年报告，2010 年巴西的奖学金支出增加至 3400 万美元，当年该项支出占教育发展合作支出的97%。2011 ~ 2013 年，教育合作支出占巴西政府国际发展合作预算的 5%（IPEA & ABC，2016）。

2010 年，巴西奖学金支出的地理分布反映了其外交政策的优先级。非洲葡语国家学生获得了巴西所提供的本科阶段奖学金的 73%，而研究生阶段奖学金的 70% 则流向了南美洲的学生。可以看出，巴西教育部门选择与那些国内缺乏高等教育系统的国家开展合作项目，并将其视作外交政策上的重要合作伙伴。自 2004 年开始，巴西开始加强与拉丁美洲和非洲，尤其是非洲葡语国家的教育交流合作。PEC-G 项目为那些在本国被选拔的外国本科学生提供奖学金，其流程由对应国家教育部门和当地的巴西大使馆制定；而 PEC-PG 项目则为希望在巴西进行硕士或博士研究生阶段课程学习的外国学生提供奖学金。2011 ~ 2013 年，获得 PEC-G 项目奖学金的学生来自几内亚比绍（173 名）、佛得角（169 名）、安哥拉（158 名）、巴拉圭（63 名）、刚果民主共和国（61 名）、贝宁（51

---

① 巴西外交部教育处的职责有：（1）负责巴西援助的有关教育项目；（2）负责协调教育部开展研究生项目（PEC-PG）；（3）负责巴西与其他国家、国际组织和机构之间的教育合作；（4）参与与国际教育合作项目有关的协议商讨、执行及监督；（5）负责为国外公民提供奖学金。

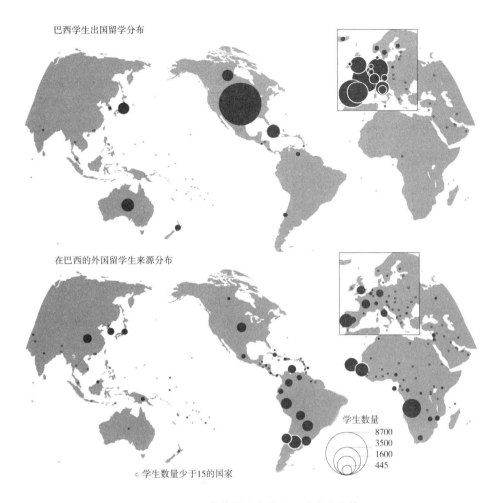

巴西学生出国留学分布

在巴西的外国留学生来源分布

学生数量
8700
3500
1600
445

○学生数量少于15的国家

图 10 - 5 巴西高等教育交换项目学生分布情况

资料来源：联合国教科文组织数据库（2014）。

名）、刚果共和国（40 名）、厄瓜多尔（31 名）、莫桑比克（23 名）、东帝汶（23 名）、圣多美和普林西比（19 名）、牙买加（19 名）、海地（16 名）等国，共计 992 名（IPEA && ABC，2016：77）。同时期获得巴西 PEC-PG 奖学金的学生则来自哥伦比亚（352 名）、秘鲁（154 名）、莫桑比克（140 名）、佛得角（45 名）、阿根廷（45 名）、古巴（36 名）、厄瓜多尔（35 名）、玻利维亚（34 名）、智利（25 名）、安哥拉（24 名）、巴拉圭（24 名）、乌拉圭（23 名）、墨西哥（22 名）和东帝汶（18 名）等国，共计 1094 名（IPEA & ABC，2016：81）。历年参与 PEC-G、PEC-PG 的外国学生数量详见表 10 - 4 和表 10 - 5。

巴西教育部、科技部和外交部是交流项目和奖学金项目的主要计划与执行部门。对于外国专家和公务员，巴西联邦机构还开展了相应的职业教育和培训，这点在后面将进行讨论。然而，2010 年这种类型的支出很少，仅约为 100 万美元（IPEA & ABC，2013：42）。

尽管前些年份的分类数据不可得，但针对研究生和本科学生的奖学金项目是巴西教育发展合作项目的主要方向。研究生奖学金项目的遴选过程有些不同，参与选拔的机构包括巴西大学（与教育部沟通）、巴西大使馆（获得发展中国家的初步入围人员名单）、专家委员会（负责评估所有的申请），教育部和外交部（进行最终确认）将在大致约9个月的时间里决定获得硕士和博士研究生奖学金的人员，国外的学生无需缴纳任何费用。2016年的选拔过程从2月开始①。

以研究生申请为例，CAPES和CNPs分别负责博士和硕士研究生项目的评估工作。由于开学时间一般是3月，评选过程将从10月起持续到次年1月。除了不收取任何费用，硕士研究生每月可以获得600美元资助，博士研究生为1100美元。巴西大使馆负责当地申请公告的发布和流程管理，巴西外交部负责选拔学生并承担候选人的交通费用。完成在巴西国内的学习之后，研究生需要返回自己的国家。

PEC-G项目的学生大多来自非洲葡语国家，而PEC-PG的申请者则有70%来自南美，这与南美完备的高等教育制度和较高的教育质量有关。拉丁美洲西语国家有着美洲历史最为悠久的大学，如圣多明哥大学（建于1538年）、利马大学（建于1551年）、科尔多瓦大学（建于1613年）、哈瓦那大学（建于1721年）。这也是这些国家的学生在研究生项目占有较大份额的原因。以PEC-G为例，从2003年开始，巴西为通过Milton Santos项目（PROMISAES）的部分非洲学生提供每月300美元的奖学金（参考巴西最低工资标准）。

除了奖学金项目，巴西政府的教育发展合作项目还包括教育部的双边项目CAPES，项目预算为530万美元。这一项目包含的国家有东帝汶、阿根廷、莫桑比克、佛得角和几内亚比绍。此外，巴西政府还开展了东帝汶的教师培训和葡萄牙语教学项目（145.79万美元），CAPES/古巴高等教育部项目（116.93万美元），CNPq/莫桑比克科技部项目（94.13万美元），佛得角双语字母与数字项目（88.53万美元），几内亚比绍教师培训项目（19.20万美元）。（IPEA&ABC，2013）2013年6月，巴西教育部启动了45个非洲葡语国家大学与巴西大学（主要包括米纳斯吉拉斯大学、圣保罗大学、南里奥格兰德大学、塞尔希培州立大学和哥亚斯大学）开展教育合作的一揽子计划，共投入资金300万美元。

在MERCOSUR与多边框架之下，巴西自2006年开始开展区域学术流动性项目，目标是加强成员国之间的教育合作。该项目实施后，巴西在阿根廷、玻利维亚、智利、巴拉圭

---

① 除了可以用来证明公民身份和教育水平的官方文件，申请人必须要通过专业的葡语考试（CELPE-BRAS），年龄在18～23岁，并且有符合要求的收入证明。本科阶段的交换项目仅针对一些有空缺的公共或私人研究所，奖学金资助仅覆盖有限的一部分学生。

和乌拉圭设置了研究生课程。选修该项目认证课程的注册学生可以申请出国交流。在巴西，自 2008 年起由教育部下属的高等教育秘书处（SESU）和 CAPES 共同管理这个项目。2010 年该项目共投入资金 100 万美元，其中 75% 的资金分配给了来自阿根廷的学生（IPEA & ABC，2013）。

根据应用经济研究所和巴西发展合作署 2013 年报告，除了教育部门之外，巴西的其他部门也在开展专业培训和技术合作项目。如我们在前文中所述，这些项目从财政的角度来看并不相关，但它们却都能够体现巴西外交政策的优先级，例如：（1）国防部为一些国家的军事官员提供专业培训，包括几内亚比绍、莫桑比克、巴拉圭，共投入资金 44.7 万美元；（2）巴西发展合作署提供的针对研究型学者的奖学金，覆盖国家包括安哥拉、阿根廷、布隆迪、哥伦比亚、古巴、墨西哥、巴拉圭、秘鲁、东帝汶和委内瑞拉，共投入资金 23.3 万美元；（3）巴西外交学院为安哥拉、阿根廷、佛得角、几内亚比绍、赤道几内亚、莫桑比克、圣多美和普林西比、东帝汶以及巴勒斯坦等国参加培训课程人员提供的奖学金和机票，共投入资金 3.01 万美元；（4）在国家药品政策秘书处（SENAD）的推动下，由圣保罗大学为来自安哥拉、阿根廷、哥伦比亚、哥斯达黎加、厄瓜多尔、危地马拉、墨西哥、尼加拉瓜和委内瑞拉等国人员提供的关于药物预防的远程教育课程，共投入资金 14.7 万美元。

除此之外，巴西政府也积极参与和国际组织及非政府组织的三方合作，例如与几内亚比绍和联合国经济与社会理事会合作的"多元化良好社会教育实践青年领袖"活动；巴西教育部与莫桑比克、佛得角、圣多美和普林西比以及 ALFASOL 进行三方合作，在青少年和成人教育领域开展非正式的识字项目。作为扫除文盲的国家策略的一部分，ALFASOL 成立于 1996 年，于 2000 年开始参与国际活动。该组织的历史与政府部门的"团结社区"计划息息相关，后者始于费尔南多·恩里克·卡多佐（Fernando Henrique Cardoso）总统执政期间，并由 Ruth Cardoso 负责实施，然而尽管如此，ALFASOL 自成立以来就一直是一个非政府组织。"团结社区"计划在 2003 年结束，ALFASOL 依然与私人部门、国际机构（如联合国经济与社会理事会和美国的相关机构）以及巴西发展合作署合作开展发展项目。这种青少年和成人教育的合作形式之后被运用到非洲葡语国家和东帝汶、危地马拉。但是，从总体来看，巴西的非政府组织在教育合作领域的参与度依旧不高（GONÇALVES，2011）。国际非政府组织和发展中国家当地机构并没有参与到巴西教育发展合作项目中，这些项目从目前来看在本质上仍是双边的。

综上所述，参与巴西教育发展合作项目实施的机构种类繁多，包括巴西发展合作署（技术合作）、教育部（奖学金项目、国际交流项目和技术合作）、巴西工业企业培训中心

（职业教育）和一部分非政府组织。该项目的资金主要是公共资金，还有私人公司、企业伙伴关系（如 SENAI 的例子）提供的赞助。实际上，巴西的教育发展合作更关注高等教育。两份切实的报告（IPEA & ABC，2010；IPEA & ABC，2013）聚焦于公共支出方面，根据报告，2005～2010 年共支出 1.74 亿美元。2013 年报告中提到，从 2010 年开始学术交流合作支出在教育发展合作项目官方支出中的比例达到 97%（约为 3500 万美元），技术合作占 3%（约为 100 万美元），"巴西政府优先将资源赋予在巴西接受更多教育的外国留学生"（IPEA & ABC，2013：42）。由此可以推论，巴西在教育发展合作领域不仅需要更多的非政府组织参与，还要增加提供给非学术教育计划的资金。

六 巴西与非洲葡语国家在教育领域的国际合作：以莫桑比克为例

非洲国家是巴西教育部和巴西发展合作署重要的合作伙伴，如表 10-4 和表 10-5 所示。巴西发展合作署在教育领域的 6 个主要合作对象分别是 5 个非洲葡语国家以及东帝汶。教育合作的方式呈现多样化的特点，根据巴西发展合作署的数据，远程和职业教育是其教育合作支出的重要方向。然而，如我们在下文中将会看到的，与巴西发展合作署和应用经济研究所公布的实际支出数据（IPEA & ABC，2010，2013，2016）对比后可以发现，高等教育是 2010 年巴西政府在教育合作方面的优先领域[1]。

如前文所述，巴西在教育部门的国际发展合作并不仅限于巴西发展合作署的活动。其他政府或非政府行动者也参与了这一过程：巴西教育部（奖学金和交换项目）起到了很大的作用；巴西外交部的里约布朗克学院（也称为"巴西外交学院"）也接收来自 5 个非洲葡语国家的外交官员进行专业培训；公民社会组织，包括 AAPAS、ALFASOL、Missão Criança 和 the Elos Institute 则更加关注青少年和成人教育项目，以及非正式教育活动。从 2003 年开始，位于圣保罗的非政府组织 Ação Educativa 开始参与葡语国家共同体国家的青少年与成人教育，其主要参与方式是组织研讨会、创办青少年与成年教育中心以及南南合作。这一项目被称为 ECOSS，实际上隶属于联合国教科文组织的"为所有人提供教育"活动，当前与 UNILAB 及巴西教育部联合实施。

---

[1] 很多巴西发展合作署参与的合作行动的支出在财务上并没有被记录下来，原因可能是部分用来支付给公务员、巴西工业企业培训中心（SENAI）和其他公共机构以及公民社会组织。但这并不意味着这些是与政策无关的，而日后对这部分的研究将是极大的挑战。运用定量研究、案例分析以及田野调查相结合的方法，对实际支出结构和政策影响做出分析是非常必要的。目前由巴西发展合作署提供的数据并不足以提供研究所需的相关信息。

表 10 - 4　参与 PEC-G 的外国学生数量（2000 ~ 2015 年）

国别	2000年	2001年	2002年	2003年	2004年	2005年	2006年	2007年	2008年	2009年	2010年	2011年	2012年	2013年	2014年	2015年	总量
安哥拉	3	21	29	23	31	11	31	28	91	68	48	83	61	53	59	77	719
佛得角	117	65	227	263	192	230	314	265	381	206	133	76	150	88	104	119	2880
几内亚比绍	36	88	111	97	58	186	159	19	133	181	95	55	118	–	–	–	1336
莫桑比克	12	13	27	21	26	27	13	9	4	9	7	6	13	13	9		213
圣多美和普林西比	–	–	24	–	47	147	35	3	12	4	6	19	5	3	19	17	358
非洲葡语国家	168	187	418	404	356	601	552	335	621	463	291	240	295	157	195	222	5505
非洲	187	214	451	442	395	650	589	378	784	517	383	378	378	255	339	357	6697
拉丁美洲和加勒比地区	135	172	140	82	52	130	127	125	118	125	115	84	99	132	147	162	1945
亚洲	–	–	–	–	–	–	1	–	–	–	–	1	–	37	4	4	47
总计	322	386	591	524	447	780	717	503	902	642	498	463	477	427	880	967	9523

注：几内亚比绍由于政变，于 2013 年退出了项目。亚洲国家（东帝汶、巴基斯坦和泰国）从 2006 年开始参与项目。"总计"即为所有非洲国家、拉丁美洲和加勒比地区国家、亚洲国家学生数量之和。

资料来源：巴西教育部（http：//www. dce. mre. gov. br/PEC/G/historico. html）。

表 10 - 5　参与 PEC-PG 的外国学生数量（2000 ~ 2014 年）

国别	2000年	2001年	2002年	2003年	2004年	2005年	2006年	2007年	2008年	2009年	2010年	2011年	2012年	2013年	2014年	总量
安哥拉	1	1	6	3	1	2	3	7	5	2	8	10	8	2	8	67
佛得角	4	4	5	5	6	12	22	6	8	7	15	4	14	13	7	132
几内亚比绍	1	1	3	1	1	6	5	2	3	2	6	2	5	–	–	38
莫桑比克	5	5	9	6	8	12	16	12	9	3	8	21	24	52	51	240
圣多美和普林西比	–	1	–	–	–	4	–	–	–	1	1	1	2	2	–	12
非洲葡语国家	11	12	23	14	16	36	46	27	25	15	38	38	53	69	66	489
非洲	14	15	25	17	17	40	48	32	28	16	39	39	59	72	77	538
拉丁美洲和加勒比地区	61	60	74	39	52	73	122	127	141	196	143	168	161	208	124	1749
亚洲	1	1	–	–	1	7	1	11	14	18	–	8	6	2	5	81
总计	76	76	99	56	70	120	171	170	183	230	188	215	226	420	338	2638

注：东帝汶、中国和印度是三个主要的亚洲国家。"总计"即为所有非洲国家、拉丁美洲和加勒比地区国家、亚洲国家学生数量之和。

资料来源：巴西教育部（http：//www. dce. mre. gov. br/PEC/PG/historico. html）。

2013 年 5 月，巴西政府在巴伊亚举行了主题为"巴西非洲教育合作战略"的高层会议。非洲葡语国家（除几内亚比绍）和巴西教育部以及高等教育机构、联合国经济与社会理事会、葡语国家共同体、世界粮食计划署、伊比利亚美洲组织等代表参与会议（MEC，2013）。会议所达成的倡议也表明包括交换和合作项目在内的大多数高等教育领域的合作，均是由 MEC（CAPES 和 SESU）和 CNPQ 构想并实施，并得到了巴西外交部、巴西联邦以及一些私立大学机构的支持。表 10-4 和表 10-5 的官方数据表明，2000 至 2013 年间，PEC-G 项目中，非洲葡语国家的本科阶段学生数量为 5083，占全部外国交流学生总数 66.2%；PEC-PG 项目中，2000~2014 年有 489 个研究生来自非洲葡语国家，占全部 2638 个学生的 18.5%，排在拉丁美洲和加勒比地区之后。

此外，在高等教育的范畴下，为促进与拉丁美洲和非洲葡语国家的合作，巴西分别于 2008 年和 2010 年成立了两个联邦大学——UNILA 和 UNILAB。在传统学术研究活动之外，这两所大学也承担接收来自拉美和非洲葡语国家的学生的职责。这一政府决策也确证了同类活动与倡议存在较好的去中心化程度的事实：巴西外交部和巴西发展合作署在这类联合教育合作活动中并没有垄断权（ULLRICH & CARRION，2013）。实际上，早在 2010 年 UNILAB 就是接收非洲葡语国家学生的重要高等教育机构。2013 年 11 月，时任 UNILAB 主席的 Nilma Lino Gomes 博士在葡语国家共同体的支持下，于里斯本成立了官方性质的公共高等教育网络（RIPES），并为其揭牌。2012 年 7 月 13~14 日在马普托举办的第 25 届葡语国家共同体合作焦点讨论年会上，由 UNILAB 设计的 RIPES 得到葡语国家共同体秘书处和巴西发展合作署的支持，被提出并获得通过。RIPES 旨在通过人力资本流动和联合研究-教学等活动，加强葡语国家的大学教育。其第一个项目在 2013 年启动，目的是对目前葡语国家共同体国家在高等教育中的现状进行分析。2013 年 12 月 UNILAB 加强了与佛得角的联系，UNILAB 的主席在普拉亚与佛得角方面签订了交换协议，以期能促进学生和教授之间的经验分享。目前，UNILAB 有 2698 名学生[①]，其中有 1171 人来自巴西、32 人来自安哥拉、50 人来自佛得角、181 人来自几内亚比绍、12 人来自莫桑比克、29 人来自圣多美和普林西比、72 人来自东帝汶。

在全球范围内，如果将巴西教育发展合作项目与发展援助委员会成员国在高等教育领域的 AOD 进行比较的话，或许能得到巴西对非洲葡语国家潜在影响力分析的新路径。如表 10-6 给出了巴西和部分国家与非洲葡语国家开展教育合作的细分数据。首先，巴西的高等教育项目呈现高度集中的状况：在与发展中国家开展的教育合作活动中，其 99% 以上的教育支出花在高等教育领域，而经合组织发展援助委员会成员国该项比例分别为葡萄牙占 60%，韩国占 27%，美国占 19.5%，英国占 10.7%，西班牙占 10.2% 和法国占 6%；其次，由于只将非洲葡语国家包括在内，因此美国和英国（英国对莫桑比克的教育进行过大量援助，但不是高等教育领域）并没有数据；最后，比较巴西和葡萄牙的数据可以看到，除几内亚比绍之外，葡萄牙对非洲葡语国家的教育支出和高等教育支出比巴西更

---

① 与葡语国家共同体国家的合作信息详情参见 UNILAB 网站：www.unilab.edu.br。

高。然而，我们应该深入分析这一数据，以确定这样的假说：在与这五个非洲国家发展关系的同时，存在着前世界级中心国家和崛起力量之间的软实力竞争[1]。

表 10 - 6　巴西和部分国家与非洲葡语国家的教育合作

单位：美元，2010 年现价

	全部发展中国家		安哥拉		佛得角	
	教育支出	高等教育支出	教育支出	高等教育支出	教育支出	高等教育支出
法国	1784330537	107487154	3569402	1556034	872603	813735
葡萄牙	72780487	43694871	5444387	2041913	19148970	19006649
韩国	150122040	40499979	1392366	71309	1438	—
西班牙	363788964	37232677	933877	19754	1771943	7192
英国	751119399	80808790	—	—	—	—
美国	889120487	173390935	—	—	—	—
巴西	35382438	35229966	1923960	1866241	6869344	6663263
	几内亚比绍		莫桑比克		圣多美和普林西比	
	教育支出	高等教育支出	教育支出	高等教育支出	教育支出	高等教育支出
法国	375372	343381	962689	796282	564311	564311
葡萄牙	4844373	1859202	10358125	2501224	6035132	3763127
韩国	43084	43084	60585	—	—	—
西班牙	1361739	3974	7532291	22562	—	—
英国	—	—	7074447	—	—	—
美国	—	—	—	—	—	—
巴西	5570248	5403140	1904622	1847483	821909	797252

注：教育支出，指全部教育阶段的合作支出。高等教育支出，仅指高等教育阶段的合作支出。

资料来源：经合组织发展援助委员会官方发展援助在线数据库（www.oecd.org/dac）。巴西的教育合作数据通过巴西应用经济研究所的国际发展合作账户系统获得。

在职业教育方面，巴西建立了其他重要的合作机构并开展了实践。巴西工业企业培训中心（SENAI）以及规模略小的巴西小微企业支持服务中心（SEBRAE）是巴西职业教育的重要参与者。巴西发展合作署负责处理非洲葡语国家在职业培训方面所提需求的协调工作，并在加强这些国家与巴西工业企业培训中心之间的对话关系中扮演重要的角色。2013年，巴西工业企业培训中心参与了 15 个国际培训中心的建设，其中 4 个已经完成。这些专业的培训中心分布在安哥拉的 Cazenga（1999），佛得角的 Praia（2008），东帝汶的 Becora（2000），巴拉圭的 Hernanda Rias（2002），几内亚比绍（2009），危地马拉（2012），另外一些则分布在莫桑比克、海地和圣多美和普林西比。案例 1 对 Cazenga 的概况进行了描述。这些培训中心提供的课程包括动力机械、土木工程、电子、纺织和时

---

[1]　前文也隐含这样的结论，但可能需要更加深入的定量分析和实地考察。

尚，还有计算机科学。除此之外，巴西发展合作署和巴西外交部与巴西工业企业培训中心还协商建立了其他培训中心，如在摩洛哥为残障人士开设公民建筑行业培训中心、在马里建立纺织培训中心，以及在喀麦隆建立家具制造培训中心。在南非，巴西发展合作署的第一个项目是建立一个职业培训与企业家中心，现正处在谈判的最后阶段。

案例1　安哥拉专业培训中心 Cazenga 概况

巴西 - 安哥拉职业培训中心为巴西政府的对外关系和巴西工业企业培训中心的技术合作开创了新局面。在这个项目中，巴西发展合作署参与协调了大量活动，巴西工业企业培训中心扩大了自身在官方技术合作中的参与。巴西 - 安哥拉职业培训中心根据当地需求和现实情况，设计了相应的管理方法、教师培训和设施维护等体制。这是巴西工业企业培训中心在安哥拉设置的第一个培训中心，该项目于安哥拉内战期间被提出并设计，由巴西和安哥拉两国政府于 1996 年商定。安哥拉公共管理、就业与社会安全部（MAPESS）和安哥拉全国就业与职业培训研究所（INEFOP）负责项目活动的具体实施；巴西在地区专业培训领域有深厚经验的 SENAI-圣保罗（隶属圣保罗州工业联合会，FIESP）负责区域事务。这个项目由巴西和安哥拉政府共同出资，资金约为 214 万美元。2000 年，培训课程开始，第一期毕业的学员一共有 144 个。根据巴西工业企业培训中心数据，该中心目前每年有 1500 个培训模块，从开课到现在，已有超过 4100 名学员在这里接受培训。在影响力方面，这个项目现在已经成为安哥拉职业培训系统的参照，引起了众多期待与巴西政府和巴西工业企业培训中心进行技术合作的非洲大陆国家的注意。①

以上是巴西与非洲葡语国家在教育发展合作领域合作的概况，下面将分别对各非洲葡语国家的具体情况进行分析。在与巴西发展合作署开展活动最多的十个国家中，佛得角排名第一，紧随其后的是圣多美和普林西比以及莫桑比克。巴西与佛得角的合作主要分为三类。第一类是通过 PEC-G 和 PEC-PG 开展的高等教育交流项目。佛得角是有学生在巴西获得本科教育奖学金资助的第一个国家，如果考虑研究生奖学金项目，则佛得角在非洲葡语国家中排名第二，如表 10 - 4 和表 10 - 5 所示②，在所有留学生中，佛得角有 2880 名本科生和 132 名研究生，分别占非洲葡语国家的 52% 和 27%。

---

① GONÇALVES（2011）。
② 以美元为单位对官方支出的奖学金数额进行估计是非常困难的。根据应用经济研究所和巴西发展合作署的估计，除了 PEC-G 和 PEC-PG 两个项目之外，2005 - 2009 年，巴西共支出 1.34 亿美元，2010 年该项支出则为 3300 万美元。每个留学生所获奖学金数额取决于其实际所学课程。比如，2004 年数学本科学位的花费约为 1500 美元/年，而农业工程则为 8000 美元/年，当年巴西本科学位平均花费为 4200 美元/年。硕士和博士学位的花费则为上述平均值的两倍（MAGALHAES et al.，2010；AMARAL，2003）。

巴西与非洲葡语国家也开展了广泛的技术合作。在卢拉（Lula）当政期间，巴西发展合作署的对外技术合作活动迅速增加。以佛得角为例，2004年在佛得角大学（UNI-CV）开始实施的管理学硕士学位的技术合作项目，得到了南里奥格兰德大学（UFRGS）和巴西利亚大学等学术机构以及巴西教育部的支持。2007～2009年，巴西和佛得角的专家通过双边合作，在旅游业方面对众多机构和人员进行了专业的培训，巴西发展合作署、联邦职业教育和科技办公室等投入资金共计79.4万美元。2013年在巴伊亚举行的部长级高层会议上，佛得角代表Fernanda Maria Marques女士提到了与巴西外交部所开展的一系列合作，如高等和基础教育评估，采用监测、执行和控制一体化系统的学校管理（SIMEC），以及在线培训和包容性教育等（MEC，2013：9）。

第三类在巴西、佛得角和国际组织之间的合作伙伴关系中也是非常值得一提的。在识字和青少年及成人教育的二方合作领域，2006～2011年开展了名为"成人教育国际合作网络和创新伙伴关系"的项目，参与的三方包括巴西、佛得角和联合国教科文组织（UNESCO）。该项目的第一次研讨会召开于2006年，得到了巴西政府的支持。另一个例子则发生在职业教育领域：2013年9月，由巴西、佛得角和联合国开发计划署（UNDP）三方合作的职业培训中心成立。在巴西方面，巴西工业企业培训中心负责运营名为"增强佛得角人力资源能力建设系统的专业培训"项目。巴西政府（巴西发展合作署和外交部）与巴西工业企业培训中心共投入133.1万美元，佛得角政府则投入了22.2万美元。

在安哥拉，PEC-PG、PEC-G和UNILAB是教育合作领域的重要支柱。此外，巴西环境部于2007年还开展了针对环境教育的合作项目，目的是对安哥拉技术人员进行培训，并支持安哥拉城镇和环境部的国家建设项目。2011年，安哥拉在教育管理领域与巴伊亚州政府签署协议，目前依然有150名巴西顾问和教师在安哥拉的职业学校提供咨询和开展教学活动。自2009年起，巴西发展合作署和SENAR与安哥拉农业发展署在农村职业培训方面开展了合作，内容主要包括向安哥拉当地的技术人员传授方法，并组织他们去巴拉那当地的农场学习和参观。

2013年在巴伊亚教育部长高层会议上，来自安哥拉的两位代表——教育部长Pinda Simao先生和高等教育部长Adao do Nascimento先生说，他们对巴西在线上学习（巴西开放大学）、通过"字母和数字计划"（由CAPES开展）增加教师人数、基础与高等教育评估方法转移，以及课程开发方面的经验非常感兴趣（MEC，2013：8）。

在圣多美和普林西比，除上文提到的PEC-G、PEC-PG和UNILAB合作项目之外，受到巴西全国学校食堂项目（PNAE）的启发，两国政府于2007年签署了一项协议，共同开展"学校食物计划"。这个项目旨在将巴西的成功经验传授给圣多美和普林西比，并且为学校人员提供营养知识和社会控制的公共政策经验。双方达成共识，认为学校作为一个社区（学生、教室、管理人员、家庭），是地方治理结构的一部分。这个项目并没有仅限于提供技术咨询服务和开展学校食堂从业人员培训，巴西政府还决定向圣多美与普林西比的数千名基础教育阶段学生提供食物，4.2 万名小学生将从这个项目所带来的更科学的饮食中受益。

在圣多美和普林西比开展的另一个项目是"识字伙伴计划"。巴西联邦政府与 ALFASOL 合作，后者负责该计划的实施，巴西多所联邦大学也参与了该计划。截至 2012 年，圣多美和普林西比至少有 18491 名青少年和成人参与到识字课程中，2529 名参加了更高阶段的课程。此外，2001 至 2012 年间，110 名教师得到了培训。实际上，作为非洲葡语国家，莫桑比克、佛得角在这个项目上开始受益的时间比圣多美和普林西比要早，前两者分别从 2001 年和 2002 年就开始与巴西开展合作。职业培训方面，巴西工业企业培训中心在圣多美和普林西比负责建立一所培训中心，以保障教师培训和相关教育材料的捐赠。在这一背景下，2014 年圣多美和普林西比有 7 名教师和 3 名公共管理人员前往伯南布哥参加培训。

2013 年在巴伊亚教育部长高层会议上，来自圣多美和普林西比的教育、文化和培训部长 Jorge Lopes Bom Jesus 先生欢迎巴西与该国共同建立和发展 STP 公立大学，参与合作伙伴关系的有巴西外交部和米纳斯吉拉斯大学以及 UNILAB。他还宣布，圣多美高等理工学院是这一倡议的焦点。在同一场合，STP 政府表达了在教师培训、校园交通体系、教学方法概念化与出版、改善学校餐饮计划等领域与巴西加强合作的强烈愿望（MEC，2013：11）。

几内亚比绍也是 PEC-G、PEC-PG 和 UNILAB 项目的受益国。在其首都比绍，巴西建立了一所职业培训中心，自 2009 年起共有 1200 人参加了培训。另一个培训安保人员的中心也在联合国毒品与犯罪办公室的支持下建立，后者主要承担技术建议与监督的责任。这是在巴西之外首次建立此类中心，巴西在 2010～2013 年共投入 300 万美元用来支持这项三方合作项目。

巴西早在 1975 年莫桑比克独立伊始，就与其建立了外交关系。次年 3 月巴西在马普托设立了大使馆，但直到内战之后的 1998 年，莫桑比克才在巴西设立大使馆。1961～1964 年，巴西外交政策的重点是巴西与非洲的关系，但其始终被巴西和葡萄牙的友谊框架所束缚。对于葡萄牙政府来说，独立和主权运动是不被支持的。从 20 世纪 70 年代开始，巴西在外交政策上才逐渐改变对非洲葡语国家的态度。80 年代巴西军政府统治结束，民主政府才能进一步地与非洲葡语国家建立更广泛的双边关系。两国恢复邦交后实施了大量项目，接下来，我们将通过聚焦教育合作领域，来勾勒两国合作的概况。

两国当代国际发展合作的演进主要经历了三个阶段：（1）从莫桑比克独立到 1992 年

的和平协议阶段；（2）20 世纪 90 年代，巴西经历再民主化阶段的同时，莫桑比克正处于进行机构能力建设的阶段；（3）21 世纪，尤其是从 2003 年开始①。第一阶段是以建交为主要特征的时期，1981 年 9 月两国签署了合作协议，1984 年 6 月两国再次确认这一协议，并开始实施。1989 年 6 月两国又达成了科学技术合作协议，其中第一、第五、第六和第十三条提到了教育合作、高等教育及大学、交换项目和奖学金合作项目。第一阶段主要的合作内容，正如 Ana Cambaza 提到的，主要是关于广播识字教育的。莫桑比克公务员参观巴西比较贫困的州，并接受关于如何使用社区广播以及在农村开展这个项目的培训②。Frank Antonio 认可了该广播项目在数个省实施的重要性，此后，莫桑比克国家教育发展研究所与巴伊亚教育广播机构建立了合作伙伴关系（被称作 IRDEB）。

1989 年 11 月，巴西文化中心（现更名为"巴西研究中心"）在莫桑比克建成，实现非洲－巴西文化一体化的具体构想得以提出，该中心成为促进巴西与莫桑比克和其他非洲国家文化交流的场所。巴西文化部长 José Aparecido de Oliveira 是该进程的关键推动者。然而，尽管 Aparecido 努力促成葡语国家成为一个文化共同体的想法成为现实，但当时莫桑比克深陷内战，而巴西则正在经历重大的经济改革，并面临国内再民主化的挑战。

在第二阶段，莫桑比克进入了和平阶段，巴西在经济和政治上也经历了更进一步的改革。葡语国家共同体（CPLP）于 1996 年成立③。2000 年，卡多佐总统正式访问马普托，并在那里参加了第三次葡语国家共同体峰会。2001 年，Joaquim Chissano 总统对巴西进行了正式访问，两国总统签署了六份合作指导意见，内容涉及健康、教育、社会政策和公共安全。在教育合作领域，这些指导性文件覆盖青少年和成人教育（与 ALFASOL 合作）、奖学金政策（与巴西的非政府组织 Missão Criança 合作）与技术合作领域。次年 8 月，莫桑比克总统参加了在巴西利亚召开的第四次葡语国家共同体峰会。

卡多佐总统的外交政策并未明确强调优先考虑非洲和非洲葡语国家，但他在葡语国家共同体国家中增加了巴西的曝光率，尽管巴西独立外交政策在 20 世纪 60 年代的遗产和实用主义在 70 年代的影响依然在后台发挥作用（VIGEVANI, et al., 2003）。在卡多佐总统任期内，教育合作是巴西进入莫桑比克的主要渠道。Frank Antonio 证实，1995～1996 年莫桑比克与巴西合作开设了第一个教师培训班：教育水平在 7 年以上的公民有机会参与课程

---

① 笔者对这三个阶段的划分进行了解释（译者注）。这种划分是基于双边关系的历史，以及在马普托当地的调研和对官方文件（包括协议、声明、评估报告、项目文档和报告在内）的参考。为尊重本人意愿，我们隐去了一些被访者的姓名。

② 有趣的是，莫桑比克目前还有一个项目被称作 Alfa-Radio，不过是与巴西政府合作开展的。

③ 1989 年葡语国家在圣路易斯召开首脑会议，时任巴西总统若泽·萨尔内（José Sarney）提出了有关倡议。在会议上，各国代表决定创建国际葡萄牙语研究所（IILP）。这一决定将众多葡语国家聚集在一起（这些国家的关系建立在共同的语言和共享发展及民主这一历史遗产上）。但这一决定仅仅在驻里斯本的巴西大使 José Aparecido de Oliveira 及其他工作人员的推动下执行了一年（1996 年）。

并成为一名公共教师。这个项目于 2013 年停止。在高等教育领域，1993~1999 年，156 名莫桑比克公民受益于 PEC-G 项目。表 10-4 和表 10-5 表明，2000~2002 年期间，莫桑比克有 52 名学生参与 PEC-G，19 名学生参与 PEC-PG。

Ana Cambaza 证实，2001~2004 年，识字项目是巴西与莫桑比克开展合作的重要推手。在巴西多所大学和巴西发展合作署的协助下，ALFASOL（及其分支 AAPAS）为莫桑比克带来了识字教学方法和教学工具，受培训人员的选拔标准依据性别和参与度。与此同时，巴西对莫桑比克全国识字率试点工程的开展也给予了支持。根据 2003 年的评估，ALFASOL 计划五个目标中的两个（教育部读写能力部门的管理者能力建设；试点项目 25% 的执行率）没有完成。主要原因是莫桑比克当地不适应教学材料，并且缺乏资金聘请培训人员。其余的三项指标均达成：（1）在有 1547 名学生（第一阶段）和 6160 名学生（第二阶段）参与的五个省（德尔加杜角省、加沙、马尼卡、马普托、索法拉）发展 240 个识字小组；（2）对 250 名培训人员进行能力培养；（3）改革识字项目的评估方法。第一阶段里，80.6% 的学生是女性，第二阶段这一比例变为 73.8%[1]。然而，当莫桑比克政府决定开发新识字课程时，ALFASOL 项目遇到了更多的困难：这意味着由巴西提供的教学材料被认为不符合当地的需求[2]。修订版本花费了莫桑比克政府几年的时间，因此 ALFASOL 的项目并没能再继续下去[3]。

巴西与莫桑比克合作的第三阶段开始于 2003 年，当时巴西外交政策更明确地聚焦于南南合作关系（VIGEVANI & CEPALUNI，2007；MILANI，2013）。2003 年 11 月，卢拉总统在访问莫桑比克期间，签订了 11 项技术合作项目。莫桑比克总统 Joaquim Chissano 于 2004 年 8 月回访巴西，巴西免除了莫桑比克 95% 的公共债务，共计约 3.15 亿美元，其余转化为巴西出口激励计划下的商品信贷。2007 年 9 月，莫桑比克总统 Armando Guebuza 对巴西进行了正式访问，在巴西的国庆游行中受到上宾礼遇。在教育政策领域，巴西继续在学校拨款计划（在莫桑比克该项目被称作"孩子的未来"）上增加投入 4 亿美元（2005 年为 1 亿美元，2006 年为 1.5 亿美元，2007 年为 1.5 亿美元）。

在巴西外交部和巴西发展合作署的支持下，AAPAS 通过技术合作和能力建设的方式，继续在莫桑比克参与国家识字项目的实施。2010 年，在 PEC-G 和 PEC-PG 项目的推动下，巴西在莫桑比克的高等教育支出约 185 万美元（如表 10-6 所示）。然而，第三阶段，尤其是在迪尔玛·罗塞芙（Dilma Rousseff）任期内，教育合作开始集中在远程教育、农业

---

① 参照 Ana Cambaza 的评估报告。
② 这里应当理解成当地需求，或是莫桑比克正在经历的结构调整而导致的约束。
③ ALFASOL 和 AAPAS 是执行政治项目并直接遵守总统制的非政府组织。这两个组织的活动受到巴西教育部的直接支持，并源自公司合作伙伴关系（PERONI，2006）。2003 年的卢拉政府对非政府组织结构进行了改革，即通过公共筹款方式运作，尽管 ALFASOL 依然是国家和国际项目的实施者。

应用技术教育以及学校食物和营养（参考巴西外交部的 FNDE）等方面。发展合作议程的改变反映了巴西国内政策的转变。当前正在实施的职业培训项目中的一个案例是由拉夫拉斯连班大学和外交部以及巴西棉花研究所合作的"棉花培训课"①。2014 年 3 月，30 名非洲葡语国家本科阶段的专业学生参与了农业科学领域的新课程。每个学生能够得到 1000 美元/月的奖学金。巴西合作方承担全部费用，包括往返机票、人身与医疗保险、住宿和饮食。这一课程将持续 4 个月。

巴西开放大学项目是目前在莫桑比克开展的主要远程教育项目。该项目向 690 名莫桑比克公民提供本科学位。2013 年 UNILAB 整合了项目的领导委员会，加入了另外四所大学：茹伊斯迪福拉大学、戈亚斯大学、里约热内卢大学和弗鲁米嫩塞大学。巴西开放大学在其中扮演了协调角色。该项目在莫桑比克的主要合作伙伴是蒙德拉内大学和莫桑比克师范大学。巴西与莫桑比克的老师共同准备教学材料、批改试卷，并通过网络跟进学生的情况。

在前文提过的 2013 年巴伊亚的高层会议上，莫桑比克教育部长 Augusto Luis 先生表达了未来在数字教育和运用信息技术方面与巴西开展教育合作的愿望，尤其是巴西开放大学在莫桑比克扩张的今天。当前，开放大学旗下的项目在以下领域进行：数学（巴西的弗鲁米嫩塞大学与莫桑比克师范大学）、公共管理（茹伊斯迪福拉大学和蒙德拉内大学）、幼儿教育（里约热内卢大学和莫桑比克师范大学），以及生物学（戈亚斯大学和莫桑比克师范大学）。在莫桑比克，有近 6 万名小学教师和 8000 名初中教师，他们之中有 31% 的人没有大学学历。这些项目旨在于 2012～2015 年培训 4940 名教师和 1350 名来自政府机构的管理者。巴西通过建设远程教育基础设施、为教师和管理监督人员提供奖学金、免费传授所有科技经验来支持莫桑比克（MEC，2013）。

总体而言，莫桑比克与多个双边、多边机构保有合作。根据经合组织官方数据，在 20 世纪 90 年代，莫桑比克的双边和多边合作机构平均每年接受约 7 亿美元的官方发展援助，到 2006 年已上升至 9.41 亿美元，2011 年为 17.1 亿美元，2012 年为 14.8 亿美元。从财政意义上讲，巴西与莫桑比克的发展合作数额几乎是无关紧要的，但其在主题上对技术合作、高等教育和远程教育的关注，在下文将要讨论的某些条件下，或许会在长期产生积极的影响。

在远程教育项目起作用的例子中，访谈表明至少需要两个条件。首先，莫桑比克习惯与南北合作机构开展合作，并期望在过程中掌握决定权和优先领域的定义权。Frank

---

① 2010 年，巴西政府与美国在运用公司产品信贷资源建立基金方面达成共识，用来在世贸组织内部解决两国政府针对补贴产生的争议。这同时也促进了巴西棉花研究所的成立，2010 年 6 月创建的非盈利组织开始管理这些基金，旨在通过国家和国际合作促进巴西棉花产业的发展。

Antonio 回忆起早年间，巴西试图推行本国的远程教育模式，但莫桑比克人需要新的课程和情境导向的课程内容。这意味着，与巴西积极的外交尝试无关的行为可能会在项目的实施过程中出现，由于两国都是发展中国家，巴西需要加强其教育发展合作政策的专业性，以使这些政策真正地适应当地需求。Frank Antonio 还指出，巴西开放大学项目有很多参与方，五所联邦大学中的每一所都有部分决定权。这会导致决策过程的碎片化，并妨碍整个过程的协调性。这也是为什么自 2012 年起，两个协调委员会分别在两国建立，这使得双方都能发出统一的声音。这种协调努力是非常重要的，因为远程教育项目预计将持续到 2019 年。

七　结论

如金砖国家这样的新兴国家的影响正在迅速增加，这其中包含了它们作为官方和非官方南南发展合作提供者的角色。巴西在发展合作中的表现得到了其他发展中国家、国际机构以及其他其他发展议程的参与者的广泛认可。正如前文所述，巴西的发展合作活动是很多理念、机构以及利益相互作用的结果。现阶段隶属于巴西外交部的巴西发展合作署仅为众多决策和执行合作倡议机构中的一员。目前，巴西政府正试图通过增加人力与财政资源供给，提出改进并加强巴西发展合作署职能的国际合作议案。

有意思的一点是，在上文提到的 2013 年巴伊亚高级会议上，巴西政府强调对巴西小学教师开展非洲历史与文化相关课程的培训，这具有重大的政治意义。在第 10639 号法案被批准后，巴西外交部呈递给葡语国家共同体一项提案，目的是向非洲葡语国家输送短期实习教师，使其更加深入地了解非洲的文化、社会和历史（MEC，2013）。这种例子说明巴西在给非洲葡语国家提供援助的同时，也需要从这些国家获取合作的机会。这种实践对于想要从社会意义和文化意义上重塑外交模式和援助领域典范的两个国家建立合作关系具有非常重要的意义。在发展援助委员会的框架下，传统上分为施予援助的一方与接受援助并从中获益的一方（MAWDSLEY，2012a）。要求对巴西教师在文化与历史上进行相关培训，体现了巴西期待从合作中互惠互利，通过给予来获得合作伙伴、共享经验、共担责任、不附加任何政治条件、追求文化与社会认同是巴西发展合作指导原则的重要特点。

然而，巴西的发展合作也有不容忽视的弊端。应用经济研究所与巴西发展合作署公布的数据中并未包括金融与经济合作，此类合作通常由巴西财政部与国家发展银行负责。在与莫桑比克的合作中，巴西强调了横向合作和跨国合作，但不同于传统援助提供国，这些发展合作仅通过社会组织的渠道进行。过度的官僚主义和低效的行政工作可能使巴西的发展合作陷入重重困境。对于想成为一个合作提供国的巴西来说，新的发展合作议程需要更加专业和高效的官僚体系。临时起意是有风险的。这意味着巴西政府必须正视能力缺乏、规范合作框架缺失、资金不足、缺乏监督、预算削减等问题。对未来的合作计划，尤其是远程教育领域，来自莫桑比克的 Frank Antonio 指出，需要增加诊断阶段（巴西与莫桑比克共同合作）、强化监督及提高评估标准。

　　本章并不是要提出关于巴西教育发展合作巩固与制度化的新模式。对目前正在重新配置资源并对巴西发展合作署地位和权重有着重新思考的巴西政府而言，如何制定未来巴西国际合作的公共政策，以及如何扩大巴西在教育合作上的优势，将是接下来应该着重思考的问题。目前，非正式与机构分散是巴西发展合作制度框架的主要特征。巴西发展合作署对其负责的项目缺乏措施和手段（人力资源、预算、框架和政治实力）对所有活动进行协调和评估。巴西政府需要提炼其合作理念，并明确其统计定义，这是提高其透明度、责任感和社会参与度必不可少的条件之一。这只是巴西政府需要解决的一部分问题，以巩固其国际发展合作的路径，尤其是在教育合作领域。

参考文献

ABREU, Fernando, *O Brasil e a Cooperação Sul-Sul.* Rio de Janeiro: BRICS Policy Centre, 2 July 2013. http://bricspolicycenter.org/homolog/Event/Evento/596.

ALBUQUERQUE, Renata R., *Inserção Internacional e Energia: A Política Externa de Lula para Biocombustíveis.* Master Dissertation, Rio de Janeiro: Universidade do Estado do Rio de Janeiro (Rio de Janeiro State University, IESP – UERJ), 2014.

AMARAL, Nelson Cardoso, *Evolução do custo do aluno das Ifes: eficiência.* 2003. http://educa.fcc.org.br/pdf/aval/v09n02/v09n02a08.pdf.

BOTELHO, João Carlos A., "The Reduction of Asymmetries in MERCOSUR as a Way of Development Aid and South-South Cooperation: The Case of FOCEM," *Geopolítica (s)*, vol. 4, n. 1, 2013, pp. 43 – 62. http://dx.doi.org/10.5209/rev_ GEOP. 2013. v4. n1. 40538.

BRAUTIGAM, Deborah, "Aid 'with Chinese characteristics': Chinese foreign aid and developmentfinance meet the OECD-DAC aid regime," *Journal of International Development*, n. 23, 2011, pp. 752 – 764.

BURGES, Sean, "Brazil's International Development Co-operation: Old and New Motivations," *Development Policy Review*, vo. 32, issue 3, 2014, pp. 355 – 374.

CABRAL, Lidia; WEINSTOCK, Julia, *Brazil: An Emerging Aid Player. Lessons on Emerging Donors, and South-South and Trilateral Cooperation.* London: Overseas Development Institute (Briefing Paper n. 64), 2010.

CHATUVERDI, S.; FUES, T.; SIDIROPOULOS, E. (orgs.), *Development Cooperation and Emerging Powers: New Partners or Old Patterns?* London/N. York: Zed Books, 2012.

CHISHOLM, Linda; STEINER – KHAMSI, Gita, *South-South Cooperation in Education and Development.* New York/London: Teachers College Press, 2009.

COMELIAU, Christian, *Les relations Nord-Sud.* Paris: La Découverte, 1991.

DEGNBOL – MARTINUSSEN, J. & ENGBERG-PEDERSEN, P., *Aid: Understanding International Development Cooperation.* London/New York: Zed Books, 2003.

EASTERLY, William & PFUTZE, Tobias, "Where does the money go? Best and Worst Practices in Foreign Aid," *Journal of Economic Perspectives*, vol. 22, no. 2, 2008, pp. 29 – 52.

ESCOBAR, Arturo, *Encountering Development: the Making and Unmaking of the Third World*. Princeton: Princeton University Press, 1995.

ETIENNE, Gilbert, "Les dérives de la coopération Nord-Sud, vers la fin des chimères ?" *Politique Etrangère*, n. 4, 2007, pp. 891 – 904.

FUNADA, Sayaka, *Análise do discurso e dos antecedentes do Programa Pró – Savana em Moçambique-enfoque no papel do Japão*. Tokyo: Tokyo University of Foreign Studies, 2013.

GARCIA, Ana S.; KATO, Karina & FONTES, Camila, *A história contada pela caça ou pelo caçador? Perspectivas sobre o Brasil em Angola e Moçambique*. PACS, MISEREOR, 2013. http://www.pacs.org.br/files/2013/03/Relatorio-Africa.pdf.

GONÇALVES, Fernanda C. N. Izidro, *Cooperação Sil-Sul e Política Externa: um estudo sobre a participação de atores sociais*. Master Dissertation, Rio de Janeiro: Pontifical Catholic University, 2011.

HAYTER, Teresa, *Aid as Imperialism*. Londres: Penguin Books, 1971.

IPEA (Instituto de Pesquisa Econômica Aplicada) & ABC (Agência Brasileira de Cooperação), *Cooperação brasileira para o desenvolvimento internacional: 2010*. Brasília: IPEA/ABC, 2013.

IPEA & ABC, *Brazilian Cooperation for International Development 2005 – 2009*. Brasília: IPEA/ABC, 2010.

IPEA & ABC, *Cooperação brasileira para o desenvolvimento internacional: 2011 – 2013*. Brasília: IPEA/ABC, 2016.

LANCASTER, Carol, *Foreign Aid: Diplomacy, Development, Domestic Politics*. Chicago: The University of Chicago Press, 2007.

LIMA, Maria Regina Soares de; MILANI, Carlos R. S. & ECHART, Enara (eds.), *Cooperación Sur-Sur, política exterior y modelos de desarrollo en América Latina*. Buenos Aires: CLACSO, 2016.

MAGALHAES, Elizete A.; SILVEIRA, Suely; ABRANTES, Luiz; FERREIRA, Marco; WAKIM, Vasconcelos, "Custo do ensino de graduação em instituições federais de ensino superior: o caso da Universidade Federal de Viçosa," *Revista de Administração Pública*, vol. 44, n. 3, 2010, pp. 637 – 666.

MAWDSLEY, Emma, *From Recipients to Donors, Emerging Powers and the Changing Development Landscape*. Londres: Zed Books, 2012a.

MAWDSLEY, Emma, "The Changing Geographies of Foreign Aid and Development Cooperation: Contributions from Gift Theory," *Transactions of the Institute of British Geographers*, vol. 37, n. 2, 2012, pp. 256 – 272.

MEC (Brazilian Ministry of Education), *Education as a Strategic Bridge for the Brazil-Africa Relationship*. Brasília: MEC, 2013.

MENDONÇA, Patricia M. E.; ALVES, Mario Aquino; NOGUEIRA, Fernando (eds.), *Arquitetura institucional de apoio às organizações da sociedade civil no Brasil*. São Paulo: FGV, 2013.

MILANI, Carlos R. S., "Aprendendo com a história: críticas à experiência da Cooperação Norte-Sul e atuais desafios à Cooperação Sul-Sul," *Caderno CRH* (UFBA), v. 25, 2012, pp. 211 – 231.

MILANI, Carlos R. S., "Discursos y mitos de la participación social en la cooperación internacional para el desarrollo: una mirada a partir de Brasil," *Revista Española de Desarrollo y Cooperación*, v. 22, 2008, pp. 161 – 182.

MILANI, Carlos R. S.; RIBEIRO, Maria Clotilde Meireles, "International Relations and the Paradiplomacy of Brazilian Cities: Crafting the Concept of Local International Management," *Brazilian Administration Review*, v. 8, 2011, pp. 21 – 36.

MILANI, Carlos R. S.; SUYAMA, Bianca; LOPES Luara L., *Políticas de Cooperação Internacional para o*

Desenvolvimento no Norte e no Sul：que lições e desafios para o Brasil? São Paulo：Friedrich Ebert Stiftung，2013.

MILANI，Carlos R. S. & CARVALHO，Tassia，"Cooperação Sul-Sul e Política Externa：Brasil e China no continente africano，" *Estudos Internacionais*，vol. 1，n. 1，2013，pp. 11 – 35.

MILANI，Carlos R. S. ；ECHART，Enara；DUARTE，Rubens & KLEIN，Magno，*Atlas of Brazilian Foreign Policy*. Buenos Aires and Rio de Janeiro：CLACSO & EDUERJ，2016.

NAYLOR，Tristen，"Deconstructing Development：The Use of Power and Pity in the International Development Discourse，" *International Studies Quarterly*，vol. 55，n. 1，2011，pp. 177 – 197.

PANKAJ，Ashok Kumar，"Revisiting Foreign Aid Theories，" *International Studies*，vol. 42，n. 2，2005，pp. 103 – 121.

PANKAJ，Ashok Kumar，"Revisiting Foreign Aid Theories，" *International Studies*，vol. 42，n. 2，2005，pp. 103 – 121.

PERONI，Vera，"Conexões entre o público e o privado no financiamento e gestão da escola pública，" *EccoS-Revista Científica* （São Paulo），vol. 8，n. 1，2006，pp. 111 – 132.

PETITEVILLE，Franck，"La coopération de l'Union Européenne entre Globalisation and Politisation，" *Revue Française de Science Politique*，v. 51，n. 3，2001，pp. 431 – 458.

PINHEIRO，Leticia & BESHARA，G. L. ，"Política externa e educação：confluências e perspectivas no marco da integração regional，" in PINEHEIRO，Leticia & MILANI，Carlos R. S.. （eds. ）. *Política externa brasileira：as práticas da política e a política das práticas*. Rio de Janeiro：Fundação Getúlio Vargas，2012，pp. 149 – 180.

PUENTE，Carlos，*A cooperação técnica horizontal brasileira como instrumento de política externa：a evolução da técnica com países em desenvolvimento-CTPD-no período 1995 – 2005*. Brasília：FUNAG，2010.

RIST，Gilbert，*Le développement：histoire d'une croyance occidentale*. Paris：Presses de Sciences Po，1996.

SANTOS，Tacilla da Costa e Sá Siqueira，*Entre o Norte e o Sul：um estudo sobre o papel das organizações da sociedade civil brasileira na cooperação internacional para o desenvolvimento*. PhD Thesis，Salvador：Universidade Federal da Bahia （UFBA），2014.

ULLRICH，D. & CARRION，R. M. ，A cooperação brasileira na área da educação nos PALOPs no período 2000 – 2012：principais atores e projetos. Belo Horizonte：4° Encontro Nacional da ABRI，2013.

VEEN，Maurits van der，*Ideas，Interests and Foreign Aid*. Cambridge：Cabridge University Press，2011.

VIGEVANI，Tullo *et al.* ，"Política Externa no período FHC：a busca de autonomia por integração，" *Tempo Social* （University of Sao Paulo），vol. 15，n. 2，2003，pp. 31 – 61.

VIGEVANI，Tullo；CEPALUNI，Gabriel，"A política externa de Lula da Silva：a estratégia da autonomia pela diversificação，" *Contexto Internacional*，vol. 29，n. 2，2007，pp. 273 – 335

WOODS，N. ，"Whose AID? Whose Influence? China，Emerging Donors and the Silent Revolution in Development Assistance，" *International Affairs*，v. 84，n. 6，2008，pp. 1205 – 1211.

ZIMMERMANN，F. ；SMITH，K. ，"More Money，More Actors，More Ideas for Development Co-operation，" *Journal of International Development*，vol. 23，n. 5，2011.

第十一章
南南合作框架和印度发展伙伴
关系的新兴轮廓[*]

一 起源与发展

关于发展合作和伙伴关系的政策是印度外交的一部分。在印度可以行使独立的政策时，其总是存在这种倾向：无论是阿育王（公元前268年至公元前232年）还是朱罗王朝的拉贾乔拉皇帝（公元985年至1014年），分享知识、文化和精神力量总是其政策和方法的核心要素。在莫卧儿人和英国人入侵之后，这个印度的传统消失多年。然而，即使在自由斗争期间，印度国民大会党仍为非洲和世界其他发展中国家的独立运动提供支持。在印度独立并于1946年建立临时政府之前，尼赫鲁曾提出为来自中国和印度尼西亚的农业科学家提供培训的计划。这项计划由他的教育部长 Shafaat Ahmed Khan 先生[①]推进，尼赫鲁写道：

> 我们一直在与中国交换留学生。这是密切与中国关系的一个很好的方式。我建议我们也可以对印度尼西亚做同样的事情，或者将其称为"同样的事情"也并不准确，因为目前印度尼西亚还没有为印度学生提供教育的设施。首先，我们所能做的是为印度尼西亚的一些学生提供奖学金，让他们在印度的大学学习。我强烈敦促你在这方面采取一些步骤，并允许一些印度尼西亚学生获得这种奖学金。当爪哇有了一些教育设施后，我们也应该派一些学生去那里。

---

* 本章作者 Sachin Chaturvedi 教授是印度发展中国家研究与信息机构（RIS）主任。

① 他是尼赫鲁临时政府的教育部长。

在 1947 年正式独立后，印度政府立即在 1948 年推出了一个更加雄心勃勃的奖学金计划，共设立了 75 个奖学金名额。后来这一计划落实为一项重要举措，并于 1964 年被命名为"印度技术合作培训方案"（ITEC）。最初的合作承诺及与合作伙伴之间的广泛政治联系最终塑造了印度南南合作的轮廓，在不结盟运动（NAM）和"科伦坡计划"之前，印度已经开启了南南合作的大门。

印度的发展理念是"同一个世界"和全面发展伙伴关系。其理论框架来自于发展契约这一概念。合作发展这一现代概念提供了开展发展援助的五个不同层面：贸易和投资、技术、技能提升、信贷额度（LoCs）、赠款。信贷额度和赠款可以在总体融资机制下汇集。新兴经济体与其他南方国家的合作是促进这五个层面的广泛参与的主要因素，双方的这种交互强调对经济发展的全面支持。以下将讨论其中的一部分，笔者将利用来自印度的经验、证据，对这一问题做出分析与归纳。

为什么从培训和能力建设开始，这些计划就很快演变成内容更丰富、资源密集性更强的计划呢？如收到印度尼西亚和埃塞俄比亚等伙伴国的具体要求后，印度特别在项目方面增加了新的模式。在尼泊尔这样的国家中，项目数量增加如此之快，至 1952 年，印度在加德满都的大使馆发起成立了印度援助代表团（IAM）。该组织的职责是改进所有项目的综合情况，并在各执行机构之间进行协调。

1966 年，英迪拉·甘地访问加德满都，并将印度援助代表团的名字改为印度合作代表团（ICM）[①]。在演讲中，她提出了区分援助和合作的想法。这从 1966 年 10 月英迪拉·甘地在加德满都演讲的以下节选中可以看出：

> 我们非常荣幸能够以我们自己得到其他国家的援助的国际经济合作精神，协助你们的发展计划。尼泊尔和印度之间的经济和文化合作成为基于平等和互利原则的友谊的又一个象征。这些和平共处的原则是普世法则。[②]

我们很高兴能够在一定程度上协助尼泊尔执行其发展计划。印度也是外国援助的接受国，我们认为这是国际经济合作的必要和有用的形式。我们能用我们自己的资源、汗水和劳动、我们人民的储蓄和投资为我们发展计划的主要部分提供资金。在过去十年中，我们在发展过程中已经扩大了资源库，并开辟了新的可能性。这是增长的规律。我知道尼泊尔也是这样。让印度倍感自豪的是正在建设的 Tribhuvan Rajpath 公路、Sonauli-Pokhare 公路和更雄心勃勃的东西方高速公路将构成一个交通网络，这将

---

① MEA（1966 – 67）。

② 1966 年 10 月 4 日在尼泊尔国王马亨德拉（King Mahendra）和王后举行的宴会上的致辞。

加快进步和发展的节奏。我们还将在您的下一个五年计划中适当地提供帮助。

我们的大学和技术学院的大门长期对来自尼泊尔的学生开放。我们许多大学都自豪地要求接受杰出的尼泊尔公民作为学生。我希望双方学者和知识分子的流动以及其他人与文化的联系可以继续增加。①

印度合作代表团的额外责任是确保项目的质量。随着印度合作代表团变得更加活跃，它邀请了许多尼泊尔本土的专家来对印度项目的质量和实施进行审查。这些审查以报告的形式提出，并被拿来讨论。然而，不久之后，针对尼泊尔和不丹，印度转而采用基于援助的方案。后来，印度又曾对尼泊尔采用基于项目的援助方式，而不丹则始终在基于援助方案的框架下维持与印度的发展伙伴关系。这也是印度探索发展三方合作力量的时期。通过与美国合作，印度建立了横贯尼泊尔的广播和道路网络②。印度还与加拿大一起，确保了孟加拉国的粮食供应，而那时孟加拉国还被称为东巴基斯坦。即使现在，印度仍与美国合作在阿富汗训练警务人员。在这一合作伙伴关系中，印度主管培训，美国则提供经费支持。

事实上，印度正在探索三方发展合作（TDC）的可能性，因为几乎没有国家采用这一手段。早期的一个例子是在 20 世纪 50 年代后期，印度和美国一起努力在尼泊尔和阿富汗建立无线电网络，并在加德满都建立一条主干道。印度还修建了 Tribhuvan Rajpath 公路——一条横贯尼泊尔的长达 130 公里的山区公路，这一工程花费超过 3000 万卢比，于 1957 年交付完工。几乎与此同时，印度与尼泊尔政府和美国政府签署了一项三方协议，建设 1500 公里的道路网络，而印度最初 8330 万卢比的援助款来自对尼泊尔的 Ten Crore 援助方案③。1958 年 6 月，美国、印度及尼泊尔政府在加德满都签署了一项三方电信协议，这项协议以改善加德满都、新德里和加尔各答之间的电信状况，并向尼泊尔提供高效的内部电信服务为目的。在三方发展合作的另一个例子中，印度为加拿大在"科伦坡计划"下向尼泊尔捐赠 1000 吨小麦的项目提供了运费④。

在这一时期，印度还推出了一个提供优惠贷款的新方案，最终发展为提高信贷额度的方案。在信贷额度计划的第一阶段（1966～2003 年），印度政府与借款国签署信贷协议，相关的信贷额度直接纳入预算，并通过印度国家银行支付。在此期间，印度政府向 23 个国家提供了 83 个政府对政府的信贷额度，按照购买力平价（PPP）⑤ 计算，共计 18.1682

① 1966 年 10 月在加德满都公民招待会上的致辞。
② Chaturvedi（2016）。
③ MEA（1958 - 59）。
④ MEA（1958 - 59）。
⑤ 印度的 PPP 转换因子为 0.03，这是基于 2011 年世界银行国际比较计划得出的。

亿美元（31 个美元计价的信贷额度）^① 和 58.621 亿印度卢比（52 个卢比计价的信贷额度）^②。在孟加拉国独立时，印度为那些与自身相关，甚至为那些与孟加拉国的一些其他要求有关的金融贸易提供了全力支持。从 1975 年到 1979 年，印度一直为孟加拉国提供贸易融资。在 2005 年的香港世贸组织部长级会议上，印度宣布，除了基金、信贷额度和建设项目之外，自 2008 年起，将向所有不发达国家货物提供进入本国市场免除关税及配额的优惠。

在几个相关计划中，印度与许多国家建立了技术伙伴关系。印度为 1981 年"加拉加斯行动纲领"的启动提供了支持，该纲领由"七十七国集团"通过，并肯定了科技在南南合作中的重要性。这导致发展中国家间技术合作（TCDC）的启动，并在许多情况下通过双边合作的形式实现了技术转让。在经济发展的初始阶段，这些技术大多是简单、与直接需求密切相关的。发展中国家间技术合作（TCDC）/发展中国家间经济合作（ECDC）的相关举措有其自身局限性，但即便至今，人们从中获得的经验教训仍有重大意义^③。

本章内容涵盖印度关于南南合作政策与印度发展合作政策的不同维度。下一节将讨论南南合作框架，随后则分别讨论制度框架、模式和伙伴关系，最后一部分对新出现的挑战和未来前进方向进行评述。

二　南南合作框架

南南合作不是以排斥北方为代价，它涵盖了"同一个世界和全球公民"这一更广泛的概念。在寻求承诺更加包容，从而实现更广泛发展的过程中，这一概念的内涵随着时间不断演变。这种方式很大程度上反映了发展合作的多重维度和我们在南南合作中秉持的原则。因此，我们会发现，主权、平等和对国家间友好关系的信念是十分关键的原则，这些原则使人们以实现人类自由为己任，并对 20 世纪早期产生的种种倾向进行矫正，这些倾向包括殖民主义，以及那些为实现所谓和平与和谐的社会经济发展所创造出的不平等条件。这些指导南南合作话语的广泛原则已经成为一些南方领导集团的重要理念，如"不结盟运动"、"七十七国集团"和"十五国集团"等。这些原则在很大程度上成为与不同势力和国家建立关系的指导力量。印度在其外交政策框架中吸收了这些原则。这对我们了解印度外交政策后期的发展很重要：

① 约 3.56 亿美元的政府和社会合作项目。
② 截至 2014 年 3 月 31 日，共有 21 个优惠贷款项目，覆盖 8 个国家，总共约 3.66 亿美元。
③ Chaturvedi（2017）。

> 同时实现和平与繁荣不仅仅是倡导道德戒律的幻想：相反，两者是不可分的。[①]

我们可以发现，这句话中强调了理想主义和实用主义可以以某种形式相互联系，而这种联系又有助于确定外交政策中的优先事项。我们发现这是跨越国家发展的精神，并与那些决定我们如何与全球社会接触的变量相关。在这里可能相关的一个例子是"科伦坡计划"，在这个计划中，加拿大、澳大利亚、印度和其他几个国家聚集在一起支持能力建设。许多国家是这个计划的成员。在美国，像这样的计划被称为"第三国计划"，用以向发展中国家提供支持。在"科伦坡计划"下，成员国在发展中国家开展了技术援助和能力建设工作。因此，在20世纪50年代，真正意义上的全球性努力得以产生，这种努力使人们立场趋于一致，我们需要看到和分析两极分化、分歧点、国家类型、南北阵营这一系列现象是如何产生的。值得注意的是印度的第一位总理尼赫鲁在独立日的演讲。在下面引用的段落中，他谈到了梦想以及解决贫困和无知的努力。他说这些梦想不仅仅是为了印度，也是为了整个世界。因此他说，我们需要与发展中国家和我们的邻国合作。全球挑战的观点是他推崇的广泛起源和哲学的重要组成部分，并且在确定关键层面的全球公平原则的努力中得到了进一步发展。

> 印度的服务意味着数百万遭受苦难的人的服务。它意味着结束贫困、无知和疾病及机会不平等……所以，我们必须劳动和工作，努力工作，实现我们的梦想。这些梦想是为印度，也是为世界，因为，当今世界所有国家和人民紧密地结合在一起，任何一个人都难以想象可以将其分开。和平被认为是不可分割的，现在的繁荣也是如此，在这个世界上的灾难也不能再被分割成孤立的碎片。

哲学家彼得·辛格和托马斯·波格也有类似的想法，他们都在研究全球秩序这一现代化概念方面做了大量工作，这一概念不仅涉及公民，而且涵盖了政府在全球挑战方面的作用。这些全球化挑战包括气候变化、卫生医疗和许多其他挑战，在这里我们需要加深对于民族主义和"同一个世界"这一命题的哲学思考。当我们说"同一个世界"时，我们如何真正看待它，以及我们如何确定那些与"同一个世界"相关的主要维度。

毫无疑问，在全球发展合作中，新兴经济体在全球经济份额中的增速更快于南北官方发展援助的增速。在这样的背景下，应该提出的问题是两方势力是否真的可以互相补充，

---

① Gandhi（1968）。

并带来广泛的协同效应。这种可能性当然是很大的，并且有可能填补一些国家正在面临的资源缺口。

在现在的时代背景下，北方和南方国家重要的是回到 2011 年釜山论坛之前的状态，当时我们讨论的是一起应对全球挑战，这也是第四次高级别论坛（HLF）内容的一部分，当时我们想要把我们的资源汇集在一起，北方和南方共同努力迎接一些挑战。但不幸的是，它没有成功。北方在 2011 年创建了"有效发展合作全球伙伴关系"（GPEDC），但并不能代表所有国家。"同一个世界"的理念是更广泛目标的一部分，因为资源有限，气候变化正在发生，全球挑战与日俱增。

我们如何共同应对？商业和经济利益占据了上风，它们是如此盛行，以至于它们改变了我们应有的外交政策框架，向谈判者施加压力，并且排除了包含上述想法的选项。

总理纳伦德拉·莫迪强调：

> 公平和共同但有区别的责任原则必须仍然是我们全体成员在所有领域的基础，即减缓、适应和实施的手段。任何其他做法都会存在道德上的错误，并产生难以弥合的差异。①

南方国家应该非常喜欢在正式场合提出其赖以开启这段旅程的想法和哲学思维。国际社会和其他人也可以考虑以某种形式提出这些问题，以便提高对早先提到的"同一个世界"概念的认识，而南南合作正是这一立场的生动体现。

这里我们应该重温印度外长苏什玛·斯瓦拉吉提出的建议：

> 印度与发展中国家的多方面和实质性合作证实，它将继续和无条件地承诺促进一个共同努力、和平共处、分享资源的世界。联合国最近通过的可持续发展目标与印度珍视的永恒价值观相呼应："愿所有人都快乐，愿所有人都远离疾病，愿所有人实现美好生活，愿所有人免遭任何苦难。"②

三　印度的体制建设

印度早在英国殖民者离开之前就为南南合作的体制结构建设做出了贡献。开始时，印

---

① 印度总理莫迪于 2015 年 12 月 1 日在巴黎举行的第二十一届世界气候大会上的致辞。
② 《南南合作 2016：会议记录》，新德里：RIS，2016，p. 4。

度是以促进与其他殖民地政治团结为目的，但很快就转变为实施专门的培训计划。1946年，来自中国和印度尼西亚的农业科学家被邀请来印度进行为期 3 个月的培训。1947 年正式独立后，印度启动了外交部主管的能力建设计划。很快，外交部的经济事务司（EAD）成立，以协调经济发展和外交政策之间的关系。然而，由于资源限制，该计划很快停止实施。如前所述，由于尼泊尔在印度的南南合作中享有特殊地位，其数个项目和计划得到印度援助代表团的支持，后者后来被更名为"印度合作代表团"，以反映印度对南南合作的更深层次的承诺，并且表明印度不提供援助，而是扩大合作。印度在"援助"和"发展合作"之间做了明确的区分。

在经济事务司撤销之后，1961 年经济和协调司（ECD）成立，这是一个改进版本的经济事务司。经济和协调司在 1964 年更名为经济司。其命名和职能的改变旨在进一步改善体制结构，是印度实践成果的反映。1964 年，印度技术和经济合作司（ITEC）成立，并制订了印度技术经济援助计划。随着一系列成果的取得，该计划本身也得以优化。与此同时，印度还在机构层面进行了其他努力，精简印度机构，以便在外交部的管理下，根据多边协定实现更好的协同和效率。这导致 1990 年经济协调股的成立。印度体制结构的特点体现在财政部长 Jaswant Singh 所提交的 2003 年预算报告中。这是印度南南合作努力的一个重大里程碑，为印度南南合作提供了一个更集中和确定的战略方向。

Jaswant Singh 在他的预算报告中提出了四项重大政策变动。第一个是财政部（MoF）提出的"印度发展倡议"（IDI），旨在将印度打造为"生产中心和投资目的地"，并打算维护印度在国外的战略经济利益。第二，印度拒绝所有捐赠数额少于 2500 万美元的捐赠者，他们可以将这些援助投向那些更需要的国家，或者投向印度的非政府组织，而不是政府。第三，宣布为重债穷国（HIPCs）提供债务减免的一揽子计划。第四，信贷额度的交付机制从财政部撤出，交由印度进出口银行下属的 IDEAS 计划负责。

2005 年，印度在外交部中设立了一个发展伙伴关系司（DPD），以执行发展合作项目。同时，在印度发展和经济援助计划（IDEAS）下，财政部的信贷责任改由进出口银行承担。其背后的意图是加强对发展中国家的援助，并在项目交付和相关援助工作方面使用内部专门知识，逐步建立一个多边环境协定下的节点机构，用于执行所有与项目有关的合作任务，所有类似的项目都由地区分司处理。制度架构的这种进化轨迹促使财政部长 P. Chidambaram 在 2007～2008 年预算报告中提出建立印度国际发展合作署（IIDCA）——尽管这一被提议成立的机构并未真正存在过。

最后，发展伙伴关系管理局（DPA）于 2012 年 1 月成立，以便通过概念发布和项目发起、执行和完成等各阶段，有效地管理印度在南南合作中的工作。该机构有三个司——DPA I、DPA II 和 DPA III。DPA I 负责所有信贷额度项目，东部、南部和西部非洲地区的拨款项目，对孟加拉国的拨款援助项目以及斯里兰卡住房项目。DPA II 负责技术和经济援助计划、非洲特别援助计划（SCAAP），以及东南亚、中亚、西亚和拉丁美洲国家的人道主义援助和灾难救援项目。DPA III 管理在阿富汗、马尔代夫、缅甸、尼泊尔和斯里兰卡实施的赠款援助项目。

虽然所有这些方案和体制倡议都是在外交部的管理下进行的，但是如果认为只有外交部在提出和管理发展合作计划，那就犯了概念性的错误。目前，印度的体制结构涉及多个行政部门，包括农业、科学技术、卫生和家庭福利、环境和森林、人力资源开发和相关机构，以便提供多样化和有效的共享服务。职能部委的参与还取决于其可能拥有的开展国际联系的性质。在这样的背景下，国际机构的政策对有关部委制定的方案的性质有重要影响。例如，世界卫生组织可以影响印度卫生部的方案在其他发展中国家的落实。

因此，发展伙伴关系管理局不是做出政策决定的机构。它主要的职责是通过更好和有效地协调各项倡议，提高印度在发展合作领域的效率和管理水平。此外，外交部各地区分司在发展合作项目方面仍有较大发言权。这些地区分司会考虑南方伙伴国家的需求。这种需求驱动是印度制度架构的指导原则之一。在这方面，我们应该提及印度在许多国家，特别是非洲大陆国家建立职能机构的过程中提供的帮助。例如，印度协助毛里求斯在 2005 年建立其知识产权小组，并在早些时候帮助毛里求斯建立射电望远镜设施。另一个例子是，印度正在建立科特迪瓦的小型和微型机械示范中心，作为这一合作项目的一部分，印度国家研究开发公司（NRDC）将帮助其展示农业机械并为其投入生产提供支持。设立这种机构同样是以需求驱动为基础，以加强南部伙伴国家的能力。

因此，通过仿效成功案例，印度的体制结构正在向知识和经验共享的方向发展，协助非洲国家建立职能机构是朝这个方向迈出的重要一步。

正如 S. Jaishankar 博士所说，"多年来，我们将我们的发展伙伴关系延伸到非洲、中亚、东南亚和拉丁美洲。我们一直在致力于增强建设能力、开发人力资源和加强互联互通，在基础设施、能源、电力传输等领域执行互利互惠项目。这些项目由东道国政府为其自身发展而确定，并符合它们的优先方向"。

印度技术和经济援助计划（ITEC）于 1964 年启动，在过去半个世纪以来，为世界许多地区的能力建设做出重大贡献。来自超过一百六十个国家的数千名外国专业人士正在印度的知名机构接受不同学科的培训。"在所有这些发展援助的基础上，我们的基本理念是支持南南合作精神。我们根据的是一种需求驱动的基本原则，我们不附加任何条件，我们始终尊重我们的伙伴国家的主权。"①

---

① 《南南合作 2016：会议记录》，新德里：RIS，2016，p.5。

四　模式和伙伴关系

> 北方国家经济蓬勃发展，南方国家在与其市场连接方面可以获得一些优势。如果北方现在正进入结构调整期，达到低得多的增长水平，发展中国家就必须越来越关注自己和对方，以维持其发展势头。（Lewis，1979）

正如 Lewis 所说，发展中国家的发展需要转变模式，也需要能力提供者做出转变。因此，团结理念是南南合作概念的核心。南方国家一直以来都以一种团结的方式互相帮助。然而，多年来，发展合作在"发展契约"的框架下发展出大约五个不同的层次，包括技能提升、贸易和投资、技术、信贷和赠款。"发展契约"标志着南南合作带来的更大的一致性，是由伙伴国家做出的共同发展的承诺。它不是单向增益，在任何情况下也不属于单方面的索取。这是一种从相互平等的关系中获得的利益。

发展契约与方式

能力建设

如前所述，能力建设已成为南南合作框架内合作的主要领域。每个国家都根据其能力参与了这种模式。它主要侧重于在合作伙伴国家培训人员或在合作伙伴国家开展培训计划。它的设计是为了满足特定的项目需求或弥补某国技术人员的能力不足。这种模式适用于技能密集型地区，特别是在建设工厂或安装机械需要技术援助时。这也考虑到教育机构的要求，并在其任务范围内提供部分或完全资助的方案。

印度通过为非洲及其亚洲邻国提供奖学金名额促进能力建设、推动文化和教育发展。其由三个缺一不可的部分组成：在印度提供培训，派遣专家小组到伙伴国家，以及为项目实施地区提供设备。根据印度的经验，印度认识到在所有发展中国家建立一个由训练有素的人员组成的健全系统的重要性，因此在 1946 年印度就为中国和印度尼西亚的相关人员提供了培训方案。这一优秀的传统随后被发扬光大，奖学金名额逐年增加，在 1949 年至 1954 年间达到近 340 个。最符合这项倡议精神的是经济和技术援助计划、非洲特别援助计划项下的平民培训计划，其为亚洲、非洲、拉丁美洲，以及东欧、中亚、海湾地区与太平洋和加勒比小岛屿发展中国家提供了帮助。

其他合作事项包括印度加入由英联邦发起的"科伦坡计划"，旨在促进亚太地区成员国的发展，以及为伙伴国家提供不同的培训计划，如针对吉布提、老挝和莫桑比克的人力资源培训计划，为阿富汗公民在公共行政、通信和气象设施方面提供培训支持，在肯尼亚的内罗毕设立皇家住宿技术学院，等等。在非洲，苏丹一直是一个重要的合作伙伴。1954年，印度为苏丹的司法官员和其他官员提供培训，并针对苏丹政府提出一个移民官员补偿计划。印度还捐赠 150 万卢比，在肯尼亚内罗毕设立了皇家住宿技术学院，该学院于 1956年开课，提供技术、商业和艺术领域的高等教育。这一项目的理念是不分种族地促进肯尼亚人接受教育，促进肯尼亚多种族、一体化的社会演变。1956 年 7 月，印度副总统 S. Radhakrishnan 博士访问了肯尼亚，并参加了该学院下设的甘地纪念学院的开幕式。三年后，印度开始向西亚和北非学生提供奖学金，并向私人学生提供住宿设施，邀请他们来印度学习或参观农业和科学中心。

从表 11 - 1 可以看出，能力建设的旗舰计划——技术和经济援助计划在过去十多年中得到较好执行。2000 ~ 2001 年度的预算拨款为 946 万美元，学员总数为 2144 人。2016 ~ 2017 年度的学员人数达到 12000 人，拨款近 4845 万美元。该年度有 300 多个短期、中期和长期课程。这并不是唯一的培训计划，印度政府还启动了另外数个由外交部和各部委主办的培训计划。

表 11 - 1 印度技术和经济援助计划实施情况

年度	技术和经济援助计划学员人数	技术和经济援助计划预算（百万美元）
2000 ~ 2001	2144	9.46
2005 ~ 2006	3555	11.11
2010 ~ 2011	5404	25.34
2013 ~ 2014	8280	25.01
2014 ~ 2015	10000	32.98
2015 ~ 2016	10000	32.57
2016 ~ 2017	12000	48.45

来源：RIS 印度发展合作数据库。

根据技术和经济援助计划及其姊妹计划非洲特别援助计划，印度邀请亚洲、非洲、东欧、拉丁美洲、加勒比以及太平洋小岛屿国家的 161 个国家分享印度的发展经验。该计划旨在与其他发展中国家分享印度的技术知识和专业知识，并为其提供培训机会、咨询服务和可行性方案。

印度的另一个合作计划——"科伦坡计划"的技术合作计划（TCS），于 1950 年开始，目的是向邻近的"科伦坡计划"国家提供技术援助。通过这个计划，印度为亚洲"科伦坡计划"成员国提供了全面和综合的培训，以帮助其通过人力资源开发提高行政和技术能力。2010 年 4 月以来，外交部受托对"科伦坡计划"下的技术合作计划进行管理。根据该计划，印度将在 26 个培训中心开办 500 个培训班，涵盖不同学科领域。[1]

---

[1] 参见 https：//www.itecgoi.in/about.php。

贸易和投资

推进南南中心贸易机制发展有许多优点。举例而言，它允许南方国家利用产业内和跨产业的规模经济优势，在北方国家的竞争之下为它们的国内产业提供一定程度的保护；允许南方国家利用其需求模式具有相似性的优势，进行适合本国需求的技术革新；等等。

印度于1974年12月与孟加拉国签署了一项议定书，允许两国从1975年1月起以自由兑换的货币进行贸易。同样，1978年，印度与尼泊尔签订了单独的过境和贸易协定，防止尼方对贸易联系的滥用，从而维持印度与尼泊尔经济关系的稳定。

印度与南方国家贸易呈现良好的增长势头，可从表11-2和表11-3中看出。随着与全球经济联系的日益密切，印度扩大了与几个伙伴国家的贸易，南方国家在其外贸中所占份额也大幅提高。1995年，发展中国家在印度整体出口中所占份额为38%，在2015年提高到60%。主要的增长发生在亚洲区域，其份额从32%提高到46%。同时，非洲区域的增长也值得关注，因为在同一时期其份额从5%扩大到近10%。

表11-2　南方国家在印度出口中所占份额

单位：%

年份	1995	2000	2005	2010	2015
发展中经济体	38.32	38.93	53.33	62.45	60.24
发展中经济体:亚洲	31.95	31.59	43.76	50.08	46.31
发展中经济体:非洲	5.23	5.17	6.70	8.12	9.70
发展中经济体:美洲	1.14	2.12	2.82	4.23	4.15

来源：RIS 数据库。

在进口方面也出现了相同的增长。1995年至2015年间，来自发展中国家的商品在印度整体进口中所占份额从39%增至68%，亚洲地区从32%增加到54%，非洲则从6%增加到8%，美洲地区也给人留下深刻印象。印度与发展中国家进出口贸易的急剧上升主要是由于发达市场经历了重大衰退，发展中经济体的对外经济联系日益增多，印度正是利用了新的机会，并将其自身的生产模式与外部的需求动力联系起来。

表11-3　南方国家在印度进口中所占份额

单位:%

年份	1995	2000	2005	2010	2015
发展中经济体	39.41	47.26	49.72	67.13	68.20
发展中经济体:亚洲	32.06	34.47	42.84	55.10	54.25
发展中经济体:非洲	5.56	10.54	4.00	8.31	8.40
发展中经济体:美洲	1.75	2.18	2.77	3.66	5.46

来源：RIS 数据库。

技术和知识库

这种模式的重要性不需要过分强调。毫无疑问，南方国家之间已经进行了多年的这种交流，主要是作为实现自力更生的手段。此类模式可以包括培训、技术转让、联合研发，以及科技关键领域的最普遍的能力建设。

虽然在技术竞赛中，南方国家一直在努力与狭义的知识产权制度进行斗争，不过南南合作在各部门之间已经形成了吸收并探索利用技术的方法。南方国家对于世贸组织与贸易有关的知识产权协议的排斥由于药品进口问题而被摆上台面讨论，并在 2001 年世贸组织多哈发展议程中得到体现。项目投资、贷款和贸易的扩张日益成为南南技术合作增长的新动力。

发展金融

自 20 世纪 40 年代后期以来，相关协议已经出现，并被南方国家普遍接受。各国的进出口银行均为货物、服务（包括咨询服务）和机械设备的进出口提供支持。其提供的预付款利率不同，取决于有关项目的投资金额和性质，以及批准预付款的时间。

印度进出口银行将信贷扩展到外国金融机构、区域开发银行、主权政府和其他海外实体，以使这些国家的买家能够以信用方式从印度进口商品和服务。给予信贷的标准包括伙伴国家的信誉、是否可以用硬通货还款，以及有关项目是否可能产生足够的还款资源。2004 年启动的发展与经济援助计划开启了信贷计划的变革，该计划授权进出口银行代表政府开展发展与经济援助计划，以便更好地开展援助。

赠款

赠款是双边和多边层面的传统做法，其数额已经增加了数倍。赠款从完全实物演变到越来越多地涉及现金。在一些情况下，信贷额度会变成拨款，在这一过程中伙伴国承担的成本非常小。

五　关于尼泊尔和非洲的案例研究

根据上述讨论的理论框架和相关模式，我们将讨论关于尼泊尔和非洲的两个有趣案例。在尼泊尔，关系或多或少在双边层面开展，而在非洲，伙伴关系却分为三个不同层次：第一是在大陆一级，与非洲联盟在几个倡议的框架下合作；第二是在次区域一级，由具体集团与印度开展合作；第三是在双边一级，在这一级关系中历史联系起到了重要作用。在本节中，我们将综述其中几个联系，特别将考察埃塞俄比亚和莫桑比克。

关于尼泊尔的案例研究

如前所述，印度的发展合作政策及其体制演变在尼泊尔表现得十分明显。在尼泊尔的印度发展项目中发展出的一些新政策和机制，是当地优先事项、发展参数，以及对发展差距的主流观点发生变动的直接结果。印度在发展政策中选择了在有限的预算内可以最大限度地提高社会收益的模式。尼泊尔在 21 世纪初经历了艰难的经济阶段，印度在这一时期发起了小型发展项目（SDPs）。事实上，小型项目（SPs）经历了两个不同的阶段。第一阶段为 1955 年开始的尼泊尔第二个五年计划期间，具体项目包括加德满都供水设施（790 万卢比）、小型灌溉和供水设施（500 万卢比）、孕产妇和儿童福利中心（200 万卢比）、Dakshin Kali 路（100 万卢比）、建造新邮政大楼（600 万卢比）。当时印度援助代表团正在运行，好几个项目在预定交付日期之前就已完成。其中包括 Devighat 水电项目和尼泊尔 Birganj 和印度 Raxaul 之间的同轴电缆连接项目。然而，随着印度援助代表团、印度合作代表团使命的结束和在大使馆成立经济司，小型项目的第一阶段也宣告结束。

第二阶段是 2003 年开始的小型发展项目，当时尼泊尔政府财政部与印度驻尼泊尔大使馆签署了两份谅解备忘录，大使馆与受益组织和地区发展委员会（DDC）签署了一份地方一级的谅解备忘录。印度以这种方式，努力向地方组织、社区和尼泊尔开放小型发展项目，同时又不削弱地方当局和尼泊尔国家政府的治理权威。这明显不同于印度自己接受经合组织国家援助的方式：经合组织国家经常在印度为印度民间社会组织提供资金，而不咨询印度政府，有时此举会违背印度执政当局的意愿。事实上，2012 年，当时的总理曼莫汉·辛格博士在公开会议上甚至指责美国支持的非政府组织阻碍了印度的发展。他说："有些非政府组织，通常由美国和斯堪的纳维亚国家资助，它们不完全赞同我们国家面临的发展挑战。"曼莫汉·辛格的这一讲话是在非政府组织对印度的转基因企业和在 Koodankulam 的民用核电厂表示强烈反对的背景下发表的。现任总理莫迪领导的政府进一步修订了《外国捐款管制法》，强化了对民间社会组织资金的监管。

小型发展项目初始谅解备忘录的有效期是 2003～2006 年和 2008～2011 年，后来延期至 2014 年，现在又重新延长至 2017 年。尼泊尔方面也采取措施支持这种安排。2007 年尼泊尔颁布《2063 号公共采购法》就是其采取的相关措施之一，它使与公共采购有关的程序和决定更加开放、透明、客观、可靠，并且与电子投标系统兼容。另一项此类法案是 2002 年颁布的《财务条例法》，该法案有助于简化地方机构的财务工作。

在尼泊尔，除了民间社会组织和地方城市发展与建筑公司（DUDBC）等地方机构，地区发展委员会也为市政和乡村发展援助提供了重要的活动舞台。在小型发展项目中，地区发展委员会直接向印度大使馆要求获得访问网站和审查提案的权利。发展合作及其相关问题由地区发展委员会进行审查。一旦认为项目的可行性达到要求，印度大使馆就将与地区发展委员会、受益组织签署三方谅解备忘录。谅解备忘录副本存放于地方政府部门和财政部。在发展合作兴起的过程中，地区发展委员会一直是所有活动开展的中心。随着小型发展项目的拓展，其他机构也与地区发展委员会一同发挥重要作用，包括地方城市发展与建筑公司、地方市政府、交通部和尼泊尔电力局。

小型发展项目的魅力在于其准备期较短。这些项目对资金的需求很低。在 2003 年，项目投资的上限为 3000 万尼泊尔卢比，2006 年这一数字提高到 5000 万。因此，社区和各种利益相关者结成了伙伴关系：所有这些群体都与集体发展努力相联系。北方与南方项目的另一个区别是影响评估成本，这种成本在南方项目中非常低，原因是社区自身承担了所有的责任。项目资金与项目期限的进度相关。项目中设有一个由项目管理委员会主席、区技术办公室工程师和与该项目有利益关系的区主任组成的委员会，如学校计划中区教育主任就是区主任。基金分四期分期发放，均与项目进度挂钩。因此，第一批是在项目开始之前发放的，第二批是在委员会进行现场检查的基础上发放的，第三批是在 50% 的工作结束后发放的。一旦收到照片和报告，第四批将随着项目的完成而发放。

在小型发展项目计划下，教育获得最高优先级（见表 11 - 4）。几乎在所有地区都执行了学校教育项目，其总数约为 273 个，花费为 336 亿印度卢比。18 个地区的 25 个医院的基础设施得到了支持，预算为 38 亿印度卢比。小型发展项目计划还提供了 462 部救护车和 90 辆校车。2015 年的发展项目总数为 474 个，而 2014 年为 466 个。2004 年开始的项目有 16 个，到 2014 年增加到 314 个。

在对小型发展项目进行详细审查时，有学者（Chaturvedi et al.，2016）建议在小型发展项目计划中加强政策协调以提高项目的有效性，因为这样做将扩大可能的收益。例如，不是通过单独的捐赠方案捐助救护车，而是将其与卫生部门的小型发展项目联系起来，以支持初级保健中心的建立。这一进程将有助于扩大收益，同时将带来更好的协调性。同样，建设学校和建设连接学校的道路共同推进，比分开建设其中任何一个都更为有利。因此，探索小型发展项目之间的联系对于辨明未来方向和使项目之间有更好的相互联动性极为重要。

这些变化与印度在新的领域推出的旗舰计划有关。目前，该计划正在斯里兰卡、不丹、阿富汗、缅甸和几个非洲国家实施。

表 11 - 4　执行机构和项目范围

执行机构	项目范围
地区发展委员会地方发展部	学校、道路、卫生、防洪、历史名城改造
地方城市发展与建筑公司	学校
市政府	道路、冷库、排水
用户委员会	单层学校建筑、历史名胜改造（非常小的项目）
交通部	道路
尼泊尔电力局	电力项目

来源：作者汇编。

印度－非洲论坛峰会

非洲和印度之间的历史联系和伙伴关系始终促使双方政府加深合作。天然的伙伴关系在反对殖民主义的集体斗争中表现得很明显，后来又因为发展进程相同而变得更加紧密。非洲和印度有着很强的互补性，都为独立、平等、人权、自由和民主做着共同努力。多年来，伙伴关系发展项目的不断开展促进了印度－非洲论坛峰会（IAFS）的发起。迄今为止，已举办了三届这样的峰会：2008年在新德里举行第一届峰会，2011年在亚的斯亚贝巴举行第二届峰会，2015年在新德里举行第三届峰会。在第三届峰会上，与会各方决定每5年举行一次会议。因此，下一届峰会将在2020年举行。

利用印度－非洲论坛峰会，印度试图巩固和扩大与非洲合作伙伴在特定经济领域的合作。在这些领域，支持非洲基础设施发展计划（PIDC）是重中之重，同样重要的工作还有减少重债穷国（HIPCs）的债务负担。在贸易和工业领域，全面实施免税贸易优惠计划和加强三方自由贸易协定框架（TFTA）是重点工作，同样重要的还有实施世贸组织"巴厘贸易便利化协定"。印度还致力于通过非洲农业发展综合计划（CAADP）与非洲合作，以提高非洲农业生产力、保护土地和环境并确保粮食安全。蓝色经济——对海洋的共同治理和技能发展理念的落实也是工作重点之一。印度为所有商定的项目建立了一个监测机制，并密切并注实施时间表和集体承诺。

在第三届印度－非洲论坛峰会上，印度宣布在未来五年向非洲的若干发展项目提供100亿美元的信贷和6亿美元的赠款。赠款中包括印度－非洲发展基金提供的1亿美元和印度－非洲卫生基金提供的1000万美元。印度政府还宣布，在今后五年内，印度向非洲留学生提供的奖学金名额将从目前的10000个增加到50000个。印度还宣布扩大泛非电子网络，这是一个在印度支持下建立的技术培训和学习机构。具有伙伴关系的双方对"2063年非洲愿景"十分重视，未来资助项目亦列入其中。印度对巴黎气候议程会议非常重视，印度总理则邀请非洲国家加入"国际太阳能联盟"，旨在将太阳能作为与非洲伙伴国开展战略合作的一个重要领域。印度还建议向非洲维和部队提供培训，并鼓励其成为联合国维和部队的一部分，后者也十分认可印度的贡献。在这样的背景下，印度已经向非洲预备部队提供了培训。印度还向利比里亚派遣了由250名印度女性警察组成的特遣队。

关于埃塞俄比亚和莫桑比克的案例研究

自20世纪50年代以来，印度与埃塞俄比亚的合作与日俱增。1952年，印度为当地社区建立了一所妇产医院，以纪念埃塞俄比亚国王的60岁生日。印度还与埃塞俄比亚密切合作，帮助后者加入世贸组织，并协助完善埃塞俄比亚税务和海关局（ERCA）。印度先进计算机发展中心与埃塞俄比亚税务和海关局合作制定了一个全面的框架。印度与埃塞俄比亚的国内增长优先事项密切相关。在埃塞俄比亚的增长和转型计划（GTP）中，甘蔗被称为高价值作物，印度被确定为加速推动其商业化的伙伴国。

作为义务，印度增加了数个信贷项目的额度，并参与了"蔗糖单位"的复兴。在2007～2012年，印度共斥资约6.4亿美元，用于恢复最初由荷兰创立的"蔗糖单位"。

最初的目标是实现糖和乙醇的年产量分别为225万吨和30.4万 m^3，并且在计划期结束时还能产生607MW的电力。这一目标需要2万公顷生产能力为155吨/公顷的土地来实现。增长和转型计划预计埃塞俄比亚可以从糖出口中获利6.61亿美元，并创造20万个新工作岗位。该项目旨在减少埃塞俄比亚日益增长的进口依赖，因为埃塞俄比亚国内糖需求在过去几年中大幅增长。埃塞俄比亚政府计划在未来五年内实施七个糖业发展项目，具体见表11-5。

表11-5　埃塞俄比亚的糖业发展项目

项目	地区	完成能力			发电量(MW)	种植面积(公顷)
		压榨能力(吨/日)	糖产量(吨)	乙醇(m^3)		
Kessem 糖业发展项目	Afar	6000	153000	125000	26	20000
Tendaho 糖业发展项目	Afar	13000(一期) 13000(二期)	619000	55000	120	50000
Kuraz 糖业发展项目(两个糖厂)	Southern Nations Nationalities and Peoples	24000(每个)	556000	52324	415	175000
Kuraz 糖业发展项目(三个糖厂)	Southern Nations Nationalities and Peoples	12000(每个)	278000	26162	—	
Wolkaiyt 糖业发展项目	Tigrary	24000	484000	41654	—	5000
Arjodidiessa 糖业发展项目	Oromiya	12000	—	—	—	
Belles 糖业发展项目	Amahary	—	242000	20827	—	75000
总计		152000	2332000	320967	561	325000

资料来源：RIS 数据库。

该计划的信贷额度是在五年内分期支付的，分别为1.22亿美元（2007年）、1.6623亿美元（2009年）、2.1331亿美元（2010年）、9100万美元（2011年）和4700万美元（2012年）。该项目包括建设三个糖厂，分别是 Wonji-Shoa、Finchaa、Tendaho，建设资金6.4亿美元包括在信贷额度之内（见表11-6）。

这三个糖厂在1954年至1962年经历了有限扩张，因为缺乏进一步投资而无法提高生产力。这些工厂中最古老的是 Wonji-Shoa 糖厂。这家工厂的现代化改造由一家位于北方邦的名为 Uttam Sucrotech 的公司负责。位于 Finchaa 河附近的 Finchaa 糖厂拥有2.1万公顷土地，其将接受2.5亿美元的投资以实现27万吨的生产目标。位于埃塞俄比亚东北部 Afar

州的第三家工厂 Tendaho 糖厂涉及一项雄心勃勃的投资计划，其占地面积约 5 万公顷。随着这三家工厂逐步实现现代化，增加和转型计划中的糖产量目标将得以实现。

表 11-6　由印度援建的埃塞俄比亚糖厂概况

糖厂名称	Wonji-Shoa	Finchaa	Tendaho
产能	6250 吨	12000 吨	两阶段各 13000 吨
工程承包商	Uttam Sucrotech	海外基建联盟（OIA）	海外基建联盟（OIA）
开始日期	2010 年 2 月	2009 年 4 月	2009 年 7 月（一期）
预计完工日期	2012 年 6 月	2011 年 10 月	2011 年 8 月
实际完工日期	2013 年 10 月	2013 年 10 月	2013 年 10 月（二期）
投资金额（总共 6.4 亿美元）	1.41 亿美元	1.32 亿美元	3.67 亿美元

来源：作者自己制作。

从表 11-6 可以看出，这三个工厂将为振兴埃塞俄比亚制糖业做出重要贡献。其主要挑战是如何将这些工厂与其距离最近的吉布提港口连接起来。除糖之外，这些工厂还将提供价值 9.77 亿美元的乙醇，为 8.1 万人创造就业机会。据埃塞俄比亚糖业公司（ESC）称，如果 Tendaho 工厂达到其生产能力，它将为埃塞俄比亚创造近 5 万个工作岗位（Chaturvedi，2016）。

这个项目非常重要，因为它涵盖了整个价值链，这对埃塞俄比亚的国内优先发展事项极为有利。精简权力机构是非常重要的。这需要印度进出口银行和埃塞俄比亚糖业公司密切合作，以应对可能出现的工程延误和成本超支情况，而项目本身缺乏适当的监测机制，也没有制定对工程延误的惩罚措施。鉴于这些项目对埃塞俄比亚经济的重要性，应根据确定的执行时间表做出相应调整。

像埃塞俄比亚一样，印度与莫桑比克的关系也在过去 50 年间发生了演变。印度在多个倡议的框架下实施了多种援助方案。然而，在接下来的叙述中，我们将专注于生产太阳能电池板的光伏项目。

印度援建的太阳能电池板厂项目在 2013 年 10 月之前就已付诸实施。工厂位于 Beluluane 工业园区，由莫桑比克总统阿曼多·格布扎亲自揭幕。这个工厂生产的太阳能电池板可以照亮 207 个村庄、344 所学校和 403 个卫生单位。该项目由印度电子公司与莫桑比克国家能源基金（Funae）合作实施，授信额度为 1300 万美元。这个工厂的建设为 780 人创造了工作岗位。当前，莫桑比克正在以每年 500 万至 600 万美元的成本进口太阳能电池板，而这个太阳能电池板厂项目的实施可为该国家提供 5MW 的电力。与印度电子有限公司与莫桑比克国家能源基金的合作方式类似，印度在叙利亚和苏丹实施了同样的项目。在实施项目的过程中，印度电子有限公司不仅提供生产技术，而且培训了 17 名由莫桑比克国家能源基金提名的莫桑比克科学家来运营电站，这些科学家成为莫桑比克经济的宝贵财富。

鉴于 Beluluane 太阳能电池板厂的重大成就，莫桑比克政府还授予莫桑比克国家能源基金首席执行官勋章，以表彰其实现了生产用于该国农村地区的太阳能电池板的目标。对太阳能电池板厂项目的嘉奖是莫桑比克政府努力实现国家利益的一部分，以便能在国家层面更大规模使用太阳能电池板。

印度与莫桑比克的合作被摆在了优先的地位，莫迪总理于 2016 年 7 月访问了莫桑比克首都马普托，在那里他宣布为当地提供种子生产的新技术，以使该国获得更大的农业产量。由于 66% 的莫桑比克人年龄在 34 岁以下，印度提出了面向该国青年的发展就业方案，并鼓励该国青年参加体育运动经验分享计划。

六　新挑战与前进之路

印度的发展伙伴关系政策已经演变为印度对全球发展的更大承诺，其精神蕴含于"同一个世界"的印度哲学中。这一思想指引着印度初始的政策框架。我们现在看到的来自经合组织发展援助委员会的所有关键政策，早在 20 世纪 50 年代和 60 年代就已经是印度发展合作框架的一部分。从前文的讨论中可以清楚地看出，这些政策要点包括透明度、效应评估和发展三方伙伴关系。然而，多年来，发达国家和发展中国家之间的鸿沟日益扩大，而增长机会的减少不仅导致增长前景黯淡，更使得发展资金的流动减少。与此同时出现的是，七十七国集团/不结盟运动和其他南方国家论坛，这些组织对发达国家在发展援助中附加条件的做法反应日益强烈。因此，在真正的政治作用下，不同的南南合作框架开始涌现。印度的发展合作政策及其演变正反映了南南合作框架的动态。

自 2003 年以来，印度的发展合作项目经历了重大变革，如项目的进入受到限制，对发展合作制度化的想法增加。2005 年，以"发展和经济援助计划"为名的新信用额度计划出现，最终于 2012 年成立了发展伙伴关系管理局。有一些新趋势值得关注，可能将产生长期影响。印度对民间社会在社会发展历程中的力量进行了探索。通过小型开发项目，印度在合作伙伴国家进行了同样的探索。印度在尼泊尔推出了一个有趣的计划，称为小型发展项目，在越南推行的类似计划则被称为快速实施项目（QIP）。这些项目的成功实施使印度的小型发展项目计划变得非常受欢迎。印度目前正在斯里兰卡、阿富汗、不丹和几个非洲国家实施该计划。短期项目涉及民间社会组织、地方社区，基本上可以作为地方行政的补充。在这一进程中，印度的发展合作与民间社会组织的关系日益紧密。事实上，发展伙伴关系管理局还与学术界和民间社会合作，推出印度发展合作论坛（FIDC）。2015 年在新德里举行的第三届印度－非洲论坛峰会上，印度发展合作论坛被认为与印度未来的发展合作密切相关。印度民间社会在印度当前的经济演变中发挥了重要作用，这为印度在经济发展中实现正确目标提供了更丰富的经验和更多的资源。

印度在这一点上面临的新挑战是多方面的，需要对相关结果做出适当反应。鉴于各种发展合作方案的资源需求不断增加，印度将不得不探索推进这些方案的新方式。一种方式可能是恢复三方伙伴关系，其中印度的专门知识可以匹配来自其他国家的资源，并惠及伙伴国家。印度也可以考虑恢复1994年启动的方案——特别志愿者计划（SVP），该计划不知何故在当时没能持续实施。印度越来越需要对随着发展伙伴关系管理局创建而新增的项目进行专业影响估计和评价。发展伙伴关系管理局已经做好了发挥更大作用的准备。在这方面，印度与中国、巴西和南非的伙伴关系也可能非常有用。南方智库网络（NeST）正在努力制定对南方出资项目影响的评估方法。该过程可能需要创建评估框架，并制定不同情境下的评估方法。

另一个挑战可能是相关项目的可预测性，这对于印度外交部来说是可以做到的，将预算与其他波动因素进行更大程度的隔离对印度在伙伴国家开展其活动非常重要。

参考文献

Chaturvedi, Sachin et al. , *A Lifetime of Moulding Technology and Science Policy in India* . New Delhi：RIS and Academic Foundation，2017.

Chaturvedi, Sachin, *The Logic of Sharing*：*Indian Approach to South-South Cooperation.* New Delhi：Cambridge，2016.

Chaturvedi, Sachin, "Towards Health Diplomacy：Emerging Trendsin India's South-South Health Cooperation," in Sachin Chaturvedi and Anthea Mulakala, eds. , *India's Approach to Development Cooperation.* New York：Routledge，2016a.

Chaturvedi, Sachin and Mohanty, S. K. , "Indian Development Cooperation：A Theoretical and Institutional Framework," *FIDC Policy Brief* , No. 7，March 2016.

Export-Import Bank of India（Exim Bank）, Government of India Supported Lines of Credit. 2014. ［Database］http：//www. eximbankindia. in/lines-of-credit.

Fundo de Energia（FUNAE）, "Solar Panel Plant with Made in Mozambique Seal," 2014，http：//www. funae. co. mz/index. php? option = com_ content&view = article&id = 540％3Afabrica-de-paineis-solares-com-selo-made-in-mozambique&catid = 43％3Anoticias&Itemid = 41&lang = en.

Gandhi, Indira, "A Global Strategy for Development," Inaugural Address at the Second United Nations Conference on Trade and Development, February 1，1968.

Gandhi, Indira, "The Years of Challenge-Selected Speeches of Indira Gandhi," New Delhi：Ministry of Information and Broadcasting, Government of India，1985.

Gopal S. , *Selected works of Jawaharlal Nehru*：*Second Series*，*Volume One.* New Delhi：Jawaharlal Nehru

Memorial Fund, Oxford University Press, 1984.

Lewis, Arthur, "The Slowing Down of the Engine of Growth," Lecture Delivered at Nobel Prize Ceremony, December 8, 1979.

Ministry of External Affairs (MEA), *Annual report* (1957 – 58). New Delhi: Government of India.

Ministry of External Affairs (MEA), *Annual report* (1958 – 59). New Delhi: Government of India.

Ministry of External Affairs (MEA), *Annual report* (1966 – 67). New Delhi: Government of India.

Ministry of External Affairs (MEA), *Annual report* (1971 – 72). New Delhi: Government of India.

Mohanty, S. K., "Shaping Indian Development Cooperation: India's Mission Approach in a Theoretical Framework," in Sachin Chaturvedi and Anthea Mulakala, eds., *India's Approach to Development Cooperation*. New York: Routledge, 2016.

Parthasrathi, A., "South-South Cooperation in Science and Technology for Development," Atlanta: GLOBELICS Conference, 2006.

Singer, Peter, *One World: The Ethics of Globalization*. New Haven and London: Yale University Press, 2002.

World Bank. Price Level Ratio of PPP Conversion Factor (GDP) to Markct Exchange Rate. 2015. [International Comparison Program database] http: //data. worldbank. org/indicator/PA. NUS. PPPC. RF.

Saxena, Prabodh, "Emergence of LoCs as a Modality in India's Development Cooperation: Evolving Policy Context and New Challenges," *RIS Discussion Paper*, no. 204, 2016.

第十二章
南非的发展合作：趋势、前景与挑战[*]

一 引言

多边、三边、区域和双边发展合作可以在参与国的可持续和包容性发展中发挥重要作用，特别是在以下几个方面：（1）提高公民的经济福祉；（2）将各国与区域经济和世界经济联系起来；（3）加强包容性社会发展；（4）能力建设；（5）知识、专门知识和最佳实践的转移；（6）延缓环境退化和气候变化。

包括南非在内的非洲国际合作源于殖民历史。发达经济体的双边国际合作机构通常在前殖民地实施发展倡议和规划。这种合作可能促进了非洲的进一步分割，即所谓的"英语国家系"、"法语国家系"和"葡萄牙语国家系"（Boon，2009）。

多边国际合作包括联合国（UN）、世界银行（WB）、国际货币基金组织（IMF）、非洲开发银行（AfDB）、亚洲开发银行（ADB）、美洲开发银行（IADB）、发达国家经合组织（OECD）等国际发展组织，这些多边国际合作促进了世界的和平与发展，特别是在发展中国家和转型期经济体中。大多数国际发展合作机构的总体目标是减贫和提高经济福祉。此外，它们促进了可持续和包容性发展，包括促进和平、可持续生计、社会和经济平等、性别发展、人权、民主、良好治理等。

国际发展合作的主要挑战之一是发展中经济体的一体化，特别是非洲发展中经济体如何进入世界经济。非洲发展中国家在国际市场上出售其产品和服务面临着重大挑战。这些经济体都处于边缘化状态，在国际组织和论坛的政策决策过程中往往不会考虑其困难。例如，世界贸易组织（WTO）曾在 2000 年 2 月的西雅图和 2000 年 3 月的曼谷会议期间试图

---

[*] 本章作者是 Biswa Nath Bhattacharyay，亚洲开发银行（马尼拉）和亚洲开发银行研究所（东京）前顾问，慕尼黑经济研究中心（CESifo）研究员。

强加给非洲国家令人难以接受的贸易制度。此外，2000 年 3 月在纽约举行的非洲发展论坛的结论以及国际货币基金组织和世界银行对发展中国家特别是非洲的态度和附加条件等都表明，国际合作对促进发展中国家，特别是非洲的可持续发展效果不明显（Boon，2009）。

传统上，世界发展合作由南北合作（NSC）和三边发展合作（TDC）主导，它们向发展中国家提供主要的官方发展援助（ODA）用于后者的发展。近年来，拥有 75% 世界人口的地球南部再度崛起，世界经济力量从北部向南部转移，这促成了全球发展格局的重构，也促进了南南发展合作（SSDC）。SSDC 涉及融资与伙伴关系、和平与安全、环境基础设施和连通性、以人为本的发展、科学、技术以及创新等领域的合作。[①]

南非是非洲大陆最发达的经济体。它的金融业非常发达，拥有世界前十大证券交易所之一。该国运输、电信和能源基础设施等行业也发展良好。南非是世界主要的新兴国家之一，也是金砖国家成员（巴西、俄罗斯、印度、中国、南非）。它在加强南南合作和促进非洲大陆发展合作方面发挥着重要作用。目前，南非需要通过与参与国家，特别是非洲参与国家，建立共同愿景和强有力的合作与伙伴关系来进一步促进南南合作。

本章重点介绍南非发展合作，特别是南南合作的历史、成就、经验教训、挑战和未来前景。第 2 节介绍了南非的经济特征以及民主转型前后发展合作的目标。第 3 节介绍了南非发展合作的结构和特点。第 4 节介绍了 2012～2019 年南非各项国际发展合作计划的目标和预算。第 5 节介绍了南非对外援助项目的趋势、模式和结构。总结部分则介绍了南非发展合作的未来前景以及对加强发展合作项目的建议。

二　南非的经济特征以及发展合作的目标

（一）南非经济特征

南非是中高收入国家，也是非洲最大和最发达的经济体。2009 年 5 月，南非经济出现衰退，导致采矿和制造业发展大幅放缓。但是，2010 年世界杯的巨大投资重振了南非建筑行业。然而，南非经济仍然面临若干挑战，包括高失业率、外国直接投资流量低、高预算和贸易赤字等问题。实际 GDP 增长率由 2014 年的 1.5% 降至 2015 年的 1.3%，通货膨胀率为 4.6%。根据 IMF 的预测，2016 年增长率将进一步放缓至 0.1%，通货膨胀率达到 6.4%。经济增长的主要障碍包括电力短缺、商品价格低廉、建筑和制造业罢工、消费

---

① 参见 http：//ris. org. in/pdf/SSC-12% 20Page% 20Brochure. pdf。

者及商业信心较低等。南非近期经济增长放缓可能会对南非今后提供官方国外救助或援助的能力产生影响。

表 12 - 1 介绍了 2015 年南非的经济情况。

表 12 - 1　2015 年南非经济情况

	2015	2016(IMF 预测)
国家领土	1219090 公里	1219090 公里
名义 GDP	39910 亿兰特(3146 亿美元)	
人口	54956900 人	
人均 GDP	72620 兰特	
实际经济增长率	1.3%	0.1%
年通货膨胀率	4.6%	6.4%
商品进口	10880 亿兰特	
商品出口	10360 亿兰特	

资料来源：SACU 网站，http：//www. sacu. int/show. php？id = 546。

南非在 1946 年至 1994 年期间处于种族隔离制度之下。尽管南非是 1945 年联合国（UN）51 个创始成员之一，但在 1974 年 11 月 12 日，联合国大会因国际反对南非种族隔离政策而将其驱逐出联合国。1994 年，联合国再度承认了民主转型后的南非。自 1994 年以来，南非民主选举产生的政府基于联合国在多边体系中的中心地位来制定外交政策。2006 年，非洲联盟（AU）支持南非出任联合国安全理事会非常任理事国，南非在 2007 ~ 2008 年期间和 2011 ~ 2012 年期间成为联合国安理会非常任理事国。作为联合国安理会非常任理事国，南非推进了非洲议程，即和平、安全与发展[①]。

（二）民主转型前的发展援助[②]

在 1994 年民主转型之前，种族隔离时代的南非政府为六个非洲国家提供了发展援助，包括莱索托、加蓬、科特迪瓦、赤道几内亚、科摩罗以及巴拉圭，其中巴拉圭的经济和文化都与南非有着很强的联系。

南非种族隔离时代发展援助项目的主要目标是赢得世界其他国家在一定程度上对南非的尊重，并得到友好国家的支持（联合国投票）。发展援助的主要工具是 1968 年的"促进经济合作贷款基金法案"，后来经 1986 年"促进经济合作贷款基金修正法案"修正。

南非外交部部长负责发展援助计划的制度管理，计划包含直接与项目有关的发展援

[①] 南非常驻联合国代表团官方网站，http：//www. southafrica-newyork. net/pmun/。

[②] 参见 Braude et al. (2008)。

助。然而，关于发展计划的系统研究很少。南非的发展援助计划是基于受援国的直接援助要求。

（三）民主转型后的发展援助

1994 年实行民主制度后，南非与非洲其他国家的关系发生了重要的转变。发展援助计划成了推动所谓"非洲复兴"的工具。南非试图通过促进与非洲伙伴国家的合作参与来避免南－北合作中传统的捐赠国与受援国阶层分隔的情况。南非的目标是驱动非洲大陆经济增长与发展、人类能力建设和政治自由。南非可以利用其长期的经验、经济实力以及强大的制度和技能基础来促进发展。南非与非洲大陆的发展合作涉及三大方面：

（1）在区域和大洲的层面上强化非洲体制；

（2）促进非洲社会经济发展计划——非洲发展新伙伴计划（NEPAD）的执行；

（3）通过对话与合作，加强双边政治和社会经济关系（Braude et al.，2008）。

南非的发展援助计划嵌入了非洲发展新伙伴计划（NEPAD）的框架以及非洲复兴的愿景，其发展援助计划的重点是非洲，因此，发展援助主要针对较不发达的非洲国家。南非大约 70% 的发展援助是针对南部非洲发展共同体成员的。计划的主要目标包括：（1）政府治理的总体改善；（2）冲突预防、解决和补救；（3）安全关切和维和（Braude et al.，2008）。

三　南非发展合作的结构与特征

（一）南非发展合作的特征

自 1994 年脱离种族隔离制度后，南非通过各种多边协议，如 77 国集团（G77），20 国集团（G20），金砖国家（BRICS，巴西、俄罗斯、印度、中国、南非），印度、巴西和南非对话论坛（IBSA），在全球范围内建立了战略联系，以加强其在非洲大陆的领导作用。然而，大多数南非的发展合作及其未来预期的参与都涉及双边和三边合作，以加强非洲的发展。与双边合作相比，南非多边参与的范围和活动相当有限。例如，南非、印度和巴西为 IBSA 扶贫基金提供了 100 万美元的援助。但是预计未来南非不会增加这一捐赠资金的数额。尽管南非是新成立的金砖国家新开发银行的创始成员，但是预计多边合作也不会成为南非发展合作的优先选择（Lucey，2015）。

非洲大陆一直是南非发展合作的重点。尽管南非常常面临在合作项目中单方面运行的批评，但它制定的大多数战略和定位，均来源于区域倡议，例如非洲联盟（AU），甚至来源于南部非洲发展共同体（SADC）。在这方面，南非一直强调应该使用非洲框架来加强非洲的和平与安全。但是，南非应该尝试将其双边和三边活动纳入区域或全球框架中（Lucey，2015）。

与其他主要的新兴经济体不同，南非没有任何集中的机构来管理其发展援助计划。对外援助通常是通过以下方式进行的：

（1）外交部的非洲复兴基金会（ARF）；

（2）各个政府部门，特别是国防、教育、南非治安管理总局（隶属于安保部）、外交、矿产和能源以及工业和贸易部门；

（3）国企、政府机构和其他法定机构（Braude，2008）。

自2007年以来，南非开始筹备建立一个集中的机构，即南非发展合作局（SADPA），来协调和整合其援助和发展合作项目。但它目前还没有建立起来。

（二）各种发展合作项目概览

本节将讨论南非发展合作的结构和特点，同时介绍南非作为成员参与的各种发展合作项目。南非的发展合作涉及多边、区域和双边和三边项目。南非参与了以下发展合作项目。

（1）多边项目包括：

①G20；

②G77；

③非洲开发银行（AfDB）——南非是非洲开发银行的第三大股东（在美国和日本之后），也是非洲发展基金唯一的非洲出资国；

④世界银行。

（2）非洲内部南南合作的区域项目包括：

①南部非洲发展共同体（SADC）；

②非洲联盟（AU）；

③南部非洲关税联盟（SACU）；

④《非洲发展新伙伴计划》（NEPAD），该计划在2001年为非洲大陆制定了管理议程；

⑤非洲复兴和国际合作基金（ARF）；

⑥非洲十方财政部部长和中央银行行长委员会C10；

⑦南部非洲开发银行（DBSA）；

⑧南非工业发展公司（IDC）。

（3）涉及非洲以外国家的区域内项目包括：

①金砖国家（巴西、俄罗斯、印度、中国和南非）；

②中非合作论坛。

（4）双边和三边合作：

①与非洲国家的双边合作；

②印度、巴西和南非对话论坛（IBSA）。

（三）G20和南非

为应对 1997 年的亚洲金融危机，20 国集团（G20）于 1999 年成立，包含欧盟和其他 19 个成员——阿根廷、澳大利亚、巴西、加拿大、中国、法国、德国、印度、印度尼西亚、意大利、日本、韩国、墨西哥、俄罗斯、沙特阿拉伯、南非、土耳其、英国和美国。G20 的任务是通过使影响全球的发达经济体和新兴市场经济体参与讨论全球经济和全球经济治理，来防止区域或全球金融危机的再次发生。该集团的主要活动集中在三个方面：（1）协调成员之间的政策，努力实现全球经济稳定和可持续增长；（2）提升全球金融监管，以减少风险并防止未来的危机；（3）国际金融结构或国际货币体系改革。此外，该集团专注于发展问题、商品和气候融资等（Mminele，2012）。2008 年，G20 第一次领导人峰会举行，旨在解决金融危机导致的全球经济衰退，特别是北美和欧洲的经济衰退。

南非参与 G20 发展合作议程为其自身发展提供了重大机遇和一些挑战。作为一个小而开放的经济体，南非需要更好地将自身不断增长的贸易与世界经济相联系。20 国集团议程的成功实施将增加南非与全球经济的互联互通。作为 G20 中唯一的非洲国家，南非有责任通过增加区域性的以及有关非洲大陆的议题来影响主要的国际政策，这可能会对该区域和非洲大陆产生积极的影响。为了有效地代表非洲大陆，非洲十国集团在 2009 年成立，以征求非洲各国关于 G20 应当如何处理相关议题的意见。南非所面临的主要挑战之一是使区域内国家和国内利益相关者的磋商更为有效，这些利益相关者包括 NEPAD 以及包括 NGO 在内的民间团体和学术界；另一个挑战是确定优先事项，这可能会影响 20 国集团关于促进非洲发展和增长的优先事项的政策和议程。南非国际关系与合作部（DIRCO）、南非国库和南非储备银行都在确保南非有意义地参与 G20 的商议中发挥了关键的作用，以期会议决议有助于区域发展（Mminele，2012）。

2007 年，南非主持了 G20 峰会，成功影响了国际货币基金组织份额和发言权改革的决议。南非面临的一个重大挑战是确保国际货币基金组织的改革方案有利于非洲。南非一直积极参与促进对全球金融体系稳定至关重要的管理改革，但这同时也为非洲国家带来了国内的挑战。此外，在 G20 论坛上，南非提出了新的监管框架对于欠发达的非洲国家来说存在成本问题，并强调这些国家在强化金融体系方面需要得到协助（Mminele，2012）。

未来几年，南非可以利用其在金砖国家（BRICS）和印度、巴西和南非对话论坛（IBSA）的成员资格，在G20论坛上要求与其他金砖国家拥有同样重要的地位，这对南南合作与发展中国家的发展至关重要。

（四）G77①

77国集团（G77）成立于1964年6月15日，77个发展中国家在日内瓦联合国贸易和发展会议（UNCTAD）上签署的《七十七个发展中国家联合宣言》是该集团成立的标志，南非一直积极参与其中。在1967年10月10日至25日于阿尔及利亚举行的第一次部长级会议上，77国集团制定了规定永久制度结构的章程。目前G77成员已经增加到134个国家。G77作为联合国中发展中国家最大的政府间组织，其主要目标是"为南方国家提供一个平台，以表达和促进其集体经济利益，并提高其在联合国体系中对主要国际经济事务的联合谈判能力，促进南南合作"。

（五）南部非洲发展共同体②

南部非洲发展共同体（SADC）是一个重要的区域发展合作代表，而南非在其中也发挥着重要的作用。

南非在1992年加入南部非洲发展共同体，后者主要由15个南部非洲国家组成，包括：安哥拉、博茨瓦纳、刚果民主共和国、莱索托、马达加斯加、马拉维、毛里求斯、莫桑比克、纳米比亚、塞舌尔、南非、斯威士兰、坦桑尼亚、赞比亚、津巴布韦。

SADC的合作覆盖很多领域，包括："政治、国防和安全，经济发展，灾害风险管理，基础设施，农业和食物安全，自然资源，气象与气候，健康，社会和人类发展，消除贫困和政策对话"。③

南部非洲的第一个发展合作倡议是建立"前线国家"，包括安哥拉、博茨瓦纳、莱索托、莫桑比克、斯威士兰、赞比亚以及津巴布韦。

1980年4月1日，南部非洲发展协调会议（SADCC）正式组建。成员包括非洲南部所有民主国家，即安哥拉、博茨瓦纳、莱索托、马拉维、莫桑比克、斯威士兰、赞比亚和津巴布韦。南部非洲发展协调会议（SADCC）的目标是"通过有效协调利用各国具体特征、优势及其资源，推进南部非洲国家政治解放事业，并减少依赖，特别是对当时处于种族隔离时代的南非的依赖"。

---

① 参见 http://www.g77.org/doc/。

② 本小节的内容主要基于 SADC 官方网站的信息，http://www.sadc.int。

③ 参见 http：//www.sadc.int/about-sadc/。

1992 年 8 月 17 日，南部非洲发展协调会议发展为南部非洲发展共同体。南部非洲发展共同体是根据《南部非洲发展共同体条约》第 2 条成立的，以"促进南部非洲经济一体化"。《南部非洲发展共同体条约》的制定和通过将成员之间的合作基础从松散或非正式的合作扩大到具有法律约束力的协议。[①] 南部非洲发展共同体的目标包括"南部非洲其他国家独立后的经济一体化"。2001 年 8 月 14 日，《南部非洲发展共同体条约》被修改，以适应区域指示性战略发展计划。[②]

以下简单介绍 SADC 在 1975～2015 年的历史。

1975 年：建立"前线国家"，包括安哥拉、博茨瓦纳、莱索托、莫桑比克、斯威士兰、赞比亚以及津巴布韦。

1980 年：九个国家签署《南部非洲走向经济解放宣言》，成立南部非洲发展协调会议（SADCC）。九个国家分别为安哥拉、博茨瓦纳、莱索托、马拉维、莫桑比克、斯威士兰、坦桑尼亚、赞比亚和津巴布韦。

1982 年：南部非洲发展共同体（SADC）秘书处在博茨瓦纳哈博罗内设立总部。

1992 年：温得和克峰会——签署南部非洲发展共同体宣言和条约，南部非洲发展协调会议转变为南部非洲发展共同体。

1994 年：南非加入南部非洲发展共同体，成为第 11 个成员。

1995 年：毛里求斯加入南部非洲发展共同体，成为第 12 个成员。

1998 年：刚果和塞舌尔加入南部非洲发展共同体，成为第 13、14 个成员。

2000 年：南部非洲发展共同体重组，秘书处整体迁移至哈博罗内。

2004 年：于坦桑尼亚阿鲁沙发起"区域指示性战略发展计划"（RISDP）。

2005 年：

（1）发起"区域指示性战略发展计划"（RISDP）和"机构战略指示性计划"（SIPO）；

（2）马达加斯加加入南部非洲发展共同体，成为第 15 个成员；

（3）南部非洲发展共同体法庭在纳米比亚温得和克成立。

2006 年：纳米比亚温得和克协商会议召开，南部非洲发展共同体和其国际合作伙伴（ICPs）通过了《温得和克宣言》，该宣言作为南部非洲发展共同体和其国际合作伙伴的伙伴关系框架。

2009 年：南部非洲发展共同体秘书处迁至哈博罗内新中央商务区（CBD）。

2010 年：南部非洲发展协调会议 30 周年。

---

① 参见 http：//www. sadc. int/about-sadc/overview/history-and-treaty/。

② 参见 http：//www. sadc. int/about-sadc/overview/history-and-treaty/。

2011 年: "区域指示性战略发展计划" 书面审查报告发布, 回顾了五年来 "区域指示性战略发展计划" 执行的进展情况。[①]

专栏 1 介绍了 SADC 的概况。

专栏 1　南部非洲发展共同体 (SADC) 的概况

南部非洲发展共同体 (SADC) 成立于 1992 年。其主要目标是通过经济发展确保和平与安全, 在南部非洲实现区域一体化并消除贫困。

SADC 的愿景是 " (1) 建立一个高度和谐的地区; (2) 理性; (3) 促进资源集中以实现集体自力更生, 提高该地区人民的生活水平"。1992 年 8 月 17 日在纳米比亚温得和克, 南部非洲国家元首或政府首脑通过了《南部非洲发展共同体宣言》。宣言呼吁 "南部非洲所有国家和人民在区域共同体内部拥有关于未来的共同愿景"。这个未来的愿景包括: "提高南部非洲人民的经济福利、生活水平和生活质量, 自由和社会正义以及和平与安全。"[②]

南部非洲发展共同体的使命是 "通过有效的系统、更深层次的合作和一体化、良好治理以及持久的和平与安全, 来促进可持续和公平的经济增长和社会经济发展"。这将使该地区在国际关系和世界经济中成为具有竞争力的参与者。[③]

南部非洲发展共同体的主要目标是 "通过区域一体化实现经济发展、和平与安全、缓解贫困, 提高南部非洲各国人民的生活水平和生活质量, 支持社会弱势群体"。这些目标将通过 "以民主原则和公平可持续发展为基础, 加强区域一体化" 来实现。

1992 年《南部非洲发展共同体条约》第 5 条所述的目标包括:

(1) 通过区域一体化实现经济发展和经济增长, 缓解贫困, 提高南部非洲人民的生活水平和生活质量, 支持社会弱势群体;

(2) 发展共同的政治价值观、体系和机构;

(3) 促进并维护和平与安全;

(4) 在联合自立和成员相互依托的基础上, 促进自身的可持续发展;

(5) 促进国家和地区在发展战略和规划上的互补;

(6) 促进和优化生产力及本地区资源的使用;

(7) 实现对自然资源的可持续利用以及对环境的有效保护;

---

① 参见 http://www.sadc.int/about-sadc/overview/history-and-treaty/。

② 参见 http://www.sadc.int/about-sadc/overview/sadc-vision/。

③ 参见 http://www.sadc.int/about-sadc/overview/sadc-mission/。

（8）加强和巩固本地区人们长久以来在历史、社会和文化上的联系。①

1. SADC 共同议程

SADC 共同议程包括如下几个方面。

（1）促进可持续和公平的经济增长及社会经济发展，确保减轻贫困并最终达到根除贫困的目标；

（2）通过民主、合法和有效的机构传播共同的政治价值观、制度和其他共同价值；

（3）促进、巩固和维护民主、和平与安全。②

SADC 的政策如下。

（1）通过区域一体化，促进可持续和公平的经济增长和社会经济发展，以确保减轻贫困，并最终达到消除贫困的根本目标，提高南部非洲人民的生活水平和生活质量，支持社会弱势群体；

（2）促进通过民主、合法、有效的机构传播共同政治价值观念、体制和其他共同价值观；

（3）巩固和维护民主、和平、安全与稳定；

（4）在联合自立和成员国相互依托的基础上，促进自身的可持续发展；

（5）促进国家和地区在发展战略和规划上的互补；

（6）促进和优化生产力及本地区资源的使用；

（7）实现对自然资源的可持续利用以及对环境的有效保护；

（8）加强和巩固本地区人们长久以来在历史、社会和文化上的联系；

（9）抗击艾滋病等致命或传染疾病；

（10）确保 SADC 所有活动及项目的开展都有利于根除贫困问题；

（11）在共同体建设过程中实现性别平等主流化。③

2. SADC 策略

SADC 的主要策略包括如下几个方面。

（1）协调成员的政治和社会经济政策和计划；

（2）鼓励本地区人士和机构积极主动发展整个区域的经济、社会和文化联系，并充分参与执行非洲南部发展共同体的项目；

（3）建立适当的机构和机制来调动必要的资源，以执行 SADC 及其机构的方案和项目；

---

① 参见非洲南部发展共同体网站，http：//www.sadc.int/about-sadc/。

② 参见 http：//www.sadc.int/about-sadc/overview/sadc-objectiv/。

③ 参见 http：//www.sadc.int/about-sadc/。

（4）制定旨在逐步消除资本、劳工、货物和服务以及本地区各成员人民自由流动障碍的政策；

（5）促进技术的开发、转移和掌握；

（6）通过区域合作改善经济管理和绩效；

（7）促进国际关系的协调统一；

（8）确保国际了解、合作和支持，并动员公共和私人资源流入本地区。①

3. SADC 条约

《南部非洲发展共同体条约》列出了南部非洲发展共同体的主要目标，即"通过区域一体化，实现经济发展和经济增长，减轻贫穷，提高南部非洲各国人民的生活水平和生活质量，支持社会弱势群体"。这些目标将通过以民主原则和公平可持续发展为基础，加强区域一体化来实现。

根据《南部非洲发展共同体条约》的修改，该组织的结构如下：

（1）首脑会议；

（2）政治、防务和安全机构；

（3）部长理事会；

（4）常设秘书处；

（5）法庭；

（6）"三驾马车"（负责国防、安全事务的协调机构）；

（7）官方常务委员会；

（8）SADC 国家委员会。

后来该条约被进一步修改，制订了"区域指示性战略发展计划"（RISDP）。该计划为 SADC 的项目、方案和活动提供战略方向。②

（六）非洲联盟③

2002 年，非洲联盟（AU）成立，其前身是非洲统一组织（OAU），后者成立于 1963 年，共有 32 个成员。目前，非盟共有 54 个成员。非盟成立的主要目标是："将 OAU 转变为可以加速非洲一体化进程的新组织，支持非洲各国在全球经济中争取权利，并解决非洲大陆面临的多方面社会、经济和政治问题。"

非洲统一组织（OAU）和非洲联盟（AU）的目标包括如下几点。

---

① 参见 http：//www. sadc. int/ about-sadc/overview/sadc-common-agenda/。

② 参见 http：//www. sadc. int/about-sadc/。

③ 非洲联盟网站,https://www. au. int/en/history/oau-and-au。

（1）实现非洲的团结和统一；

（2）协调和加强合作与努力，为非洲各国人民谋求更美好的生活；

（3）维护成员主权、领土完整和独立；

（4）使大陆摆脱殖民主义和种族隔离，促进在联合国框架下的国际合作；

（5）协调成员政治、外交、经济、教育、文化、卫生、福利、科学、技术和国防等方面的政策。

根据 1991 年签订的《非洲经济共同体条约》（即《阿布贾条约》），非洲统一组织的结构包括：（1）国家元首和政府首脑大会；（2）部长理事会和总秘书处；（3）预防、管理和解决冲突机制；（4）经济和社会委员会；（5）教育、科学、文化和健康委员会；（6）国防委员会。

（七）南部非洲关税联盟[①]

1910 年，南部非洲关税联盟（SACU）成立，这也是世界上最早的关税联盟。SACU 的成员包括博茨瓦纳、莱索托、纳米比亚、南非和斯威士兰，其秘书处位于纳米比亚首都温得和克。南非是 1910 ~ 1969 年期间 SACU 的管理者。根据 2002 年的新协议，成员之间没有关税，对非成员设定统一的外部单一关税。SACU 下设有几个独立的机构，如 "部长理事会"、"海关联盟委员会"、"技术联络委员会"、"特设 SACU 法庭" 以及 "SACU 关税委员会"。这些组织协助 "成员平等参与事务，并协调成员在农业、工业、竞争、不公平贸易惯例和保护新兴工业等领域的政策"。

在此联盟下，对来自非成员的货物和服务征收关税、消费税及其他与贸易有关的税费，并存入共同的收益池。该池中可用资金的一部分存入发展基金，其余部分按照 2002 年 "SACU 协议" 制定的税收分配公式分配给成员（美国国会图书馆，2015）。

南非在管理 SACU 方面发挥着主要作用。2009 ~ 2010 年，南非贡献了 30 亿美元（占其国内生产总值的 1%，占 SACU 年度共同税收的 98%）向欠发达成员提供财政援助。来自 SACU 的转移性收入构成 "斯威士兰和莱索托国家预算收入的 50% ~ 70%，纳米比亚和博茨瓦纳国家预算收入的 15% ~ 30%"。[②]

（八）非洲复兴和国际合作基金（ARF）[③]

非洲复兴和国际合作基金（ARF）一直是南非最具代表性的对外援助项目。根据

---

① 参见 SACU 网站，http：//www. sacu. int/show. php？id = 394。

② 参见 https：//opendocs. ids. ac. uk/opendocs/bitstream/handle/123456789/3880/PB64% 20Understanding% 20South% 20Africa's% 20Role% 20in% 20Achieving% 20Regional% 20and% 20Global% 20Development% 20Progress. pdf？ sequence = 3。

③ 基于美国国会图书馆（2015）和 ARF（2015）。

《非洲复兴和国际合作基金法案》，ARF 于 2001 年成立，并取代了 1968 年成立的类似项目。为加强南非发展援助计划的协调性，南非正着手建立一个新的集中机构，即南非伙伴关系机构，ARF 也将被包括在内。目前，筹备工作提前展开。但是，ARF 仍在运行。

在 ARF 成立之前，南非的对外援助项目是通过经济合作与促进贷款基金进行的。《经济合作与促进贷款基金法案》并没有明确规定双边或多边合作的性质和框架。但是，从立法的历史来看，这个基金下项目的实施是在双边的基础上提供对外援助。这种做法背后的主要原因是南非当时实行种族隔离制度，从而不是大多数多边政府间组织的成员，而只有通过这些组织，许多对外援助和发展援助的多边框架方可实施。ARF 则与此不同，主要在对外援助和发展援助中采取多边导向的方式。

合作促进贷款基金的战略目标相对狭窄——"通过为这些国家的发展项目提供贷款和其他金融援助来促进共和国与其他国家之间的经济合作"。相比之下，ARF 的战略目标更为突出，具有针对性（在地理上和问题的解决上都有针对性），并且有明确的定义，有助于有效分配对外援助的资源，有助于南非参与解决问题。

通过 ARF 及其他对外援助项目，南非一直在极力促进集体努力，以实现非洲各国的共同愿景，即实现非洲大陆的转型和全面复兴，决定和掌握自己的命运。鉴于此，南非的外交政策侧重泛非主义的理想——2063 年议程中设想的当今非洲的愿景和发展轨迹，便是一条新的发展道路，巩固了过去和现在的发展机制。2063 年议程的愿景是一个统一的非洲大陆，其当前阶段则是为使非洲复兴成为现实而努力。因此，南非的国家发展计划愿景和发展轨迹是基于 2063 年议程（ARF，2015）。

ARF 成果导向的战略性目标宣言是"为建设一个统一、民主、和平、繁荣的非洲大陆做出贡献，通过发展援助、支持民主、良好治理、人力资源开发、社会经济发展与融合、人道主义援助和救灾以及冲突后重建与发展（PCRD），促进非洲大陆的发展"（ARF，2015）。

1. ARF 的战略目标、客观声明、计划基准和目标

ARF 的六个战略目标如下：

（1）促进民主与良好治理；

（2）促进人力资源开发；

（3）提供人道主义援助和救灾援助；

（4）支持经济社会发展和一体化；

（5）支持南非与其他国家，特别是与非洲国家的合作；

（6）帮助冲突后的重建与发展（PCRD）。

表 12-2 列出了 2014~2015 年非洲复兴和国际合作基金（ARF）计划的战略目标、客观声明以及计划的基准和目标。

表 12 - 2　非洲复兴和国际合作基金（ARF）计划的战略目标、客观声明、

计划基准和目标（2014～2015 年）

战略目标	客观声明	基准（2014-2015 年）	目标
（1）促进民主和良好治理	在非洲大陆的指定国家，支持举行民主选举	1. 在报告期内支付了核准分配额度的 100%。 2. 南非派遣选举观察员至 SADC 选举观察团（SEOM），参与莫桑比克总统选举，共计支付 830673.06 兰特。莫桑比克选举于 2014 年 10 月 15 日举行。 3. 南非派遣选举观察员至 SEOM，参与博茨瓦纳总统选举，几笔支付共计 833619.75 兰特。博茨瓦纳选举于 2014 年 10 月 24 日举行。 4. 南非派遣选举观察员至 SEOM，参与纳米比亚总统选举，几笔支付共计 967763.15 兰特。纳米比亚选举于 2014 年 11 月 28 日举行。 5. 南非派遣选举观察员至 SEOM，参与赞比亚总统选举，几笔支付共计 379012.91 兰特。赞比亚选举于 2015 年 1 月 20 日举行。 6. 南非派遣选举观察员至 SEOM，参与毛里求斯总统选举，几笔支付共计 429880.65 兰特。毛里求斯选举于 2014 年 12 月 10 日举行	100% 核准支付，用于促进民主和良政
（2）促进人力资源开发	制定和提供指定的培训项目	1. 在报告期内支付了核准分配额度的 100%。 2.2015 年 1 月 27 日，将非洲监察专员研究中心项目的第二笔款项 710 万兰特支付给公共维护员	100% 核准支付，用于支持人力资源开发
（3）支持社会经济发展和一体化	支持社会经济发展和一体化项目的实施	1. 在报告期内支付了核准分配额度的 100%。 2.2014 年 5 月 8 日，为 2013～2014 财政年度第三、第四季度在塞拉利昂实施的古巴医疗援助项目支付 5369000 兰特。 3.2014 年 4 月 1 日至 6 月 30 日期间，共计支付 1049946 兰特，用于几内亚科纳克里水稻和蔬菜生产项目的工作人员和越南专家的工资与津贴、公用设施、汽油和租金。 4.2014 年 7 月 1 日至 9 月 30 日期间，共计支付 1199000 兰特，用于几内亚科纳克里水稻和蔬菜生产项目的工作人员和越南专家的工资、公用设施、汽油和汽车维修、办公耗材和电脑维修、手机费用、现场考察费用和租金支付。 5.2014 年 10 月 1 日至 12 月 31 日期间，共计支付 929981.46 兰特，用于几内亚科纳克里水稻和蔬菜生产项目。 6.2015 年 1 月 1 日至 3 月 31 日期间，共计支付 1072782.71 兰特，用于几内亚科纳克里水稻和蔬菜生产项目	100% 核准支付，用于支持社会经济发展和一体化
（4）提供人道主义援助和灾难救助	帮助需要人道主义援助和灾难救助的国家	1. 在报告期内支付了核准分配额度的 100%。 2.2014 年 10 月 6 日，用于向尼日尔提供人道主义援助的石油、农药以及向服务提供商 Balmoral Norse 支付的运费，共计 141000 兰特	100% 核准支付，用于人道主义援助
（5）支持南非与其他国家，特别是非洲国家的合作	执行双边和三边合作协议	未实施分配	100% 核准支付，用于支持南非与其他国家，特别是非洲国家的合作
（6）帮助冲突后重建与发展（PCRD）	支持非洲大陆冲突后重建发展	1. 在报告期内支付了核准分配额度的 100%。 2.2015 年 2 月 27 日，向 SADC 秘书处捐赠 1823 万兰特，用于莱索托 SADC 机构观察团的部署	100% 核准支付，用于 PCRD

资料来源：ARF（2015）。

根据目标（1）——为了促进民主和良好治理，ARF 在 2014～2015 年完成了目标，实现 100% 支付。ARF 将南非选举观察员派遣至 SADC 选举观察团（SEOM），其中：

　　莫桑比亚总统选举花费 830673.06 兰特；

　　博茨瓦纳总统选举花费 833619.75 兰特；

　　纳米比亚总统选举花费 967763.15 兰特；

　　赞比亚总统选举花费 379012.91 兰特；

　　毛里求斯总统选举花费 429880.65 兰特。

　　根据目标（2）——为促进人力资源开发，ARF 在 2014～2015 年完成了目标，实现 100% 支付。ARF 支付给非洲监察专员研究中心项目的公共维护员 710 万兰特。

　　根据目标（3）——为支持社会经济发展和一体化，ARF 在 2014～2015 年完成目标，实现 100% 支付。ARF 支付包括如下几个方面。

　　5369000 兰特用于执行塞拉利昂的古巴医疗援助项目；

　　1049946 兰特用于几内亚水稻和蔬菜生产项目（科纳克里）的工作人员和越南专家的工资与津贴、设施以及汽油和租金；

　　1199000 兰特用于几内亚水稻和蔬菜生产项目（科纳克里）的工作人员和越南专家的工资与津贴、设施以及汽油、汽车维修、办公耗材、电脑维修、收集费用、现场考察费用和租金；

　　另有 929981.46 兰特和 1072782.71 兰特用于几内亚科纳克里水稻和蔬菜生产项目。

　　根据目标（4）——提供人道主义援助和灾难救助，ARF 在 2014～2015 年完成目标，实现了 100% 的支付。ARF 支付包括：

　　2014 年 10 月 6 日，用于向尼日尔提供人道主义援助的石油、农药以及向服务提供商 Balmoral Norse 支付的运费，共计 141000 兰特。

　　根据目标（6）——帮助冲突后重建与发展，ARF 在 2014～2015 年完成目标，实现 100% 的支付。ARF 支付包括：

　　向 SADC 秘书处捐赠 1823 万兰特，用于莱索托 SADC 机构观察团的部署。

　　2014～2015 年，ARF 对单项工程捐助最多的项目是几内亚水稻和蔬菜生产项目，其次是莱索托 SADC 机构观察团的部署。

　　除了几内亚、尼日尔和塞拉利昂的项目外，其他所有项目都涉及 SADC 国家。这清楚地表明，南非的对外援助对象主要是 SADC 成员，特别是南非邻国。

　　根据上述目标，2009～2010 年，南非利用 ARF 基金参与了非洲经济中各种项目，如参与 2010 年苏丹大选、津巴布韦经济振兴项目、塞拉利昂医疗项目和几内亚的博物馆项目等（2009～2010 年 ARF 年度报告）。

2. 非洲复兴和国际合作基金（ARF）的支出趋势与支出模式：过去和未来

表 12-3 列出了 2012~2019 年非洲复兴和国际合作基金（ARF）的支出趋势和模式。

表 12-3 非洲复兴和国际合作基金（ARF）的支出趋势与支出模式（2012~2019 年）

单位：百万兰特

支出类型	审计结果			修订后经批准的预算估计	中期估计		
	2012~2013年	2013~2014年	2014~2015年	2015~2016年	2016~2017年	2017~2018年	2018~2019年
实物收入	83.5	93.6	112.5	103.2	103.9	98.7	104.0
除销售外实物收入	73.5	93.6	112.5	103.2	103.9	98.7	104.0
利息收入－外部投资	73.5	93.6	112.5	103.2	103.9	98.7	104.0
未分类收入	10.0						
其他收入	10.0						
转移性收入	518.0	485.4	277.6	145.6	0	122.2	139.6
其他政府单位	518.0	485.4	277.6	145.6	0	122.2	139.6
国家政府	445.0	485.4	277.6	145.6	0	122.2	139.6
其他政府单位	73.0						
总收入	601.5	579.0	390.1	248.8	103.9	220.9	243.6
其他经常性支付							
转移性支付和补贴－部门机构和账户	1070.3	41.3	189.9	145.6	0	122.2	139.6
总支出	1070.3	41.3	189.9	145.6	0	122.2	139.6
盈余	(468.8)	537.7	200.2	103.1	103.9	98.7	104.0
财务状况表							
应收款和预付款	125.4	203	205	74	77.9	81.7	85.8
现金及现金等物	1515.0	1865	2205	2056	2070.8	1966.8	2073.0
总资产	1640.4	2068	2410	2130 2	148.7	2048.5	2158.8
累计盈余/（赤字）	933.0	1470.6	1671	1317	1295.2	1152.4	1217.9
贸易和其他应付款	707.4	597	739	813	853.4	896.1	940.9
总股本和负债	1640.4	2068	2410	2130	2148.6	2 048.5	2 158.8

资料来源：ARF（2016）。

在转移支付和补贴方面，ARF 的支出在 2012~2013 年达到高峰，为 10.703 亿兰特，随后大幅下滑，在 2015~2016 年为 1.456 亿兰特。中期估计显示，2016~2017 年不会有转移支付和补贴费用。然而，ARF 的支出预计在 2017~2018 年将达到 1.222 亿兰特，在 2018~2019 年将增加到 1.396 亿兰特。

ARF 的累积盈余呈现上升趋势，从 2012~2013 年的 9.33 亿兰特增长至 2014~2015 年的 16.71 亿兰特。然而，从 2015~2016 年起，ARF 的累计盈余出现下降趋势，在 2017~2018 年下降至 11.524 亿兰特；但是，预计 2018~2019 年将会适度增长，达到

12. 179 亿兰特。

ARF 的总收入呈现持续的下降趋势，从 2012 ~ 2013 年的 6.015 亿兰特，下降至 2016 ~ 2017 年的 1.039 亿兰特。但是，预计 2017 ~ 2018 年，ARF 总收入将上升至 2.209 亿兰特，在 2018 ~ 2019 年达到 2.436 亿兰特。

国际关系与合作部正按照部长的指示，在该部总干事的直接指挥下执行 ARF 项目。国际关系与合作部和财政部共同负责管理 ARF 的拨款。由国际关系与合作部和财政部成员组成的咨询委员会在对外援助的支付过程中也发挥重要作用。咨询委员会包括总干事或其代表以及由部长任命的来自国际关系与合作部的另外三名代表。此外，财政部的两名代表也被列入委员会。咨询委员会负责向部长提议支付计划，后者将与财政部部长磋商后决定，资金将根据该基金与有关非洲国家的受捐助方之间的协议进行转移。

与美国国际开发署或法国开发署不同，南非没有一个集中执行的组织来管理对外援助。因此，许多机构对援助项目的管理和实施是分散的。这一现象在最近通过 ARF 资助的项目中表现十分明显。例如，2008 ~ 2009 年通过公共行政、领导和管理学院（PALAMA）在刚果民主共和国开展了能力建设培训项目；而通过南非公共工程局、国际关系与合作部、国防部以及自由公园信托基金的合作参与，升级乌干达某领导力学校的项目得以实施。此外，同一个政府机构在实施不同项目时可能起到不同的作用。例如，在 ARF 的框架下，南非警察总署（SAPS）向非洲国家提供援助，并在不同项目中扮演了不同角色，例如在达尔富尔作为观察员，而在刚果民主共和国则作为选举监督者。

此外，受援的非洲国家的国际跨国组织和机构也管理了一些南非的对外援助项目。

在限制条件或附加条件方面，《非洲复兴和国际合作基金法案》没有规定从 ARF 获得对外援助的任何资格条件。执行实体，即国际关系与合作部部长则有权在 ARF 的战略目标框架下就经济援助协议的条款进行谈判，并施加任何限制或条件。然而实际上，南非对 ARF 的资金通常不施加任何限制。

例如，2011 年 8 月，南非储备银行向斯威士兰中央银行提供有条件担保的贷款，金额总计 24 亿兰特（3.5 亿美元）。在这项经济援助的协议中，没有任何限制和条件。然而，在谈判期间，南非本可以要求斯威士兰实施一些改革措施，例如：

（1）斯威士兰王国政府采取信心构建的措施；

（2）国际货币基金组织（IMF）要求斯威士兰政府执行的财政和相关技术改革；

（3）由南非提供的能力建设支持；

（4）在多边交互中给予合作。

但南非没有任何强制条件执行的机制来迫使斯威士兰执行约定条件，并履行上述改革的承诺。南非并没有监测和评估约定改革的实施。ARF 分别于 2011 年 8 月、2011 年 10 月和 2012 年 2 月三次发放了贷款额度。这一时间框架对于推出任何强有力的改革来说都非常短暂。因此，斯威士兰和南非都认为，贷款应该附加切实的政治和经济改革条件。①

南非有必要加强对对外援助项目所附的限制条件的制定、施加和监测的程序，这些限制条件对产生预期的项目成果至关重要。

南非的对外援助在本质上是自由决定的。任何发展项目只要符合 ARF 的广泛战略目标，都可以得到 ARF 的援助。事实上，ARF 的援助只占总经济援助的小部分。其他南非组织的对外援助则占南非对外援助总额的大部分，与 ARF 相比，这些对外援助在确认和资助项目方面有更大的灵活性。

此外，各种监督机制被引入，以确保非洲复兴和国际合作基金的透明度和问责制。监测透明度和问责制的方式包括以下三种。

（1）国际关系与合作部总干事是 ARF 的官方负责人。同时，他也是咨询委员会的成员，该委员会向国际关系与合作部部长提议对不同项目的支付计划。作为该基金的会计主管，总干事负责 ARF 所有资产的记录，并编制和出版年度报告。

（2）根据《公共财政管理法案》，ARF 需要遵守该法案规定的问责制和透明度的要求。

（3）直接向国民议会负责的独立宪法机构的审计长也将每年对 ARF 进行审计。

南非关于对外援助的政策考量多年来发生了转变。经济合作与促进贷款基金的主要目标是在南非由于种族隔离政策而被国际社会强烈排斥的情况下，与世界其他国家成为盟友和朋友；而经济合作与促进贷款基金在 2001 年被 ARF 取代。此外，南非还通过了一项政策，即不通过多边国际组织来进行援助，后者也不允许南非成为成员。在 20 世纪 90 年代南非过渡到民主国家后，这些政策被弃用。

在政策考量方面，《非洲复兴和国际合作基金法案》的序言显示了其基于地理和问题的政策考量。该法案高度重视：

（1）与非洲国家的合作，特别是在民主和解决冲突方面的合作；

（2）经济发展与一体化。

对南非对外援助模式的分析表明，南非对外援助政策的重点是：

（1）邻国，特别是南部非洲发展共同体（SADC）的成员；

（2）教育与维和的援助。

---

① 国际关系与合作部关于向斯威士兰政府提供经济援助协议的媒体声明（2011 年 8 月 3 日），http://www.dfa.gov.za/docs/2011/swaz0803.html。

为了增加 ARF 框架下可用资金的数额,以及根据有限的财政灵活性补足政府的捐款,南非的所得税法律通过允许减免所得税来鼓励对 ARF 等基金的慈善捐赠。所得税法律规定,在课税年度内,任何一个人只要向任何已批准的公益组织"真诚"捐赠,就可以从其应纳税的所得中扣除至多10%。

ARF 有多个资金来源,其中议会拨款是 ARF 的主要资金来源。例如,2009~2010年,议会向 ARF 拨款6.314亿兰特(约合8740万美元),其余资金来源提供了剩余的3400万兰特(约合470万美元)的基金。ARF 的其他资金来源包括:

(1) 2001年 ARF 成立时,经济合作与促进贷款基金尚未使用的资金;

(2) ARF 贷款的已收金额;

(3) ARF 贷款或投资的利息;

(4) 其他资金来源,主要包括私人捐赠(美国国会图书馆,2015)。

(九)非洲发展新伙伴计划(NEPAD)[1]

非洲发展新伙伴计划(NEPAD)是非洲联盟(AU)的合作倡议。两个非洲发展合作倡议,即《千年非洲复兴计划》(MAP)和《非洲欧米茄计划》(Omega Plan for Africa)合并,以形成第三个倡议——《新非洲倡议》(NAI),随后在2001年转变为 NEPAD。NEPAD 由南非、尼日利亚、阿尔及利亚、埃及和塞内加尔共同建立。

2010年,通过将 NEPAD 整合至非洲联盟的结构与进程中,非洲发展新伙伴计划规划和协调署(NEPAD Agency)成立,并取代了非洲发展新伙伴计划秘书处,后者自2001年以来负责协调和执行非洲发展新伙伴计划的方案和项目。

作为非洲联盟的执行机构,NEPAD Agency 的职能或任务包括:

(1) 促进和协调 NEPAD 在非洲大陆的项目,并负责区域优先方案和项目的拟订和执行工作;

(2) 动员资源和合作伙伴,以支持非洲优先方案和项目的执行,并使全球社会、区域经济共同体和成员参与执行这些方案和项目;

(3) 实施和协调研究与知识管理;

(4) 监督和评估项目的执行情况;

(5) 倡导非盟和非洲发展新伙伴计划的愿景,使命和核心原则。[2]

根据非洲联盟的授权,非洲发展新伙伴计划规划和协调署执行以下四个投资计划,并

---

① NEPAD(2017)。

② 参见 http://www.nepad.org/content/about-nepad#aboutourwork。

重点关注非洲新出现的趋势。

（1）自然资源治理和粮食安全

该项目包括：

①非洲农业综合发展项目（CAADP）；

②CAADP 支持；

③农业和食品安全风险管理（AFIRM）；

④鱼类管理与贸易；

⑤食品和营养保障；

⑥气候变化；

⑦气候变化基金；

⑧气候智能型农业；

⑨性别与气候变化与农业支持；

⑩非洲土地保护计划（TerrAfrica）。

（2）区域一体化，基础设施（能源、水、ICT、运输）和贸易

该项目包括：

①非洲电力愿景；

②非洲大陆商业网（CBN）；

③E-Africa 计划；

④发展基础设施技能（IS4D）；

⑤总统基建冠军倡议（PICI）；

⑥非洲基础设施发展规划（PIDA）；

⑦人人享有可持续能源（SE4ALL）。

（3）工业化、科技、创新

①非洲生物安全专家网络（ABNE）；

②非洲数学科学研究所（AIMS）——下一个爱因斯坦计划；

③非洲药物监管协调（AMRH）；

④非洲科技创新指标（ASTII）；

⑤加速非洲科学卓越联盟（AESA）；

⑥非洲生物创新（Bio-Innovate）；

⑦生物科学东部和中部非洲网络（BecANet）；

⑧NEPAD 水卓越中心；

⑨南部非洲生物科学网络（SANBio）。

（4）人力资本开发（技能、青年、就业以及女性赋权）

该项目包括：

①农业技术职业教育与培训（ATVET）；

②能力发展；

③性别；

④护理；

⑤农村未来。①

（十）C10②

非洲十方财政部部长和中央银行行长委员会（C10）成立于2008年11月。C10成员包括以下国家和机构：阿尔及利亚、博茨瓦纳、喀麦隆、埃及、肯尼亚、尼日利亚、南非、坦桑尼亚、西非国家中央银行（CBWAS）和中非国家中央银行（BEAC）。C10的主要目标是：

（1）监测全球金融和经济危机对非洲的影响，并讨论政策、对策的选择；

（2）倡导加强非洲参与国际金融体系（IFIs）的管理；

（3）确定非洲的战略经济优先事项，并为非洲参与20国集团（G20）制定明确的战略。

（十一）金砖国家（BRICS）③

1. 金砖国家集团

2011年4月，金砖国家集团成立，由五个大型新兴经济体组成，分别是属于四大洲的巴西、俄罗斯、印度、中国和南非。金砖国家占世界人口的43%，占世界GDP的30%，占世界贸易的17%。2006年，巴西、俄罗斯、印度和中国在纽约联合国大会期间举行了首次金砖国家外长会晤，并正式组建了金砖四国（BRIC）。2009年6月16日，第一次金砖国家首脑会议在俄罗斯叶卡捷琳堡举行。2011年4月14日，南非加入金砖国家集团，金砖四国（BRIC）扩大到金砖五国（BRICS）。

金砖国家的合作主要包括：通过领导人会议以及财政、贸易、卫生、科技、教育、农业、通信、劳工等部长级会议，就共同关心的问题进行协商；通过工作组或高级官员会议在若干领域进行实际合作。

---

① 参见 http：//www. nepad. org/programmes。

② 非洲发展银行官网,https：//www. afdb. org/en/topics-and-sectors/topics/financial-crisis/committee-of-ten/。

③ 参见 http://brics2016. gov. in/content/innerpage/about-usphp. php。

2. 金砖国家新发展银行

近年来，北美、欧洲和日本都采取了非常宽松的货币政策，即零利率和非常规货币政策——"量化宽松"。尽管做出了这些努力，但全球经济增长依然很缓慢，预计仍将疲软。在这种情况下，通过多边开发银行（MDB）的大型国家和区域、跨境项目的基础设施投资、财政刺激计划和私营部门投资不仅可以促进发达经济体经济增长，还可以促进发展中经济体经济增长。通过加强区域或跨境基础设施的互联互通，在主要大洲加强区域一体化，将有助于发展中经济体分享稀缺资源，如能源和水，以满足能源和水资源盈余和赤字国家的这些基本需求。为基础设施融资的区域和国际机构应为发展水电、卫生等基础设施提供优惠资助，因为这些基础设施的建设不足以提供足够的经济回报率。由于与基础服务发展有关的项目大多不被银行接受，也不具有商业上的可行性，因此私营部门通常不愿意参与这些项目。区域和国际的基础设施融资机构则可以通过共同融资以及为私营部门提供应对各类风险的保障，促进私营部门在 PPP 模式下参与基础设施建设项目（Bhattacharyay，2016）。

发展中国家，特别是南方的发展中国家，融资需求非常大，大规模长期的国家、区域或跨境基础设施项目存在风险。目前，世界银行（WB）、亚洲开发银行（ADB）、美洲开发银行（IADB）、非洲开发银行（AfDB）以及国际金融公司（IFC）等多家多边融资机构或开发银行（MDBs）正在为许多基础设施项目融资。近十年来，开发银行（MDBs）的年度资源承诺上涨超过100%，从450亿美元上涨至超过1000亿美元；但这一资源不足以满足每年超过1万亿美元的大型基础设施融资需求。2010～2020年，亚洲资金需求达8.2万亿美元（其中新增产能投资占68%，维护费用占32%），能源、运输、通信、电力、水和卫生设施等国家和地区基础设施项目每年平均支出7475亿美元，以满足当前和未来的需求。因此，上述 MDBs 的融资能力不足以应对亚洲巨大的基础设施融资差距（Bhattacharyay，2016；NDB 网站[①]，2017）。因此，在交通运输、能源、电信和水资源等基础设施的融资和互联互通等方面开展发展合作，对急需经济增长的发展中国家至关重要。

为了弥补融资缺口，巴西、俄罗斯、印度、中国和南非五国于2015年7月发起建立金砖国家新开发银行（NDB），授权资本为1000亿美元，总部设在上海。NDB 的资本为1000亿美元，其中，500亿美元的初始认购资本由五个发起国均摊，五个发起国拥有同等投票权。捐赠100亿美元的南非与其他成员具有同等的投票权。鉴于这一民主决策过程，南非可以在影响 NDB 贷款活动和政策方面发挥重要作用。

---

① 参见 http://ndb.int/about-us.php。

NDB 的愿景是促进资源调动，促进金砖国家和其他新兴经济体以及发展中国家的基础设施和可持续发展的项目实施。NDB 是南方倡导的首个跨区域发展贷款机构。NDB 将补充多边和区域金融机构现有的活动，以促进全球经济的增长和发展。NDB 的目标是通过贷款、担保、股权参与和其他金融工具来促进公共或私人项目。此外，NDB 计划与国际发展组织和其他金融机构开展合作，并为本行项目提供技术援助（NDB 网站，2017）。这是 SSDC 的一个很好的例子，只有发展中国家和新兴经济体参与其中。

鉴于发展中国家的基础设施需求巨大，基础设施融资的新机构在弥补融资差距方面有着重要作用。新成立的金砖国家新开发银行（NDB）也将计划投资亚洲的基础设施项目。然而，为了有效促进基础设施发展，在区域融资机构以及双边发展银行、发展机构之间构建一个健康的发展环境，这些新机构在作用和角色上应该有所互补（Bhattacharyay，2016）。

NDB 和亚洲基础设施开发银行等其他新开发银行（MDBs），如果能够补充现有的多边开发银行［如世界银行（WB）、亚洲开发银行（ADB）、美洲开发银行（IADB）、非洲开发银行（AfDB）］的基础设施投资，并专注于某些领域，则可以发挥重要作用。这些领域包括如下几方面。

（1）通过开发适当的工具，为区域或跨境基础设施项目融资；

（2）开发多币种基础设施融资工具；

（3）伊斯兰金融工具等。

NDB 可以（以健康的方式）参与竞争，也可以与现有的开发银行合作，主要包括以下几个方面。

（1）为基础设施开发大量使用金融资产起到有效的媒介作用。

（2）提供及时的、具有成本效益的基础设施贷款和知识，特别是在能源和运输领域，提供简单、用户友好和流畅的操作、制度和程序；并与银行和金融部门在共同出资、保障私人投资等方面进行合作。

（3）筹备、开发、评估区域基础设施项目的优先事项，并与各国政府协商执行。

（4）设计、开发和使用有效的工具，以引导亚洲和国际储蓄用于基础设施开发，并发展区域基础设施债券融资和其他创新金融工具的专门知识，如：

①区域或跨境项目的贷款工具；

②多币种金融工具或基于亚洲货币单位的债券；

③担保和挂钩债券；

④伊斯兰金融工具，如债券和苏库克（Sukuk）；

⑤本地货币债券；

⑥证券化基础设施贷款；

⑦分区域基金如东盟基础设施基金；

⑧应对重大风险（例如操作、财务、国家、灾害和政治风险）的担保工具；

⑨可持续和包容性区域或跨境项目的融资工具（Bhattacharyay，2016）。

（十二）印度、巴西和南非对话论坛（IBSA）[①]

印度、巴西和南非对话论坛（IBSA）是 SSDC 的又一成功举措，南非在其中发挥着重要的领导作用。IBSA 成立于 2003 年 6 月，是分属于亚洲、南美洲和非洲三大洲的三个新兴国家之间的协调机制。IBSA 的主要目标是：

（1）为建设新的国际架构做出贡献；

（2）在全球问题上共同发声；

（3）加深在各个领域的关系。

IBSA 对话论坛的主要思想是"民主参与、尊重人权和法治"。IBSA 的成立对成员之间的贸易产生了很大的影响。

IBSA 的活动和计划可分为四个方面。

（1）政治协商。

（2）通过 14 个工作组进行部门合作（在部门合作方面，为以下部门组建了工作组，以加深相互了解，探索行业领域的共同利益：农业、文化、国防、教育、能源、环境、健康、人类居住、运输和基础设施、公共管理、税务管理、科学技术与信息社会、社会发展、贸易投资与旅游）。

（3）IBSA 减少贫困和饥饿机构（IBSA 基金）。

（4）人民对人民论坛（涉及其他非行政部门的参与者，如民间团体）。

2004 年，IBSA 基金成立，每个国家每年向该基金提供 100 万美元的捐款。该基金的主要目标是促进"基于 IBSA 国家能力范围内及其内部最佳实践的可行和可复制的项目的开展，为其他发展中国家的优先事项做出贡献"。

IBSA 是国家层面协调和实施南南合作的先驱。在 ISBA 基金下，农业、电气化、能源系统和健康等几个领域已经完成了大量项目。基金经理和董事会秘书处是联合国开发计划署下设的南南合作特设局（SU／SSC）。IBSA 项目是通过与联合国机构、国家机构、地方政府和非政府组织的伙伴关系来设计、协调和实施的。

该基金评估项目计划书的主要标准包括：（1）减少饥饿和贫困的潜力；（2）与受援

---

① 参见 IBS 网站，http：//www.ibsa-trilateral.org/about-ibsa/background。

国的优先事项保持一致；（3）利用 IBSA 国家的现有能力及其成功经验；（4）可持续性和可识别的影响；（5）创新性和可复制性；（6）12～14 个月的成果。来自非洲和亚洲的若干国家已在 IBSA 基金的帮助下实施了各种项目，如几内亚比绍、海地、佛得角、柬埔寨、老挝和布隆迪等。[①]

（十三）双边国际关系与合作计划[②]

南非双边国际关系与合作计划的主要目标是"通过有组织的双边协议和高层次互动促进政治、经济和社会关系，以最终促进南非的国家优先事项和非洲议程，并加强南南合作"。

双边国际关系与合作中的次级计划包括：

（1）加强与非洲个别国家（区域内共有 47 个外交代表机构）的双边合作，特别是通过增加货物和服务贸易、附带技术转让的外国直接投资、入境旅游以及技能开发等方式；

（2）加强与亚洲和中东个别国家（该区域内共有 32 个外交代表机构）的双边合作；

（3）加强与美洲和加勒比地区单个国家的双边合作；

（4）加强与欧洲单个国家（该区域共有 28 个外交代表机构）的双边合作。

在双边合作下，"非洲复兴基金（ARF）和《非洲发展新伙伴计划》（NEPAD）正在向几个非洲国家提供维和、技术开发、研究和教育等方面的经济援助。另外还为农业、司法、公共服务、公共工程、贸易和工业等领域的项目提供了援助"（Chidaushe，2011）。

2013～2014 年，"ARF 向以下几个非洲伙伴国家提供了财政和技术援助：乍得、刚果民主共和国、几内亚、几内亚比绍、马达加斯加、马拉维、马里、尼日尔、塞舌尔、塞拉利昂、斯威士兰以及津巴布韦。在 2013～2014 财政年度，ARF 的主要支出是人道主义援助和灾难援助，占 ARF 项目支出的 30%，其次是社会经济发展（24%）和民主与治理（20%）。冲突后重建和发展是南非外国援助计划的优先事项之一，其支出份额占 3%"（Devex，2013）。

四　南非国际发展合作计划：各项方案的目标和预算[③]

（一）国际合作

南非国际合作计划的主要目标是：

---

① http://www.ibsa-trilateral.org/about-ibsa/ibsa-fund。

② 基于 National Treasury（2016）。

③ 本节主要基于 National Treasury（2016）。

（1）战略性地发展、促进和管理国际伙伴关系，以加强国家创新体系；

（2）使南非与其国际伙伴之间能够交流知识、能力和资源，重点是支持非洲的科学、技术和创新能力建设；

（3）通过科学外交来支持南非的外交政策。

国际关系与合作部部长负责协调和联合南非国际关系，监测国际环境的发展。

表 12-4 列出了估计的 2016~2019 年期间南非的支出预算。2016~2017 年的预期支出为 5.793 亿兰特，预计在 2017~2018 年将下降 2.5% 至 5.654 亿兰特，而 2018~2019 年将达到 5.74 亿兰特，略微上升 1.5%。这可能反映了南非经济放缓，财政弹性下降。

表 12-4 南非国际合作支出

年份	2016~2017 年	2017~2018 年	2018~2019 年
支出（百万兰特）	579.3	565.4	574.0
百分比变动	—	−2.5%	1.5%

资料来源：国库（2016）及笔者计算。

在国际发展合作方面，南非维护着与北方的战略合作关系。同时，南非支持"通过有组织的双边机制和多边协议实现互惠互利的南南合作"。从中期来看，国际关系与合作部计划"将'利用美国'的'非洲增长与机会法案'作为工业化和区域一体化的平台，同时利用与欧盟（EU）的联系来建设联合基建项目"。

该部门还计划"加强和巩固南南关系，这也反映了全球权力分配平衡的变化以及新兴经济体在多边贸易体系中日益增长的重要性"。在中期内，该部门计划：

（1）继续利用中非洲合作论坛、G77 论坛、中国论坛以及金砖集团（BRICS）等南方集团的成员资格和各种协议，推动实现南非的外交政策目标；

（2）通过采用金砖国家经济伙伴关系战略，促进贸易和投资，增加市场准入机会，促进国家之间市场的相互联系；

（3）通过新成立的金砖国家新开发银行为金砖国家、其他发展中国家以及新兴市场经济体的基础设施投资和可持续发展项目提供资金。

在国际关系与国际合作计划中将上述计划编入了预算。联合支出呈现下降趋势，从 2015~2016 年的 40 亿兰特下降至 2018~2019 年的 36 亿兰特。

南非发展合作的重点领域之一是"科学、技术与创新的投资。南非计划通过支持南部非洲发展共同体（SADC）和非洲联盟（AU）的区域倡议，参与非洲各国的能力建设。到 2019 年 3 月 31 日，南非将为 SADC 和 AU 核准的 39 个科学、技术和创新领域的倡议和项目提供技术和资金支持，以加强南非与非洲各国在科学、技术和创新领域的合作，这将促进非洲的增长和发展议程。此外，南非也参与美洲、亚洲、澳大利亚和欧洲的合作伙伴所进行的海外科学、技术与创新的双边合作。这些企业涉及人力资本开发和科学、技术与创新的合作研究，也有助于促进其与其他非洲合作伙伴的共同合作"。

为了减少国家总支出，南非政府计划在2016～2017年将非洲复兴与国际合作基金（ARF）的预算支出减少0.88亿兰特，在2017～2018年减少3亿兰特，2018～2019年减少3.071亿兰特。但是，这种减少预计不会影响基金的运作，因为它有足够的现金储备来吸收预算削减带来的影响。

（二）非洲议程和区域一体化方案

南非在以下几个领域将继续支持区域和非洲大陆的进程与方案：

（1）应对和解决危机；

（2）加强区域一体化；

（3）促进优化贸易环境；

（4）加强非洲内部贸易；

（5）促进可持续发展，提升机遇。

南非拥有有力的、不断增长的对外援助和发展援助计划，与其他金砖新兴援助提供国（如中国、巴西和印度）相当。其对外援助计划目前分散在众多机构中，包括：

（1）非洲复兴和国际合作基金（ARF）；

（2）南部非洲发展共同体（SADC）；

（3）非洲发展新伙伴计划（NEPAD）；

（4）国家级、省级、地方级政府项目；

（5）印度、巴西和南非（IBSA）对话论坛扶贫基金；

（6）通过诸如非洲开发银行（AfDB）和世界银行等优惠借贷机构进行的多边项目；

（7）南部非洲关税同盟（SACU）收入分成协议或非洲联盟（美国国会图书馆，2015）。

非洲绝大多数的发展合作都是通过三个主要的区域合作组织来实施的，即非洲联盟（AU）、南部非洲发展共同体（SADC）和非洲发展新伙伴计划（NEPAD）。主要项目包括：

（1）在加强非洲大陆一体化方面，巩固非盟及其结构将成为当务之急；

（2）在中期内，南非将继续实施南非、安哥拉和刚果民主共和国之间的三方协议，为落实大湖地区和平与安全框架协议提供资源并持续努力；

（3）部署南部非洲发展共同体（SADC）干预部队；

（4）实施（与国防部合作）非盟和平与安全架构并建设"非洲危机快速反应能力"（ACIRC），后者是 2013 年 11 月成立的非洲跨国干预预备部队；

（5）从中期来看，南非将参与将区域经济共同体整合至非洲大陆自由贸易区，振兴非洲发展新伙伴计划（NEPAD）进行基础设施发展，并通过非洲同行审议机制优化良政体系；

（6）支持非盟 2063 年议程，其旨在为非洲实现民族自决、自由、进步和集体繁荣开发新路径。

上述及其他相关项目的支出已经编入了"国际关系计划"的"非洲子计划"和"国际合作计划"的"大陆合作子计划"的预算中。中期内的联合支出预计为 34 亿兰特。

在和平与安全方面，南非通过非洲联盟和联合国参与多边维和行动，也是非洲参与维和行动最多的国家之一。除了对和平与安全做出重大贡献之外，南非也为"非洲体制建设、基础设施发展和区域一体化做出了重大投资"。它在非洲统一组织（OAU）的改革中发挥了主导作用，促成了非洲联盟（AU）于 2002 年在德班成立。此外，南非也是一些地区合作倡议的主要资金捐助者，如：

（1）非洲发展新伙伴计划（NEPAD）；

（2）非洲联盟社会经济发展计划；

（3）泛非会议；

（4）非洲联盟预算的最大捐赠者，捐赠份额达 5%；

（5）捐赠南部非洲发展共同体（SADC）业务预算的 20%；

（6）通过 NEPAD、SADC 以及非洲基础设施发展规划（PIDA）等区域发展倡议，南非一直致力于发展南非区域或跨境基础设施建设；

（7）南非还通过 IDC 和 DBSA 为地区的水、运输、能源和电信基础设施项目提供大量资金援助（Grobbelaar and Chen，2014）。

这些都清楚地表明，南非通过开展对非洲社会经济发展至关重要的连通基础设施项目，为加强区域互联互通做出了重大贡献。

（三）南南合作

南非正为南南发展合作提供强有力的领导。例如，它是三边洲际对话论坛印度、巴西和南非对话论坛的成员，参与全球性议题和发展等方面的合作和更密切的协调。此外，它还是多个地球南方组织的成员，以促进实现千年发展目标和国际金融公司（IFC）发展目标。同时，南非在促进非洲与海湾阿拉伯国家合作委员会（GCC）之间更密切的经济关系中发挥了重要的领导作用，促进了 GCC 对非洲基础设施的投资，并通过中非论坛，有力促进了中非合作（Lao, 2013）。

表12-5列出了2012～2019年南非南南合作支出与非洲大陆合作支出的比较。

可以看出，自2009年以来，经济增长放缓，南非在南南合作中的支出在2012～2016年平均减少15.7%，从2012～2013年的610万兰特减少至2015～2016年的370万兰特。非洲大陆合作支出同期年平均增长率为23.6%，从2012～2013年的8200万兰特提高至2015～2016年的1.548亿兰特。

然而，南南合作的支出预计在2016～2019年将增加29.9%，在2018～2019年达到810万兰特，而非洲大陆合作的支出平均只增长3.2%。

需要指出的是，与非洲大陆合作相比，南南合作的支出要小得多。非洲大陆合作与南南合作的支出比例（如表12-5第4列所示）从2012～2013年的13.4%迅速上升到2015～2016年的41.8%。在2016～2017至2018～2019年期间，这一比例则呈现下降趋势，从2016～2017年的28.8%下降到2018～2019年的21.0%。

上述分析清楚地表明，南非越来越重视南南合作，但与其他新兴援助提供国相比，援助规模仍然较小。

在国际基金转移方面，南非极力支持各种多边活动，并通过以下方式加强南非在非洲大陆以及世界各地的经济和外交关系。

（1）南非每年向联合国，非盟和非洲南部发展共同体等国际组织捐赠会费；

（2）作为对ARF运行的捐赠，每年为非洲复兴和国际合作基金捐赠资金以调增其资本。

表12-5　南非在南南合作与非洲大陆合作中支出的趋势比较

单位：百万兰特

财政年度	南南合作（2）	非洲大陆合作（3）	第3列与第2列的比值
2012～2013年	6.1	82.0	13.4
2013～2014年	6.9	124.2	18.0
2014～2015年	4.6	132.0	28.7
2015～2016年	3.7	154.8	41.8
平均增长率（2012～2013年至2015～2016年）	-15.7%	23.6%	
2016～2017年	6.4	184.3	28.8
2017～2018年	7.2	176.0	21.5
2018～2019年	8.1	170.1	21.0
平均增长率（2015～2016年至2018～2019年）	29.9%	3.2%	

非洲复兴和国际合作基金在2016～2017年的总预算为1.083亿兰特。该基金为南非与其他国家之间涉及以下领域的合作方案提供资金：

（1）促进民主和良好治理；

（2）预防和解决冲突；

（3）社会经济发展和一体化；

（4）人道主义援助和救济；

（5）人力资源开发和基础设施开发。

五　南非对外援助项目的趋势、模式和结构

（一）南非对外援助项目的结构

近年来，南非对外援助的项目越来越多，涉及范围也越来越广泛。南非的对外援助项目主要为非洲复兴和国际合作基金（ARF）。ARF由国际关系与合作部来执行，非洲国家的许多项目也已在该基金框架下实施。ARF根据《非洲复兴和国际合作基金法案》成立，受其约束，该法案为执行机构就某些援助协议进行协商以及施加限制条件提供了大量酌处权。议会拨款是ARF的主要资金来源。通过发布强制性年度报告以及由审计长（独立的宪法机构）进行年度审计，ARF坚持其透明度和问责制。

南非许多政府机构和部门在国家、省和地方各级中执行各领域的大部分对外援助项目。这些援助项目包括：

（1）农业部和储备银行向非洲不同国家的对口机构成员提供能力建设培训项目；

（2）向外国留学生提供在南非学习的补贴；

（3）南非军方的维和行动；

（4）南非警察总署成员作为冲突地区的观察员或选举的监督员（美国国会图书馆，2015）。

南非各种援助方案的筹资和实施的主要缺陷之一是不同政府机构、区域和国际组织执行机构的分散。因此，需要一个集中执行机构，或是一个反映南非对外援助项目有效执行情况的报告机制。由于这种分散性，南非对外援助方案的准确和完整的数据并不可得。为了集合其分散的援助项目，南非计划用另一个基金，即南非发展伙伴基金来取代ARF。一个新的独立中央机构，即南非发展合作局（SADPA）将管理这一新基金以及其他援助项目（美国国会图书馆，2015）。

（二）南非对外援助的趋势和模式

ARF成立于2001年。南非通过ARF实施的对外援助显著上升，2003～2004年为

5000 万兰特（约合 700 万美元），2007～2008 年则达到 3640 万美元。根据南非国家报告，在 2008～2009 年，南非通过区域和国际组织（联合国、非盟、南部非洲发展共同体等）的支出为 1960 万美元。在同一个财政年度，其在人道主义援助方面的支出为 290 万美元。到 2008～2009 年，自 2004 年 IBSA 扶贫基金成立以来，南非对其的捐赠达到 700 万美元。南非对外援助项目的主要捐赠者之一是南非教育部，占 2004 年援助总额的 36%。2004 年南非维和行动的支出超过了 5 亿兰特（约合 7050 万美元），是其第二大援助捐赠项目（美国图书馆国会，2015）。

在 2010～2016 年期间，南非的对外援助或 ODA 呈现混合的景象。

南非官方开发援助在 2010 年达到峰值，超过 1 亿美元，2011 年大幅下滑，之后直到 2013 年又呈上升趋势。2012～2013 年，其对外援助约为 8700 万美元，远低于传统援助提供国的官方发展援助，也落后于其他金砖国家。南非发展援助在 2014 年下降，但预计在 2015 年和 2016 年将有所增长。另外，对外援助的预算估计将达到 8000 万～9000 万美元（Lao，2013）。

这就要求大量增加官方发展援助，以便为发展援助中的官方发展援助受援国带来有效的结果。

如图 12-1 所示，非洲复兴和国际合作基金一直是南非对外援助的主要融资工具，其次是非洲联盟和非洲发展新伙伴计划。然而，如前文所述，其平均对外援助比传统援助提供国的规模要小得多。

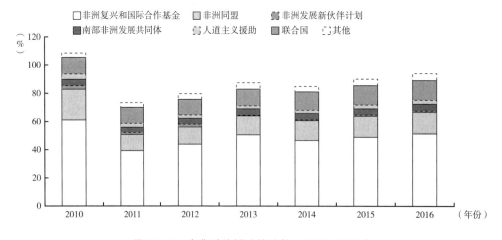

图 12-1　南非对外援助的趋势：2010～2016 年

近年来，南非经济疲软、电力短缺、商品价格低迷、消费者和商业信心较低。

与此同时，南非面临着高失业率，外商直接投资大幅度下降，高额的经常项目赤字与贸易逆差，在建筑业、采矿业和汽车行业都遭遇罢工问题。这种情况迫使南非减少支出，从而减少了财政弹性。因此，未来几年，南非对外援助的计划水平不高（Lao，2013）。南非有必要利用多边、双边和单边的举措来为该区域的发展项目筹集资金。

六　未来展望和建议

非洲处于其发展轨迹的关键时刻。20～21世纪，世界经济出现了生产和贸易格局的重大转变，南方出现了新的增长点。自2000年以来，包括南非在内的非洲大陆经济在全球范围内持续大幅增长，部分原因是持续的商品繁荣，以及在零售、农业、服务业、运输业和通信业等领域的大幅增长。与此同时，民间冲突和政治冲突减少，经济管理表现更好，政治稳定，都有助于经济强劲增长。鉴于上述情况，根据全球市场的看法，非洲大陆被认为是处于下一个发展机会的前沿，是潜在的全球增长极点（ARF，2015）。

非洲国家面临的主要挑战是制定和实施有效的政策和干预措施以促进工业化和经济转型。近年来，通过若干发展合作举措，特别是通过东南非共同市场、东非共同体和南部非洲发展共同体（SADC）三方自由贸易协定，非洲国家经济一体化活动日益增加，非洲内部贸易得以加强。非洲的另一个主要倡议是非洲联盟（AU），其通过非洲发展新伙伴计划（NEPAD）和非洲发展新伙伴计划规划和协调署来执行其社会经济发展计划。NEPAD为非洲议程所制定的战略框架已从减贫议程转变为经济增长发展议程。非盟和非洲发展新伙伴计划的项目都表现良好，如：

（1）非洲基础设施发展计划；

（2）总统基建冠军计划；

（3）非洲农业综合发展计划（ARF，2015）。

尽管取得了上述成功，但非洲仍然面临着几个重大挑战，这也是非盟及其区域经济共同体和国家政府需要优先考虑的。主要挑战包括（ARF，2015）：

（1）对抗政府违反宪法的转变；

（2）提升当地技能和技术能力；

（3）应对环境与人为灾害带来的挑战；

（4）非洲和平与安全架构的运作；

（5）解决当前社会经济差距以及青年失业问题；

（6）防止妇女在经济活动中的边缘化；

（7）确保有限的资源用于实施非洲发展举措。

"2063年议程"被采纳以应对上述挑战，并绘制了未来五十年的非洲方向（ARF，2015）。

区域一体化是促进经济扩张、就业、创收以及工业化的重要手段之一。因此非洲迫切需要加强国家之间的贸易、经济和物质、基础设施的一体化。贫困的小型内陆非洲国家需要与更发达国家的商业中心和主要城市相联系，特别是南非的商业中心和主要城市。区域的或跨境的基础设施发展和重建对市场一体化和发展区域或跨境生产制造网络是必要的。

南非参与了非洲绝大多数的发展倡议，其中许多倡议在成员方面是重叠的。然而，有效执行各种发展合作举措对最终取得成果至关重要。南非的技能型人力资本和资金的捐助（通过 ARF 和其他基金）可以帮助非洲欠发达国家发展技能和制度能力，从而有助于上述举措的有效执行。

南非与其他主要新兴国家如巴西、俄罗斯、印度和中国的经济和政治影响在全球迅速增加。因此，南非有望通过发展援助在促进官方和非官方的南南发展合作（SSDC）方面发挥重要作用。它也正成为欠发达国家的新兴捐赠者，特别是在非洲。由于地方知识、邻近地理位置和区域位置的优势，南非发展合作主要集中在非洲。

根据全球发展咨询公司 Dalberg 的一项研究，预计到 2020 年，新兴援助提供国的捐赠将占到对外援助总量的 20% 左右，远高于 2012 年的 7% ~ 10%（Devex，2014）。按照这一趋势，像南非这样的新兴援助提供国需要为发展中国家提供更多的对外援助，以保持其在新兴国家，特别是非洲的领先地位。

南非发展合作的重点领域是：和平、民主与良好治理，以及人道主义援助。2010年，南非的官方发展援助远高于传统援助提供国的官方开发援助目标——用于非洲发展和稳定的官方发展援助占国民总收入的 0.7% ~ 1%（Grobbelaar and Chen，2014）。然而，南非官方发展援助的规模依然远远小于传统援助提供国，也小于主要新兴援助提供国。

需要特别指出的是，南非用于南南合作的支出远远低于用于非洲大陆合作的支出。与此同时，南非所接受的外国援助多于其对外援助。今后，南非需要提高对外援助，以便转变为更有效的新兴捐助者。

非洲复兴和国际合作基金是南非最突出和积极的发展合作倡议。在政策考量方面，ARF 更重视与非洲国家的合作，特别是在民主和冲突解决方面的合作以及经济发展和一体化。

基于 ARF，南非的对外援助政策重点是：邻国，特别是南部非洲发展共同体（SADC）的成员；教育和维和援助。

在 2014 ~ 2015 财政年度，除尼日尔和塞拉利昂的项目以外，所有项目均涉及 SADC 国家。通过 ARF，南非的对外援助项目都面向 SADC 成员，特别是邻国，即博茨瓦纳、莱索托、毛里求斯、莫桑比克、赞比亚、尼日尔和赞比亚。但是，南非也需要向非南共体国家提供对外援助，以实现"2063 年议程"。

为了在其他金砖国家等新兴援助提供国中发挥主导作用，南非需要将 ARF 和其他外国援助资金多元化地分配到区域内外的其他国家以及其他新出现的事项上，特别是在运输、能源、通信、水和卫生等基础设施的互联互通方面。基础设施的互联互通对加强可持续经济的发展和融合、贸易一体化、减贫等都至关重要。南非可以利用其在世界银行、非洲开发银行和金砖国家新开发银行的成员资格，促进非洲的基础设施发展。

南非计划出台一项新的法案并创建新的基金，即发展伙伴基金，来取代 ARF。预计这一新基金将提高基金的效用，并大大加强合作基金的管理（ARF，2015）。这个新基金应该被尽快建立。

作为欠发达国家的新兴援助提供国，南非需要认识到与发展合作相关的挑战。它可以借鉴其他主要捐赠国和发展伙伴的教训和经验，制定如何有效向发展中国家提供援助的适当战略。

南非可以利用多边、双边和单边的项目为其在区域的发展项目筹集资金。IBSA 基金是有效选择、设计和实施发展相关项目的一个很好的例子。南非可以学习 IBSA 基金的最佳实践，并在其他发展项目中复制这些经验。

在世界社会经济形势不可预测和动荡不堪的情况下，利用发展合作援助和项目为欠发达国家带来实实在在的利益是一个不小的挑战。南非需要进一步发展其知识基础、技术能力、战略能力、管理能力、项目管理技能等，以便在涉及许多利益相关方的多伙伴项目中提供有效援助。

南非目前正在参与许多发展合作项目。许多政府部门目前也正在参与管理各种发展合作方案和项目。但这些发展项目的管理在许多政府部门和机构中是分散的。

在这方面，南非迫切需要建立一个中央协调机构，而其也正在建立这样一个新机构，即南非发展合作局（SADPA），以协调、促进和整合其援助和发展合作项目，即所有南非官方对外的发展合作方案和项目。该机构预计年度预算为 5 亿兰特（约合 5000 万美元）。事实上，与传统援助提供国相比，SADPA 的预算和技术资源的规模都相当小。为了更为有效地开展工作，SADPA 需要具备足够的技能、知识和管理能力：根据其国家、区域和国际援助架构来制定和实施适当的战略，与传统捐赠者、新兴捐赠者和发展伙伴相比，将南非放置在适当的位置。[1]

----

① 参见 https：//issafrica. s3. amazonaws. com/site/uploads/Paper252. pdf。

南非主要与发展相关的项目包括基础设施的开发和重建，安全与和平建设，"国家和机构"构建，人力资源开发以及能力建设，这些项目均通过双边、三边和多边计划来开展。而南非也需要制定适当的战略，并有效执行这些战略，以提高其联合方案和项目的效力，以便对整个地区的国家产生更大的影响。

非洲发展新伙伴计划规划和协调署（NEPAD Agency）和南非发展合作局（SADPA）是协调和实施该地区重建、基础设施和发展项目的最合适的组织。另外，南非两个主要发展机构，即 SADPA 和 NEPAD，也需要迅速建立其强大的能力。南非需要大力加强这些机构的技术和财政能力，以便制定有效的方案，包括南南合作方案。同时其他有关政府部门的专业知识和能力也需要加强。南非应利用三边合作以及最佳实践经验，为 SADPA 创造额外资金（Grobbelaar and Chen，2014）。

与传统的北方援助提供国相比，在提出应对南方国家发展挑战的战略方面，南非具有比较优势，因为它们在全球议程上具有类似的文化、政治和战略利益（Grobbelaar and Chen，2014）。南非需要利用这些比较优势向穷国提供有效的发展援助。

最后，协调落实欠发达的非洲和其他欠发达地区的发展方案和项目是一个很大的挑战。南非需要发挥更大和更有效的作用，在多边倡议和项目中更好地代表非洲和其他地区的利益，并为设计、协调和执行非洲及其以外地区的综合的发展合作项目找到独特的解决办法。为了在非洲发展中发挥有效作用，南非在自身的经济、社会环境、治理和人力资本开发等方面还需要进一步加强。

参考文献

African Renaissance and International Cooperation Fund（ARF），Revised Strategic Plan 2015 – 2020 Annual Performance Plan 2016 – 2017，2015，http：//www. dirco. gov. za/department/african_ renaissance2015_ 2020/arf_ 2015_ 2020. pdf.

Boon Emmanuel Kwesi，"International Cooperation for Sustainable Development in Africa，" *AREA STUDIES-AFRICA*（*Regional Sustainable Development Review*），Vol. I，（Edited by Boon E. K.）Encyclopaedia of Life Support Systems（EOLSS），2009.

Bhattacharyay，Biswa Nath，Institutional Architecture for Enhancing Pan-Asian Infrastructure Connectivity，Revised Version of the paper presented at the Beijing Forum，Beijing，2016.

Braude，Wolfe，Thandrayan Pearl，Sidiropoulos Elizabeth，"Emerging Donors in International Development Assistance：The South Africa Case，A Summary Research Report，" *The South African Institute of International Affairs*，January，2008.

Chidaushe，Moreblessings，"South-South Cooperation or Southern Hegemony？The Role of South Africa as a 'superpower' and Donor in Africa，" Reality of Aid，2011，http：//www. realityofaid. org/wp-content/uploads/2013/

02/ROA – SSDC – Special – Report2. pdf.

Devex, "Devex Report：Emerging Donors," 2014, https：//pages. devex. com/rs/devex/images/Devex _ Reports_ Emerging_ Donors. pdf? aliId = 1428581659.

Grobbelaar Neuma, and Chen Yunnan, "Understanding South Africa's Role in Achieving Regional and Global Development Progress," Policy Brief, Issue 64, May, Institute of Development Studies, 2014, https：// opendocs. ids. ac. uk/opendocs/bitstream/ handle/123456789/3880/PB64% 20Understanding% 20South% 20Africa's% 20Role% 20in% 20Achieving% 20Regional% 20and% 20Global% 20Development% 20Progress. pdf? sequence = 3.

Lucey, Amanda, "South Africa's Development Cooperation：Opportunities in the Global Arena," United Nations University Centre for Policy Research, November , 2015.

Mminele, Daniel, South Africa and the G – 20-challenges and Opportunities, Address at the G – 20 Study Group, "South Africa and the G – 20 – challenges and Opportunities," Southern Sun Pretoria, 31 October, 2012, http：// www. bis. org/review/r121105e. pdf, accessed on 5 January 2017.

National Treasury of Republic of South Africa, Estimates of National Expenditure, 24 February, 2016 , http：// www. treasury. gov. za/documents/national% 20budget/2016/ene/FullENE. pdf.

New Partnership for Africa's Development (NEPAD) Website, 2017, http：//www. nepad. org/.

NDB Website, 2017, http：//ndb. int/genesis. php.

US Library of Congress, "Regulation of Foreign Aid：South Africa," 2015, https：//www. loc. gov/law/help/ foreign-aid/southafrica. php.

第十三章
国际发展合作的变化动态[*]

本章将介绍未来国际发展合作的前景，如新兴国家的国际发展合作新模式、新方法和特点，以及目前国际发展合作的现状，探讨变化的动态如何影响未来的国际发展合作。

一　导言

在过去的十年中，全球发展形势发生了较大的变化。新的反全球化浪潮的兴起、强烈的民族主义的涌现、新保护主义的出现、英国脱欧公投、特朗普当选等事件，使得政府、实践者和学者都想问这样的问题：现在是否已到了这样的时点，推进发展政策，并在实践上"超越援助"。在这一演变的中心，中国和其他新兴大国已经成为关键角色。它们迅速地扩展发展融资项目，并发起新的多边倡议。随着行动者和潮流分化的加剧，发展共同体正面临着艰难的考验：如何共同推进并超越援助，并形成有意义且有效的伙伴关系。

从合作模式的对话方式形成到新机构成立，新兴大国已经成为转变发展范式的有力驱动者。此外，由于其海外活动，发展融资已经分化至超越官方发展援助（ODA）的程度，并以其他方式影响受援国，如投资和贸易。2015 年后全球伙伴关系的前景如何？随着中国和其他非传统捐助国发挥的作用越来越大，许多人开始关心发展合作的未来可能是什么样的，以及是否有可能实现新的全球伙伴关系。

二　新兴大国和国际发展合作

在关于未来国际发展合作和寻找新的、更为有效的方法的讨论中，新兴国家的角色和

---

[*] 本章作者谷靖博士，英国国际发展研究所新兴国家与全球发展中心主任。

潜在贡献被更多提及，这些国家有时也被称作"崛起的力量"和"新兴经济体"。但这些新兴力量到底指谁，到底是什么？这个问题的答案存在争议。一些评论家甚至怀疑新兴经济体是否存在，他们认为，尽管把中国称作新兴经济体还算合理，但将这一概念扩展至其他经济体就缺少事实基础，因为它们的增长轨迹和政治基础并不稳定。尽管存在此种保留意见，但金砖国家和其他新兴经济体的组合，正在当前国际发展格局中发挥着日益突出的影响。更深入地了解它们的作用和意义，是理解和解释国际发展合作变化的必要条件。

有学者曾使用"崛起的力量"这一术语。这些学者认为，这一术语指代的国家包含金砖国家，以及其他日益成为全球发展重要影响力量的国家，如墨西哥、土耳其和印度尼西亚。这些"崛起的大国"可以在南南发展合作中粗略地分为两类行动者（De Renzio and Seifert，2014）。第一类，是那些数量较少的，长期涉足发展援助且通常在传统援助中发挥关键作用的大国（如巴西、中国和印度）。第二类国家有智利、印度尼西亚、墨西哥和土耳其。这是一个更加多元化的群体，有多种发展合作的方法。

显然，过去十年来，随着许多国家经济增长强劲，国内政治制度稳定，南南对话与合作增多，积极参与国际发展合作的国家数量有所增加。这造就了一个比此前的情形更为广阔和更多样化的发展环境。印度和中国等国家与许多国家长期存在"发展"关系。但近年来，这类伙伴关系的性质、实质和范围发生了重大的变化。中国在启动和管理中非合作论坛（FOCAC）方面发挥了重要作用。其他国家，如巴西、俄罗斯和南非也是最近参与国际发展合作的金砖成员。此外，印尼、墨西哥、土耳其等第二批"新兴经济体"也在从事国际发展援助。

这种变化动态的核心是伙伴关系与相互关系的原则，以及对双边和多边主义的承诺。例如，土耳其与非洲的发展伙伴关系可以回溯至1998年，而双方于2014年11月在赤道几内亚首都马拉博举行了第二次土耳其-非洲伙伴关系峰会。最后，值得注意的是，这些"新援助提供国"中有许多是独特的，因为它们不仅是援助的提供国，同时又因为自身是发展中国家而又是援助的接受国。此种伙伴关系的出现引发了一种观点，认为一种替代的发展"模式"正在建立，这种称为"北京共识"的模式，被拿来作为"华盛顿共识"的镜像进行比较，在前一种模式中，国家在指导发展的过程中起到核心而重要的作用（Babb，2013）。

然而，虽然我们应该认识到广泛性和多样性的重要，但考虑到驱动变革最为显著的因素，金砖国家有着自身的特点使它们脱颖而出收获特别的关注，并使它们拥有强大的潜力，能够影响国际发展援助的长远未来。金砖国家的起源可追溯到2006年的讨论和谈判。在接下来的十年中，该集团已经成为重要的发展行动者。这一集团的名称缩写BRICs，首次出现于 2001 年的一篇全球经济研究论文，作者 Jim O'Neill 当时是高盛全球经济研究的负责人。O'Neill 创造了简称"金砖四国"（BRICs）作为一个方便的集体术语，并用这种文字游戏来描述他在文中分析的四个经济体。而这一称谓随着这些经济体之间的政治交互增强（后来又加入了南非），越来越流行、实用。

采用这样的首字母缩写，很容易设想在这个群组的成员国之间存在一种同质均一性。但金砖国家并非如此，成员国之间存在着很大的历史、经济、政治和发展差异。这些差异可能构成障碍，限制成员之间的合作。但金砖国家并未如此，相反，这种多样性促进了集团的发展，并加强了它们之间的共性和共识。如果我们首先考察这些差异，就可以了解建立和巩固这个集团是怎样的成就。

金砖国家成员向该集团带来了非常不同的地理、历史、文化和价值观以及不同的政治制度和经济制度。最明显的区别是政治制度和文化，金砖国家成员国之间的"政治民主"版本差异很大。如果印度被广泛认为是以多元、多党、代议制政府体系为特征的世界规模最大的"民主"国家，近几十年来，巴西、俄罗斯和南非建立类似制度的尝试已经被证明更具挑战性。民主化对于巴西和南非的发展轨迹至关重要，而中国的民主观念和实践则保持中国共产党在中国国家和政治文化中的核心地位，同时大力发展社会主义市场经济。

这一系列的国内经验给出了各国高度差异化的关于国际发展议程中一些中心问题的观念，这些问题包括公民和人类权利，政治、经济、企业与环境责任，治理质量，民间社会与非政府组织的作用。

有些学者（Rowlands，2012；Qobo and Soko，2015）认为，金砖国家成员作为援助提供国的差异要多于相似之处。而 Qobo 和 Soko（2015：283）则认为，"除了都对西方国际机构的主导地位不满之外，金砖国家似乎没有什么共同之处"。这其中包含了发展合作模式的差异，如巴西和印度尝试通过在大型基础设施项目中增加开放性，雇佣当地工人，以使自身与中国在非洲的做法区分开来（Stuenkel，2013）。

然而，De Renzio 和 Seifert（2014）指出，在一些问题的解决方案上正在出现共享议程，如数据收集需求、加强评估和共享学习。但是，在这些国家是否应该，以及如何共同行动，并在战略、政策和实施上互相协调这一问题上，仍缺乏共识。这一共识的建立可以通过全球有效发展合作伙伴关系（GPEDC）、联合国或是国家之间加强协调来达成，例如新开发银行这样的论坛。同样，Constantine 和 Pontual（2015）发现，如果新兴国家在联合国这样的论坛中共同努力，区域和双边空间将会变得更加重要。

尽管存在分歧，但金砖国家在实践及对未来国际发展前景的理解等方面仍有很大的一致性。他们各自带来了丰富的经验：一系列有关反殖民化、独立战争和冲突、国家建设、经济和社会重建的卓越故事，由根及叶的改革，持续的高 GDP 增长率。尽管这些国家仍面临贫困和经济、卫生、教育和社会等方面的挑战，但在这些国家已经有数千万计的人民脱离了贫困。除俄罗斯以外的每个金砖国家都称自己为发展中国家。在这些国家的发展故事和发展方法中，都隐含着这样的观念：国家在国内和国际发展中应该发挥合法且重要的作用。反思许多新兴国家的发展经验，使许多受援国开始怀疑它们是否真的需要援助，而如果回答是肯定的，那么从那些有过"共同经历"的援助提供国那里获得援助是否会更好一些（Watson，2014；Gu et al.，2014）。

金砖国家的成员致力于将合作制度化的集体进程。这是在履行南南合作的共同承诺，以及与"北方"进行三角开发合作的背景下展开的。三角技术合作，因巴西同时与发达国家以及发展中国家签署协议以"获得和传播应用于社会发展的知识"而得名，已成为巴西和中国这样的新兴经济体提出的国际发展新兴结构中一个日渐重要的组成部分。"阿克拉行动议程"呼吁进一步发展三角合作。作为回应，许多机构和组织，如联合国经社理事会（ECOSOC）、八国集团（G8）、联合国开发计划署（UNDP）和经合组织发展援助委员会（OECD-DAC）均举办了关于三角发展合作的论坛。这种对话与合作的核心是以下重要认知：应该将发展关系视为以互相尊重为基础的"伙伴关系"，并以此作为"超越援助"和超越嵌入国际发展援助既有的、传统的不平等关系的内涵的必要手段。换言之，巴西、印度、中国和南非所采取的国际发展援助方法强调其更具水平化，而非如"传统"方法那样的垂直/阶层化（Quadir，2013）。

2014 年时有研究者指出，新兴国家明显缺少对其他国家发展政策的研究（Hackenesch and Janus，2014）。对中国来说，这样的评价已经不再适用了。中国国务院发展研究中心一直在积极地参加与国际伙伴的国际对话和合作，以交流知识，并获取对当代国际实践的理解。此外，中国的主要大学将国际发展研究纳入其学术领域和教学计划。这不仅对于能力建设，而且对于更高质量、经验依据和知情的决策是至关重要的。

三 新动态：原则、实践和机构

（一）变化的原则

金砖国家和新兴市场会对国际发展援助当前和未来变化的关键进程带来何种影响？正如我们已经在上文提到的，并且也是发展伙伴关系核心原则和价值理解上最为明显的改变，就是更强调平等、互利、政治无干涉，以及拒绝附加条件：所有这些新的原则和价值都已嵌入了过去和现在的共同经验，以及对未来的共同展望。这些原则和价值都有着悠久的历史，可以追溯到 1954 年举办的新独立国家和不结盟国家共同参与的万隆会议上发表的宣言。这次会议宣言的主要贡献者是中国总理周恩来，他介绍了中国自己的和平共处五项原则，并将其带入了会议的讨论阶段和最终的文件，这些原则现在仍是中国、金砖国家和许多发展中国家政治原则的一部分（Gu，Shankland and Cheony，2016）。

中国国家主席习近平在 2015 年 7 月于俄罗斯乌法举行的第七届金砖国家峰会上发表了讲话，阐述了他对金砖国家发展合作方法的看法，他强调，在金砖国家提供发展援助、满足关键的能力建设需求、促进进一步的南南合作的同时，发展中国家也需要在自身发展的问题上承担更多的责任。他认为，金砖国家也应建立新的全球发展伙伴关系，督促发达国家承担应有的责任，帮助发展中国家提高自身发展能力，缩小南北差距，加强南南合作，在互利双赢的基础上进行合作，寻求自我完善。巴西也强调在南南合作原则和实践的框架下开展工作，"因为这样能加强总体交流，产生、传播并应用技术知识，建设人力资源能力，以及最主要的，在所有涉及的国家中加强了机构的力量"。

我们来看这些原则中的一条——不干涉，这是金砖国家的核心原则之一。它指的是在保持互利和平等关系的同时，不对伙伴国家的内政进行干涉。换句话说，指导原则是不干涉他国内部事务，尊重伙伴国家的法治和政治主权。这一原则经常引发"传统"援助提供国、非政府组织（NGO）和媒体评论家的批评，认为这代表了一种对责任的抛弃，对治理中的经济、金融和政治缺陷，对腐败、糟糕的法制，以及对践踏人权行为的视而不见，而解决所有这些问题，本是设计"预防"规定的初衷（Watson，2014）。

（二）变化的实践

新兴大国在改变国际发展援助中做出的第二项重大贡献是改变了实践做法。南南合作与"传统"援助不同，通常是在不要求任何政治先决条件和改革要求的情况下提供资金流。这个原则受到接受国的好评。这并不是说这种援助没有"绑定"任何东西，资金流的提供可能与商业或外交利益挂钩，但没有政治要求（Gu，2015；Constantine et. al，2015；Chandy and Kharas，2011）。例如，中国的发展援助往往要求使用中国的材料和劳工（Quadir，2013）。尽管通过在发展过程中赋予受援国更重要的角色使无捆绑援助更为有效的前景十分美好，但 Quadir 仍持怀疑态度，认为这仍只是一种修辞，而非真的代表一项严肃的政治承诺。

新兴国家提供国际发展援助的方法还有另一个独特之处，比起发展援助委员会定义下的"援助"，它们在进行国际发展合作时，使用了更广泛的金融及其他工具（Chahoud，2008）。这些工具中最具代表性的是"优惠贷款"（Mawdsley，2012）。传统援助者很大程度上在"商业"和"发展"考量之间划出了清晰的界线，而新兴国家在使用优惠贷款的过程中，则模糊了这一界限，使之变得不那么透明。这么做的好处是，贷款的利率远低于商业利率，还款期限则远比商业贷款宽裕。实物偿还，即借款人同意接收货物或资源以作为发放贷款的回报，或接受资源的使用权作为贷款的担保或保障。传统捐助者批评这些工具和这些非传统条款的使用。然而，正如 Bräutigam 指出的那样，这种方法与既有的"正统"方法相比，提供了一种更为可行和可实现的还款方式，当受援国拥有丰富资源，但外汇储备较少时尤其如此（Bräutigam，2011）。这种类型的贷款通常是更广泛的一揽子措施的一部分。例如，中国国家主席习近平在 2015 年中非合作论坛约翰内斯堡峰会上宣布，中国将会为中非协议中的十个重大发展项目提供新的资金。中国总共将提供 600 亿美元的资金。这其中包括 50 亿美元的免费援助和无息贷款，350 亿美元的优惠贷款和条件更为优惠的出口信贷，50 亿美元注资于中非发展基金，50 亿美元支持非洲中小企业特别贷款，以及 100 亿美元作为中非生产能力合作基金的起始资本金（Xinhua，2015a）。

第二类值得一提的工具是出口信贷。此类工具被新兴国家广泛使用，为国内公私营公司在受援国开展业务提供激励。出口信贷并不仅限于国内企业，它们也被提供给一系列的国际金融机构，包括地区开发银行、外企，甚至是政府。使用这类工具的优势在于，它们为上述机构和企业提供了一种购买援助提供国产品和服务的优惠。出口信贷的倡导者认为其能促进更高的生产力并增加贸易，以裨益于受援国，并以此作为支持使用这一工具的理由。然而批评者则认为，这些工具本身与促进"发展"并无关系，更多是为了增加援助提供国本国的出口机会。Bräutigam（2011）认为，很多中国的融资只会在最初以优惠条款提供，以帮助中国公司在海外站稳脚跟，此后利率将提高到更接近商业水平。

（三）出口信贷案例研究：印度的"信贷线路"

印度进出口银行广泛使用信贷额度（LOCs）来促进贸易和投资。这种信贷被认为是发展合作的一部分，因为其中有 25% 为拨款。信贷额度为农业、电气化等多个领域的投资提供了协助。其中的例子包括"聚焦非洲"，这一项目提供了价值数百万美元的信贷额度。开始实施信贷额度后的第 17 年（也即 2015 年 3 月），进出口银行已经为 56 家印度公司的 149 个出口项目提供支持，出口对象遍布 63 个南方国家，总价值达到 116.8 亿美元。这些信贷额度与技术援助形成组合：包括一万份不同领域的奖学金，提供给来自 47 个发展中国家的官员。

新兴国家发展合作方法的一大关键特点是关注技术合作。某种程度上来说，这正是在发挥这些国家的力量。来自新兴国家的技术合作经常基于它们自身独特的发展经验。例如，根据自身经验，巴西在"打击城市暴力和青少年帮派、扫盲项目、农业技术、艾滋病知识普及和防治行动"（Mawdsley，2012）上可以称得上是专家。像印度、中国和巴西这样的国家，与其他发展中国家保持着基于广泛技术支持的长久关系，这些领域涵盖医疗卫生、教育、农业生产、电信、交通基础设施、科学知识、建筑技术，以及新兴的清洁能源。对技术合作的关注为新兴国家带来了许多优势。例如，更实际地说，它们为项目的监管和控制，以及以具体实践成果基准来评估项目进度提供了更好的机会。

技术合作的优势还在于其很好地与南南合作的中心主题和焦点相契合——提升知识和技能的分享与交换，以早日实现可持续发展目标和2015年后可持续发展议程目标，如关于教育和健康的目标（King，2014）。如下文所述，习近平主席在2015年中非合作论坛约翰内斯堡峰会上宣布的十项中非合作项目中的大多数都属于这一范畴的援助，建立在2000年以来举办的六次中非部长级会议所做出承诺的基础上。印度也大力强调通过其技术与经济合作计划（ITEC）开展技术合作，该计划发起于1964年，覆盖158个发展中国家。2011年，印度提供7亿美元用以建设机构、实施培训计划，并另外出资3亿美元用以建设Ethio-Djibouti铁路。技术与经济合作计划通过以下方式提供能力建设：技术培训和知识共享；项目援助；支持技能开发的专业化机构建设和通过印度文化关系理事会管理的高等教育奖学金。技术合作同时也让提供者获得了有用的潜在公共关系收益——它们能够记录这些实在的成果，作为一种"不是胡扯"且"能把事情搞定"的方法的证据——这一观点经常被用于说明中国在非洲的技术援助（Chenoy and Joshi，2016：98）。

（四）发展研究合作的案例分析：巴西

这两项计划的类型对于巴西正在寻求的发展研究行动是具有代表性的：PROSUL和PROAFRICA。这些计划由国家科学与技术发展理事会发起，并集中于南美和非洲——这些区域是巴西外交政策的优先考虑地区。PROSUL首先由巴西在2000年南美峰会上提出。作为构建区域科学技术发展战略的一种方案，它旨在通过加强区域研究行动来扩大科学与技术合作。PROSUL支持以下行动和项目：构建区域网络、创新、联合研究以及科技项目。在过去的两年中，该计划支持了102个项目，领域遍及农业、生物、医学、社会与人类科学、自然科学和工程学——单是在最后两个领域便有61个项目（Vaz and Inoue，2007：15）。

（五）变化的机构

改变的第三层面来自机构。此类改变源自新兴国家对基础设施发展和双边、三边与多边技术合作的重视。

据估计全球年度基础设施投资需求大约在3.7万亿美元，这其中仅有2.7万亿美元在当前得到满足。大多数的需求均集中于发展中国家。中国一直是为解决基础设施融资缺口而设计的新机构的强力支持者和赞助者。这一承诺直接来自中国自己的发展经验。中国之所以迫切需要重建基础设施，是因为殖民者的破坏、战争以及新中国成立初期的经济境况，这使得对基础设施的重视融入了中国发展方法的血液之中。认识到既有发展融资供给模式中的缺陷后，更广泛的国际发展机构框架使得中国、其他金砖国家和更广泛的新兴国家开始倡议建立新的机构来填补这一缺口。因此，近年来亚洲基础设施投资银行（AIIB）、金砖国家新开发银行（BRICSNDB）、亚洲开发银行（AfDB）中的一项专门基金和 SSC 基金相继成立。2013 年，金砖国家以 1000 亿美元启动资金成立了新开发银行（NDB），以资助基础设施和可持续发展项目，并建立了一项 1000 亿美元的应急储备安排（CRA）来帮助新兴国家应对可能发生的金融危机。

这一制度驱动的累积效应引发了关于其背后意图的大讨论。这是对既有国际机构秩序的挑战，试图取代布雷顿森林体系，还是如这些出资国宣称的那样，这些新机构仅仅是作为补充，来弥补现存体系的缺口，所以应当将其视为值得欢迎的对现存制度的加强。Dixon（2015：5）将其视为"反映了向新国际金融秩序前进的动态"，尤其是在后全球金融危机的背景下。Qobo 和 Soko（2015：1）认为，尽管这些机构确实构成了挑战，"并没有证据表明金砖国家有意图颠覆当前的全球秩序"。Watson、Younis 和 Spratt（2013：3）或许对这一情形做了最好的总结：作为"提供发展融资的一种替代机制，新开发银行确实代表了一种挑战现有制度的必要（尽管非充分）条件。"

（六）新开发银行（NDB）

新开发银行的职责是提供至关重要的基础设施投资，这能充分地反映金砖国家发展计划和南南合作的优先事项，以及中国对于这些因素的重视程度（Abdenur，2014）。Rodrik（2014）对发展合作中关注基础设施合作的做法表示失望，他认为这是一种过时的经济发展观点。然而，其他人则认为这"填补了国际金融框架中的一项重大缺口"（Dixon，2015：4；Chin，2014），这一缺口是传统援助者留下的，其更多地将关注点转移至健康与教育，在基础设施上花费的援助预算所占份额少于 10%（Chin，2014）。

然而，一些批评者认为这一新机构的主要责任是填补金砖国家自身的"基础设施融资缺口"，而不是投资于金砖国家之外（Chin，2014）。鉴于金砖国家确实面临重大的基础设施融资缺口，这一批评并不令人惊讶。显然，由于面临巨大的基础设施融资缺口，关键基础设施投资对每一个金砖国家维持自身经济增长都非常重要：这将为巴西和俄罗斯提供它们迫切需要的能源生产基础设施投资，并为中国和印度提供出口设施的基础设施投资（Dixon，2015）。南非则采取了一种更广泛的视角，寻求提升整个非洲的融资方式。

Schablitzki（2014）认为，整个"地球南方"都与金砖国家一样对现存的金融体系非常失望。Qobo 和 Soko（2015）认为，如果这确实代表了许多国家的真实看法，那么新开发银行对自己的定位是要代表、利用和有效率地领导发展中世界的基础设施投资活动。事实上，一些观察者认为新开发银行正在填补既有机构发展援助实践中的漏洞（Dixon，2015：4；Chin，2014；Griffith-Jones，2014）。

新开发银行第一个区域办公地点设在南非，这一协议的达成是一个积极的信号，表明一种对更广泛发展的承诺。尽管如此，该银行的组织架构明显表明它是由金砖国家领导的，而绝非"南方的银行"（Schablitzki，2014：9）。有趣的是，新开发银行是对联合国成员国开放的，尽管存在一些阻碍，但未来存在扩张的可能（Dixon，2015）。

Prado 和 Salles（2014）指出，基础设施融资的实际需求并不能解释新开发银行的建立，他们认为金砖国家本可以通过它们各自的国家开发银行用更便宜的方法达到这一目标。一些学者（Carey and Li，2014；Qobo and Soko，2015）强调新开发银行为 SSC 原则的制定和制度化提供了机遇，并由此对主流的国际机构提出了智识挑战。Schablitzki（2014）提到，作为金砖国家和南南纽带的共识代表，新开发银行通过挑战其自身的自利形象，以帮助推进 SSC 的合法化。Qobo and Soko（2015）也看到了金砖国家通过强化"软（知识）和物质力量资源"来加强它们在现有多边组织中设定议程权力的更长期目标。他们认为，"最近有声音呼吁新开发银行应该在基础设施融资之外，将其自身定义为智库，而这种呼吁应当从以上视角相反的角度来理解"（Qobo and Soko：281）。Abdenbur（2014）将此视为在避免正面冲突的情况下挑战现有霸权的机会，他认为这是中国支持该银行的主要原因，如若不然，新开发银行对其已有的发展合作而言并无太多增益。此外，Stunkel（2013）认为，相对于新开发银行，CRA 的重要性被忽视了，但后者与国际货币基金组织的紧密联系意味着其对既有全球金融秩序的影响可能并不会太显著（Schablitzki，2014）。

（七）亚洲基础设施投资银行（AIIB）

亚洲基础设施投资银行（以下简称"亚投行"）于 2013 年由中国提议组建，于 2016 年底开始运作。亚投行的任务是满足基础设施需求。特别的，亚投行被认为会为中国的"一带一路"（OBOR）倡议提供支持，以促进中国、亚洲和欧洲之间的互联互通与合作（Callaghan and Hubbard，2016）。习近平主席指出，中国发起并与其他一些国家共同建立亚投行，旨在为"一带一路"倡议涉及的国家提供发展基础设施的资金支持，并促进这些国家间的经济合作。亚投行的建立也被视为对发达国家，特别是美国不情愿态度的回应，此举能增加新兴大国和发展中国家在世界银行和国际货币基金组织中的影响力（Callaghan and Hubbard，2016；Griffith-Jones et al.，2016；Kawai，2015；Reisen，2015）。

Reisen（2015）和 Wang（2016）都提出，这些新机构的建立，可能加速改革，增强新兴国家在既有多边组织中的话语权。与现存的开发银行不同，减贫并非亚投行的明确目标。它与新开发银行相似，更关注基础设施，但有一项研究认为，"亚投行可能会很快加速放贷，并在十年内持有超过新开发银行两倍以上规模的资产组合"（Humphrey et. al, 2015：3）。然而，亚投行并未将减贫、健康或教育，以及向发展中国家发放优质贷款置于优先地位（Kawai, 2015：8）。

亚投行表示，已经采纳了多边开发银行现行的环境保护和监测标准，并强调将标准与接受国的程序相结合。现有的开发银行无法做到这一点，这被 Humphrey 等（2015：6）描述为"现有开发银行的重大失败，它们总是更关心如何在非政府组织和国内政治家的批评中保护自身的项目，而非真正达到发展目标。……亚投行可以通过派遣专家组对工程、可持续性、社会和环境影响、财政、规则与定价问题、项目融资框架，以及如何吸引外部公共和私人投资者等问题提供建议，从而在这一领域引领风尚"。

与国际标准相协调的问题超出了环境政策的范畴。该问题嵌套于另一个更为深刻的问题中：像中国这样的新兴国家在何种程度上能够整合入现存发展合作体系的法则、规定与实践中？Callaghan 和 Hubbard（2016）认为，出于政治原因，亚洲国家或许会更倾向于接受亚投行的基础设施项目（即使这些项目由中国领导），而非与中国的直接双边项目。更广泛的，Humphrey 等（2015）将亚投行视为通过多边方法开展中国出资的发展合作的积极进步，将有助于加强协调和对国际标准的遵守。Kawai（2015）进一步认为，为了使亚投行取得成功，中国可能不得不减少其与"和而不同"理念有关的一些话语和实践，并与传统捐助者进行更多协调。

（八）印度、巴西和南非对话论坛（IBSA）

印度、巴西和南非代表在 2003 年法国八国集团峰会上建立的印度、巴西和南非对话论坛，在时间上早于金砖国家机构。这个集团已经"变成了三个新兴大国交互的有趣平台，它们可以在此讨论、协作，并商讨一系列国内和地缘政治问题"（Stuenkel, 2013：17）。这一集团成立背后的动机是它们共同的利益，尽管与它们在金砖集团中所面对的关于它们之间分歧的批评类似，但在原则上——与所有"民主"集团一样——应该更加类似。这一集团已迈出了使南南合作制度化的步伐，尽管很小，如成立了一个印度、巴西和南非对话论坛基金（每个国家每年贡献 100 万美元），由联合国开发计划署管理，资助许多南方国家的项目。然而，Stuenkel（2013）认为，该集团与传统国际组织的区别主要在于其缺乏制度化。例如，"没有迹象表明该集团会发展出有约束性的规则和常态，这或许是其与传统多边机构，以及那些制度化南南合作的新努力之间的最大区别"。尽管这一点可能随着新金砖国家机构的建立而改变，但它阐明了一种方式，即采用这种方式的区域论坛并不总是互补的，而中国与其他新兴国家建立的亚投行和新开发银行，在某种程度上减弱了印度、巴西和南非对话论坛的重要性。

（九）扩张的多边主义？

1. 从千年发展目标（MDG）到可持续发展目标（SDG）

新机构的建立以及新兴大国愿意在提供发展援助方面采用更多样的手段，构成变革动力的一部分，从而推动区域和全球层面对多边主义日益增长的承诺。随着可持续发展目标与2015年后可持续发展议程的交互，这一趋向变得愈发明显。

国际力量多方努力促成千年发展目标，是设想以此为全新的起点，通过加强援助提供国之间的协作和建立一系列可衡量的基准——一致通过的，在2015年前完成的目标，来促进国际发展。千年发展目标通过后，紧跟其后的是2005年的"巴黎宣言"，2008年的"阿克拉行动议程"，以及2011年的"釜山宣言"。这一现象的重要性在于，这些议程的建立共同产生了一种势头，推动了自愿变革，以及一种对未来方向的广泛认同感。

所有这些协议都为快速演变的国际发展秩序贡献了重要而必须的新要素。"巴黎宣言"强调了所有权、联盟、和谐、成果与互相负责。"阿克拉行动议程"则再次强调了所有权，并通过具有真实包容性的伙伴关系获得有意义、有效的结果。"釜山宣言"认识到了南南合作在促进更加包容的援助领域的重要性，其特点是援助机构数量和种类不断增加，包括非国家机构。釜山方法，代表了更有效的未来发展援助所秉承的核心原则与实践——所有权、结果、包容性伙伴关系、透明度以及在不同行动者和多样化的方法下保持权责明晰——以终结贫困、促进可持续发展。

这些政策发展的背后是一个变革的过程，这些变革的结果随着千年发展目标行将结束、后2015年的后续协议与框架的形成过程开始，而变得十分明晰。这一变革过程集中于新兴大国在帮助确定未来发展援助方向的作用上。千年发展目标的前提是继续致力于国际发展援助，特别是将官方发展援助（ODA）作为促进经济增长的主要手段，并且根据设想，将以此反过来消除贫困（Watson，2014：ix）。千年发展目标是由既有援助提供国和发展援助委员会发展援助模式推动的。然而，在千年发展目标倡议实践的15年时间中，全球经济见证了发达国家传统援助提供国集团之外的经济体的强盛，以及新兴大国的崛起，并带来了它们自身关于国际发展的理解与方法。尽管千年发展目标进程并未将新兴国家排除在外，但这一倡议的起源、目标和既定的实践途径的设置比可持续发展目标早了近20年，这无疑在某种程度上将新兴国家置于千年发展目标驱动力的边缘位置。最近的研究结论表明，新兴国家中的大部分不认为千年发展目标的特点与它们的国内政策、与其他发展中国家的关系或是南南合作相契合（Hackenesch and Janus，2014；King，2014）。

2015 年后发展计划的磋商进程为全球发展倡议适时提供了一个新的机会，以追赶全球经济的结构和政治变化，以及伴随着这些系统变革的前景和方法的变化。我们注意到新兴大国给理解发展援助的原则、做法和体制框架所带来的重大改变。对于金砖国家来说，拥有一个比千年发展目标更具包容性的进程，是对可持续发展目标的基本要求（Gu，2017；Constantine and Pontual，2015：12；Niu，2014）。2030 年可持续发展议程强调，可持续发展基于包容性、平等性和互利，重点关注消除贫困的进一步努力，应对不断加剧的经济不平等和社会剥夺。这些都使我们认识到新兴国家在促进未来可持续发展过程中所带来的重大转变及其重要性。新兴国家对于可持续发展目标的成功至关重要。新兴大国的作用在多大程度上能在实践中得到实现，主要取决于可持续发展目标和议程的十五年期限中的诸多因素。

其中之一是与全球发展事务相关的领导问题。Weinlich（2014）认为，虽然中国、印度、南非和巴西在双边发展协调中的情况越来越好，但其不太愿意在联合国的发展政策中发挥领导作用。相反，Weinlich（2014）认为这些国家满足于被视为"普通"的发展中国家，并大力强调（相对于其他南方国家）南南合作的重要性和独特性。这种不情愿的可能原因包括承担主要领导位置的政治和物质成本过高，以及希望与其他发展中国家保持团结。Brown 和 Weiss（2014）发现，新兴大国并未以自己的声音来建立一个集团，而是选择与南方国家保持团结。然而，新兴大国对于可持续发展目标和 2030 年议程的全球对话和谈判至关重要，并且在《巴黎气候变化协定》的制定中发挥了重要作用。有关领导问题将在下面进一步讨论。然而，值得一提的是加强新兴大国知识基础的重要性，这一点这些大国自身已经知晓，并通过接触发展援助委员会这样的国际组织实体、国家发展机构和国际认可的智库，以及非政府组织，以寻求帮助，建立起知识和技能网络（Gu，2015；Shankland and Constantine，2014）。

2. 国际机构的作用

通过二十国集团峰会，明显可以看出在发展合作行动者和视角方面存在分化的群组。最近的二十国集团主席原则已经显示了极大程度的共同性，并且显示了对未来方向的共识，以及对国际发展的共同关注。中国在 2016 年担任主席。中国在这一年的关注焦点和目标是带二十国集团走上一条包含"创新，振兴，互联互通，包容的世界经济"的道路。这一道路优先关注四点：（1）开辟一条经济增长新路径；（2）更有效、更高效的全球经济金融治理；（3）稳健的全球贸易和投资；（4）包容的、互联互通的发展。中国政府利用其为期一年的二十国集团主席任期来强调包容性和包容性增长，以及将非洲和其他发展中国家带入二十国集团增长与发展对话、政策与实践中心的重要性。

并非只有二十国集团这样的集团在针对变化的全球动态设定新的视角和议程，并以此对全球动态做出贡献。经合组织也在一定程度上展示了对新动态的回应。全球有效发展合作伙伴关系（GPEDC）旨在取代由经合组织下属的发展援助委员会所举办的关于援助有效性的高级别论坛。全球有效发展合作伙伴关系包括发达国家、新兴经济体和发展中国家的代表。然而，最近的一项分析认为新兴大国之间仍有所保留，担心全球有效发展合作伙伴关系在实践中保留了一种程序上的"一切照旧"的做法，即全球有效发展合作伙伴关系力图将这些国家约束在接受国必须明确自愿的结果之内。不过，研究认为全球有效发展合作伙伴关系作为增进有效学习与知识分享的论坛，可以起到有益的作用（Constantine 等，2015）。

四　结论

本章考察了国际发展的变化动态，分析侧重于新兴大国越来越重视改变国际发展合作与援助的理解和实践方式。特别是，这项研究指出新兴大国对变革动态影响的三个主要方面：改变原则、实践和制度。通过将包容性、平等性、互利性、伙伴关系和可持续性的价值观和原则纳入主流视野并优先考虑，新兴大国正在稳步地给国际合作文化带来重大的变化。这促进了全球发展共同体成员的增加。它在双边和多边以及国家、区域和全球各级制定、执行和实施更有效的可持续发展方面产生了一系列更好的做法。新兴大国在改变发展合作治理的动态中发挥了重要作用，不论是通过既有机构和集团，如经合组织和二十国集团的议程中增加影响力，还是通过创建专注于基础设施能力构建的新金融机构，如新开发银行和亚投行，又或是通过加强南南合作的对话、结构和过程。

这个变化的过程并不是没有遇到重大的挑战。开始提供大量资金和技术发展援助的行动对于新兴大国来说是相对较新的，并且涉及谈判，这是一条陡峭的学习曲线。许多国家已通过与其他援助提供国（传统的和新的）发起知识和技能分享对话、创建国内研究与政策机构、加入与创建国际发展网络来应对这一挑战。

一些新兴大国也面临过或面临着发展合作和援助管理方面的能力建设挑战，这些挑战可能来自预算、组织，也可能来自人员、技能和知识的短缺（Qadir，2013）。例如，在中国，"发展资产组合"的责任由商务部和外交部共同承担，这就提出了协调的问题。一些较大的新兴国家开展了一些治理结构的调整以满足这种不断增加的协作需求，并积极应对它们参与新国际发展合作与援助所引致的政策复杂性。在关于新兴大国在未来发展合作中的作用的辩论中考虑的一个问题是缺乏制度化的区域层面协调，如在发展援助标准可能不太适用时制定常规监察标准，可能是金砖国家集团成为现有发展协作体系中发展援助锚定框架替代者的阻碍（Niu，2014）。

在上述挑战之上，还有一项困难的工作，即在双边伙伴关系和多边主义之间寻找一个有效平衡。许多新兴大国在处理发展伙伴关系时仍然更偏好双边关系的选项，部分是因为这是一种熟悉的方案，且与许多伙伴国家已经建立了亲如兄弟的关系，部分则是因为考虑到它们的伙伴在分化程度上有着复杂和细微的差别，双边关系有助于更好地直接控制管理。然而，如前所述，新兴大国已经将它们的方法嵌入多边进程中的国际发展合作，如土耳其－非洲伙伴关系，以及已经建立且制度化的，备受世人瞩目的中非合作论坛。对中国来说，中非合作论坛是中国双边战略伙伴关系所在的"框架"。随着 2000 年中非合作论坛首届峰会在北京召开，这一倡议成为不断增加的相关多边倡议中最早的几项之一，这些倡议从中国开始起源，延伸至中国提出的"一带一路"倡议，然后到南南合作基金。

2015 年 12 月，约翰内斯堡中非合作论坛峰会和第六次部长级会议吸引了约 50 个非洲国家的国家元首、政府首脑和代表团，中非合作论坛商业论坛同时进行。在这些峰会和部长级会议之前，中国政府发布了关于发展援助的宣告，包括债务免除、进口关税优惠以及大范围的技术支持，主要包括健康、教育、农业知识，以及新兴的创新与企业技能转移，通过提供发展援助，中国希望能巩固政治互信、争取双赢经济合作，加强文化交流与相互帮助，并加强国际事务的统一协调。2015 年峰会值得注意的是习近平主席阐述了他对未来中非关系的愿景。习近平在讲话中指出了五个"支柱"：坚持政治上平等互信；坚持经济上合作共赢；坚持文明上交流互鉴；坚持安全上守望相助；坚持国际事务中团结协作。为实现这些目标，中国和非洲领导人同意实施工业化、农业现代化、基础设施、金融服务、绿色发展、贸易投资便利化、减贫、公共卫生、人与人交流、和平与安全十项重大合作方案。

对于新兴大国来说，领导责任的挑战始终存在，对中国尤其如此。一方面是关于"权力"本身特征的假设，在古老的格言中便是"能力越大，责任越大"。那么，新兴大国就要承担"新兴的责任"。最近关于新兴大国在联合国发展事宜中所起作用的研究表明，它们似乎不怎么情愿背负这样的重担。然而，"领导责任"可以有很多种不同的形式，自身有着不同政治文化的新兴国家可以对此采取新的视角和方法，对领导责任、决策制定和谈判的本质采取独特的理解，这种理解或许与西方政治实践传统很不一样。另一方面，出于两个主要原因，新兴大国需要对越来越多的"领导责任"进行微妙的处理。第一，本身作为发展中国家，这些新兴大国的政府需要与它们各自最广泛的选区保持一致。第二，新兴大国作为援助提供国和发展伙伴的出现是充满争议的，这使它们在许多领域受到十分严格的审查和批评，包括在伙伴国家干涉人权和公民侵权行为，前后不一致的工人权益记录，未能转移知识和技能，受限的当地就业供应，公司社会责任感缺失和糟糕的环境保护等问题。例如，一些最让人感到苦涩的指责来自部分非洲官员和民间社会评论家，他们说中国不过是非洲漫长的历史中最新到达非洲的那一批"殖民"力量。中国对这种批评采取了十分认真的态度，中非合作论坛在约翰内斯堡峰会闭幕之际刊发了强有力的反驳文章，称这一指责是"无凭无据，无理取闹"，并引用了数位非洲领导人的讲话，如津巴布韦时任总统穆加贝在峰会上说："这个人（习近平主席）代表着一个曾经被认为贫穷的国家。这个国家从不是我们的殖民者……而他正在做的事情，是昨天我们期望那些殖民者能够为我们做的。"（Xinhua，2015c）

改变的过程有着不可避免的困难，而重大的系统性转变则更是如此。随着新兴大国的到来，发展合作共同体正在经历重大转型时期。不论作为整体还是个体，新兴国家正在改变人们理解发展的方式，并且越来越多地在一个变革的制度框架中转变发展实践的方法。这种日益增加的介入不一定预示着发展合作共同体之内会产生新一波震荡、竞争或是冲突。恰恰相反，当前的证据表明这一共同体本身正在适应、接纳并调和来自新兴国家的贡献，与此同时新兴国家自身也在定义并深入理解它们的国际发展方法，进一步积累有关发展合作的知识与经验。

参考文献

Abdenur, A., "China and the BRICS Development Bank: Legitimacy and Multilateralism in South-South Cooperation," in Gu J., Xiaoyun Li, Xiulan Zhang and Bloom G., eds. *China and International Development: Challenges and Opportunities*, *IDS Bulletin*, 45 (4), 2014, pp. 85 – 101.

Alden, C., *China in Africa*. Zed Books, 2007.

Babb, S., "The Washington Consensus as Transnational Policy Paradigm: Its Origins, Trajectory and Likely Successor." *Review of International Political Economy*, 20 (2), 2013, pp. 268 – 297.

Bräutigam, D., "Aid 'with Chinese Characteristics': Chinese Foreign Aid and Development Finance Meet the OEDC-DAC Aid Regime," *Journal of International Development* 23 (5), 2011, pp. 752 – 764

Browne, S. and Weiss, T., Emerging Powers and the UN Development System: Canvassing Global Views. *Third World Quarterly*, 35 (10), 2014, pp. 1894 – 1910.

Callaghan, M. and Hubbard, P., The Asian Infrastructure Investment Bank: Multilateralism on the Silk Road. *China Economic Journal*, 9 (2), 2016, pp. 116 – 139.

Carey, R. and Li, X., *The BRICS and the International Development System: Challenge and Convergence?* IDS Policy Briefing, 2014. [online] Institute of Development Studies. https://opendocs.ids.ac.uk/opendocs/bitstream/handle/ 123456789/3606/PB55%20The%20BRICS%20and%20the%20International %20Development%20System%20Challenge%20and%20Convergence. pdf? sequence = 1.

Chahoud, T., "Financing for Development Series: Southern Non-DAC Actors in Development Cooperation," *DIE Briefing Paper Bonn* 13, 2008.

Chandy, L. and H. Kharas, "Why Can't We All Just Get Along?' The Practical Limits of International Development Cooperation," *Journal of International Development* 23 (5), 2011.

Chang, "Hamlet without the Prince of Denmark: How Development Has Disappeared from Today's 'Development Discourse'," in S. Khan and J. Christiansen, eds.. *Towards New Developmentalism: Markets as Means Rather than Master*, Abingdon: Routledge, 2010.

Chenoy, A. and Joshi, A., in J. Gu, A. Shankland and A. Chenoy, eds.. *The BRICS in International Development.* London: Macmillan Publishers, 2016, pp. 93 – 118.

Chin, G., "China as a 'Net Donor': Tracking Dollars and Sense," *Cambridge Review of International Affairs* 25 (4), 2012, pp. 579 – 603.

Chin, G., "The BRICS – led Development Bank: Purpose and Politics beyond the G20," *Global Policy* 5 (3), 2014, pp. 366 – 373.

Chin, G. and Quadir, F., "Introduction: Rising States, Rising Donors and the Global Aid Regime," *Cambridge Review of International Affairs* 25 (4), 2012, pp. 493 – 506.

Constantine, J. and Pontual, M., "Understanding the Rising Powers Contribution to the Sustainable Development Goals," *IDS Rapid Response Briefings*, 2015.

Constantine, J., Shankland, A. and Gu, J., *Engaging the Rising Powers in the Global Partnership for Effective Development Cooperation: A Framing Paper.* Institute of Development Studies, 2015.

De Renzio, P. and Seifert, J., "South-South cooperation and the future of development assistance: mapping actors and options," *Third World Quarterly* 35 (10), 2014, pp. 1860 – 1875.

Dixon, C., "The New BRICS Bank: Challenging the International Financial Order?" *Global Policy Institute Policy Paper* 28, 2015.

Griffith-Jones, S., "A BRICS Development Bank: A dream coming true?" *UNCTAD Discussion Paper* 215, 2014.

Griffith-Jones, S., Gu, J, Xiaoyun, L. and Spratt, S., "What Can the Asian Infrastructure Investment Bank Learn from Other Development Banks?" *IDS Policy Briefing* 113, 2016.

Gu, J., "China and the Emerging Economies," in Paul Haslam, Jessica Schafer and Pierre Beaudet, eds.. *Introduction to International Development: Approaches, Actors and Issues*, Oxford: Oxford University Press, 2017.

Gu, J., Chuanhong, Z., and Mukwereza, L., "Chinese State Capitalism? Rethinking the Role of the State and Business in Chinese Development Cooperation in Africa," *World Development* 81, 2016.

Gu, J., Shankland, A. and Chenoy, A., eds., *The BRICS in International Development.* London: Palgrave, 2016.

Gu, J., *China's New Silk Road to Development Cooperation: Opportunities and Challenges.* UNU – CPR (United Nations University Press), 2015.

Gu, J, Zhang, Y. and Chen, Y., "China's Engagement in International Development Cooperation: The State of the Debate ," in *IDS Evidence Report*, 2014.

Hackenesch, C. and Janus, H., "Emerging economies in the post-2015 negotiations: how their positioning will shape the new agenda," in T. Fues and J. Ye, ed., *The United Nations Post-2015 Agenda for Global Development: Perspectives from China and Europe*, German Development Institute, 2014, pp. 133 – 148.

Humphrey, C., Griffith-Jones, S., Xu, J., Carey, R. and Prizzon, A., "Multilateral Development Banks in the 21st Century: Three Perspectives on China and the Asian Infrastructure Investment Bank," *Overseas Development Institute Discussion Paper*, 2015.

Kawai, M., "Asian Infrastructure Investment Bank in the Evolving International Financial Order," in D. Bob, T. Harris, M. Kawai and Y. Sun, *Asian Infrastructure Investment Bank: China as Responsible Stakeholder?* Sasakawa Peace Foundation USA, 2015.

Kharas, Homi, "Passing the Development Football: from the G8 to the G20, Recovery or Relapse? The Role of G-20 in the Global Economy," Brookings Institution Report, 2010a, http://www. brookings. edu/, /media/ Research/Files/Reports/ 2010/6/18% 20g20% 20summit/0618_ g20_ summit_ kharas. pdf.

King K. , "China's Engagement with the Post-2015 Development Agenda: The Case of Education and Training," *International Journal of Educational Development* 39, 2014.

Mawdsley, E. , *From Recipients to Donors: Emerging Powers and the Changing Development Landscape.* London: Zed Books, 2012.

Mawdsley E. and McCann, G. , eds. , *India and Africa: Changing Geographies of Power and Development*, Cape Town: Pambazuka Press, 2011.

Niu, H. , "Millennium Development Goals (MDGs) and Beyond: BRICS Perspectives – The Cases of Brazil and China," in T. Fues and J. Ye, ed. , *The United Nations Post-2015 Agenda for Global Development: Perspectives from China and Europe*, German Development Institute, 2014, pp. 103 – 113.

OECD. (n. d.), *Official Development Assistance (ODA) – Net ODA-OECD Data.* [online] https:// data. oecd. org/oda/net-oda. htm.

Prado, M. and Salles, F. , "The BRICS Bank's Potential to Challenge the Field of Development Cooperation," *Verfassung und Recht in Übersee* (47), 2014, pp. 147 – 97

Quadir, F. , "Rising Donors and the New Narrative of 'South-South' Cooperation: What Prospects for Changing the landscape of Development Assistance Programmes?" *Third World Quarterly* 34 (2), 2013, pp. 321 – 338.

Qobo, M. and Soko, M. , "The Rise of Emerging Powers in the Global Development Finance Architecture: The Case of the BRICS and the New Development Bank," *South African Journal of International Affairs* 22 (3), 2015, pp. 277 – 288.

Reisen, H. , "Will the AIIB and the NDB Help Reform Multilateral Development Banking?" *Global Policy*6 (3), 2015, pp. 297 – 304.

Rhee, H. , "Promoting South-South Cooperation through Knowledge Exchange," in H. Kharas, K. Makino and W. Jung, eds. , *Catalysing Development: A New Vision for Aid.* Washington, DC: Brookings Institution, 2011.

Rodrik, D. , *What the World Needs from the BRICS*, Project Syndicate, 2013.

Rowlands, D. , "Individual BRICS or a Collective Bloc? Convergenceand Divergence Amongst 'Emerging Donor' nations," *Cambridge Review of International Affairs* 25 (4), 2012, pp. 629 – 649.

Schablitzki, J. , *The BRICS Development Bank: A New Tool for South-South Cooperation?* BRICS Policy Centre Policy Brief, 2014. [online] https:// www. ciaonet. org/catalog/34317.

Shankland, A. and Constantine, J. , "Beyond Lip Service on Mutual Learning: The Potential of CSO and Think-tank Partnerships for Transforming Rising Powers' Contributions to Sustainable Development," in B. Tomlinson, ed. , *Reality of Aid 2014 Report-Rethinking Partnerships in a Post-2015 World: Towards Equitable, Inclusive and Sustainable Development*, 2014.

Stephen, M. , "Rising Regional Powers and International Institutions: The Foreign Policy Orientations of India, Brazil and South Africa," *Global Society* 26 (3), 2012, pp. 289 – 309.

Stuenkel, O. , *Institutionalizing South-South Cooperation: Towards a New Paradigm?* Background Research Paper, 2013. [online] Submitted to the High Level Panel on the Post-2015 Development Agenda. http:// www. post2015hlp. org/ wp-content/uploads/2013/05/Stuenkel_ Institutionalizing-South-South-Cooperation-Towards-a-New-Paradigm. pdf.

Vaz, A. C. and Inoue, G. A. , "Emerging Donors in International Development Assistance: the Brazil Case," in D. Rowlands, *Emerging Donors in International Development Assistance*, Canada: Partnership and Business Development Division, IDRC, 2007.

Wang, H., *New Multilateral Development Banks: Opportunities and Challenges for Global Governance.* Council on Foreign Relations, 2016. [online] http://www.cfr.org/global-governance/global-order-new-regionalism/p38348.

Watson, I., *Foreign Aid and Emerging Powers.* 1st ed. Abingdon: Routledge, 2014.

Watson, N., Younis, M. and Spratt, S., *What next for the BRICS Bank?* IDS Rapid Response Briefing, 2013 [online] https://opendocs.ids.ac.uk/opendocs/bitstream/handle/123456789/3270/Rapid%203.pdf?sequence=1.

Weinlich, S., "Emerging Powers at the UN: Ducking for Cover?" *Third World Quarterly* 35 (10), 2014, pp. 1829 – 1844.

Woods, N., "Whose Aid? Whose influence? China, Emerging Donors and the Silent Revolution in Development assistance," *International Affairs* 84 (6), 2008, pp. 1205 – 1221.

Xinhua, "Xi Announces 10 Major China-Africa Cooperation Plans for Coming 3 years," 4 December, 2015a. [online] http://www.focac.org/eng/ltda/dwjbzjjhys_1/hyqk/t1322068.htm.

Xinhua, "Chinese, African Leaders Upgrade Relations as Historic Summit Closes. Beijing: Ministry of Foreign Affairs," 6 December, 2015b. [online] http://www.focac.org/eng/ltda/dwjbzjjhys_1/hyqk/t1321664.htm.

Xinhua, "Spotlight: China's Pledge to Africa Refutes 'Neocolonialism' Rhetoric," 7 December, 2015c. [online] http://www.focac.org/eng/ltda/dwjbzjjhys_1/hyqk/t1322064.htm.

图书在版编目（CIP）数据

迈向 2030：南南合作在全球发展体系中的角色变化 /
南南合作金融中心编著. －－北京：社会科学文献出版社，
2017.12

ISBN 978 - 7 - 5201 - 1936 - 8

Ⅰ. ①迈⋯　Ⅱ. ①南⋯　Ⅲ. ①南南合作 - 研究报告
Ⅳ. ①F114.43

中国版本图书馆 CIP 数据核字（2017）第 291701 号

迈向 2030：南南合作在全球发展体系中的角色变化

编　　著 / 南南合作金融中心

出 版 人 / 谢寿光
项目统筹 / 恽　薇　王婧怡
责任编辑 / 王婧怡　吴丽平

出　　版 / 社会科学文献出版社·经济与管理分社 （010）59367226
　　　　　　地址：北京市北三环中路甲 29 号院华龙大厦　邮编：100029
　　　　　　网址：www.ssap.com.cn
发　　行 / 市场营销中心 （010）59367081　59367018
印　　装 / 三河市尚艺印装有限公司

规　　格 / 开　本：889mm × 1194mm　1/16
　　　　　　印　张：24.75　字　数：505 千字
版　　次 / 2017 年 12 月第 1 版　2017 年 12 月第 1 次印刷
书　　号 / ISBN 978 - 7 - 5201 - 1936 - 8
定　　价 / 138.00 元